安徽省高等学校一流教材建设项目

SHENJI XUE

审计学

主 编◎张晓毅
副主编◎郝银辉 吴雅琴

北京师范大学出版集团
安徽大学出版社

图书在版编目(CIP)数据

审计学/张晓毅主编.—合肥:安徽大学出版社,2023.1(2023.8 重印)
ISBN 978-7-5664-2493-8

Ⅰ.①审… Ⅱ.①张… Ⅲ.①审计学－教材 Ⅳ.①F239.0

中国版本图书馆 CIP 数据核字(2022)第 182022 号

审 计 学
Shen Ji Xue

张晓毅 主编

出版发行：	北京师范大学出版集团 安 徽 大 学 出 版 社 (安徽省合肥市肥西路3号 邮编230039) www.bnupg.com www.ahupress.com.cn
印　　刷：	安徽利民印务有限公司
经　　销：	全国新华书店
开　　本：	880 mm×1230 mm　1/16
印　　张：	24.5
字　　数：	616 千字
版　　次：	2023 年 1 月第 1 版
印　　次：	2023 年 8 月第 2 次印刷
定　　价：	68.00 元

ISBN 978-7-5664-2493-8

策划编辑：邱　昱	装帧设计：李　军　孟献辉
责任编辑：方　青	美术编辑：李　军
责任校对：姚　宁	责任校对：陈　如　孟献辉

版权所有　侵权必究
反盗版、侵权举报电话：0551—65106311
外埠邮购电话：0551—65107716
本书如有印装质量问题，请与印制管理部联系调换。
印制管理部电话：0551—65106311

编 委 会

主　编：张晓毅

副主编：郝银辉　吴雅琴

编　者：（排名不分先后，以姓氏笔画为序）

刘　勇　吴雅琴　余　婷　张晓毅

郝银辉　陶文丽　鲁君谊

前 言

习近平新时代中国特色社会主义思想指出："新时代提出新课题，新课题催生新理论，新理论引领新实践。"审计学兼具社会学科与应用科学的双重特点，具有很强的理论性和实践性，需要以扎实的理论为基础来分析解决实务问题，同时在实务操作的过程中加深对理论的理解。因此，我们以习近平新时代理论实践观为指导，在参考国内外众多同类教材的基础上，结合当前审计理论与实践编写了本教材。本教材在编写过程中力求突出以下特点。

第一，注重理论与实践的链接。审计学理论性强，与实践的结合点往往不够明确，若只注重理论知识，往往导致学生理论联系实际的能力无法得到锻炼与提高。本教材通过在各章节后附有例题和习题，夯实学生的理论学习；同时，通过在各章节穿插"温馨提示""实务链接"等栏目，引导学生理论联系实际，培养学生解决实际问题的能力。

第二，注重知识的前沿性。我们充分吸收国内外审计理论研究和审计实务创新的最新成果，并按照最新修订的企业会计准则、内部控制应用指引和中国注册会计执业准则体系的核心要求，科学地进行本教材的编写。

第三，注重知识体系的科学性。本教材以风险审计思路为导向，以注册会计审计业务为主线，共十三章，全面系统地介绍了审计学的系统化理论与方法知识体系，突出阐述了现代审计与鉴证业务的基本原理与方法。

本教材各章具体分工如下：张晓毅编写第一、六、七、八章，余婷编写第二章，陶文丽编写第三、四章，刘勇编写第五章、郝银辉编写第九、十、十二章，吴雅琴编写第十一章，鲁君谊编写第十三章，全书由张晓毅统稿，习题由郝银辉统稿。

本书在编写过程中，得到了中国会计学会理事、中国会计学会监督专业委员会委员、安徽省会计学会副会长、铜陵学院院长、审计学博士倪国爱教授的关心和支持，倪国爱教授并对本书的编写提出了大量的宝贵意见和建议，在此深表感谢。

审计学涉及面广,由于编者理论水平和实务知识有限,教材中可能存在疏漏错误和表述不当之处,敬请读者指正。

编 者
2022.7.15

目　录

第一章　审计概论 · 1
第一节　审计的产生与发展 · 2
第二节　审计的基本概念 · 6
第三节　审计种类 · 9
第四节　审计组织与审计人员 · 12
第五节　注册会计师管理 · 16

第二章　审计目标与审计过程实现 · 25
第一节　审计总体目标 · 26
第二节　管理层认定概念与具体审计目标 · 28
第三节　审计目标实现的过程 · 31
第四节　管理层责任与注册会计师责任 · 33

第三章　计划审计工作 · 39
第一节　初步业务活动 · 40
第二节　总体审计策略和具体审计计划 · 45
第三节　审计重要性 · 50

第四章　审计证据与审计工作底稿 · 67
第一节　审计证据 · 68
第二节　审计工作底稿 · 75

第五章　审计抽样 · 93
第一节　审计抽样的概念 · 94
第二节　审计抽样的原理和步骤 · 98
第三节　审计抽样在控制测试中的运用 · 108
第四节　审计抽样在细节测试中的运用 · 116

第六章　风险评估 · 129
第一节　风险评估程序 · 130
第二节　了解被审计单位及其环境——固有风险 · 134

第三节　了解被审计单位内部控制——控制风险 ………………………………… 138
　　第四节　识别和评估重大错报风险 ………………………………………………… 153

第七章　风险应对 ……………………………………………………………………… 163
　　第一节　针对财务报表层次重大错报风险的总体应对措施 ……………………… 164
　　第二节　针对认定层次重大错报风险的进一步审计程序 ………………………… 165
　　第三节　控制测试 …………………………………………………………………… 169
　　第四节　实质性程序 ………………………………………………………………… 176

第八章　销售与收款循环审计 ………………………………………………………… 187
　　第一节　会计报表审计组织方式概述 ……………………………………………… 188
　　第二节　销售与收款循环业务特征 ………………………………………………… 190
　　第三节　销售与收款循环内部控制和控制测试 …………………………………… 193
　　第四节　销售与收款循环的实质性程序 …………………………………………… 200

第九章　采购与付款循环审计 ………………………………………………………… 227
　　第一节　采购与付款循环特征 ……………………………………………………… 228
　　第二节　采购与付款循环的内部控制和控制测试 ………………………………… 234
　　第三节　采购与付款循环的实质性程序 …………………………………………… 249

第十章　生产与存货循环审计 ………………………………………………………… 267
　　第一节　生产与存货循环业务特征 ………………………………………………… 268
　　第二节　生产与存货循环内部控制和控制测试 …………………………………… 272
　　第三节　生产与存货循环的实质性程序 …………………………………………… 278

第十一章　筹资与投资循环审计 ……………………………………………………… 307
　　第一节　筹资与投资循环业务特征 ………………………………………………… 308
　　第二节　筹资与投资循环的内部控制和控制测试 ………………………………… 311
　　第三节　筹资与投资循环实质性程序 ……………………………………………… 316

第十二章　货币资金审计 ……………………………………………………………… 331
　　第一节　货币资金与交易循环 ……………………………………………………… 332
　　第二节　货币资金内部控制和控制测试 …………………………………………… 333
　　第三节　库存现金的实质性程序 …………………………………………………… 341
　　第四节　银行存款的实质性程序 …………………………………………………… 344

第十三章 审计报告 ·········· 355

- 第一节 审计报告概述 ·········· 356
- 第二节 审计报告的基本内容 ·········· 358
- 第三节 在审计报告中沟通关键事项 ·········· 362
- 第四节 非无保留意见的审计报告 ·········· 365
- 第五节 在审计报告中增加强调事项段和其他事项段 ·········· 373
- 第六节 注册会计师对其他信息的责任 ·········· 376

第一章

审计概论

◎ 本章学习目标

通过本章的学习,了解审计的产生和发展的过程及动因,掌握审计的含义及属性,理解审计的对象和职能,掌握审计的基本分类、了解审计的其他分类,了解注册会计审计产生和发展的动因,为以后各章的学习打下坚实的基础。

第一节 审计的产生与发展

一、政府审计的产生与发展

政府审计又称国家审计,古代称为官厅审计,这是审计的最初形态。它产生于奴隶社会末期。在奴隶制度下,古罗马、古埃及、古希腊就已设有官厅审计机构,采用"账目听证会"形式对官吏进行审查和考核,英文"Audit(审计)"一词就是从拉丁语"听"(Auditus)演变而来的。

我国是世界上最早产生审计的国家之一。早在西周初期就有了审计思想萌芽阶段。根据《周礼》记载,周朝奴隶主政权设有"宰夫"一职。"宰夫"虽不掌管财物收支,但他有权对负责会计的"司会"和负责财政的"小宰"所掌管的账目进行审查。由此可见,"宰夫"是独立于财计部门之外的职官,标志着我国政府审计的产生。

秦汉时期是我国审计的确立阶段,主要表现在以下三个方面。一是初步形成了统一的审计模式。秦汉时期御史大夫监察全国的民政、财政及财物审计事项。二是"上计"制度的建立和日趋完善。所谓"上计"制度,就是皇帝亲自听取和审核各级地方官吏的财政会计报告,以确定赏罚的制度。三是审计人员地位提高,职权扩大。秦汉时期的御史大夫不仅行使政治、军事的监察之权,还行使经济的监督之权,控制和监督财政收支活动,勾覆总考财政收入情况。

隋唐宋时代是我国封建社会的鼎盛时期,在这一时期,审计在制度方面也随之日臻健全。隋唐时期在刑部之下设"比部",与司法监督并列,这是审计工作走向专业化、独立化和司法化的开始。比部是我国最早的独立于财政机关以外的审计监督机关。宋太宗淳化三年(公元992年),我国的审计机构由诸军、诸司、专勾司更名为审计院,是我国"审计"的正式命名,从此,"审计"一词便成为财政监督的专用名词。

元明清各朝,君主专制日益强化,审计虽有发展,但总体上是停滞不前。元代取消比部,户部兼管会计报表的审核,没有独立的审计机构。明朝洪武十五年设置都察院,以左右都御史为长官监审中央财计。清朝的都察院制度有所加强。由于取消了比部这样的独立审计组织,其财计监督和政府审计职能严重削弱。

辛亥革命以后,"中华民国"于1912年在国务院下设审计处。1914年北洋政府将其改为审计院,同年颁布了《审计法》。这是我国历史上正式颁布的第一部《审计法》。

中华人民共和国成立以后,我国没有设置独立的审计机构,对财税的监督主要是通过不定期的财务大检查进行的。1983年9月,我国成立了政府审计最高机关——审计署,各级人民政府相应设立各级审计机关。1995年1月1日,我国正式实施《中华人民共和国审计法》,在法律上确定了政府审计的地位。2006年2月对原《中华人民共和国审计法》作了大量的修订,自2006年6月1日起施行。

二、内部审计的产生与发展

内部审计的产生与政府审计同步,内部审计的萌芽产生于奴隶社会。奴隶主将自己的私有财产委托精明能干的代理人去管理,同时委派亲信作为第三者审查代理人是否诚实地履行经济责任。这些第三者常以庄园的管家和监工的角色出现，但他们并不是独立意义上的内部审计人员，除审计业务外，还负责其他的监督。这一时期的内部审计采用寺院审计、行会审计、庄院审计等诸多形式。

在古代，奴隶制政府机构中也出现了内部审计的萌芽。西周时期的"司会"，它虽然负责政府会计工作，但同时也行使内部审计之权。无论是日常的会计核算，还是所有的会计报告，均须经过司会进行考察。可见，司会是我国内部审计的起源。

进入中世纪和近代以后，内部审计有了进一步发展。其主要标志是出现了独立的内部审计人员。现代内部审计是20世纪40年代，随着大型企业管理层次的增多和管理人员控制范围的扩大，基于企业单位内部经济监督和管理之需要产生的。由于企业管理日益复杂，企业管理者需要随时对本企业的财产、会计记录和经营情况进行审查。于是，企业管理者从职工中选拔具有经营管理知识和能力的特殊人才，让他们从企业自身的利益出发，对公司的管理责任进行经常性的监督。这些人员被称为"内部审计人员"，其组成的机构被称为"内部审计机构"。1941年美国学者维克多·Z·布瑞克出版了第一部内部审计专著《内部审计——程序的性质、职能和方法》，宣告了内部审计学科的诞生。同年，内部审计师协会的成立标志着内部审计已成为引人注目的职业，形成了自己的群体。

1999年6月26日国际内部审计师协会（IIA）理事会将内部审计定义为：内部审计是一种独立、客观的保证和咨询活动，其目的是增加组织的价值和改善组织的经营，它通过系统、规范的方法评价和改善组织风险管理，控制和管理过程的有效性，帮助组织实现其目标。

《内部审计准则第一号——内部审计基本准则》（2014年）将内部审计定义为：是一种独立、客观的确认和咨询活动，它通过运用系统、规范的方法，审查和评价组织的业务活动、内部控制和风险管理的适当性和有效性，以促进组织完善治理、增加价值和实现目标。由此可见，评价和改善风险管理以促进组织完善治理、增加价值和实现目标是内部审计的重要服务领域。

三、注册会计师审计的产生与发展

注册会计师审计又称民间审计、独立审计或社会审计，其产生晚于政府审计和内部审计。注册会计师审计产生于意大利合伙企业制度，形成于英国股份制企业制度，发展和完善于美国发达的资本市场。

16世纪地中海沿岸的意大利等商业城市比较繁荣，经营规模不断扩大。单个业主为筹集所需的大量资金，出现了合伙企业。部分合伙人不参与企业的经营管理，企业所有权和经营权有了初步的分离，对注册会计师的审计有了最初需求。参与经营管理的合伙人有责任证明合伙契约得到了认真履行，以保证合伙企业有足够的资金来源。同时，不参与经营管理的合伙人希望监督企业的经营情况，及时了解企业的财务状况，因而在客观上需要一个与任何一方均无利害关系的第三者对合伙企业进行监督和检查。这样就出现了一批具有良好的会计知识和社会信誉、专门从事这种查账与公证工作的人员，他们所进行的查账与公证可以说是注册会计师审计的起源。

18世纪下半叶，英国资本主义经济得到了迅速发展，生产的社会化程度提高。股份有限公司的兴起使企业的所有权与经营权进一步分离，使得对经营管理人员的监督变得十分必要。而公司的经营成果和财务状况，只能通过公司提供的会计报表来反映。由于股东在时间、精力和能力等方面有限,在客观上产生了由独立会计师对公司会计报表进行审计,以保证会计报表真实可靠的需求,现代民间审计制度便应运而生。在由任意审计向法定审计过渡中,1721年英国的"南海公司事件"是注册会计师审计产生的催化剂,促成了注册会计师的诞生。1853年,在苏格兰的爱丁堡创立了世界上的第一个职业会计师协会。此后,各国会计师协会和会计师事务所相继成立,注册会计师队伍逐渐壮大起来。这一时期,注册会计师审计没有成熟的方法和理论依据,只是对账簿记录进行逐笔审查,即详细审计,也称英国式审计。

20世纪初,全球经济发展重心逐步从欧洲转向美国,美国的注册会计师审计得到了迅速发展。1887年美国会计师公会成立,1916年改组为美国会计师协会,后来发展为美国注册公共会计师协会(AICPA),成为世界上最大的民间审计专业团体。这一时期,由于金融资本向产业资本渗透,美国产生了为贷款人及其他债权人服务的资产负债表审计,也称美国式注册会计师审计。1929年至1933年,资本主义世界经历了历史上最严重的经济危机,大批企业倒闭,投资者和债权人蒙受了巨大的经济损失。这在客观上促使企业利益相关者从只关心企业财务状况转变到更加关注企业的盈利水平,产生了对企业损益表进行审计的客观要求。1933年美国证券法规定,在证券交易所上市的企业的会计报表必须接受注册会计师的审计。

第二次世界大战以后,跨国公司得到空前发展,国际资本的流动带动了注册会计师的审计的跨国界发展,形成了一批国际会计师事务所。随着会计师事务所规模的扩大,产生了"八大"国际会计师事务所,20世纪80年代末合并为"六大",之后又合并为"五大"。2002年安达信会计师事务所因参与美国安然公司财务欺诈案而解体。目前,赫赫有名的"四大"会计师事务所为:普华永道(PriceWaterHouse & Coopers)、安永(Ernst & Young)、毕马威(KPMG)和德勤(Deloitte)。

我国注册会计师审计起源于20世纪20年代初。1918年6月谢霖上书北洋政府财政部与农商部,要求推行注册会计师制度,同年9月农商部批准了谢霖起草的《会计师注册章程》,并于9月7日向其颁发了中国第一号注册会计师证书。其后,谢霖在北京创办了我国第一家注册会计师审计组织——正则会计师事务所。

新中国成立后,为适应经济建设的需要,我国在1980年恢复和重建了注册会计师制度。1993年10月国务院颁布了《中华人民共和国注册会计师法》,标志着我国民间审计步入了法制轨道。1996年1月1日颁布并实施了《中国独立审计准则》,有力地促进了民间审计的发展。2006年2月15日,财政部发布了48项《中国注册会计师执业准则》,构成了一个完整的框架体系,这标志着我国与国际惯例趋同的注册会计师执业准则体系正式建立。

四、审计的产生与发展的动因

受托经济责任是审计产生与发展的动因。受托经济责任广泛存在于政府组织、企业外部和企业内部中。对于政府而言,立法部门为责任委托人,各级政府管理部门为受托责任人;对于企业外部而言,股东、债权人为责任委托人,企业管理部门为受托责任人;对于企业内部而言,部门最高行政首脑或企业最高行政首脑为责任委托人,各级管理部门为受托责任人。由于资源所有者将经营管理权委托给受托人后需要对其管理和使用情况进行有效监督,并且资源经营管理人受托经营管理资源所有者的资源后需要向委托人证明自己有效管理和使用资源的情况,以得到相应的报酬或解脱自身的经营管理责任,这都需要有一个具有相对独立身份的第三者加以检查和评价。而审计人员恰好既独立于受托经济责任关系双方当事人,又具备应有的专业技能,因而可以对受托人履行责任情况进行客观公正的评价和鉴证。受托经济责任关系是资源所有者实现对资源的有效管理与使用的必要手段和保证机制,而审计则是受托经济责任关系能够顺利实现的必要手段和保证机制。因此,受托经济责任是审计产生的动因。

民间审计在维系企业受托经济责任关系方面表现得尤为明显。随着社会生产力的发展和规模化大生产的出现,新的企业组织形式——股份制公司形成了,所有权与经营权彻底分离,企业的所有者(委托人)将企业委托给经营者(受托人)进行管理。由于双方都是理性经济人,追求自身效用的最大化,双方的目标函数不一致,表现在委托人追求资本的保值、增值,即财富的最大化。受托人追求自己的薪酬、奢侈消费和闲暇时间的最大化。因为没有有效的制度安排,受托人可能产生"道德风险"和"逆向选择",损害委托人的利益。这样委托人有必要对受托人的行为进行激励和监督。由于双方存在信息不对称,委托人拥有的信息少,受托人掌握的信息多,委托人难以对受托人的经营业绩作出正确的评价。当然,为解决信息不对称,委托人可以自己收集和评价更多的信息,但由于时间、精力和能力的限制,代理成本(交易费用)很高。这样,委托人就希望有一个具有专业知识的独立第三者对受托人的经营业绩进行客观地评价和鉴证;同时,受托人也希望有个第三者对其经营成果进行评价以解脱责任,这样民间审计就应运而生了。

审计也是随着受托经济责任的发展而发展。审计理论与实务的每一次重大发展,无不体现着受托经济责任关系的复杂化、多元化和强化。受托责任最初表现为受托财产保管责任,当受托保管责任向受托经营管理责任转变时,审计从查错防弊转向财务审计,再转向定期财务报表审计,并且使单纯的财务审计向经营审计、管理审计、效益审计和绩效审计发展。

例 1-1·单选题

下列选项中( )标志着我国政府审计的产生。
A. 宰夫　　　B. 御史大夫　　　C. 比部　　　D. 督察院

【正确答案】ABCD

【答案解析】西周出现的宰夫是独立于财计部门之外的职官,标志着我国政府审计的产生。

例 1-2·单选题

注册会计师审计从起源、形成到发展经历了一个较长的过程,在审计发展的不同时期,其主要审计目的也在调整。下列对CPA审计不同阶段的审计目的陈述中,不恰当的是( )。

A. 英式审计阶段,审计主要目的是查错防弊
B. 美式审计阶段,审计主要目的是判断企业信用状况
C. 1929—1933 年后,审计主要目的是保护投资者利益
D. 现代审计目的不再关注舞弊,而是对财务报表发表审计意见

【正确答案】D

【答案解析】现代审计目的是对财务报表发表审计意见,合理保证财务报表不存在重大错

报,包括舞弊,而且强调特别考虑舞弊导致的重大错报风险。

第二节 审计的基本概念

一、审计的概念与属性

(一)审计的概念

审计的定义是对审计实践的抽象与概括,它反映了审计的本质属性。随着审计实践的不断发展和变化,审计的定义也在发生着变化,审计定义的内容更丰富、完善和科学。审计的定义应包括审计的主体、审计的对象和审计的目标等要素。

1972年美国注册会计师协会(AICPA)发布的《审计准则说明书第1号》中对审计的定义为:独立会计师对财务报表进行检查的目的是对其是否按照公认的会计原则公允地反映了财务状况、经营成果和财务状况的变动情况表示意见。1973年美国会计委员会(AAA)下设的审计概念委员会在《基本审计概念说明》中的审计定义是:审计是一种客观地收集与评价有关经济活动和事项断言的证据,以确定其断言与既定标准之间的符合程度并将这些成果传递给利益相关人的系统过程。美国会计学会前会长阿尔文·A·艾伦斯在其编著的《审计学:一种整合方法》一书中对审计的定义为:审计是由有胜任能力的独立人员对特定的经济实体的可计量信息进行收集和评价证据,以确定和报告这些信息与既定标准的符合程度。

《中国注册会计师审计准则第1101号——注册会计师的总体目标和审计工作的基本要求》将审计的概念描述为:"审计的目的是提高财务报表预期使用者对财务报表的信赖程度。""注册会计师针对财务报表是否在所有重大方面按照财务报告编制基础编制并实现公允反映发表审计意见。"

以上职业组织和学者对审计的定义侧重于民间审计。综合上述定义,我们认为审计的一般定义为:审计是一项具有独立性的经济监督活动,是由独立的专职机构或人员接受委托或授权,对被审计单位特定时期的财务报表及其他有关资料的公允性、真实性以及经济活动的合法性、合规性和效益性进行审查、监督、评价和鉴证的活动,其目的在于确定或解除被审计单位的委托经济责任。

(二)审计的属性特征

独立性是审计的灵魂,是保证审计工作顺利进行的必要条件。审计工作涉及三方关系人:第一关系人,即审计主体(审计机构或人员),他们根据审计委托者的委托对被审计单位的财务收支状况及有关人员履行受托经济责任关系情况进行验证、审查,并提出审查报告书或证明书;第二关系人,即被审计单位,他们对审计委托者承担的委托经济责任,须经审计机构或人员验证审查后才能确定或解除;第三关系人,即审计委托者,被审计单位对他们承担某种受托经济责任,他们之间存在一定的权责关系。审计三方关系如图1-1所示。审计关系必须由委托审计者、审计者和被审计者三方面构成,缺少任何一方,独立、客观、公正的审计将不复存在。

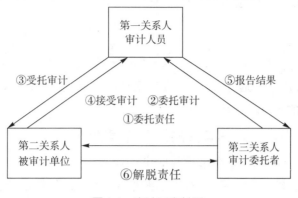

图 1-1　审计三方关系

独立性是审计的重要特征。正因为审计具有独立性,才受到社会的信任,才能保证审计人员依法进行的经济监督活动客观公正,提出证实财务状况和经营成果的审计信息才更有价值,才能对被审计单位确定或解除受托经济责任,更好地发挥审计的监督作用。所以独立性的经济监督活动是审计的属性。没有独立性的经济监督活动,如财政、银行、税务、工商行政管理等部门所从事的经济监督活动,都不能称为审计。

审计的属性,明确揭示了独立性是审计的特征,经济监督是审计的性质。在审计工作过程中,独立性表现在以下三个方面。

1. 机构独立

为确保审计机构独立地行使审计监督权,对审查的事项作出客观公正的评价和鉴证,充分发挥审计监督作用,审计机构应当独立于被审计单位之外。《中华人民共和国审计法》第五条规定:"审计机关依法独立行使审计监督权,不受其他行政机关、社会团体和个人的干涉"。

2. 人员独立

审计人员执行审计业务,必须恪守独立、客观、公正的原则,按照审计范围、审计标准和审计程序进行独立思考,作出公允、合理的评价和结论,不受任何部门、单位和个人的干涉。美国注册会计师协会指出体现审计属性的三个方面:一是审计人员的自主性,即不受委托人的任何影响;二是精神上的独立性,即审计人员必须公正无私、没有任何偏见;三是审计人员地位的独立性,这种独立性应受到公认,为社会所接受。

3. 经济独立

审计机构或组织从事审计业务活动,必须有一定的经济收入和经费来源,以保证其生存和发展。经济独立指审计机构或组织的经济来源应有一定的法律和法规作保证,不受被审计单位的制约。《中华人民共和国审计法》第十一条规定:"审计机关履行职责所必需的经费,应当列入财政预算,由本级人民政府予以保证"。

二、审计的对象与职能

(一)审计的对象

审计对象是指审计的客体,通常把审计的对象高度概括为被审计单位的经济活动。具体地说,它包括以下两个方面的内容。

1. 被审计单位的财务收支及其有关的经营管理活动

不论是传统审计还是现代审计,不论是政府审计还是民间审计、内部审计,都要求以被审计单位客观存在的财务收支及其有关的经营管理活动为审计对象,对其是否真实、合法及其效益情况进行审查和评价,以便对其所负受托经济责任是否认真履行进行确定、证明和监督。根据宪法规定,政府审计的对象,为国务院各部门和地方各级政府的财政收支、国家财政金融机构和企业、事业组织的财务收支。内部审计的对象,为本部门、本单位的财务收支及其有关的经济活动。民间审计的对象,为委托人指定的被审计单位的财务收支及其有关经营管理活动。

2. 被审计单位的各种作为提供财务收支及其有关经营管理活动信息载体的会计资料和其他资料

审计对象主要包括记载和反映被审计单位财务收支、作为会计信息载体的会计凭证、账簿、报表等会计资料以及有关计划、预算、经济合同等其他资料;提供被审计单位的经营管理活动信息的载体。除上述会计资料、计划统计等资料以外,还有经营目标、预测、决策方案、经济活动分析资料、技术资料等其他资料;还包括电子计算机的磁盘、光盘等会计信息载体。以上这些,都是审计的具体对象。

综上所述,审计对象是指被审计单位的财务收支及其有关的经营活动,以及作为提供这些经济活动信息载体的会计资料和其他有关资料。会计资料和其他有关资料是审计对象的现象,其所反映的被审计单位的财务收支和有关的经营管理活动是审计对象的本质。

(二)审计的职能

审计职能是审计本身固有的内在功能。对于审计职能,现在有多种看法,学术界对此意见不一致。但是一些主要职能,如经济监督、经济评价和经济鉴证,已得到大家的认同。

1. 经济监督

监督是指监察和督促。经济监督是审计的基本职能,是指审计人员通过对被审计单位会计信息的审核检查,判断被审计单位的经济活动是否符合既定的标准,对违反标准的经济行为予以揭露并提出纠正措施,或提出处罚意见。从审计的各种形态来看,政府审计的主要功能表现为监督职能,而其他形态的审计较少具有这一职能。

2. 经济评价

评价是指肯定成绩,指出不足。经济评价是指通过审核检查,评定被审计单位的计划、决策等是否科学可行,经济活动是否按照既定的决策和目标进行,经济效益的高低优劣,以及内部控制制度是否健全、有效等,从而有针对性的提出意见和建议,以促使其改善经营管理,提高经济效益。

从内部审计形态来看,审计主要表现为评价职能。

3.经济鉴证

鉴证是指鉴定和证明。经济鉴证是指通过对被审计单位的会计报表及有关经济资料所反映的财务收支和有关经济活动的公允性、合法性的审核检查,确定其可信赖程度,并作出书面证明,以取得审计委托人或其他有关方面的信任。从民间审计形态来看,审计主要表现为鉴证职能。

例1-3·多选题

以下对注册会计师审计含义理解中,恰当的有(　　)。

A. 注册会计师在财务报表审计中应根据被审计单位所采用的会计准则和会计制度来判断其财务报表的编制是否合法,财务报表反映的内容是否公允

B. 注册会计师在财务报表审计中应当查出财务报表中所有重大舞弊

C. 注册会计师财务报表审计的核心环节是对财务报表重大错报风险的"识别、评估和应对"

D. 注册会计师必须获取基于财务报表认定的充分适当的审计证据才能对财务报表发表审计意见

【正确答案】ACD

【答案解析】选项 A 正确,会计准则和会计制度就是注册会计师判断的"既定标准";选项 B 不正确,注册会计师审计目的是对财务报表发表审计意见,而不是专门审查财务报表重大舞弊,同时注册会计师很难查出管理层串通舞弊;选项 C 正确,注册会计师审计工作核心环节是对财务报表重大错报风险的"识别、评估和应对";选项 D 正确,注册会计师只有在获取充分适当的审计证据后才能对财务报表发表审计意见。

第三节　审计种类

按照审计本质的分类称为基本分类。审计按其主体和按其目的、内容的分类,属基本分类。

一、按照审计主体分类

(一)政府审计

政府审计是指由政府审计机关执行的审计。在我国,政府审计机关包括按我国宪法规定由国务院设置的审计署,由各省、自治区、直辖市、市、县级等地方各级政府设置的审计局和政府在地方或中央各部委设置的派出审计机关。政府审计机关主要是依法对国务院各部门和地方各级人民政府及其各部门、国有金融机构、国有企业事业单位以及其他有国有资产的单位的财政、财务收支进行的审计监督。

(二)内部审计

内部审计是指由本部门或本单位内部设立的审计机构或专门人员实施的审计。部门内部审

计是由政府各部门的审计机构或专职审计人员对本部门及其所属单位的财政财务收支及经济活动所进行的审计监督。单位内部审计是企事业单位内部设置的审计机构或专职的审计人员，对本单位的财务收支及经济活动进行的审计。

(三)社会审计

社会审计是指由经有关部门审核批准成立的会计师事务所实施的审计。它是一种委托审计，审计的内容和目的取决于委托人的要求。会计师事务所接受政府审计机关、国家行政机关、企业事业单位和个人的委托，依法对被审计单位的财务收支及其经济效益承办审计鉴证、经济案件鉴定、注册资本验证和年检、管理咨询服务等项业务。社会审计是商品经济发展的产物，是财产所有权与经营权相分离的必然结果。随着我国社会主义市场经济体制的完善，社会审计将在整个审计监督体系中占据日益重要的地位。本书在以后的章节中侧重介绍社会审计。

政府审计、内部审计与社会审计三者的主要区别如表1-1所示。

表1-1 政府审计、内部审计与民间审计的主要区别

审计类型	审计目标	审计标准	独立性
政府审计	对单位的财政收支或财务收支的真实性、合法性和效益性进行审计	依据《中华人民共和国审计法》和国家审计准则	独立性较弱(单向独立)
内部审计	根据规定对组织内部的经营活动以及内部控制的适当性、合法性和有效性进行审计	依据内部审计准则	独立性较弱(单向独立)
社会审计	受托对被审计单位的财务报表的合法性和公允性进行审计	依据《中华人民共和国注册会计师法》和中国注册会计师执业准则	独立性较强(双向独立)

二、按照审计的内容和目的分类

(一)财政财务审计

财政财务审计也称为传统审计，由财政审计和财务审计组成。财政审计是国家审计机关对各级财政资金及预算外资金的管理和使用情况的真实性、合法性进行的审计。财务审计是审计单位对被审计单位的财务收支情况的真实性和合法性所进行的审计。财务审计又可分为两大类：一是审计单位对国有金融机构和企事业单位以及其他与财政机关有关的单位的财务收支活动的审计；二是审计单位对外商投资企业、股份制企业以及其他企业的财务报表所陈述的财务状况、经营成果和现金流量等重大方面的真实性、合法性所进行的审计。

(二)财经法纪审计

财经法纪审计，是指政府审计机关对被审计单位严重违反财经法纪而损害国家利益的行为所进行的专项审计。其目的是与经济活动中的贪污、行贿受贿等有损国家和集体利益的行为作斗争，保证国家经济方面的法律、法规、规章和制度的贯彻落实。财经法纪审计的特点是根据检举或

已发现的问题,对有关单位或人员进行立案审查。

(三)经济效益审计

经济效益审计是指以改善经营管理、提高经济效益为目的,对诸多影响被审计单位经济效益的因素所进行的审查、分析和评价活动。经济效益审计的内容不仅包括被审计单位的各项财政财务收支活动,而且包括其组织结构、内部管理制度、生产作业流程和管理业绩等一系列影响被审计单位经济效益的因素。因此可以说经济效益审计是传统审计即财政财务审计的发展。

三、审计的其他分类

(1)按对象范围不同,可以分为全部审计、局部审计和专项审计。
(2)按实施的时间不同,可以分为事前审计、事中审计和事后审计。
(3)按执行的地点不同,可以分为报送审计和就地审计。
(4)按审计主体与被审计单位的关系不同,可以分为外部审计和内部审计。
(5)按审计技术和方法不同,可以分为账表导向审计、系统导向和风险导向审计。

账表导向审计是围绕会计账簿、会计报表的编制过程进行的,通过对账表上的数据进行详细检查来判断是否存在舞弊行为和技术性错误。账表导向审计是审计技术和方法发展的第一阶段。

系统导向审计建立在对内部控制系统评价的基础上,当测试控制结果表明内部控制系统可以信赖时,在实质性测试阶段只抽取少量样本就可以得出审计结论;当测试控制结果表明内部控制系统不可靠时,才根据内部控制的具体情况扩大审查范围。系统导向审计是财务审计发展的高一级阶段。

风险导向审计产生于20世纪90年代后期,它是以战略观和系统观为指导思想,以被审计单位的战略经营风险为导向,以风险的识别、评估和应对程序为中心,侧重于评估财务报表重大错报风险的审计模式,是审计技术和方法发展的最新阶段。

例 1-4·单选题

下列哪个选项不属于按照审计主体分类的(　　)。

A. 政府审计

B. 内部审计

C. 注册会计师审计

D. 内部控制审计

【正确答案】D

【答案解析】按照审计主体分类,审计可以分为政府审计、社会审计(注册会计师审计)、内部审计。

第四节 审计组织与审计人员

一、国家审计机关与人员

(一)我国国家审计机关的设置

根据《中华人民共和国宪法》和《中华人民共和国审计法》的规定,我国的国家审计机关分为国务院和地方两级,实行统一领导,分级负责的原则。国务院设立审计署,在国务院总理的领导下,主管全国的审计工作,对国务院负责并报告工作。审计署设审计长一人,副审计长若干人。审计长由总理提名,全国人民代表大会决定,国家主席任命,副审计长由国务院任命。

审计机关根据工作需要,可以在重点地区、部门设立派出机构,进行审计监督。审计署向重点地区、城市和计划单列派出的代表人员,在该地区和城市组成审计特派员办事处,代表审计署执行审计业务,解决某些地方审计局难以解决的审计项目。

审计机关还可按工作内容和范围分设财政、金融、外贸外资、农林水基本建设、科教文卫等职能部门,开展对行政机关、企业、事业、团体、军队等各种专业性审计工作。另外,审计机关还可以设置科研培训机构,开展审计科学研究和培训审计人员。

县以上各级人民政府设立审计局(厅)分别在该级行政长官和上一级审计机关的领导下,负责本行政区的审计工作。地方审计机关实际上处于本级政府和上一级审计机关的双重领导。

(二)我国国家审计机关的职责

根据我国《审计法》和《审计法实施条例》的规定,我国国家审计机关的主要职责是对本级人民政府各部门、下级人民政府、国家金融机关、全民所有制企事业单位以及其他国有资产单位的财政财务收支的真实性和合法性以及经济效益状况进行监督。主要包括以下职责。

1. 审计机关对本级各部门和下级政府的预算执行情况和决算以及其他财政财收支情况,进行审计监督。

2. 审计署在国务院总理的领导下,对中央预算执行情况和决算以及其他财政财收支情况,进行审计监督预算,向国务院总理提出审计结果报告。

3. 审计署对中央银行的财务收支,进行审计监督。

4. 审计机关对国家的事业组织以及使用财政资金的其他事业组织的财务收支,进行审计监督。

5. 审计机关对政府投资和以政府投资为主的建设项目的预算执行情况和决算,进行审计监督。

6. 审计机关对政府部门管理的和其他单位受政府委托管理的社会保障基金、社会捐赠资金以及其他有关基金、资金的财务收支,进行审计监督。

7. 审计机关对国际组织和外国政府援助、贷款项目的财务收支,进行审计监督。

8. 审计机关按照国家有关规定,对国家机关和依法属于审计机关监督对象的其他单位的主要负责人,在任职期间由本地区、本部门或者本单位的财政收支、财务收支以及有关经济活动应负经济责任的履行情况,进行审计监督。

9. 审计机关有权对与国家财政收支有关的特定事项,向有关地方、部门、单位进行专项审计调查,并向本级人民政府和上一级审计机关报告审计调查结果。

10. 审计机关根据被审计单位的财政、财务隶属关系或者国有资产监督管理关系,确定审计管辖范围。

(三)我国国家审计机关的权限

国家审计机关在审计过程中,行使下列权限。

1. 审计机关有权要求被审计单位按照规定报送预算或者财务收支计划、预算执行情况、决算、财务报告,以及其他与财政收支或财务收支有关的资料。

2. 审计机关进行审计时,有权检查被审计单位的会计凭证、会计账簿、会计报表以及其他与财政财务收支有关的资料。

3. 审计机关进行审计时,有权就审计事项的有关问题向有关单位和个人进行调查,并取得有关证明材料。

4. 审计机关对被审计单位正在进行的违反国家规定的财政财务收支行为有权予以制止;制止无效的,经县级以上审计机关负责人批准,通知财政部门和有关主管部门暂停拨付与违反国家规定的财政财务收支行为直接有关的款项。

5. 审计机关进行审计时,被审计单位不得转移、隐匿、篡改、毁弃会计凭证、会计账簿,财务报表以及其他与财政收支和财务收支有关资料,不得转移、隐匿所持有的违反国家规定取得的资产。

6. 审计机关认为被审计单位所执行的上级主管部门有关财政收支、财务收支的规定与法律、行政法规相抵触的,应当建议有关主管部门纠正;有关主管部门不予纠正的,审计机关应该提请有权处理的机关依法处理。

7. 审计机关履行审计监督职责,可以提请公安、监察、财政、税务、海关、价格、工商行政管理等机关予以协助。

8. 审计机关可以向政府有关部门或者向社会公布审计结果等。

(四)政府审计人员

政府审计人员是指在政府审计机关中从事审计工作的人员。政府审计人员一般属于公务员。有些国家的审计机关设有职称,而有些国家的审计机关则不设职称,不过对政府审计人员的要求还是比较严格的。我国对国家审计人员设置了职称制度,职称分为三种:高级审计师、审计师和助理审计师。高级审计师采取考评结合的方式评定,审计师和助理审计师则采用考试的形式评定。

审计工作要求审计人员不仅具备良好的专业知识,还要具有良好的职业道德。我国的国家审计人员应符合以下要求:熟悉有关的法律、法规和政策;掌握会计、审计及其他相关专业知识;有一定的会计、审计及其他相关专业的工作经历;具有调查研究、综合分析和文字表达能力;具有良好的职业道德。

(五)最高审计机关国际组织

最高审计机关国际组织是联合国经济和社会理事会下属的,由联合国成员国的最高审计机关组成的非政府间的永久性国际审计组织。这个组织是各国经过长期筹备以后才建立起来的。1968年在东京举行大会,制定了组织章程,通过了东京宣言,正式宣布"最高审计机关国际组织"成立。截至2005年,世界上已有190多个国家设置了适应各自国情的政府审计机关,有160多个国家的政府审计机关加入了最高审计机关国际组织。

最高审计机关国际组织规定联合国组织及其任何一个专门机构中的所有成员国的最高审计组织均可参加,但各国政府对审计组织不承担任何义务。该组织的宗旨是互相介绍情况,交流经验,推动和促进各国最高审计组织更好地完成该国的审计工作。该组织每三年召开一次代表大会,各国可将有关问题、意见和建议提交大会讨论。经国务院批准,我国于1982年派代表参加了该组织在马尼拉召开的第十一届代表大会,并于1983年我国审计署成立后正式加入了该组织。这有利于我国审计机关与外国审计机关交流经验,互通信息,有利于借鉴国外审计理论与方法,加速我国审计事业的发展。

二、内部审计机构与人员

(一)内部审计机构的设置

我国的内部审计机构是根据审计法规和其他财经法规的规定设置的,主要包括部门内部审计机构和单位内部审计机构。

1. 部门内部审计机构。国务院和县级以上地方各级人民政府和部门,应当建立内部审计监督制度,根据审计业务需要,分别设立审计机构并配备审计人员,在本部门主要负责人的领导下,负责所属单位和本行业的财务收支及其经济效益的审计。

2. 单位内部审计机构。大中型企业事业单位应当建立内部审计监督制度,设立审计机构,在本单位主要负责人的领导下,负责本单位的财务收支及其经济效益的审计。内部审计机构在本单位主要负责人或者在董事会的领导下开展内部审计工作。审计业务少的单位和小型企业事业单位,可设置专职的内部审计人员,而不设立独立的内部审计机构,企事业单位可以根据需要,设立审计委员会,配备总审计师。

不管是部门内部审计机构还是单位内部审计机构,都有其专职业务,其性质和会计检查并不相同,因此必须单独设立,并受本部门或本单位主要负责人的领导。内部审计机构不应设在财会部门之内,受财会负责人的领导,因为这样设置机构难以开展内部审计工作。

(二)内部审计机构的职责

内部审计机构按照本单位主要负责人或者权力机构的要求,履行下列职责:
对本单位及所属单位的财政收支、财务收支及其有关的经济活动进行审计;
对本单位及所属单位预算内、预算外资金的管理和使用情况进行审计;
对本单位内设机构及所属单位领导人员的任期经济责任进行审计;

对本单位及所属单位固定资产投资项目进行审计；

对本单位及所属单位内部控制制度的健全性和有效性以及风险管理进行评审；

对本单位及所属单位经济管理和效益情况进行审计；

法律、法规规定以及本单位主要负责人或者权力机构要求办理的其他审计事项。

(三)内部审计机构的权限

单位主要负责人或者权力机构应当制定相应规定，确保内部审计机构具有履行职责所必需的权限，主要包括：

要求被审计单位按时报送生产、经营、财务收支计划、预算执行情况、决算、财务会计报告和有关的文件和资料；

参加本单位有关会议，召开与审计事项有关的会议；

对审计中的有关事项，进行调查并获取证明材料；

对阻挠、破坏审计工作以及拒绝提供有关资料的，经单位领导人批准，可以采取封存账册和资财等临时措施，并提出追究有关人员责任的建议；

提出制止、纠正和处理违反财经法纪行为的意见，以及改进经营管理、提高经济效益的建议；

参与研究制定有关的规章制度，提出内部审计规章制度，由单位审定公布后施行；

检查有关生产、经营和财务活动的资料、文件和现场勘察实物；

检查有关的计算机系统及其电子数据和资料。

单位主要负责人或者权力机构在管理权限范围内，授予内部审计机构必要的处理、处罚权：

被审计单位不配合内部审计工作，拒绝审计或者提供资料、提供虚假资料、拒不执行审计结论或者报复陷害内部审计人员的，单位主要负责人或者权力机构应当及时予以处理；构成犯罪的，移交司法机关追究刑事责任；

被审计单位无正当理由拒不执行审计结论的，内部审计机构应当责令其限期改正；拒不改正的，报请单位主要负责人或者董事会依照有关规定予以处理；

对被审计单位违反财经法规，造成严重损失浪费行为负有直接责任的主管人员和其他直接责任人，构成犯罪的，依法追究刑事责任；不构成犯罪的，依照有关规定处理。

(四)内部审计人员

内部审计人员是指单位内部专门从事审计工作的人员。因此，内部审计的独立性相对弱化。这就使得内部审计机构对审计人员的素质要求较高，尤其在职业道德方面。

我国虽然加入了国际内部审计师协会，同时有部分审计人员参加了国际内部审计师(CIA，Certified Internal Auditor)考试并获得了国际内部审计师资格认定，但国内内部审计人员的资格认定尚未形成一个统一的标准。

(五)国际内部审计师协会(Institute of Internal Auditors, IIA)

1941年美国内部审计师协会在纽约正式成立，标志着传统内部审计工作开始向现代内部审计发展。1941年12月9日，内部审计师协会召开了第一届年会，1944年4月在加拿大多伦多和

1948年2月在伦敦建立的分会标志着内部审计师协会已超越美国国界而成为国际性组织。该协会的宗旨是为会员完成各项专业职责和促进内部审计事业的发展提供服务。内部审计师协会经过半个多世纪的发展,现已成为拥有200多个分会,7万多名会员的内部审计师专业组织和国际性学术团体。我国于1987年以"中国内部审计学会"名义加入了国际内部审计师协会,成为其国家分会之一,并自该年起派我国内部审计学会代表团出席其年会。

国际内部审计师协会自1974年起在全球指定地点举行注册内部审计师考试,给考试合格者颁发注册内部审计师证书,授予"国际注册内部审计师(CIA)"称号,它不仅是国际内部审计领域专家的标志,也是目前国际审计界唯一公认的职业资格。1998年中国内部审计协会与国际内部审计师协会签订协议,将国际注册内部审计师成功引入我国。

三、社会审计组织与人员

(一)会计师事务所

社会审计组织是指根据国家法律或条例规定,经政府有关部门审核、注册登记的会计师事务所。会计师事务所是经国家批准成立的依法独立承办审计业务和会计咨询等单位。会计师事务所实行自收自支、独立核算、依法纳税,会计师事务所是注册会计师的工作机构,注册会计师只有加入会计师事务所才能承办法定业务。具体形式将在第五节阐述。

(二)注册会计师

注册会计师是指取得注册会计师证书并在会计师事务所执业的人员。在国外一般称为会计师,是指取得注册会计师证书并在会计师事务所执业的人员,英文全称Certified Public Accountant,简称为CPA,指的是从事社会审计/中介审计/独立审计的专业人士。在其他一些国家将国际会计师,称为AIA,比如英国、澳大利亚、加拿大。在国际上说会计师一般是说注册会计师,而不是我国的中级职称概念的会计师。

第五节 注册会计师管理

1993年10月31日第八届全国人大常委会第四次会议通过并于1994年1月1日起施行的《中华人民共和国注册会计师法》(以下简称《注册会计师法》)是我国注册会计师法律制度的基本规范,构成了注册会计师行业管理的法律依据。

一、注册会计师考试与注册

(一)注册会计师考试

国家实行注册会计师全国统一考试制度,考生可以通过注册会计师全国统一考试取得注册会计师资格。

1. 考试组织

《中华人民共和国注册会计师法》(以下简称《注册会计师法》)规定,注册会计师全国统一考试办法由财政部制定,中国注册会计师协会负责具体组织实施工作。财政部成立注册会计师考试委员会(以下简称财政部考委会),组织领导注册会计师全国统一考试工作。财政部考委会设立注册会计师考试委员会办公室(以下简称财政部考办),组织实施注册会计师全国统一考试工作。财政部考办设在中国注册会计师协会。

各省、自治区、直辖市财政厅(局)成立地方注册会计师考试委员会(以下简称地方考委会),组织领导本地区注册会计师全国统一考试工作。地方考委会设立地方注册会计师考试委员会办公室(以下简称地方考办),组织实施本地区注册会计师全国统一考试工作。地方考办设在各省、自治区、直辖市注册会计师协会。

财政部考委会确定考试组织工作原则,制定考试工作方针、政策,审定考试大纲,确定考试命题原则,处理考试组织工作的重大问题,指导地方考委会工作。地方考委会贯彻、实施财政部考委会的决定,处理本地区考试组织工作的重大问题。

2. 考试条件

根据《注册会计师法》及《注册会计师全国统一考试办法》的规定,具有下列条件之一的中国公民,可以报名参加考试:高等专科以上学历;会计或者相关专业(指审计、统计、经济)中级以上专业技术职称。

根据《港澳台地区居民和外国籍公民参加中华人民共和国注册会计师统一考试办法》的规定,中国香港、澳门、台湾地区居民及按对等原则确认的外国籍公民具有下列条件之一者,可申请参加考试:具有教育部主管部门认可的境内外高等专科以上学校毕业的学历;已取得境外法律认可的注册会计师资格(或其他相应资格)。这里所指的对等原则,是指外国籍公民所在国允许中国公民参加该国注册会计师(或其他相应资格)考试,中国政府亦允许该国公民参加中国注册会计师统一考试。

通过注册会计师全国统一考试,考试科目全科成绩合格的,可以申请办理注册会计师考试全科合格证书,并可以申请加入注册会计师协会,成为注册会计师协会的非执业会员。

3. 考试科目

注册会计师考试科目有:《会计》《审计》《财务成本管理》《经济法》《税法》《公司战略与风险管理》。除上述六科外,还考一门"综合"。考试范围在中国注册会计师协会考试委员会每年发布的考试大纲中确定。考试方式为无纸化考试。考试分为专业阶段和综合阶段,专业阶段考试时间一般每年九月的第三个双休日,综合阶段考试时间一般每年九月的第四个星期六。

(二)注册会计师注册

根据《注册会计师法》的规定,参加注册会计师全国统一考试成绩合格,并从事审计业务工作两年以上的,可以向省、自治区、直辖市注册会计师协会申请注册。省级注册会计师协会负责注册会计师的审批,受理的注册会计师协会应当批准符合法律规定条件的申请人的注册,并报财政部备案。

除有规定的不予注册的情形外,受理申请注册的省级注册会计师协会应当准予注册。不予注册的情形有:不具有完全民事行为能力的;因受刑事处罚的;因在财务、会计、审计、企业管理或者经济管理工作中犯有严重错误受行政处罚、撤职以上处分的;自行停止执行注册会计师业务满1年的。

二、注册会计师业务范围

根据《注册会计师法》的规定,注册会计师依法承办审计业务和会计咨询、会计服务业务。此外,注册会计师还根据委托人的委托,从事审阅业务、其他鉴证业务和相关服务业务。

(一)审计业务

1. 审查企业财务报表,出具审计报告
2. 验证企业资本,出具验资报告
3. 办理企业合并、分立、清算事宜中的审计业务,出具有关报告
4. 办理法律、行政法规规定的其他审计业务,出具相应的审计报告

(二)审阅业务

审阅业务的目标,是注册会计师在实施审阅程序的基础上,说明是否注意到某些事项,使其相信财务报表没有按照适用的会计准则和相关会计制度的规定编制,未能在所有重大方面公允反映被审阅单位的财务状况、经营成果和现金流量。相对审计而言,审阅程序简单,保证程度有限,审阅成本也较低。

(三)其他鉴证业务

除了审计和审阅业务外,注册会计师还承办其他鉴证业务,如预测性财务信息审核、系统鉴证等,这些鉴证业务可以增强使用者的信任程度。

我国注册会计师承办的业务范围较为广泛,既有针对历史财务信息的审计和审阅业务,又有历史财务信息以外的其他鉴证业务。

(四)相关服务

相关服务包括对财务信息执行商定程序、代编财务信息、税务服务、管理咨询以及会计服务等。

三、会计师事务所

(一)会计师事务所组织形式

会计师事务所是注册会计师依法承办业务的机构。根据《注册会计师法》的规定,我国会计师事务所分为合伙会计师事务所和有限责任会计师事务所两种形式。合伙会计师事务所是由两名以上符合规定条件的合伙人,以书面协议形式,共同出资、共同执业,以各自财产对事务所的债务

承担连带责任的会计师事务所。有限责任会计师事务所是指由注册会计师发起设立、承办注册会计师业务并承担有限责任的会计师事务所。有限责任会计师事务所对其全部资产对其债务承担责任。

综观各国会计师事务所的组织形式，会计师事务所主要有独资、普通合伙、有限责任、有限责任合伙四种组织形式。

1. 独资会计师事务所

独资会计师事务所又称为"个人会计师事务所"，由具有注册会计师执业资格的个人独立开业，承担无限责任。其优点是，对执业人员的需求不多，容易设立，执业灵活，能够在代理记账、代理纳税等方面很好地满足小型企业对注册会计师服务的需求，虽承担无限责任，但实际发生风险的程度相对较低。缺点是无力承担大型业务，缺乏发展后劲。

2. 普通合伙会计师事务所

普通合伙会计师事务所是由两位或两位以上合伙人组成的合伙组织。合伙人以各自的财产对事务所的债务承担无限连带责任。其优点是，在风险的牵制和共同利益的驱动下，促使事务所提高执业质量，扩大业务规模，提高控制风险的能力。缺点是，建立一个跨地区、跨国界的大型会计师事务所要经历一个漫长的过程。同时，任何一个合伙人执业中的失误或舞弊行为，都可能给整个会计师事务所带来灭顶之灾，使之一日之间土崩瓦解。

3. 有限责任会计师事务所

有限责任会计师事务所由注册会计师认购会计师事务所股份，并以其所认购股份对会计师事务所承担有限责任。会计师事务所以其全部资产对其债务承担有限责任。它的优点是，可以通过公司制形式迅速聚集一批注册会计师，组成大型会计师事务所，承办大型业务。缺点是，降低了风险责任对执业行为的高度制约，弱化了注册会计师的个人责任。

4. 有限责任合伙会计师事务所

有限责任合伙会计师事务所，在我国又称为"特殊的普通合伙会计师事务所"。无过失的合伙人对于其他合伙人的过失或不当执业行为以自己在事务所的财产为限承担责任，不承担无限责任，除非该合伙人参与了过失或不当执业行为。它的最大特点在于既融入了普通合伙和有限责任会计师事务所的优点，又摒弃了它们的不足。这种组织形式是为顺应经济发展对注册会计师行业的要求，于20世纪90年代初期兴起的，到1995年底，原"六大"国际会计公司在美国的执业机构已完成了向有限责任合伙的转型。有限责任合伙会计师事务所已成为当今注册会计师职业界组织形式发展的一大趋势。

从国际惯例来看，会计师事务所的执业登记都由注册会计师行业主管机构统一负责。会计师事务所必须经过行业主管机关或注册会计师协会的批准登记并由注册会计师协会予以公告。独资会计师事务所和普通合伙会计师事务所经过这个程序即可开业，有限责任会计师事务所一般还应当进行公司登记。

(二)会计师事务所设立条件

1. 设立合伙会计师事务所的条件

申请设立合伙会计师事务所，应当具备下列条件：2名以上的合伙人；书面合伙协议；会计师事务所的名称;固定的办公场所。

2. 设立有限责任会计师事务所的条件

申请设立有限责任会计师事务所,应当具备以下条件:5名以上的股东;一定数量的专职从业人员;不少于人民币30万元的注册资本;股东共同制定的章程;会计师事务所的名称;固定的办公场所。

3. 成为会计师事务所合伙人或者股东的条件

会计师事务所的合伙人或者股东,应当具备下列条件:持有注册会计师证书;在会计师事务所执业;成为合伙人或者股东前3年内没有因为执业行为受到行政处罚;有取得注册会计师证书后最近连续5年在会计师事务所从事法定审计业务的经历,其中在境内会计师事务所的经历不少于3年;成为合伙人或者股东1年内没有因采取隐瞒或提供虚假材料、欺骗、贿赂等不正当手段申请设立会计师事务所而被省级财政部门作出不予受理、不予批准或者撤销会计师事务所的规定。

四、注册会计师协会

中国注册会计师协会(The Chinese Institute of Certified Public Accountants,CICPA),于1988年11月15日成立。根据《注册会计师法》,中国注册会计师协会是注册会计师行业的全国组织,接受财政部、民政部的监督和指导。省、自治区、直辖市注册会计师协会是注册会计师行业的地方组织。

中国注册会计师协会的宗旨是服务、监督、管理、协调,即以诚信建设为主线,服务本会会员,监督会员执业质量、职业道德,依法实施注册会计师行业管理,协调行业内、外部关系,维护社会公众利益和会员合法权益,促进行业科学发展。

(一)中国注册会计师协会会员

中国注册会计师协会的会员分为个人会员和团体会员。会员入会均须履行申请和登记手续。

1. 个人会员

凡参加注册会计师全国统一考试全科合格并经申请、批准和依照原规定考核取得本会会员资格者,为中国注册会计师协会的个人会员。个人会员分为执业会员和非执业会员;其中,依法取得中国注册会计师执业证书的,为执业会员。

2. 团体会员

依法批准设立的会计师事务所,为中国注册会计师协会的团体会员、会员拒不履行义务的,以及不再具备会员资格的,理事会可劝其退会或予以除名。

3. 名誉会员

对注册会计师行业做出重大贡献的境内、外有关知名人士,经有关方面推荐,由理事会批准,可授予名誉会员称号。符合规定条件的个人会员,经理事会批准,可授予资深会员称号。

(二)协会权力机构和常设办事机构

1. 会员代表大会

中国注册会计师协会最高权力机构为全国会员代表大会。全国会员代表大会每五年举行一次,必要时,由理事会决定延期或提前举行。延期召开全国会员代表大会的期限不得超过一年。

2. 理事会与常务理事会

全国会员代表大会选举理事若干人组成理事会。每届理事会任期五年,理事可以连选连任。理事会会议每年举行一次,必要时,可以提前或推迟召开。理事会对全国会员代表大会负责。

理事会选举会长一人、副会长若干人、常务理事若干人。会长、副会长、常务理事的任期与理事相同。理事会可聘请名誉会长若干人。如果理事、常务理事工作发生变动,或者因其他情况需要更换或增补的,经理事会批准,予以更换或增补。常务理事会于理事会闭会期间行使理事会职权。会长代表召集、主持理事会和常务理事会会议,并监督、检查其决议的贯彻实施。副会长协助会长工作。

3. 常设执行机构

中国注册会计师协会设秘书处,为协会常设执行机构。秘书处负责具体落实会员代表大会、理事会、常务理事会的各项决议、决定,承担协会的日常工作。

协会设秘书长1人,副秘书长若干人。秘书长和副秘书长由财政部推荐,理事会表决通过。秘书长为协会的法定代表人。秘书长主持秘书处日常工作,副秘书长协助秘书长工作。秘书处各职能部门的设置,由秘书长提出方案,经理事会审议后,报财政部批准。

4. 专门委员会与专业委员会

理事会设若干专门委员会。专门委员会是理事会履行职责的专门工作机构,对理事会负责。

理事会设若干专业委员会。专业委员会负责处理行业发展中的专业技术问题,对理事会负责。

各专门委员会、专业委员会的设置、调整、具体职责和运作规则,以及委员的聘任和解聘,由秘书长提出方案,理事会批准。

5. 地方注册会计师协会

各省、自治区、直辖市注册会计师协会是中国注册会计师协会的地方组织,其章程由当地会员代表大会依法制定,并报中国注册会计师协会和当地政府主管行政机关备案。

例1-5·单选题

下列各项中,不属于鉴证业务的是(　　)。

A. 审计业务　　　B. 审阅业务　　　C. 其他鉴证业务　　　D. 商定程序

【正确答案】D

【答案解析】执行商定程序属于相关服务业务。

课后练习

复习思考题

1. 简要说明审计产生和发展的动因。
2. 如何理解发审计关系。
3. 审计有哪些分类？
4. 说明国家审计、内部审计和社会审计之间的联系与区别。
5. 注册会计师业务范围包括哪些内容？

单项选择题

1. 审计产生的客观基础是（　　）。
   A. 受托经济责任关系　　　　　　B. 生产发展的需要
   C. 会计发展的需要　　　　　　　D. 管理的现代化

2. 在秦汉时期，（　　）制度日趋完善。
   A. 监察　　　　　　　　　　　　B. 御史
   C. 上计　　　　　　　　　　　　D. 下计

3. 世界上第一个职业会计师的专业团体是（　　）。
   A. 爱丁堡会计师协会　　　　　　B. 国际会计师联合会
   C. 威尔士特许会计师协会　　　　D. 内部审计师协会

4. 英国式审计是（　　）。
   A. 详细审计　　　　　　　　　　B. 会计报表审计
   C. 资产负债表审计　　　　　　　D. 现代审计

5. 下列有关财务报表审计的说法中，错误的是（　　）。
   A. 财务报表审计的目的是改善财务报表的质量或内涵
   B. 财务报表审计的基础是独立性和专业性
   C. 财务报表审计可以有效满足财务报表预期使用者的需求
   D. 财务报表审计提供的合理保证意味着注册会计师可以通过获取充分、适当的审计证据消除审计风险

多项选择题

1. 只有由（　　）三方面关系人构成的关系，才是审计关系。
   A. 审计人　　　　　　　　　　　B. 被审计人
   C. 审计委托人　　　　　　　　　D. 当事人

2. 英国式审计阶段的特点是（　　）。
   A. 审计目的是查错防弊　　　　　B. 审计对象是会计账目
   C. 审计方法是详细审计　　　　　D. 审计报告使用人是股东

3. 由于审计环境的变化，注册会计师的审计方法一直随着审计环境的变化而变化，审计方法

包括( )。

  A. 报表基础审计   B. 制度基础审计

  C. 风险导向审计   D. 账项基础审计

4. 注册会计师审计从形成到发展经历了( )。

  A. 政府审计阶段   B. 详细审计阶段

  C. 资产负债表审计阶段   D. 财务报表审计阶段

5. 关于财务报表审计,下列说法中正确的有( )。

  A. 为了满足三方关系,财务报表的预期使用者不能包括被审计单位管理层

  B. 审计的目的是对被审计单位财务报表不存在舞弊导致的重大错报获取合理保证

  C. 审计提供的是一种高水平的保证而不是绝对保证

  D. 审计的最终产品是审计报告

第二章

审计目标与审计过程实现

◎ **本章学习目标**

通过本章的学习，要求学生理解并掌握审计目标的历史演进，理解解并掌握财务报表审计的总体目标；理解并掌握管理层认定的含义、各个认定层次的具体目标；了解如何实现审计目标、实现审计目标的主要流程；熟悉管理层责任与注册会计师责任的区别与联系。

第一节 审计总体目标

审计目标是在一定历史环境下,是审计主体通过审计实践活动所期望达到的最终结果,是审计工作的出发点和终结点。审计主体不同,审计目标的侧重点也有所不同。本教材主要讲述注册会计师审计目标。它包括财务报表审计的总体目标以及与各类交易、账户余额、列报相关的具体审计目标两个层次。

一、财务报表审计的总体目标

中国注册会计师审计准则《第1101号——注册会计师的总体目标和审计工作的基本要求》第二十五条规定:在执行财务报表审计工作时,注册会计师的总体目标如下。

对财务报表整体是否不存在由于舞弊或错误导致的重大错报获取合理保证,使得注册会计师能够对财务报表是否在所有重大方面按照适用的财务报告编制基础编制发表审计意见。

按照审计准则的规定,根据审计结果对财务报表出具审计报告,并与管理层和治理层沟通。

审计的目的是提高财务报表预期使用者对财务报表的信赖程度。这一目的可以通过注册会计师对财务报表是否在所有重大方面按照适用的财务报告编制基础编制发表审计意见得以实现。就大多数通用目的财务报告编制基础而言,注册会计师针对财务报表是否在所有重大方面按照财务报告编制基础编制并实现公允反映发表审计意见。

二、财务报表审计的作用和局限性

财务报表审计属于鉴证业务。注册会计师作为独立第三方,运用专业知识、技能和经验对财务报表进行审计并发表审计意见,旨在提高财务报表的可信赖程度。由于审计存在固有限制,审计工作不能对财务报表整体不存在重大错报提供绝对保证。虽然财务报表使用者可以根据财务报表和审计意见对被审计单位未来生存能力或管理层的经营效率、经营效果作出某种判断,但审计意见本身并不是对被审计单位未来生存能力或管理层经营效率、经营效果提供的保证。

三、目标的导向作用

财务报表审计的目标对注册会计师的审计工作发挥着导向作用,它界定了注册会计师的责任范围,直接影响注册会计师计划和实施审计程序的性质、时间和范围,决定了注册会计师如何发表审计意见。例如,既然财务报表审计目标是对财务报表整体发表审计意见,注册会计师就可以只关注与财务报表编制和审计有关的内部控制,而不对内部控制本身发表鉴证意见。同样,注册会计师关注被审计单位的违反法规行为,是因为这些行为影响到财务报表,而不是对被审计单位是否存在违反法规行为提供鉴证。

案例阅读

20世纪90年代,西方国家公司造假、审计失败还是层出不穷,审计诉讼案件大增,赔偿额也越来越大,一个个丑闻震惊世界。1993年,美国的一个州法院作出决定,要求普华会计师事务所赔偿渣打银行3.38亿美元的损失。施乐公司在1997年至2000年4年间总共虚报了近30亿美元的损失和15亿美元的税前利润,受施乐公司的影响,美国股市全面下跌。世界通信公司自2001年初至2002年第一季度里,通过将一般性费用支出计入资本项目的不正当手段,共虚增收入38.52亿美元,虚增利润16亿多美元。2007年7月7日的美国《华尔街日报》报道,药品制造业巨头默克(Merck)公司财务营业收入中,有124亿美元的营业收入是虚假的。

注册会计师审计总目标是对被审计单位会计报表的合法性、公允性发表意见。而上述企业的会计报表都不合法、不公允,且都经过了审计。可见,审计多么重要。审计目标必须明确,注册会计师审计意见是为会计报表的阅读者服务,是为了维护资本市场有序运行,因而,必须实现其既定目标。

例2-1·多选题

关于注册会计师执行财务报表审计工作的总体目标,下列说法中,不正确的有( )。

A. 对财务报表整体是否不存在由于舞弊或错报导致的重大错报获取合理保证,使得注册会计师能够对财务报表是否在所有重大方面按照适用的财务报告编制基础编制发表审计意见

B. 对被审计单位的持续经营能力提供合理保证

C. 对被审计单位内部控制是否存在值得关注的缺陷提供合理保证

D. 按照审计准则的规定,根据审计结果对财务报表出具审计报告,并与管理层和治理层沟通

【正确答案】BC

【答案解析】B、C中的说法不适当,保持持续经营能力,设计、实施、维护内部控制,都是管理层的责任。

第二节　管理层认定概念与具体审计目标

一、管理层认定

(一)管理层认定的含义

管理层认定是指管理层对财务报表组成要素的确认、计量、列报作出的明确或隐含的表达。管理层认定与审计目标密切相关,注册会计师的基本职责就是确定被审计单位管理层对其财务报表的认定是否恰当。注册会计师了解了认定,就很容易确定每个项目的具体审计目标。通过考虑可能发生的不同类型的潜在错报,注册会计师运用认定评估风险,并据此设计审计程序以应对评估的风险。

保证财务报表公允反映被审计单位的财务状况和经营情况等是管理层的责任。当管理层声明财务报表已按照适用的会计准则和相关会计制度进行编制,在所有重大方面作出公允反映时,就意味着管理层对财务报表各项组成要素的确认、计量、报告以及相关的披露作出了认定。管理层在财务报表上认定有些是明确表达的,有些是隐含表达的。例如,管理层在资产负债表中列报存货及其金额,意味着作出了下列明确的认定:记录的存货是存在的;存货以恰当的金额包括在财务报表中,与之相关的计价或分摊调整已恰当记录。同时,管理层也作出下列隐含的认定:所有记录的存货均已记录;记录的存货均由被审计单位拥有。

在审计工作中,注册会计师需要了解被审计单位及其环境,以识别和评估重大错报风险,并将评估的重大错报风险落实到认定上。通过考虑可能发生的不同类型的潜在错报,注册会计师运用认定评估风险,并据此设计审计程序以应对评估的风险。从这个意义上说,注册会计师的基本职责就是确定被审计单位管理层对其财务报表的认定是否恰当。

(二)关于所审计期间各类交易、事项及相关披露的认定

注册会计师关于所审计期间各类交易、事项及相关披露的认定通常分为以下类别。

1. 发生:记录的交易或事项已发生且与被审计单位有关。
2. 完整性:所有应当记录的交易和事项均已记录。
3. 准确性:与交易和事项有关的金额及其他数据已恰当记录。
4. 截止:交易和事项已记录于正确的会计期间。
5. 分类:交易和事项已记录于恰当的账户。
6. 列报:交易和事项已被恰当地汇总或分解且表述清楚,相关披露在使用的财务报告编制基础下是相关的、可理解的。

(三)关于期末账户余额及相关披露的认定

注册会计师关于期末账户余额及相关披露的认定通常分为以下类别。

1. 存在:记录的资产、负债和所有者权益是存在的。
2. 权利和义务:记录的资产由被审计单位拥有或控制,记录的负债是被审计单位应当履行的

偿还义务。

3. 完整性:所有应当记录的资产、负债和所有者权益均已记录。

4. 准确性、计价和分摊:资产、负债和所有者权益以恰当的金额包括在财务报表中,与之相关的计价或分摊调整已恰当记录,相关披露已得到恰当计量和描述。

5. 分类:资产、负债和所有者权益已记录于恰当的账户。

6. 列报:资产、负债和所有者权益已被恰当地汇总或分解且表述清楚,相关披露在适用的财务报告编制基础下是相关的、可理解的。

注册会计师可以按照上述分类运用认定,也可按其他方式表述认定,但应涵盖上述所有方面。例如,注册会计师可以选择将有关交易和事项的认定与有关账户余额的认定综合运用。又如,当发生和完整性认定包含了对交易是否记录于正确会计期间的恰当考虑时,就可能不存在与交易和事项截止相关的单独认定。

温馨提示

一项错报,可能同时违背多项认定。比如:甲公司虚构了X客户,确认赊销收入并结转成本,则应收账款、应缴税费均违反存在认定,存货违反完整性认定,同时,营业收入、营业成本均违反发生认定。

二、具体审计目标

注册会计师了解了认定,就很容易确定每个项目的具体审计目标,并以此作为评估重大错报风险以及设计和实施进一步审计程序的基础。

(一)与所审计期间各类交易、事项及相关披露相关的审计目标

1. 发生:由发生认定推导的审计目标是确认已记录的交易是真实的。例如,如果没有发生销售交易,但在销售日记账中记录了一笔销售,则违反了该目标。

发生认定所要解决的问题是管理层是否把那些不曾发生的项目列入财务报表,它主要与财务报表组成要素的高估有关。

2. 完整性:由完整性认定推导的审计目标是确认已发生的交易确实已经记录。例如,如果发生了销售交易,但没有在销售明细账和总账中记录,则违反了该目标。

发生和完整性两者强调的是相反的关注点。发生目标针对潜在的高估,而完整性目标则针对漏记交易(低估)。

3. 准确性:由准确性认定推导出的审计目标是确认已记录的交易是按正确金额反映的。例如,如果在销售交易中,发出商品的数量与账单上的数量不符,或是开账单时使用了错误的销售价格,或是账单中的乘积或加总有误,或是在销售明细账中记录了错误的金额,则违反了该目标。

准确性与发生、完整性之间存在区别。例如,若已记录的销售交易是不应当记录的(如发出的商品是寄销商品),则即使发票金额是准确计算的,仍违反了发生目标。再如,若已入账的销售交易是对正确发出商品的记录,但金额计算错误,则违反了准确性目标,但没有违反发生目标。在完

整性与准确性之间也存在同样的关系。

4. 截止：由截止认定推导出的审计目标是确认接近于资产负债表日的交易记录于恰当的期间。例如，如果本期交易推到下期，或下期交易提到本期，均违反了截止目标。

5. 分类：由分类认定推导出的审计目标是确认被审计单位记录的交易经过适当分类。例如，将现销记录为赊销，将出售经营性固定资产所得的收入记录为营业收入，则导致交易分类的错误，违反了分类的目标。

6. 列报：由列报认定推导出的审计目标是确认被审计单位的交易和事项已被恰当地汇总或分解且表述清楚，相关披露在使用的财务报告编制基础下是相关的、可理解的。

(二) 与期末账户余额及相关披露相关的审计目标

1. 存在：由存在认定推导的审计目标是确认记录的金额确实存在。例如，如果不存在某顾客的应收账款，在应收账款明细表中却列入了对该顾客的应收账款，则违反了存在性目标。

2. 权利和义务：由权利和义务认定推导的审计目标是确认资产归属于被审计单位，负债属于被审计单位的义务。例如，将他人寄售商品列入被审计单位的存货中，违反了权利目标；将不属于被审计单位的债务记入账内，违反了义务目标。

3. 完整性：由完整性认定推导的审计目标是确认已存在的金额均已记录。例如，存在某顾客的应收账款，在应收账款明细表中却没有列入对该顾客的应收账款，则违反了完整性目标。

4. 准确性、计价和分摊：资产、负债和所有者权益以恰当的金额包括在财务报表中，与之相关的计价或分摊调整已被恰当记录，相关披露已得到恰当计量和披露。

5. 分类：资产、负债和所有者权益已记录于恰当的账户。

6. 列报：资产、负债和所有者权益已被恰当地汇总或分解且表述清楚，相关披露在使用的财务报告编制基础下是相关的、可理解的。

通过上面介绍可知，管理层认定是确定具体审计目标的基础。注册会计师通常将管理层认定转化为能够通过审计程序予以实现的审计目标。针对财务报表每一项目所表现出的各项认定，注册会计师相应地确定一项或多项审计目标，然后通过执行一系列审计程序获取充分、适当的审计证据以实现审计目标。管理层认定、审计目标和审计程序之间的关系举例如表2-1所示。

表2-1 管理层认定、审计目标和审计程序之间的关系举例

管理层认定	审计目标	审计程序
存在	资产负债表列示的存货存在	实施存货监盘程序
完整性	销售收入包括了所有已发货的交易	检查发货单和销售发票的编号以及销售明细账
准确性	应收账款反映的销售业务是否基于正确的价格和数量，计算是否准确	比较价格清单与发票上的价格、发货单与销售订购单上的数量是否一致，重新计算发票上的金额
截止	销售业务记录在恰当的期间	比较上一年度最后几天和下一年度最初几天的发货单日期与记账日期
权利和义务	资产负债表中的固定资产确实为公司拥有	查阅所有权证书、购货合同、结算单和保险单
准确性、计价和分摊	以净值记录应收款项	检查应收账款账龄分析表、评估计提的坏账准备是否充足

例 2-2·单选题

下列各项认定中,与交易和事项、期末账户余额均相关的是(　　)。

A. 发生

B. 完整性

C. 截止

D. 权利和义务

【正确答案】B

例 2-3·单选题

注册会计师在财务报表审计过程中发现了以下与应收账款相关的事项。其中,表明应收账款违反存在认定的是(　　)。

A. 没有按规定对应收账款计提坏账准备

B. 收到货款后没有贷记应收账款

C. 顾客签收商品后没有记录应收账款

D. 没有在财务报表附注资料中说明应收账款的贴现

【正确答案】B

【答案解析】A项违反计价与分摊认定,C项违反期末账户余额相关的完整性认定,D项违反与披露和列报相关的完整性认定。

第三节　审计目标实现的过程

审计方法从早期的账项基础审计,演变到今天的风险导向审计。风险导向审计模式要求注册会计师在审计过程中,以重大错报风险的识别、评估和应对作为工作主线。相应地,审计过程大致可分为以下几个阶段。

一、接受业务委托

会计师事务所应当按照执业准则的规定,谨慎决策是否接受或保持某客户关系和具体审计业务。在接受新客户的业务前,或决定是否保持现有业务或考虑接受现有客户的新业务时,会计师事务所应当执行一些客户接受与保持的程序,以获取如下信息:考虑客户的诚信,没有信息表明客户缺乏诚信;具有执行业务必要的素质、专业胜任能力、时间和资源;能够遵守职业道德规范。

会计师事务所执行客户接受与保持的程序的目的,旨在识别和评估会计师事务所面临的风险。例如,如果注册会计师发现潜在客户正面临财务困难,或者发现现有客户在之前的业务中作出虚假陈述,那么可以认为接受或保持该客户的风险非常高,甚至是不可接受的。会计师事务所除考虑客户施加的风险外,还需要复核执行业务的能力,如当工作需要时能否获得合适的具有相应资格的员工,能否获得专业化协助;是否存在任何利益冲突;能否对客户保持独立性等。

注册会计师需要作出的最重要的决策之一就是接受和保持客户关系。一项低质量的决策会导致不能准确确定计酬的时间或未被支付的费用,增加项目负责人和员工的额外压力,使会计师事务所声誉遭受损失,或者涉及潜在的诉讼。

一旦决定接受业务委托,注册会计师应当与客户就审计约定条款达成一致意见。对于连续审计,注册会计师应当是否需要根据具体情况修改业务约定条款,以及是否需要提醒客户注意现有的业务约定书。

二、计划审计工作

计划审计工作十分重要,计划不周不仅会导致盲目实施审计程序,无法获取充分、适当的审计证据以将审计风险降至可接受的低水平,影响审计目标的实现,而且会浪费有限的审计资源,增加不必要的审计成本,影响审计工作的效率。因此,对于任何一项审计业务,注册会计师在执行具体审计程序之前,都必须根据具体情况制定科学、合理的计划,是审计业务以有效的方式得以执行。一般来说,计划审计工作主要包括:在本期审计业务开始时开展的初步业务活动;制定总体审计策略;制定具体审计计划等。需要指出的是,计划审计工作不是审计业务的一个孤立阶段,而是一个不断修正的过程,贯穿于整个审计过程的始终。

三、实施风险评估程序

审计准则规定,注册会计师必须实施风险评估程序,以此作为评估财务报表层次和认定层次重大错报风险的基础。所谓风险评估程序,是指注册会计师实施的了解被审计单位及其环境并识别和评估财务报表重大错报风险的程序。风险评估程序是必要程序,了解被审计单位及其环境特别是为注册会计师在许多关键环节作出职业判断提供了重要基础。了解被审计单位及其环境实际上是一个连续和动态地收集、更新与分析信息的过程。贯穿于整个审计过程的始终。注册会计师应当运用职业判断确定需要了解被审计单位及其环境的程度。一般来说,实施风险评估程序的主要工作包括:了解被审计单位及其环境;识别和评估财务报表层次以及各类交易、账户余额、列报认定层次的重大错报风险,包括确定需要特别考虑的重大错报风险(特别风险)及仅通过实施实质性程序无法应对的重大错报风险等。

四、实施控制测试和实质性程序

注册会计师实施风险评估程序本身并不足以为发表审计意见提供充分、适当的审计证据,注册会计师还应当实施进一步审计程序,包括实施控制测试(必要时或决定测试时)和实质性程序。因此,注册会计师评估财务报表重大错报风险后,应当运用职业判断,针对评估的财务报表层次重大错报风险确定总体应对措施,并针对评估的认定层次重大错报风险设计和实施进一步审计程序,以将审计风险降至可接受的低水平。

五、完成审计工作和编制审计报告

注册会计师在完成财务报表所有循环的进一步审计程序后,还应当按照有关审计准则的规定做好审计完成阶段的工作,并根据所获取的各种证据,合理运用专业判断,形成适当的审计意见。本阶段主要工作有:审计期初余额、比较数据、期后事项和或有事项;考虑持续经营问题和获取管理层声明;汇总审计差异,并提请被审计单位调整或披露;复核审计工作底稿和财务报表;与管理层和治理层沟通;评价所有审计证据,形成审计意见;编制审计报告等。

第四节 管理层责任与注册会计师责任

在财务报表审计中,被审计单位管理层和治理层与注册会计师承担着不同的责任,不能相互混淆和替代。明确划分责任,不仅有助于被审计单位管理层和治理层与注册会计师认真履行各自的职责,为财务报表及其审计报告的使用者提供有用的经济决策信息,还有利于保护相关各方的正当权益。

一、管理层和治理层的责任

企业的所有权与经营权分离后,经营者负责企业的日常经营管理并承担受托责任。管理层通过编制财务报表反映受托责任的履行情况。为了借助于公司内部之间的权力平衡和制约关系保证财务信息的质量,现代公司治理结构往往要求治理层对管理层编制财务报表的过程实施有效的监督。

在治理层的监督下,管理层作为会计工作的行为人,对编制财务报表负有直接责任。《中华人民共和国会计法》第二十一条规定,财务会计报告应当由单位负责人和主管会计工作的负责人、会计机构负责人(会计主管人员)签名并盖章;设置总会计师的单位,还须由总会计师签名并盖章。单位负责人应当保证财务会计报告真实、完整。《中华人民共和国公司法》第一百七十一条规定,公司应当向雇用的会计师事务所提供真实、完整的会计凭证、会计账簿、财务会计报告及其他会计资料,不得拒绝、隐匿、谎报。

因此,在被审计单位治理层的监督下,按照适用的会计准则和相关会计制度的规定编制财务报表是被审计单位管理层的责任。

财务报表是指对财务信息的结构化表达。财务报表是在会计记录的基础上,依据某一财务报告框架(整套会计准则)编制,旨在反映企业在某一时点拥有的经济资源和所欠的债务或一段期间资源和债务的变化。财务报表(通常包括附注)可能指一整套财务报表,但也可能指单一财务报表,如资产负债表。

财务报告框架的规定确定了财务报表格式和内容。对特定的财务报告框架而言,单一财务报表(如现金流量表)和相关的解释性附注构成了一整套财务报表。例如,《国际公共部门会计准则——现金收付基础下的财务报表》指出,当某一公共部门会计主体按照该准则的规划编制和列报财务报表时,现金收入和现金支出表是主要的财务报表。相反,根据国际财务报告准则编制和列报的财务报表,旨在提供有关某一会计主体财务状况、经营成果和现金流量的信息。根据国际财务报告准则编制和列报的整套财务报表包括资产负债表、利润表、股东权益变动表、现金流量表及附注。附注由重大会计政策概要和其他解释性附注组成。

管理层对编制财务报表的责任具体包括以下几种。

(1)选择适用的会计准则和相关会计制度。管理层应当根据会计工作的性质和财务报表的编制目的,选择适用的会计准则和相关会计制度,并按照适用的会计准则和会计制度编制和列报财务报表。就会计主体性质而言,民间非盈利组织适合采用《民间非盈利组织会计制度》,事业单位通常适合采用《事业单位会计制度》,而企业根据规模或行业性质,分别适合采用《企业会计准则》《企业会计制度》《金融企业会计制度》和《小企业会计制度》等。

按照编制目的,财务报表可分为通用目的和特殊目的两种报表。前者是为了满足范围广泛的使用者的共同信息需要,如为公布目的而编制的财务报表;后者是为了满足特定信息使用者的信息需要。相应地,编制和列报财务报表适用的会计准则和相关会计制度也有所不同。

(2)选择和运用恰当的会计政策。会计政策是指企业在会计确认、计量和报告中所采用的原则、基础和会计处理方法。管理层应当根据企业的具体情况,选择和运用恰当的会计政策。

(3)根据企业的具体情况,作出合理的会计估计。会计估计是指企业对其结果不确定的交易或事项以最近可利用的信息为基础所作的判断。财务报表中涉及大量的会计估计,如固定资产的预计使用年限和净残值、应收账款的可收回金额、存货的可变现净值以及预计负债的金额等。管理层有责任根据企业的实际情况,作出合理的会计估计。

为了履行编制财务报表的职责,管理层通常设计、实施和维护与财务报表编制相关的内部控制,以保证财务报表不存在由于舞弊或错误而导致的重大错报。

二、注册会计师的责任

按照中国注册会计师审计准则(以下简称审计准则)的规定对财务报表发表审计意见是注册会计师的责任。

注册会计师作为独立的第三方,对财务报表发表审计意见,有利于提高财务报表的可信赖程度。为履行这一职责,注册会计师应当遵守职业道德规范,按照审计准则的规定计划和实施审计工作,获取充分、适当的审计证据,并根据获取的审计证据得出合理的审计结论,发表恰当的审计意见。注册会计师通过签署审计报告确认其责任。

三、两种责任不能相互取代

财务报表审计不能减轻被审计单位管理层和治理层的责任。财务报表编制和财务报表审计是财务信息生成链条上的不同环节,两者各司其职。法律法规要求管理层和治理层对编制财务报表承担责任,有利于从源头上保证财务信息质量。同时,在某些方面,注册会计师与管理层和治理层之间可能存在信息不对称。管理层和治理层作为内部人员,对企业的情况更为了解,更能作出适合企业特点的会计处理决策和判断,因此,管理层和治理层理应对编制财务报表承担完全责任。尽管在审计过程中,注册会计师可能向管理层和治理层提出调整建议,甚至在不违反独立性的前提下为管理层编制财务报表提供协助,但管理层仍然对编制财务报表承担责任,并通过签署财务报表确认这一责任。

如果财务报表存在重大错报,而注册会计师通过审计没有能够发现,也不能因为财务报表已经注册会计师审计这一事实而减轻管理层和治理层对财务报表的责任。

例2-4·多选题

以下关于注册会计师的责任的说法中,正确的有(　　)。

A. 注册会计师作为独立的第三方,对财务报表发表审计意见有利于提高财务报表的可信赖程度

B. 财务报表审计不能减轻被审计单位管理层和治理层的责任

C. 管理层、治理层和注册会计师对编制财务报表共同承担责任

D. 在审计过程中,注册会计师为编制财务报表提供协助,所以注册会计师要对编制财务报表承担部分责任

【正确答案】AB

【答案解析】选项C管理层和治理层对编制财务报表承担完全责任,按照审计准则的规定对财务报表发表审计意见是注册会计师的责任;选项D,尽管注册会计师为编制财务报表提供协助,但管理层仍然对编制财务报表承担责任,并通过签署财务报表确认这一责任。

课后练习

复习思考题

1. 审计目标是什么,审计目标包括哪些内容?
2. 何谓管理层认定?管理层认定有哪些?
3. 具体审计目标有哪些?
4. 简要说明审计目标实现的过程?
5. 管理层责任与注册会计师责任何不同?

单项选择题

1. 以下关于财务报表的编制的说法中,不正确的是(　　)。

    A. 财务报表的编制基础分为通用目的编制基础和特殊目的编制基础

    B. 适用的财务报告编制基础通常指会计准则和法律法规的规定

    C. 财务报表旨在提供有关被审计单位的财务状况、经营成果和现金流量的信息

    D. 整套财务报表包括资产负债表、利润表、现金流量表和所有者权益变动表

2. 注册会计师已获取被审计单位将2011年12月赊销业务的营业收入记入了2012年1月的营业收入的充分适当的审计证据,则注册会计师应当界定营业收入的以下(　　)认定存在重大错报。

    A. 发生　　　　　　　　　　　B. 准确性

    C. 截止　　　　　　　　　　　D. 存在

3. 对于下列存货认定,通过向生产和销售人员询问是否存在过时或周转缓慢的存货,注册会计师认为最可能证实的是(　　)认定。

    A. 计价和分摊　　　　　　　　B. 权利与义务

C. 存在 D. 完整性

4. 注册会计师通过复查被审计单位的账龄分析表和坏账准备计算表,这一审计程序最有可能证实被审计单位应收账款的( )认定。

A. 存在 B. 准确性
C. 计价和分摊 D. 完整性

5. 注册会计师在审查应收账款时,发现账上记录一笔应收A公司的货款100万元,通过函证A公司,检查销货记录等,证实根本没有发生该笔销售业务,那么注册会计师首先认为管理层对应收账款账户的( )认定存在问题。

A. 存在 B. 完整性
C. 准确性 D. 计价和分摊

6. 对于下列销售收入认定,通过比较资产负债表日前后几天的发货单日期与记账日期,A注册会计师认为最有可能证实的认定是( )。

A. 发生 B. 完整性
C. 截止 D. 分类

7. 为了适应产品的更新换代需要,X公司支付大额资金引进全新的生产线代替原有设备,对新老设备进行实物检查后,注册会计师可能最需要关注( )的重大错报风险。

A. 应付账款的完整性 B. 固定资产的计价和分摊
C. 营业成本的准确性 D. 固定资产的存在

8. 对于存货项目而言,注册会计师能够根据管理层的"计价和分摊"认定推论得出的具体审计目标是( )。

A. 存货的入账时间是恰当的截止 B. 存货是存在的
C. 存货的所有权是明确的权利与义务 D. 存货的减值准备是准确的

9. A公司产品由于市场竞争者推出新产品,现有产品因滞销而导致大量积压,据此,注册会计师应当关注A公司( )的重大错报风险。

A. 存货项目的计价和分摊认定 B. 营业成本项目的准确性认定
C. 主营业务收入项目的发生认定 D. 应收账款的完整性认定

10. 实施从购货发票追查至采购明细账的程序,最有可能证实的是( )。

A. 存货的"完整性"认定 B. 存货的"存在性"认定
C. 存货的"计价和分摊"认定 D. 存货的"列报"认定

□ 多项选择题

1. 以下关于财务报表审计的目标的说法中,正确的有( )。

A. 审计目标包括财务报表审计目标以及与各类交易、账户余额和披露相关的审计目标两个层次

B. 财务报表审计目的是保证财务报表预期使用者对财务报表完全信赖

C. 注册会计师获取的审计证据是说服性而非结论性的,因此审计只能提供合理保证,不能提供绝对保证

D. 由于利益冲突、财务信息的重要性、复杂性和间接性等原因,财务报表使用者希望注册会

计师对财务报表的合法性和公允性发表意见

2. 注册会计师要根据被审计单位的具体情况确定适当的审计目标。在审查上市公司财务报表的（　　）项目时,注册会计师应侧重"存在"认定。
   A. 固定资产　　　　　　　　　　B. 应付账款
   C. 应收账款　　　　　　　　　　D. 营业收入

3. 下列审计程序中可以证实固定资产权利与义务认定的有（　　）。
   A. 对于外购的机器设备等固定资产,审核采购发票、采购合同等
   B. 对于房地产类固定资产,进行实地查看存在认定。
   C. 对于融资租入的固定资产,检查有关融资租赁合同
   D. 对于汽车等运输设备,检查有关运营证件等

4. 某公司管理层的年终奖与企业的营业利润挂钩,注册会计师在审计时应重点关注的是（　　）。
   A. 营业收入的完整性认定　　　　B. 营业收入的发生认定
   C. 销售费用的完整性认定　　　　D. 营业成本的发生认定

5. 在被审计单位发生的下列事项中,违反管理层对所属项目的"准确性、计价和分摊"认定的有（　　）。
   A. 未将应收销售款项 100 万元列入所属项目中"完整性"
   B. 将应收甲公司的账款 30 万元计入到应付账款中"分类和可理解性"
   C. 没有计提闲置不用固定资产的折旧
   D. 将预付账款 100 万元记为 80 万元

6. 注册会计师通过实施应收账款的函证程序,发现 X 公司将应收 Y 公司的 100 万元应收账款（赊销货物）在入账时错记为 1000 万元,注册会计师据此认为 X 公司违反的审计目标有（　　）。
   A. 与交易和事项相关的"发生"
   B. 与交易和事项相关的"准确性"
   C. 与期末账户余额相关的"存在性"
   D. 与期末账户余额相关的"准确性、计价和分摊"

7. 下列审计程序中,与营业收入的"发生"认定相关的有（　　）。
   A. 检查应收账款的贷方发生额,以测试是否正常收到货款
   B. 获取产品价目表,抽查售价是否符合价格政策
   C. 从收入明细账追查至发运凭证及其他凭证,以测试销售交易是否真实
   D. 检查发运凭证等是否连续编号,是否有漏号

8. A 注册会计师负责审计甲公司 2019 年度的财务报表,在审计中,发现本年销售商品时产生的运费与营业收入的比值,比 2018 年下降很多,而本年与去年的经营环境大致相同,由此,注册会计师可能会怀疑被审计单位的（　　）认定存在重大错报风险。
   A. 营业收入的发生　　　　　　　B. 销售费用的完整性
   C. 管理费用的完整性　　　　　　D. 营业收入的完整性

第三章

计划审计工作

◎ **本章学习目标**

通过本章的学习，理解注册会计师应当如何开展初步业务活动；了解签订审计业务约定书的签订；熟悉制定出适当的总体审计策略和具体审计计划的制订；理解并掌握注册会计师应当如何确定审计风险和审计重要性水平。

计划审计工作对于注册会计师顺利完成审计工作和控制审计风险具有非常重要的意义。合理的审计计划有助于注册会计师关注重点审计领域、及时发现和解决潜在问题,能恰当地组织和管理审计工作,以使审计工作更加有效。同时,充分的审计计划还可以帮助注册会计师对项目组成员进行恰当分工和指导监督,并复核其工作,还有助于协调其他注册会计师和专家的工作。计划审计工作是一项持续的过程,注册会计师通常在前一期审计工作结束后即开始开展本期的审计计划工作,并直到本期审计工作结束为止。在计划审计工作时,注册会计师需要进行初步业务活动、制定总体审计策略和具体审计计划。在此过程中,需要做出很多关键决策,包括确定可接受的审计风险水平和重要性、配置项目人员等。

第一节 初步业务活动

根据《注册会计师审计准则第 1201 号——计划审计工作》,注册会计师应当在本期审计业务开始时开展初步业务活动,针对保持客户关系和具体审计业务实施相应的质量控制程序,评价遵守职业道德规范的情况(包括评价遵守独立性要求的情况),就业务约定条款与被审计单位达成一致意见。

一、初步业务活动的目的和内容

(一)初步业务活动的目的

注册会计师在计划审计工作前,需要开展初步业务活动,以实现以下三个主要目的:第一,具备执行业务所需的独立性和能力;第二,不存在因管理层诚信问题而可能影响注册会计师保持该项业务的意愿的事项;第三,与被审计单位之间不存在对业务约定条款的误解。

(二)初步业务活动的内容

注册会计师在本期审计业务开始时应当开展下列初步业务活动:一是针对保持客户关系和具体审计业务实施相应的质量控制程序;二是评价遵守相关职业道德要求的情况;三是就审计业务约定条款达成一致意见。

针对保持客户关系和具体审计业务实施质量控制程序,并且根据实施相应程序的结果作出适当的决策是注册会计师控制审计风险的重要环节。《中国注册会计师审计准则第 1121 号——对财务报表审计实施的质量控制》及《质量控制准则第 5101 号——会计师事务所对执行财务报表审计和审阅、其他鉴证和相关服务业务实施的质量控制》含有与客户关系和具体业务的接受与保持相关的要求,注册会计师应当按照其规定开展初步业务活动。

评价遵守相关职业道德要求的情况也是一项非常重要的初步业务活动。质量控制准则含有包括独立性在内的有关职业道德要求,注册会计师应按照其规定执行。虽然保持客户关系及具体审计业务和评价职业道德的工作贯穿审计业务的全过程,但是这两项活动需要安排在其他审计工作之前,以确保注册会计师已具备执行业务所需要的独立性和专业胜任能力,且不存在因管理层诚信问题而影响注册会计师保持该项业务意愿等情况。在连续审计的业务中,这些初步业务活动通常是在上期审计工作结束后不久或将要结束时就已开始了。

在作出接受或保持客户关系及具体审计业务的决策后,注册会计师应当按照《中国注册会计师审计准则第1111号——就审计业务约定条款达成一致意见》的规定,在审计业务开始前,与被审计单位就审计业务约定条款达成一致意见,签订或修改审计业务约定书,以避免双方对审计业务的理解产生分歧。

二、审计的前提条件

(一)财务报告编制基础

承接鉴证业务的条件之一是《中国注册会计师鉴证业务基本准则》中提及的标准适当,且能够为预期使用者获取。标准是指用于评价或计量鉴证对象的基准,当涉及披露时,还包括披露与披露的基准。适当的标准使注册会计师能够运用职业判断对鉴证对象作出合理一致的评价或计量。就审计准则而言,适用的财务报告编制基础为注册会计师提供了用以审计财务报表(包括公允反映,如相关)的标准。如果不存在可接受的财务报告编制基础,管理层就不具有编制财务报表的恰当基础,注册会计师也不具有对财务报表进行审计的适当标准。

1. 确定财务报告编制基础的可接受性

在确定编制财务报表所采用的财务报告编制基础的可接受性时,注册会计师需要考虑下列相关因素:第一,被审计单位的性质(例如,被审计单位是商业企业、公共部门实体还是非营利组织);第二,财务报表的目的(例如,编制财务报表是用于满足广大财务报表使用者共同的财务信息需求,还是用于满足财务报表特定使用者的财务信息需求);第三,财务报表的性质(例如,财务报表是整套财务报表还是单一财务报表);第四,法律法规是否规定了适用的财务报告编制基础。

许多财务报表使用者不能要求"量身定做"财务报表,以满足其特定的财务信息需求。尽管不能满足财务报表特定使用者的所有信息需求,但广大财务报表使用者仍存在共同的财务信息需求。按照某一财务报告编制基础编制,旨在满足广大财务报表使用者共同的财务信息需求的财务报表,称为通用目的财务报表。按照特殊目的编制基础编制的财务报表,称为特殊目的财务报表,旨在满足财务报表特定使用者的财务信息需求。对于特殊目的财务报表,预期财务报表使用者对财务信息的需求,决定适用的财务报告编制基础。《中国注册会计师审计准则第1601号——对按照特殊目的编制基础编制的财务报表审计的特殊考虑》规范了如何确定旨在满足财务报表特定使用者财务信息需求的财务报告编制基础的可接受性。

2. 通用目的编制基础

如果财务报告准则由经授权或获得认可的准则制定机构制定和发布,供某类实体使用,只要这些机构遵循一套既定和透明的程序(包括认真研究和仔细考虑广大利益相关者的观点),则认为财务报告准则对于这类实体编制通用目的财务报表是可接受的。这些财务报告准则的例子有国际会计准则理事会发布的国际财务报告准则、国际公共部门会计准则理事会发布的国际公共部门会计准则和某一国家或地区经授权或获得认可的准则制定机构,在遵循一套既定和透明的程序(包括认真研究和仔细考虑广大利益相关者的观点)的基础上发布的会计准则。

在规范通用目的财务报表编制的法律法规中,这些财务报告准则通常被界定为适用的财务报告编制基础。

3. 法律法规规定的财务报告编制基础

法律法规可能为某类实体规定了在编制通用目的财务报表时采用的财务报表编制基础。通常情况下,注册会计师认为这种财务报表编制基础对这类实体编制通用目的财务报表是可接受的,除非有迹象表明不可接受。

(二)就管理层的责任达成一致意见

按照审计准则的规定执行审计工作的前提是管理层已认可并理解其承担的责任。审计准则并不超越法律法规对这些责任的规定。然而,独立审计的理念要求注册会计师不对财务报表的编制或被审计单位的相关内部控制承担责任,并要求注册会计师合理预期能够获取审计所需要的信息(在管理层能够提供或获取的信息范围内)。因此,管理层认可并理解其责任,这一前提对执行独立审计工作是至关重要的。

财务报告责任如何在管理层和治理层之间划分,因被审计单位的资源(如人员素质和数量)和组织结构、相关法律法规的规定以及管理层和治理层在被审计单位各自角色的不同而不同。在大多数情况下,管理层负责执行,而治理层负责监督管理层。在某些情况下,治理层负有批准财务报表或监督与财务报表相关的内部控制的责任。在大型实体或公众利益实体中,治理层下设的组织,如审计委员会,可能负有某些监督责任。

按照《中国注册会计师审计准则第1341号——书面声明》中的规定,注册会计师应当要求管理层就其已履行的某些责任提供书面声明。因此,注册会计师需要获取针对管理层责任的书面声明、其他审计准则要求的书面声明,以及在必要时需要获取用于支持其他审计证据(用以支持财务报表或者一项或多项具体认定)的书面声明。注册会计师需要使管理层意识到这一点。

如果管理层不认可其责任,或不同意提供书面声明,注册会计师将不能获取充分、适当的审计证据。在这种情况下,注册会计师承接此类审计业务是不恰当的,除非法律法规另有规定。如果法律法规要求承接此类审计业务,注册会计师可能需要向管理层解释这种情况的重要性及其对审计报告的影响。

大多数财务报告编制基础包括与财务报表披露相关的要求为,对于这些财务报告编制基础,在提到"按照适用的财务报告编制基础编制财务报表"时,编制包括披露。实现公允披露的报告目标非常重要,因而在与管理层达成一致意见的执行审计工作的前提中需要特别提及公允披露,或需要特别提及管理层负有确保财务报表根据财务报告编制基础编制并使其实现公允反映的责任。

管理层设计、执行和维护必要的内部控制,以使编制的财务报表不存在由于舞弊或错误导致的重大错报。由于受到内部控制的固有限制,无论其如何有效,也只能合理保证被审计单位实现其财务报告目标。注册会计师按照审计准则的规定执行的独立审计工作,不能代替管理层维护编制财务报表所需要的内部控制。因此,注册会计师需要就管理层认可并理解其与内部控制有关的责任与管理层达成共识。

三、审计业务约定书

审计业务约定书是指会计师事务所与被审计单位签订的,用以记录和确认审计业务的委托与受托关系、审计目标和范围、双方的责任以及报告的格式等事项的书面协议。会计师事务所承接任何审计业务,都应与被审计单位签订审计业务约定书。

(一)审计业务约定书的基本内容

审计业务约定书的具体内容和格式可能因被审计单位的不同而不同,但应当包括以下主要内容:

1. 财务报表审计的目标与范围;
2. 注册会计师的责任;
3. 管理层的责任;
4. 指出用于编制财务报表所适用的财务报告编制基础;
5. 提及注册会计师拟出具的审计报告的预期形式和内容,以及对在特定情况下出具的审计报告可能不同于预期形式和内容的说明。

(二)审计业务约定书的特殊考虑

1. 考虑特定需要。如果情况需要,注册会计师还应当考虑在审计业务约定书中列明下列内容:

(1)详细说明审计工作的范围,包括提及适用的法律法规、审计准则,以及注册会计师协会发布的职业道德守则和其他公告;

(2)对审计业务结果的其他沟通形式;

(3)说明由于受到审计和内部控制的固有限制,即使审计工作按照审计准则的规定得到恰当的计划和执行,仍不可避免地存在某些重大错报未被发现的风险;

(4)计划和执行审计工作的安排,包括审计项目组的构成;

(5)管理层确认将提供书面声明;

(6)管理层同意向注册会计师及时提供财务报表草稿和其他所有附带信息,以使注册会计师能够按照预定的时间表完成审计工作;

(7)管理层同意告知注册会计师在审计报告日至财务报表报出日之间注意到的可能影响财务报表的事实;

(8)收费的计算基础和收费安排;

(9)管理层确认收到审计业务约定书并同意其中的条款;

(10)在某些方面对利用其他注册会计师和专家工作的安排;

(11)对审计涉及的内部审计人员和被审计单位其他员工工作的安排;

(12)在首次审计的情况下,与前任注册会计师(如存在)沟通的安排;

(13)说明对注册会计师责任可能存在的限制;

(14)注册会计师与被审计单位之间需要达成进一步协议的事项;

(15)向其他机构或人员提供审计工作底稿的义务。

2.组成部分的审计。如果母公司的注册会计师同时也是组成部分注册会计师,需要考虑下列因素,决定是否向组成部分单独致送审计业务约定书:

(1)组成部分注册会计师的委托人;

(2)是否对组成部分单独出具审计报告;

(3)与审计委托相关的法律法规规定;

(4)母公司占组成部分的所有权份额;

(5)组成部分管理层相对于母公司的独立程度。

3.连续审计。对于连续审计,注册会计师应当根据具体情况评估是否需要对审计业务约定条款作出修改,以及是否需要提醒被审计单位注意现有的条款。

注册会计师可以决定不在每期都致送新的审计业务约定书或其他书面协议。然而,下列因素可能导致注册会计师修改审计业务约定条款或提醒被审计单位注意现有业务约定条款:

(1)有迹象表明被审计单位误解审计目标和范围;

(2)需要修改约定条款或增加特别条款;

(3)被审计单位高级管理人员近期发生变动;

(4)被审计单位所有权发生重大变动;

(5)被审计单位业务的性质或规模发生重大变化;

(6)法律法规的规定发生变化;

(7)编制财务报表采用的财务报告编制基础发生变更;

(8)其他报告要求发生变化。

4.审计业务约定欠款的变更。

(1)变更审计业务约定条款的要求。在完成审计业务前,如果被审计单位或委托人要求将审计业务变更为保证程度较低的业务,注册会计师应当确定是否存在合理理由予以变更。

下列原因可能导致被审计单位要求变更业务:①环境变化对审计服务的需求产生影响;②对原来要求的审计业务的性质存在误解;③无论是管理层施加的还是其他情况引起的审计范围受到限制。上述第①和第②项通常被认为是变更业务的合理理由,但如果有迹象表明该变更要求与错误的、不完整的或者不能令人满意的信息有关,注册会计师不应认为该变更是合理的。

如果没有合理的理由,注册会计师不应同意变更业务。如果注册会计师不同意变更审计业务约定条款,而管理层又不允许继续执行原审计业务,注册会计师应当:在适用的法律法规允许的情况下,解除审计业务约定;确定是否有约定义务或其他义务向治理层、所有者或监管机构等报告该事项。

(2)变更为审阅业务或相关服务业务的要求。在同意将审计业务变更为审阅业务或相关服务业务前,接受委托按照审计准则执行审计工作的注册会计师,除考虑上述(1)中提及的事项外,还需要评估变更业务对法律责任或业务约定的影响。

如果注册会计师认为将审计业务变更为审阅业务或相关服务业务具有合理理由,截至变更日已执行的审计工作可能与变更后的业务相关,相应地,注册会计师需要执行的工作和出具的报告会适用于变更后的业务。为避免引起报告使用者的误解,对相关服务业务出具的报告不应提及原审计业务和在原审计业务中已执行的程序。只存将审计业务变更为执行商定程序业务,注册会计师才可在报告中提及已执行的程序。

例 3-1 · 单选题

下列各项不属于初步业务活动的是( )
A. 针对客户和具体审计业务实施相应的控制程序
B. 评价遵守职业道德情况
C. 就审计业务的约定条款与被审计单位传达意见一致
D. 在执行首次审计业务时,查阅前任注册会计师的审计工作底稿

【正确答案】D

【答案解析】本题考查的是初步业务活动的相关内容。根据上面讲解可以知道选项 ABC 均属于初步业务活动的内容,选项 D 不属于初步业务活动。

例 3-2 · 多选题

为确定审计的前提条件是否存在,下列各项中注册会计师应当执行的工作有( )。
A. 确定被审计单位的内部控制是否有效
B. 确定被审计是否存在违反法律法规行为
C. 确定管理层在编制财务报表时采用的财务报告编制基础是否是可接受的
D. 确定管理层是否认可并理解其与财务报表相关的责任

【正确答案】CD

【答案解析】选项 C、D 恰当。为了确定审计的前提条件是否存在,注册会计师应当:确定管理层在编制财务报表时采用的财务报告编制基础是否是可接受的;就管理层认可并理解其责任与管理层达成一致意见。

第二节 总体审计策略和具体审计计划

审计计划分为总体审计策略和具体审计计划两个层次。图 3-1 展示了计划审计工作的两个层次。注册会计师应当针对总体审计策略中所识别的不同事项,制定具体审计计划,并考虑通过有效利用审计资源以实现审计目标。值得注意的是,虽然制定总体审计策略的过程通常在具体审计计划之前,但是两项计划具有内在紧密联系,对其中一项的决定可能会影响甚至改变对另外一项的决定。例如,注册会计师在了解被审计单位及其环境的过程中,注意到被审计单位对主要业务的处理依赖复杂的自动化信息系统,因此计算机信息系统的可靠性及有效性对其经营、管理、决策以及编制可靠的财务报告具有重大影响。对此,注册会计师可能会在具体审计计划中制定相应的审计程序,并相应调整总体审计策略的内容,作出利用信息风险管理专家的工作的决定。

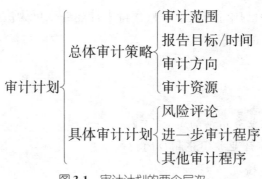

图 3-1 审计计划的两个层次

一、总体审计策略

注册会计师应当为审计工作制定总体审计策略。总体审计策略用以确定审计范围、时间安排和方向,并指导具体审计计划的制定。在制定总体审计策略时,应当考虑以下主要事项。

(一)审计范围

在确定审计范围时,需要考虑下列具体事项:

1. 编制拟审计的财务信息所依据的财务报告编制基础,包括是否需要将财务信息调整至按照其他财务报告编制基础编制;

2. 特定行业的报告要求,如某些行业监管机构要求提交的报告;

3. 预期审计工作涵盖的范围,包括应涵盖的组成部分的数量及所在地点;

4. 母公司和集团组成部分之间存在的控制关系的性质,以确定如何编制合并财务报表;

5. 由组成部分注册会计师审计组成部分的范围;

6. 拟审计的经营分部的性质,包括是否需要具备专门知识;

7. 外币折算,包括外币交易的会计处理、外币财务报表的折算和相关信息的披露;

8. 除为合并目的执行的审计工作之外,对个别财务报表进行法定审计的需求;

9. 内部审计工作的可获得性及注册会计师拟信赖内部审计工作的程度;

10. 被审计单位使用服务机构的情况,及注册会计师如何取得有关服务机构内部控制设计和运行有效性的证据;

11. 对利用在以前审计工作中获取的审计证据(如获取的与风险评估程序和控制测试相关的审计证据)的预期;

12. 信息技术对审计程序的影响,包括数据的可获得性和对使用计算机辅助审计技术的预期;

13. 协调审计工作与中期财务信息审阅的预期涵盖范围和时间安排,以及中期审阅所获取的信息对审计工作的影响;

14. 与被审计单位人员的时间协调和相关数据的可获得性。

(二)报告目标、时间安排及所需沟通的性质

为计划报告目标、时间安排和所需沟通,需要考虑下列事项:

1. 被审计单位对外报告的时间表,包括中间阶段和最终阶段;

2. 与管理层和治理层举行会谈,讨论审计工作的性质、时间安排和范围;

3. 与管理层和治理层讨论注册会计师拟出具的报告的类型和时间安排以及沟通的其他事项(口头或书面沟通),包括审计报告、管理建议书和向治理层通报的其他事项;

4. 与管理层讨论预期就整个审计业务中对审计工作的进展进行的沟通;

5. 与组成部分注册会计师沟通拟出具的报告的类型和时间安排,以及与组成部分审计相关的其他事项;

6. 项目组成员之间沟通的预期的性质和时间安排,包括项目组会议的性质和时间安排,以及复核已执行工作的时间安排;

7. 预期是否需要和第三方进行其他沟通,包括与审计相关的法定或约定的报告责任。

(三)审计方向

总体审计策略的制定应当包括考虑影响审计业务的重要因素,以确定项目组工作方向,包括确定适当的重要性水平,初步识别可能存在较高的重大错报风险的领域,初步识别重要的组成部分和账户余额,评价是否需要针对内部控制的有效性获取审计证据,识别被审计单位、所处行业、财务报告要求及其他相关方面最近发生的重大变化等。

在确定审计方向时,注册会计师需要考虑下列事项。

1. 重要性方面。具体包括:

(1)为计划目的确定重要性;

(2)为组成部分确定重要性且与组成部分的注册会计师沟通;

(3)在审计过程中重新考虑重要性;

(4)识别重要的组成部分和账户余额。

2. 重大错报风险较高的审计领域。

3. 评估的财务报表层次的重大错报风险对指导、监督及复核的影响。

4. 项目组人员的选择(在必要时包括项目质量控制复核人员)和工作分工,包括向重大错报风险较高的审计领域分派具备适当经验的人员。

5. 项目预算,包括考虑为重大错报风险可能较高的审计领域分配适当的工作时间。如何向项目组成员强调在收集和评价审计证据过程中保持职业怀疑必要性的方式。

7. 以往审计中对内部控制运行有效性评价的结果,包括所识别的控制缺陷的性质及应对措施。

8. 管理层重视设计和实施健全的内部控制的相关证据,包括这些内部控制得以适当记录的证据。

9. 业务交易量规模,以基于审计效率的考虑确定是否依赖内部控制。

10. 对内部控制重要性的重视程度。

11. 影响审计单位经营的重大发展变化,包括信息技术和业务流程的变化,关键管理人员变化,以及收购、兼并和分立。

12. 重大的行业发展情况,如行业法规变化和新的报告规定。

13. 会计准则及会计制度的变化。

14. 其他重大变化,如影响被审计单位的法律环境的变化。

(四)审计资源

注册会计师应当在总体审计策略中清楚地说明审计资源的规划和调配,包括确定执行审计业务所必需的审计资源的性质、时间安排和范围。

1. 向具体审计领域调配的资源,包括向高风险领域分派有适当经验的项目组成员,就复杂的问题利用专家工作等。

2. 向具体审计领域分配资源的多少,包括分派到重要地点进行存货监盘的项目组成员的人数,在集团审计中复核组成部分注册会计师工作的范围,向高风险领域分配的审计时间预算等到。

3. 何时调配这些资源,包括是在期中审计阶段还是在关键的截止日期调配资源等。

4. 如何管理、指导、监督这些资源的利用,包括预期何时召开项目组预备会和总结会,预期项目合伙人和经理如何进行复核,是否需要实施项目质量控制复核等。

总体审计策略格式参见附录3-1。

二、具体审计计划

注册会计师应当为审计工作制定具体审计计划。具体审计计划比总体审计策略更加详细,其内容包括为获取充分、适当的审计证据以将审计风险降至可接受的低水平,项目组成员拟实施的审计程序的性质、时间和范围。可以说,为获取充分、适当的审计证据,而确定审计程序的性质、时间和范围的决策是具体审计计划的核心。具体审计计划应当包括风险评估程序、计划实施的进一步审计程序和其他审计程序。

(一)风险评估程序

具体审计计划应当包括按照《中国注册会计师审计准则第1211号——通过了解被审计单位及其环境识别和评估重大错报风险》的规定,为了足够识别和评估财务报表重大错报风险,注册会计师计划实施的风险评估程序的性质、时间安排和范围。

(二)计划实施的进一步审计程序

具体审计计划应当包括按照《中国注册会计师审计准则第1231号——针对评估的重大错报风险采取的应对措施》的规定,针对评估的认定层次的重大错报风险,注册会计师计划实施的进一步审计程序的性质、时间和范围。进一步审计程序包括控制测试和实质性程序。

需要强调的是,随着审计工作的推进,对审计程序的计划会一步步深入,并贯穿于整个审计过程。例如,计划风险评估程序通常在审计开始阶段进行,计划进一步审计程序则需要依据风险评估程序的结果进行。因此,为达到制定具体审计计划的要求,注册会计师需要依风险评估程序,识别和评估重大错报风险,并针对评估的认定层次的重大错报风险,计划实施进一步审计程序的性质、时间安排和范围。

通常,注册会计师计划的进一步审计程序可以分为进一步审计程序的总体方案和拟实施的具体审计程序(包括进一步审计程序的具体性质、时间安排和范围)两个层次。进一步审计程序的总体方案主要是指注册会计师针对各类交易、账户余额和披露决定采用的总体方案(包括实质性方案或综合性方案)。具体审计程序则是对进一步审计程序的总体方案的延伸和细化,它通常包括控制测试和实质性程序的性质、时间安排和范围。在实务中,注册会计师通常单独制定一套包括这些具体程序的"进一步审计程序表",待具体实施审计程序时,注册会计师将基于所计划的具体审计程序,进一步记录所实施的审计程序及结果,并最终形成有关进一步审计程序的审计工作底稿。

另外,完整、详细的进一步审计程序的计划包括对各类交易、账户余额和披露实施的具体审计程序的性质、时间安排和范围,包括抽取的样本量等。在实务中,注册会计师可以统筹安排进一步审计程序的先后顺序,如果对某类交易、账户余额或披露已经做出计划,则可以安排先行开展工作,与此同时再制定其他交易、账户余额和披露的进一步审计程序。

(三)计划其他审计程序

具体审计计划应当包括根据审计准则的规定,注册会计师针对审计业务需要实施的其他审计程序。计划的其他审计程序可以包括上述进一步程序的计划中没有涵盖的、根据其他审计准则的要求注册会计师应当执行的既定程序。

在审计计划阶段,除了按照《中国注册会计师审计准则第1211号——通过了解被审计单位及其环境识别和评估重大错报风险》进行计划工作,注册会计师还需要兼顾其他准则中规定的、针对特定项目在审计计划阶段应执行的程序及记录要求。例如,《中国注册会计师审计准则第1141号——财务报表审计中与舞弊相关的责任》《中国注册会计师审计准则第1324号——持续经营》《中国注册会计师审计准则第1142号——财务报表审计中对法律法规的考虑》及《中国注册会计师审计准则第1323号——关联方》等准则中对注册会计师针对这些特定项目在审计计划阶段应当执行的程序及其记录作出了规定。当然,考虑到被审计单位所处行业、环境各不相同。特别项目可能也有所不同。例如,有些企业可能涉及环境事项、电子商务等,在实务中注册会计师应根据被审计单位的具体情况确定特定项目并执行相应的审计程序。

三、审计过程中对计划的更改

计划审计工作并非审计业务的一个孤立阶段,而是一个持续的、不断修正的过程,贯穿于整个审计业务的始终。由于未预期事项、条件的变化或在实施审计程序中获取的审计证据等原因,在审计过程中,注册会计师应当在必要时对总体审计策略和具体审计计划作出更新和修改。

审计过程可以分为不同阶段,通常前面阶段的工作结果会对后面阶段的工作计划产生一定的影响,而后面阶段的工作过程中又可能发现需要对已制定的相关计划进行相应的更新和修改。通常来讲,这些更新和修改涉及比较重要的事项。例如,对重要性水平的修改,对某类交易、账户余额和披露的重大错报风险的评估和进一步审计程序(包括总体方案和拟实施的具体审计程序)的更新和修改等。一旦计划被更新和修改,审计工作也就应当进行相应的修正。

例如,如果在制定审计计划时,注册会计师基于对材料采购交易的相关控制的设计和执行获取的审计证据,认为相关控制设计合理并得以执行,因此未将其评价为高风险领域并且计划执行控制测试。但是在执行控制测试时获得的审计证据与审计计划阶段获得的审计证据相矛盾,注册会计师认为该类交易的控制没有得到有效执行,此时,注册会计师可能需要修正对该类交易的风险评估,并基于修正的评估风险修改计划的审计方案,如采用实质性方案。

四、指导、监督与复核

注册会计师应当制定计划,确定对项目组成员的指导、监督以及对其工作进行复核的性质、时间安排和范围。其主要取决于下列因素:

1. 被审计单位的规模和复杂程度;
2. 审计领域;
3. 评估的重大错报风险;
4. 执行审计工作的项目组成员的专业素质和能力。

注册会计师应在评估重大错报风险的基础上,计划对项目组成员工作的指导、监督与复核的性质、时间安排和范围。当评估的重大错报风险增加时,注册会计师通常会扩大指导与监督的范围,增强指导与监督的及时性,执行更详细的复核工作。在计划复核的性质、时间安排和范围时,注册会计师还应考虑单个项目组成员的专业素质和胜任能力。

例3-3·多选题

下列各项中,属于具体审计计划活动的有( )。

A. 确定重要性
B. 确定是否需要实施项目质量控制复核
C. 确定风险评估程序的性质,时间安排和范围
D. 确定进一步审计程序的性质,时间安排和范围

【正确答案】CD

【答案解析】选项A、B分别是制定总体审计策略的审计方向和审计资源时需要考虑的内容。选项C、D恰当。

第三节　审计重要性

审计重要性是审计学的一个基本概念。审计重要性概念的运用贯穿于整个审计过程。在计划审计工作时,注册会计师应当考虑导致财务报表发生重大错报的原因,并应当在了解被审计单位及其环境的基础上,确定一个可接受的重要性水平,即首先为财务报表层次确定重要性水平,以发现在金额上重大的错报。同时,注册会计师还应当评估各类交易、账户余额和披露认定层次的重要性,以便确定进一步审计程序的性质、时间安排和范围,将审计风险降至可接受的低水平。在确定审计意见类型时,注册会计师也需要考虑重要性水平。

一、重要性的含义

财务报告编制基础通常从编制和披露财务报表的角度阐释重要性概念。财务报表编制基础可能以不同的术语解释重要性,但通常而言,重要性概念可从下列方面进行理解。

(1)如果合理预期错报(包括漏报)单独或汇总起来可能影响财务报表使用者依据财务报表作出的经济决策,则通常认为错报是重大的。

(2)对重要性的判断是根据具体环境作出的,并受错报的金额或性质的影响,或受两者共同作用的影响。

(3)判断某事项对财务报表使用者是否重大,是在考虑财务报表使用者整体共同的财务信息需求的基础上作出的。由于不同财务报表使用者对财务信息的需求可能差异很大,因此不考虑错报对个别财务报表使用者可能产生的影响。

在审计开始时,就必须对重大错报的规模和性质做出一个判断,包括制定财务报表层次的重要性和特定交易类别、账户余额和披露的重要性水平。当错报金额高于整体重要性水平时,就很可能被合理预期将对使用者根据财务报表做出的经济决策产生影响。

注册会计师使用整体重要性水平(将财务报表作为整体)的目的有:(1)决定风险评估程序的性质、时间安排和范围;(2)识别和评估重大错报风险;(3)确定进一步审计程序的性质、时间安排和范围。在整个业务过程中,随着审计工作的进展,注册会计师应当根据所获得的新信息更新重要性。在形成审计结论阶段,要使用整体重要性水平和为了特定交易类别、账户余额和披露而制定的较低金额的重要性水平来评价已识别的错报对财务报表的影响和对审计报告中审计意见的影响。

二、审计风险

在执行审计业务时,注册会计师应当考虑重要性及重要性与审计风险的关系。注册会计师审计风险是指财务报表存在重大错报时注册会计师发表不恰当审计意见的可能性。可接受的审计风险的确定,需要考虑会计师事务所对审计风险的态度、审计失败对会计师事务所可能造成损失的大小等因素。其中,审计失败对会计师事务所可能造成的损失大小又受所审计财务报表的用途、使用者的范围等因素的影响。但必须注意,审计业务是一种保证程度高的鉴证业务,可接受的审计风险应当足够低,以使注册会计师能够合理保证所审计财务报表不含有重大错报。审计风险取决于重大错报风险和检查风险。

(一)重大错报风险

重大错报风险是指财务报表在审计前存在重大错报的可能性。重大错报风险与被审计单位的风险相关,且独立存在于财务报表的审计中。在设计审计程序以确定财务报表整体是否存在重大错报时,注册会计师应当从财务报表层次和各类交易、账户余额和披露认定层次方面考虑重大错报风险。《中国注册会计师审计准则第1211号——通过了解被审计单位及其环境识别和评估重大错报风险》对注册会计师如何评估财务报表层次和认定层次的重大错报风险提出了详细的要求。

1. 两个层次的重大错报风险

财务报表层次重大错报风险与财务报表整体存在广泛联系,可能影响多项认定。此类风险通常与控制环境有关,但也可能与其他因素有关有,如经济萧条。此类风险难以界定于某类交易、账户余额和披露的具体认定;相反,此类风险增大了任何数目的不同认定发生重大错报的可能性,对注册会计师考虑由舞弊引起的风险特别相关。

注册会计师评估财务报表层次重大错报风险的措施包括：考虑审计项目组承担重要责任的人员的学识、技术和能力，是否需要专家介入；考虑给予业务助理人员适当程度的监督指导；考虑是否存在导致注册会计师怀疑被审计单位持续经营假设合理性的事项或情况。

注册会计师同时考虑各类交易、账户余额和披露认定层次的重大错报风险，考虑的结果直接有助于注册会计师确定认定层次上实施的进一步审计程序的性质、时间安排和范围。注册会计师在各类交易、账户余额和披露认定层次获取审计证据，以便能够在审计工作完成时，以可接受的低审计风险水平对财务报表整体发表审计意见。《中国注册会计师审计准则第1231号——针对评估的重大错报风险采取的应对措施》对注册会计师针对评估的认定层次重大错报风险如何设计和执行进一步的审计程序，提出了详细的要求。

2. 固有风险和控制风险

认定层次的重大错报风险又可以进一步细分为固有风险和控制风险。

固有风险是指在考虑相关的内部控制之前，某类交易、账户余额或披露的某一认定易于发生错报（该错报单独或连同其他错报可能是重大的）的可能性。

某些类别的交易、账户余额和披露及其认定，固有风险较高。例如，复杂的计算比简单计算更可能出错；受重大计量不确定性影响的会计估计发生错报的可能性较大。产生经营风险的外部因素也可能影响固有风险，比如，技术进步可能导致某项产品陈旧，进而导致存货易于发生高估错报（计价认定）。被审计单位及其环境中的某些因素还可能与多个甚至所有类别的交易、账户余额和披露有关，进而影响多个认定的固有风险。这些因素包括维持经营的流动资金匮乏、被审计单位处于夕阳行业等。

控制风险是指某类交易、账户余额或披露的某一认定发生错报，该错报单独或连同其他错报是重大的，但没有被内部控制及时防止或发现并纠正的可能性。控制风险取决于与财务报表编制有关的内部控制的设计和运行的有效性。由于控制的固有局限性，某种程度的控制风险始终存在。

温馨提示

由于固有风险和控制风险不可分割地交织在一起，有时无法单独进行评估，本教材通常不再单独提到固有风险和控制风险，而只是将这两者合并称为"重大错报风险"。但这并不意味着，注册会计师不可以单独对固有风险和控制风险进行评估。相反，注册会计师既可以对两者进行单独评估，也可以对两者进行合并评估。具体采用的评估方法取决于会计师事务所偏好的审计技术和方法及实务上的考虑。

（二）检查风险

检查风险是指如果存在某一错报，该错报单独或连同其他错报可能是重大的，注册会计师为将审计风险降至可接受的低水平而实施程序后没有发现这种错报的风险。检查风险取决于审计程序设计的合理性和执行的有效性。由于注册会计师通常并不对所有的交易、账户余额和披露进行检查,以及其他原因,检查风险不可能降低为零。其他原因包括注册会计师可能选择了不恰当的审计程序、审计过程执行不当,或者错误解读了审计结论。这些其他因素可以通过适当计划、在项目组成员之间进行恰当的职责分配、保持职业怀疑态度以及监督、指导和复核助理人员所执行的审计工作得以解决。

(三)检查风险与重大错报风险的反向关系

在既定的审计风险水平下,可接受的检查风险水平与认定层次重大错报风险的评估结果呈反向关系。评估的重大错报风险越高,可接受的检查风险越低;评估的重大错报风险越低,可接受的检查风险越高。这两种风险的关系可以用图3-2表示。检查风险与重大错报风险的反向关系用数学模型表示如下:

$$审计风险=重大错报风险×检查风险$$

这个模型也就是审计风险模型。假设针对某一认定,注册会计师将可接受的审计风险水平设定为5%,注册会计师实施风险评估程序后将重大错报风险评估为25%,则根据这一模型,可接受的检查风险为20%。当然,实务中,注册会计师不一定用绝对数量表达这些风险水平,而是选用"高""中""低"等文字描述。

注册会计师应当合理设计审计程序的性质、时间安排和范围,并有效执行审计程序,以控制检查风险。上例中,注册会计师根据确定的可接受检查风险(20%),设计审计程序的性质、时间安排和范围。审计计划在很大程度上围绕确定审计程序的性质、时间安排和范围而展开。

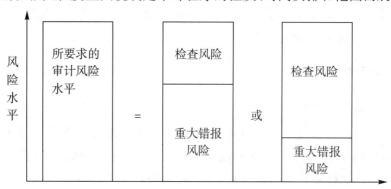

图3-2 检查风险与重大错报风险的反向关系

三、重要性水平的确定

在计划审计工作时,注册会计师应当确定一个可接受的重要性水平,以发现在金额上重大的错报。注册会计师在确定计划的重要性水平时,需要考虑对被审计单位及其环境的了解、审计的目标、财务报表各项目的性质及其相互关系、财务报表项目的金额及其波动幅度。同时,还应当从性质和数量两个方面合理确定重要性水平。

(一)从性质方面考虑重要性

在某些情况下,金额相对较少的错报可能会对财务报表产生重大影响。例如,一项不重大的违法支付或者没有遵循某项法律规定,但该支付或违法行为可能导致一项重大的或有负债、重大的资产损失或者收入损失,就应认为上述事项是重大的。下列描述了可能构成重要性的因素。

1. 对财务报表使用者需求的感知。他们对财务报表的哪一方面最感兴趣。
2. 获利能力趋势。
3. 因没有遵守贷款契约、合同约定、法规条款和法定的或常规的报告要求而产生错报的影响;
4. 计算管理层报酬(资金等)的依据。
5. 由于错误或舞弊而使一些账户项目对损失的敏感性。
6. 重大或有负债。
7. 通过一个账户处理大量的、复杂的和相同性质的个别交易。
8. 关联方交易。
9. 可能的违法行为、违约和利益冲突。
10. 财务报表项目的重要性、性质、复杂性和组成。
11. 可能包含了高度主观性的估计、分配或不确定性。
12. 管理层的偏见。管理层是否有动机将收益最大化或者最小化
13. 管理层一直不愿意纠正已报告的与财务报告相关的内部控制的缺陷。
14. 与账户相关联的核算与报告的复杂性。
15. 自前一个会计期间以来账户特征发生的改变(例如,新的复杂性、主观性或交易的种类)。
16. 个别极其重大但不同的错报抵销产生的影响。

(二)从数量方面考虑重要性

1. 财务报表整体的重要性

由于财务报表审计的目标是注册会计师通过执行审计工作对财务报表发表审计意见,因此,注册会计师应当考虑财务报表层次的重要性。只有这样,才能得出财务报表是否公允反映的结论。注册会计师在制定总体审计策略时,应当确定财务报表整体的重要性。

确定多大错报会影响到财务报表使用者所做决策,是注册会计师运用职业判断的结果。很多注册会计师根据所在会计师事务所的惯例及自己的经验,考虑重要性。

确定多大错报会影响到财务报表使用者所做决策,是注册会计师运用职业判断的结果。很多注册会计师根据所在会计事务所的惯例及自己的经验,考虑重要性。

确定重要性需要运用职业判断。通常先选定一基准,再乘以某一百分比作为财务报表整体的重要性。在选择基准时,需要考虑的因素包括:

(1)财务报表要素(如资产、负债、所有者权益、收入和费用);
(2)是否存在特定会计主体的财务报表使用者特别关注的项目(如为了评价财务业绩,使用者可能更关注利润、收入或净资产);
(3)被审计单位的性质、所处的生命周期阶段以及所处行业和经济环境;

(4)被审计单位的所有权结构和融资方式(例如,如果被审计单位仅通过债务而非权益进行融资,财务报表使用者可能更关注资产及资产的索偿权,而非被审计单位的收益);

(5)基准的相对波动性。

适当的基准取决于被审计单位的具体情况,包括各类报表收益(如税前利润、营业收入、毛利和费用总额),以及所有者权益或净资产。对于以营利为目的的实体,通常以经常性业务的税前利润作为基准。如果经常性业务的税前利润不稳定,选用其他基准可能更加合适,如毛利或营业收入。就选定的基准而言,相关的财务数据通常包括前期财务成果和财务状况、本期最新的财务成果和财务状况、本期的预算和预测结果。当然,本期最新的财务成果和财务状况、本期的预算和预测结果需要根据被审计单位情况的重大变化(如重大的企业并购)和被审计单位所处行业和经济环境情况的相关变化等作出调整。例如,当按照经常性业务的税前利润的一定百分比确定被审计单位财务报表整体的重要性时,如果被审计单位本年度税前利润因情况变化出现意外增加或减少,注册会计师可能认为按照近几年经常性业务的平均税前利润确定财务报表整体的重要性更加合适。

为选定的基准确定百分比需要运用职业判断。百分比和选定的基准之间存在一定的联系,如经常性业务的税前利润对应的百分比通常比营业收入对应的百分比要高。例如,对以营利为目的的制造行业实体,注册会计师可能认为经常性业务的税前利润是适当的;而对非营利组织,注册会计师可能认为总收入或费用总额的1%是适当的。百分比无论是高一些还是低一些,只要符合具体情况,都是适当的。

注册会计师在确定重要性水平时,不需考虑与具体项目计量相关的固有不确定性。例如,财务报表含有高度不确定性的大额估计,注册会计师并不会因此而确定一个比不含有该估计的财务报表的重要性更高或更低的财务报表整体重要性。

2. 特定类别交易、账户余额或披露的重要性水平

根据被审计单位的特定情况:下列因素可能表明存在一个或多个特定类别的交易、账户余额或披露,其发生的错报金额虽然低于财务报表整体的重要性,但合理预期将影响财务报表使用者依据财务报表作出的经济决策。

(1)法律法规或适用的财务报告编制基础是否影响财务报表使用者对特定项目(如关联方交易、管理层和治理层的薪酬)计量或披露的预期。

(2)与被审计单位所处行业相关的关键性披露(如制药企业的研究与开发成本)。

(3)财务报表使用者是否特别关注财务报表中单独披露的业务的特定方面(如新收购的业务)。

在根据被审计单位的特定情况考虑是否存在上述交易、账户余额或披露时,注册会计师可能会发现了治理层和管理层的看法和预期是有用的。

(三)实际执行的重要性

实际执行的重要性,是指注册会计师确定的低于财务报表整体重要性的一个或多个金额,旨在将未更正和未发现错报的汇总数超过财务报表整体的重要性的可能性降至适当的低水平。如果适用,实际执行的重要性还指注册会计师确定的低于特定类别的交易、账户余额或披露的重要性水平的一个或多个金额。

仅为发现单项重大的错报而计划审计工作将忽视这样一个事实,即单项非重大错报的汇总数可能导致财务报表出现重大错报,更不用说还没有考虑可能存在的未发现错报。确定财务报表整体的实际执行的重要性(根据定义可能是一个或多个金额),旨在将财务报表中未更正和未发现错报的汇总数超过财务报表整体的重要性的可能性降至适当的低水平。

与确定特定类别的交易、账户余额或披露的重要性水平相关的实际执行的重要性,旨在将这些交易、账户余额或披露中未更正与未发现错报的汇总数超过这些交易、账户余额或披露的重要性水平的可能性降至适当的低水平。

温馨提示

整体重要性根据被审计单位及其环境和财务报表使用者的需求确定,实际执行的重要性则根据财务报表整体的重要性确定。

确定实际执行的重要性并非简单机械的计算,需要注册会计师运用职业判断,并考虑下列因素的影响:对被审计单位的了解(这些了解在实施风险评估程序的过程中得到更新);前期审计工作中识别出的错报的性质和范围;根据前期识别出的错报对本期错报作出的预期。

通常而言,实际执行的重要性通常为财务报表整体重要性的 50%~75%。

接近财务报表整体重要性 50% 的情况:

首次接受委托的审计项目;

连续审计项目,以前年度审计调整较多;

项目总体风险较高,例如处于高风险行业、管理层能力欠缺、面临较大市场竞争压力或业绩压力等;

存在或预期存在值得关注的内部控制缺陷。

接近财务报表整体重要性 75% 的情况:

连续审计项目,以前年度审计调整较少;

项目总体风险为低到中等,例如处于非高风险行业、管理层有足够能力、面临较低的业绩压力等;

以前期间的审计经验表明内部控制运行有效。

计划的重要性与实际执行的重要性之间的关系如图 3-3 所示。

图 3-3　实际执行的重要性

(四)审计过程中修改重要性

由于存在下列原因,注册会计师可能需要修改财务报表整体的重要性和特定类别的交易、账户余额或披露的重要性水平(如适用):(1)审计过程中情况发生重大变化(如决定处置被审计单位的一个重要组成部分);(2)获取新信息;(3)通过实施进一步审计程序,注册会计师对被审计单位及其经营的了解发生变化。例如,注册会计师在审计过程中发现,实际财务成果与最初确定财务报表整体的重要性时使用的预期本期财务成果相比存在很大差异,则需要修改重要性。

(五)重要性与审计风险的关系

重要性与审计风险之间存在反向关系。重要性水平越高,审计风险越低;重要性水平越低,审计风险越高。这里所说的重要性水平高低指的是金额的大小。通常,4000元的重要性水平比2000元的重要性水平高。在理解两者之间的关系时,必须注意,重要性水平是注册会计师从财务报表使用者的角度进行判断的结果。如果重要性水平是4000元,则意味着低于4000元的错报不会影响到财务报表使用者的决策,此时注册会计师需要通过执行有关审计程序合理保证能发现高于4000元的错报。如果重要性水平是2000元,则金额在2000元以上的错报就会影响财务报表使用者的决策,此时注册会计师需要通过执行有关审计程序合理保证能发现金额在2000元以上的错报。显然,重要性水平为2000元时审计不出这样的重大错报的可能性即审计风险,要比重要性水平为4000元时的审计风险高。审计风险越高,越要求注册会计师收集更多更有效的审计证据,以将审计风险降至可接受的低水平。因此,重要性和审计证据之间也是反向变动关系。

值得注意的是,注册会计师不能通过不合理地人为调高重要性水平来降低审计风险。因为重要性是依据重要性概念中所述的判断标准确定的,而不是由主观期望的审计风险水平决定。

由于重要性和审计风险存在上述反向关系,而这种关系对注册会计师将要执行的审计程序的性质、时间安排和范围有直接的影响,因此,注册会计师应当综合考虑各种因素,合理确定重要性水平。

四、评价审计过程中识别出的错报

(一)错报的定义

错报,是指某一财务报表项目的金额、分类、列报或披露,与按照适用的财务报告编制基础应当列示的金额、分类、列报或披露之间存在的差异;或根据注册会计师的判断,为使财务报表在所有重大方面实现公允反映,需要对金额、分类、列报或披露作出必要的调整。错报可能是由于错误或舞弊导致的。

错报可能由下列事项导致:

收集或处理用以编制财务报表的数据时出现错误;

遗漏某项金额或披露;

由于疏忽或明显误解有关事实导致作出了不正确的会计估计;

注册会计师认为管理层对会计估计作出不合理的判断或对会计政策作出不恰当的选择和运用。

(二)累积识别出的错报

注册会计师可能将低于某一金额的错报界定为明显微小的错报,对这类错报不需要累积,因为注册会计师认为这些错报的汇总数明显不会对财务报表产生重大影响。"明显微小"不等同于"不重大"。明显微小错报的金额的数量级,与按照《中国注册会计师审计准则第1221号——计划和执行审计工作时的重要性》确定的重要性的数量级相比,是完全不同的(明显微小错报的数量级更小)。这些明显微小的错报,无论单独或者汇总起来,无论从规模、性质或其发生的环境来看都是明显微不足道的。如果不确定一个或多个错报是否明显微小,就不能认为这些错报是明显微小的。

为了帮助注册会计师评价审计过程中累积的错报的影响以及与管理层和治理层沟通错报事项,将错报区分为事实错报、判断错报和推断错报可能是有用的。

1.事实错报。事实错报是毋庸置疑的错报。这类错报产生于被审计单位收集和处理数据的错误,对事实的忽略或误解,或故意舞弊行为。例如,注册会计师在审计测试中发现最近购入存货的实际价值为15000元,但账面记录的金额却为10000元。因此,存货和应付账款分别被低估了5000元,这里被低估的5000元就是已识别的对事实的具体错报。

2.判断错报。由于注册会计师认为管理层对会计估计作出不合理的判断或不恰当地选择和运用会计政策而导致的差异。这类错报产生于两种情况:一是管理层和注册会计师对会计估计值的判断差异,例如,由于包含在财务报表中的管理层作出的估计值超出了注册会计师确定的一个合理范围,导致出现判断差异;二是管理层和注册会计师对选择和运用会计政策的判断差异,由于注册会计师认为管理层选择会计政策造成错报,管理层却认为选择会计政策适当,导致出现判断差异。

3.推断错报。注册会计师对总体存在的错报作出的最佳估计数,涉及根据在审计样本中识别出的错报来推断总体的错报。推断错报通常包括以下情况。

(1)通过测试样本估计出的总体的错报减去在测试中发现的已经识别的具体错报。例如,应收账款年末余额为2000万元,注册会计师抽查10%样本发现金额有100万元的高估,高估部分为账面金额的20%,据此注册会计师推断总体的错报金额为400万元(即2000×20%),那么上述100万元就是已识别的具体错报,其余300万元即推断误差。

(2)通过实质性分析程序推断出的会计错报。例如,注册会计师根据客户的预算资料及行业趋势等要素,对客户年度销售费用独立作出估计,并与客户账面金额比较,发现两者间有50%的差异;这种估计的精确性有限,注册会计师根据经验认为10%的差异通常是可接受的,而剩余40%的差异需要有合理解释并取得佐证性证据;假定注册会计师对其中10%的差异无法得到例题解释或不能取得佐证,则该部分差异金额即为推断误差。

(三)对审计过程识别出的错报的考虑

错报可能不会孤立发生,一项错报的发生还可能表明存在其他错报。例如,注册会计师识别出由于内部控制失效而导致的错报,或被审计单位广泛运用不恰当的假设或评估方法而导致的错报,均可能表明还存在其他错报。

抽样风险和非抽样风险可能导致某些错报未被发现。审计过程中累积错报的汇总数接近按照《中国注册会计师审计准则第1221号——计划和执行审计工作时的重要性》的规定确定的重要性,则表明存在比可接受的低风险更大的风险,即可能未被发现的错报连同审计过程中累积错报的汇总数,可能超过重要性。

注册会计师可能要求管理层检查某类交易、账户余额或披露,以使管理层了解注册会计师识别出的错报的产生原因,并要求管理层采取措施以确定这些交易、账户余额或披露实际发生错报的金额,以及对财务报表作出适当的调整。例如,在从审计样本中识别出的错报推断总体错报时,注册会计师可能提出这些要求。

(四)错报的沟通和更正

及时与适当层级的管理层沟通错报事项是很重要的,因为这能管理层评价这些事项是否为错报,并采取必要行动,如有异议则告知注册会计师。适当层级的管理层通常是指有责任和权限对错报进行评价并采取必要行动的人员。

法律法规可能限制注册会计师向管理层或被审计单位内部的其他人员通报某些错报。例如,法律法规可能专门规定禁止通报某事项或采取其他行动,这些通报或行动可能不利于有关权力机构对实际存在的或怀疑存在的违法行为展开调查。在某些情况下,注册会计师的保密义务与通报义务之间存在的潜在冲突可能很复杂。此时,注册会计师可以考虑征询法律意见。

管理层更正所有错报(包括注册会计师通报的错报),能够保持会计账簿和记录的准确性,降低由于与本期相关的、非重大的且尚未更正的错报的累积影响而导致未来期间财务报表出现重大错报的风险。

《中国注册会计师审计准则第1501号——对财务报表形成审计意见和出具审计报告》要求注册会计师评价财务报表是否在所有重大方面按照适用的财务报告编制和基础编制。这项评价包括考虑被审计单位会计实务的质量(包括表明管理层的判断可能出现偏向的迹象)。注册会计师管理层不更正错报的理由的理解,可能影响其对被审计单位会计实务质量的考虑。

(五)评价未更正错报的影响

未更正错报,是指注册会计师在审计过程中累积的且被审计单位未予更正的错报。注册会计师在确定重要性时,通常依据对被审计单位财务结果的估计,此时可能尚不知道实际的财务结果。因此,在评价未更正错报的影响之前,注册会计师可能有必要依据实际的财务结果对重要性作出修改。如果在审计过程中获知了某项信息,而该信息可能导致注册会计师确定与原来不同的财务报表整体重要性或者特定类别交易、账户余额或披露的一个或多个重要性水平(如适用),注册会计师应予以修改。因此,在注册会计师评价未更正错报的影响之前,可能已经对重要性或重要性水平(如适用)作出重大修改。但是,如果注册会计师对重要性或重要性水平,进行的重新评价导致需要确定较低的金额,则应重新考虑实际执行的重要性和进一步审计程序的性质、时间安排和范围的适当性,以获取充分、适当的审计证据,作为发表审计意见的基础。

注册会计师需要考虑每一单项错报,以评价其对相关类别的交易、账户余额或披露的影响,包括评价该项错报是否超过特定类别的交易、账户余额或披露的重要性水平,如果注册会计师认为某一单项错报是重大的,则该项错报不太可能被其他错报抵销。例如,如果收入存在重大高估,即使这项错报对收益的影响完全可被相同金额的费用高估所抵销,注册会计师仍认为财务报表整体存在重大错报。对于同一账户余额或同一类别的交易内部的错报,这种抵销可能是适当的。然而,在得出抵销非重大错报是适当的这一结论之前,需要考虑可能存在其他未被发现的错报的风险。

确定一项分类错报是否重大,需要进行定性评估。例如,分类错报对负债或其他合同条款的影响,对单个财务报表项目或小计数的影响,以及对关键比率的影响。即使分类错报超过了在评价其他错报时运用的重要性水平,注册会计师可能仍然认为该分类错报对财务报表整体不产生重大影响。例如,如果资产负债表项目之间的分类错报金额相对于所影响的资产负债表项目金额较小,并且对利润表或所有关键比率不产生影响,注册会计师可以认为这种分类错报对财务报表整体不产生重大影响。即使某些错报低于财务报表整体的重要性,但因与这些错报相关的某些情况,在将其单独或连同在审计过程中累积的其他错报一并考虑时,注册会计师也可能将这些错报评价为重大错报。

定性评估错报是否重大,具体从以下方面进行评价:

1. 错报对遵守监管要求的影响程度;
2. 错报对遵守债务合同或其他合同条款的影响程度;
3. 错报与会计政策的不正确选择或运用相关,这些会计政策的不正确选择或运用对当期财务报表不产生重大影响,但可能对未来期间财务报表产生重大影响;
4. 错报掩盖收益的变化或其他趋势的程度(尤其是在结合宏观经济背景和行业状况进行考虑时);
5. 错报对用于评价被审计单位财务状况、经营成果或现金流量的有关比率的影响程度;
6. 错报对财务报表中披露的分部信息的影响程度。例如,错报事项对某一分部或对被审计单位的经营或盈利能力有重大影响的其他组成部分的重要程度;

7.错报对增加管理层薪酬的影响程度。例如,管理层通过达到有关奖金或其他激励政策规定的要求以增加薪酬;

8.相对于注册会计师所了解的以前向财务报表使用者传达的信息(如盈利预测),错报是重大的;

9.错报对涉及特定机构或人员的项目的相关程度。例如,与被审计单位发生交易的外部机构或人员是否与管理层成员有关联关系;

10.错报涉及对某些信息的遗漏,尽管适用的财务报告编制基础未对这些信息作出明确规定,但是注册会计师根据职业判断认为这些信息对财务报表使用者了解被审计单位的财务状况、经营成果或现金流量是重要的;

11.错报对其他信息(如包含在"管理层讨论与分析"或"经营与财务回顾"中的信息)的影响程度,这些信息与已审计财务报表一同披露,并被合理预期可能影响财务报表使用者作出的经济决策。

例 3-4·单选题

在计划审计工作中,注册会计师使用财务报表整体重要性水平,可能无助于实现下列目的的是( )。

A. 确定重大不确定事项发生的可能性
B. 决定风险评估程序的性质、时间安排和范围
C. 识别和评估重大错报风险
D. 确定进一步审计程序的性质、时间安排和范围

【正确答案】A

【答案解析】注册会计师使用财务报表整体重要性水平的目的:(1)决定风险评估程序的性质、时间安排和范围;(2)识别和评估重大错报风险;(3)确定进一步审计程序的性质、时间安排和范围。故选项 A 不属于实现的目的。

例 3-5·单选题

下列情形中,注册会计师通常考虑采用较高的百分比确定实际执行的重要性的是( )。

A. 首次接受委托执行审计
B. 预期本年被审计单位存在值得关注的内部控制缺陷
C. 以前年度审计调整较少
D. 本年被审计单位面临较大的市场竞争压力

【正确答案】C

【答案解析】采用较高的百分比确定实际执行的重要性是在出现对审计"利好"的情形时采用的一种宽松措施。这里的"利好",意味着本期重大错报风险较低。

课后练习

□ 复习思考题

1. 简要说明初步业务活动的目的和主要内容?
2. 何谓审计业务约定书?说明审计业务约定书的基本内容。
3. 何谓审计总体策略?
4. 说明具体审计计划的主要内容。
5. 何谓审计重要性?如何确定审计重要性水平?
6. 说明重要性与审计风险之间的关系。

□ 单项选择题

1. 下列有关进一步审计程序的说法中,正确的是(　　)。
   A. 进一步审计程序是为了应对报表层次的重大错报风险
   B. 进一步审计程序包括了解被审计单位内部控制的程序
   C. 进一步审计程序包括控制测试与实质性程序
   D. 进一步审计程序包括了解被审计单位及其环境的程序

2. 以下有关错报的说法中,不正确的是(　　)。
   A. 错报可以分为事实错报、判断错报和推断错报
   B. 管理层与注册会计师对会计估计的判断差异属于判断错报
   C. 通过样本错报估计出的总体错报属于推断错报
   D. 通过分析程序发现的无法合理解释的差异不属于推断错报

3. 下列有关重要性的说法中,错误的是(　　)。
   A. 注册会计师应当从定量和定性两方面考虑重要性
   B. 注册会计师应当在制定具体审计计划时确定财务报表整体的重要性
   C. 注册会计师应当在每个审计项目中确定财务报表整体的重要性、实际执行的重要性和明显微小错报的临界值
   D. 注册会计师在确定实际执行的重要性时需要考虑重大错报风险

4. 使用重要性水平,可能无助于实现下列目的的是(　　)。
   A. 确定风险评估程序的性质、时间和范围
   B. 识别和评估重大错报风险
   C. 确定进一步审计程序的性质、时间和范围
   D. 确定重大不确定事项发生的可能性

5. 选择用以确定财务报表整体重要性的基准时,下列各项因素中,注册会计师不需要考虑的是(　　)。
   A. 被审计单位所处的生命周期阶段
   B. 财务报表使用者特别关注的项目

C. 以前审计中发现的错报

D. 被审计单位的融资方式

6. 以下有关确定重要性的基准的说法中,不正确的是(   )。

   A. 选择的基准在各年度中通常会保持稳定

   B. 使用替代性基准确定的重要性通常不宜超过上年的重要性

   C. 对于以盈利为目的的企业,营业收入通常是最佳基准

   D. 处于经营成熟期的企业,可采用税前利润作为基准

7. 以下有关交易、事项、期末账户余额或列报与披露的重要性的说法中,错误的是(   )。

   A. 评价错报是否重大时,无需考虑认定层次的重要性水平

   B. 评价认定层次错报是否重大时,既要考虑金额,也要考虑性质

   C. 认定层次错报对注册会计师所需证据的数量有直接影响

   D. 认定层次重要性水平应低于财务报表层次的重要性水平

8. 以下对实际执行重要性的运用中,错误的是(   )。

   A. 针对会计估计所使用的区间估计通常不宜超过实际执行重要性

   B. 只对金额达到实际执行重要性的重要账户实施进一步审计程序

   C. 实质性分析所使用的可接受差异额通常不超过实际执行重要性

   D. 实施变量抽样时设定的可容忍错报额不应超过实际执行重要性

9. 下列各项中,注册会计师确定明显微小错报临界值的目的是(   )。

   A. 判断单项错报是否重大

   B. 判断多项错报汇总后是否重大

   C. 判断错报是否需要累计

   D. 判断累计错报是否可能重大

10. 下列各项中,注册会计师可能将其确定为零的是(   )。

    A. 财务报表整体的重要性

    B. 实际执行的重要性

    C. 认定层次的重要性

    D. 明显微小错报临界值

11. 在审计风险模型中,"重大错报风险"是指(   )。

    A. 评估的财务报表层次的重大错报风险

    B. 评估的认定层次的重大错报风险

    C. 评估的与控制环境相关的重大错报风险

    D. 评估的与财务报表存在广泛联系的重大错报风险

□ 多项选择题

1. 下列各项中,属于审计业务约定书基本内容的有(   )。

   A. 财务报表审计的目标与范围

   B. 管理层与注册会计师的责任

   C. 适用的财务报告编制基础

D. 拟出具审计报告的意见类型

2. 被审计单位提出的将审计业务变更为审阅业务的下列原因中,注册会计师通常认为不合理的有(   )。

   A. 因审计范围受到限制而无法实施审计程序

   B. 环境变化对审计服务的需求产生影响

   C. 评估的被审计单位的重大错报风险普遍处于高水平

   D. 对原来要求的审计业务的性质存在误解

3. 确定财务报表整体重要性水平时,注册会计师需要针对选定的基准选择适当的百分比。下列各项因素中,可能影响百分比的有(   )。

   A. 财务报表使用者的范围

   B. 审计单位是否为公众利益实体

   C. 被审计单位是否有大额的对外融资

   D. 被审计单位所处的经营周期阶段

4. 在审计过程中,可能导致注册会计师修改重要性水平的情形有(   )。

   A. 对被审计单位及其经营的了解发生了变化

   B. 审计过程中情况发生重大变化

   C. 与财务报告相关的内部控制可能存在重大缺陷

   D. 被审计单位决定处置一个重要的子公司

5. 下列情况中,可能导致注册会计师将实际执行的重要性确定为接近财务报表整体重要性50%的有(   )。

   A. 以前年度审计发现的错报较少

   B. 被审计单位所属行业风险较高

   C. 被审计单位长期面临较大的市场压力

   D. 事务所首次承接某公司审计业务

6. 以下有关检查风险的说法中,正确的有(   )。

   A. 注册会计师只能通过降低检查风险来降低审计风险

   B. 可接受的检查风险水平受评估的重大错报风险的影响

   C. 可接受的检查风险的水平受进一步审计程序的影响

   D. 能否将检查风险降低至可接受水平可能影响审计意见

7. 下列各种做法中,能够降低检查风险的有(   )。

   A. 恰当设计审计程序的性质、时间安排和范围

   B. 限制审计报告用途

   C. 审慎评价审计证据

   D. 加强对已执行审计工作的监督和复核

□ 综合题

1. A 注册会计师是甲公司财务报表审计业务的项目合伙人。在审计过程中,A 注册会计师需要确定和运用重要性。相关情况如下:

(1)确定重要性水平时,A注册会计师不仅考虑了财务报表使用者对财务信息的需求,而且考虑了财务报表使用者做出决策的能力。

(2)甲公司近三年来税前利润逐年下降,A注册会计师拟以过去三年的平均税前利润作为财务报表整体重要性的判断基准。

(3)确定实际执行的重要性时,A注册会计师认为没有必要考虑甲公司存在的值得关注的控制缺陷。

(4)A注册会计师拟针对甲公司每类交易、账户余额和披露确定认定层次的重要性水平,以满足财务报表使用者的可能存在的需求。

(5)对于金额低于明显微小错报临界值的错报,A注册会计师不仅认为其金额不重要,还认为性质也是不重要的。

(6)汇总错报后,A注册会计师将错报金额与重新修订的重要性水平进行比较,以确定错报对财务报表的影响是否重大和广泛。

要求:分别针对上述情况(1)至(6),不考虑其他条件,指出A注册会计师的做法是否恰当。如认为不恰当,简要说明理由。

2. ABC会计师事务所指派A注册会计师担任甲公司2021年度财务报表的审计项目合伙人。审计工作底稿记录的A注册会计师与重要性相关的部分做法摘录如下:

(1)由于上年度审计时发现的错报较多,A注册会计师拟适当降低本年度财务报表整体的重要性水平。

(2)确定财务报表整体的重要性水平时,A注册会计师重点考虑了甲公司与其他各方签订的契约、合同的要求。

(3)考虑到甲公司可能有低估资产减值损失的偏好,A注册会计师拟将利润总额的90%作为基准。

(4)在审计完成阶段,A注册会计师调高了某认定层次的重要性水平,但没有对进一步审计程序的性质、时间安排和范围进行修改。

(5)由于未更正错报的汇总数低于财务报表层次实际执行的重要性,A注册会计师认为这些错报的数量与性质均不重要。

(6)为保持职业谨慎,在审计完成阶段,A注册会计师要求甲公司调整金额达到明显微小错报临界值的所有错报。

要求:

分别针对上述情况(1)至(6),指出A注册会计师的做法是否适当,如认为存在或可能存在不当之处,简要说明理由。

第四章

审计证据与审计工作底稿

◎ **本章学习目标**

本章是审计理论的重要组成部分。通过本章的学习,理解审计证据的含义和分类;理解并掌握审计证据的特性;理解并掌握收集和整理审计证据的基本方法和技能;掌握审计工作底稿的含义、作用以及编制和复核。

第一节 审计证据

一、审计证据的含义和特征

(一)审计证据的含义

审计证据是指注册会计师为了得出审计结论、形成审计意见时使用的所有信息。审计证据包括构成财务报表基础的会计记录所含有的信息和其他信息。证据是一个适用性较广的概念,不仅注册会计师执行审计工作需要证据,科学家和律师也需要证据。在科学实验中,科学家获取证据,以得出关于某项理论的结论;在法律案件中,法官需要根据严密确凿的证据,以提出审判结论;注册会计师必须在每项审计工作中获取充分、适当的审计证据,以满足发表审计意见的要求。

1. 会计记录中含有的信息

依据会计记录编制财务报表是被审计单位管理层的责任,注册会计师应当测试会计记录以获取审计证据。会计记录主要包括原始凭证、记账凭证、总分类账和明细分类账、未在记账凭证中反映的对财务报表的其他调整,以及支持成本分配、计算、调节和披露的手工计算表和电子数据表。上述会计记录是编制财务报表的基础,构成注册会计师执行财务报表审计业务所需获取的审计证据的重要部分。这些会计记录通常是电子数据,因而要求注册会计师对内部控制予以充分关注,以获取这些记录的真实性、准确性和完整性。进一步说,电子形式的会计记录可能只能在特定时间获取,如果不存在备份文件,特定期间之后有可能无法再获取这些记录。

会计记录取决于相关交易的性质,它既包括被审计单位内部生成的手工或电子形式的凭证,也包括从与被审计单位进行交易的其他企业收到的凭证。除此之外,会计记录还包括以下几项内容。

(1)销售发运单和发票、顾客对账单以及顾客的汇款通知单。

(2)附有验货单的订购单、购货发票和对账单。

(3)考勤卡和其他工时记录、工薪单、个别支付记录和人事档案。

(4)支票存根、电子转移支付记录(EFTS)、银行存款单和银行对账单。

(5)合同记录,例如,租赁合同和分期付款销售协议。

(6)记账凭证。

(7)分类账账户调节表。

将这些会计记录作为审计证据时,其来源和被审计单位内部控制的相关强度(对内部生成的证据而言)都会影响注册会计师对这些原始凭证的信赖程度。

2. 其他信息

会计记录中含有的信息本身并不足以提供充分的审计证据作为对财务报表发表审计意见的基础,注册会计师还应当获取用作审计证据的其他信息。可用作审计证据的其他信息包括注册会计师从被审计单位内部或外部获取的会计记录以外的信息,如被审计单位会议记录、内部控制手册、询证函的回函、分析师的报告、与竞争者的比较数据等;通过询问、观察和检查等审计程序获取的信息,如通过检查存货获取存货存在性的证据等;以及自身编制或获取的可以通过合理推断得出结论的信息,如注册会计师编制的各种计算表、分析表等。

财务报表依据的会计记录中包含的信息和其他信息共同构成了审计证据,两者缺一不可。如果没有前者,审计工作将无法进行;如果没有后者,可能无法识别重大错报风险。只有将两者结合在一起,才能将审计风险降至可接受的低水平,为注册会计师发表审计意见提供合理基础。

(二)审计证据的特征

注册会计师应当保持职业怀疑态度,运用职业判断,评价审计证据的充分性和适当性。

1. 审计证据的充分性

审计证据的充分性是对审计证据数量的衡量,主要与注册会计师确定的样本量有关。例如,对某个审计项目实施某一选定的审计程序,从 200 个样本中获得的证据要比从 100 个样本中获得的证据更充分。获取的审计证据应当充分,足以将与每个重要认定相关的审计风险限制在可接受的水平。

注册会计师需要获取的审计证据的数量受其对重大错报风险评估的影响(评估的重大错报风险越高,需要的审计证据可能越多,并受审计证据质量的影响。审计证据质量越高,需要的审计证据可能越少)。然而,注册会计师仅靠获取更多的审计证据可能无法弥补其质量上的缺陷。

例如,注册会计师对某电脑公司进行审计,经过分析认为,受被审计单位行业性质的影响,存货陈旧的可能性相当高,存货计价的错报可能性就比较大。为此,注册会计师在审计中,就要选取更多的存货样本进行测试,以确定存货陈旧的程度,从而确认存货的价值是否被高估。

2. 审计证据的适当性

审计证据的适当性,是对审计证据质量的衡量,即审计证据在支持审计意见所依据的结论方面具有的相关性和可靠性。相关性和可靠性是审计证据适当性的核心内容,只有相关且可靠的审计证据才是高质量的。

(1)审计证据的相关性。相关性,是指用作审计证据的信息与审计程序的目的和所考虑的相关认定之间的逻辑联系。用作审计证据的信息的相关性可能受测试方向的影响。例如,如果某审计程序的目的是测试应付账款的计价高估,则测试已记录的应付账款可能是相关的审计程序。另一方时,如果某审计程序的目的是测试应付账款的计价低估,则测试已记录的应付账款不是相关的审计程序,相关的审计程序可能是测试期后支出、未支付发票、供应商结算单以及发票未到的收货报告单等。

特定的审计程序可能只为某些认定提供相关的审计证据,而与其他认定无关。例如,检查期后应收账款收回的记录和文件可以提供有关存在和计价的审计证据,但未必提供与截止测试相关的审计证据。类似地,有关某一特定认定(如存货的存在认定)的审计证据,不能替代与其他认定(如该存货的计价认定)相关的审计证据。另一方面,不同来源或不同性质的审计证据可能与同一认定相关。

控制测试旨在评价内部控制在防止或发现并纠正认定重大错报方面的运行有效性。设计控制测试以获取相关审计证据，包括识别一些显示控制运行的情况（特征或属性），以及显示控制未恰当运行的偏差情况。然后，注册会计师可以测试这些情况是否存在。

实质性程序旨在发现认定层次重大错报，包括细节测试和实质性分析程序。设计实质性程序包括识别与测试目的相关的情况，这些情况构成相关认定的错报。

(2)审计证据的可靠性。审计证据的可靠性是指证据的可信程度。例如，注册会计师亲自检查存货所获得的证据，就比被审计单位管理层提供给注册会计师的存货数据更可靠。

审计证据的可靠性受其来源和性质的影响，并取决于获取审计证据的具体环境。注册会计师在判断审计证据的可靠性时，通常会考虑下列原则。

①从外部独立来源获取的审计证据比从其他来源获取的审计证据更可靠。从外部独立来源获取的审计证据未经被审计单位有关职员之手，从而减少了伪造、更改凭证或业务记录的可能性，因而其证明力最强。此类证据如银行询证函回函、应收账款询证函回函、保险公司税等机构出具的证明等。相反，从其他来源获取的审计证据，由于证据提供者与被审计单位存在经济或行政关系等原因，其可靠性应受到质疑。此类证据如被审计单位内部的会计记录、会议记录等。

②内部控制有效时内部生成的审计证据比内部控制薄弱时内部生成的审计证据更可靠。如果被审计单位有着健全的内部控制且在日常管理中得到一贯的执行，会计记录的可信赖程度将会增加。如果被审计单位的内部控制薄弱，甚至不存在任何内部控制，被审计单位内部凭证记录的可靠性就大为降低。例如，如果与销售业务相关的内部控制有效，注册会计师就能从销售发票和发货单中取得比内部控制不健全时更加可靠的审计证据。

③直接获取的审计证据比间接获取或推论得出的审计证据更可靠。例如，注册会计师观察某项内部控制的运行得到的证据比询问被审计单位某项内部控制的运行得到的证据更可靠。间接获取的证据有被涂改及伪造的可能性，降低了可信赖程度。推论得出的审计证据，其主观性较强，人为因素较多，可信赖程度也受到影响。

④以文件、记录形式（无论是纸质、电子或其他介质）存在的审计证据比口头形式的审计证据更可靠。例如，会议的同步书面记录比对讨论事项事后的口头表述更可靠。口头证据本身并不足以证明事实的真相，仅提供了一些重要线索，为进一步调查确认所用。如注册会计师在对应收账款进行账龄分析后，可以向应收账款负责人询问逾期应收账款收回的可能性。如果该负责人的意见与注册会计师自行估计的坏账损失基本一致，则这一口头证据就可成为证实注册会计师对有关坏账损失判断的重要证据。但在一般情况下，口头证据往往需要得到其他相应证据的支持。

⑤从原件获取的审计证据比从传真件或复印件获取的审计证据更可靠。注册会计师可审查原件是否有被涂改或伪造的迹象，排除伪证，提高证据的可信赖程度。而传真件或复印件容易是篡改或伪造的结果，可靠性较低。

注册会计师在按照上述原则评价审计证据的可靠性时，还应当注意可能出现的重要例外情况。例如，审计证据虽然是从独立的外部来源获得，但如果该证据是由不知情者或不具备资格者提供，审计证据也可能是不可靠的。同样，如果注册会计师不具备评价证据的专业能力，那么即使是直接获取的证据，也可能不可靠。

(3)充分性和适当性之间的关系。充分性和适当性是审计证据的两个重要特征，两者缺一不可,只有充分且适当的审计证据才是有证明力的。

注册会计师需要获取的审计证据的数量也受审计证据质量的影响。审计证据质量越高,需要的审计证据数量可能越少。也就是说,审计证据的适当性会影响审计证据的充分性。例如,被审计单位内部控制健全时生成的审计证据更可靠,注册会计师只需获取适量审计证据,就可以为发表审计意见提供合理的基础。

温馨提示

尽管审计证据的充分性和适当性相关,但如果审计证据的质量存在缺陷,那么注册会计师仅靠获取更多的审计证据可能无法弥补其质量上的缺陷。例如,注册会计师应当获取与销售收入完整性相关的证据,实际获取到的却是有关销售收入真实性的证据,审计证据与完整性目标不相关,即使获取的证据再多,也证明不了收入的完整性。同样的,如果注册会计师获取的证据不可靠,那么证据数量再多也难以起到证明作用。

(4)评价充分性和适当性时的特殊考虑。

①对文件记录可靠性的考虑。

审计工作通常不涉及鉴定文件记录的真伪,注册会计师也不是鉴定文件记录真伪的专家,但应当考虑用作审计证据的信息的可靠性,并考虑与这些信息生成和维护相关控制的有效性。

如果在审计过程中识别出的情况使其认为文件记录可能是伪造的,或文件记录中的某些条款已发生变动,注册会计师应当做出进一步调查,包括直接向第三方询证,或考虑利用专家的工作以评价文件记录的真伪。例如,如发现某银行询证函回函有伪造或篡改的迹象,注册会计师应当做进一步的调查,并考虑是否存在舞弊的可能性。必要时,应通过适当方式聘请专家予以鉴定。

②使用被审计单位生成信息时的考虑。

注册会计师为获取可靠的审计证据,实施审计程序时使用的被审计单位生成的信息需要足够完整和准确。例如,通过用标准价格乘以销售量来收入进行审计时,其有效性受到价格信息准确性和销售量数据完整性和准确性的影响。类似地,如果注册会计师打算测试总体(如付款)是否具备某一特性(如授权),若选取测试项目的总体不完整,则测试结果可能不太可靠。

如果针对这类信息的完整性和准确性获取审计证据是所实施审计程序本身不可分割的组成部分,则可以与对这些信息实施中的审计程序同时实行。其他情况下,通过测试针对生成和维护这些信息的控制,注册会计师也可以获得关于这些信息准确性和完整性的审计证据。然而,在某些情况下,注册会计师可能确定在必要实施追加的审计程序。

在某些情况下,注册会计师可能打算将被审计单位生成的信息用于其他审计目的。例如,注册会计师可能打算将被审计单位的业绩评价用于分析程序,或利用被审计单位用于监控活动的信息,如内部审计报告等。在这种情况下,获取的审计证据的适当性受到该信息对于审计目的而言是否足够精确和详细的影响。例如,管理层的业绩评价对于发现重大错报可能不够精确。

③证据相互矛盾时的考虑。

如果针对某项认定从不同来源获取的审计证据或获取的不同性质的审计证据能够相互印证,

与该项认定相关的审计证据则具有更强的说服力。例如,注册会计师通过检查委托加工协议发现被审计单位有委托加工材料,且委托加工材料占存货比重较大,经发函询证后证实委托加工材料确实存在。委托加工协议和询证函回函这两个不同来源的审计证据互相印证,证明委托加工材料真实存在。

如果从不同来源获取的审计证据或获取的不同性质的审计证据不一致,表明某项审计证据可能不可靠,注册会计师应当追加必要的审计程序。如果注册会计师发函询证后证实委托加工材料已加工完成并返回被审计单位,委托加工协议和询证函回函这两个不同来源的证据不一致,委托加工材料是否真实存在受到质疑。这时,注册会计师应追加审计程序,确认委托加工材料收回后是否未入库或被审计单位收回予以销售而未入账。

④获取审计证据时对成本的考虑。

注册会计师可以考虑获取审计证据的成本与所获取信息的有用性之间的关系,但不应以获取审计证据的困难和成本为由减少不可替代的审计程序。

在保证获取充分、适当的审计证据的前提下,控制审计单位也是会计师事务所增强竞争能力和获利能力所必需的。但为了保证得出的审计结论、形成的审计意见是恰当的,注册会计师不应将获取审计证据的成本高低和难易程度作为减少不可替代的审计程序的理由。例如,在某些情况下,存货监盘是证实存货存在性认定的不可替代的审计程序,注册会计师在审计中不得以检查成本高和难以实施为由而不执行该程序。

二、审计证据的获取:审计程序

(一)审计程序的作用

注册会计师面临的主要决策之一,就是通过实施审计程序,获取充分、适当的审计证据,以满足对财务报表发表意见。受到成本的约束,注册会计师不可能检查和评价所有可能获取的证据,因此对审计证据充分性、适当性的判断是非常重要的。注册会计师利用审计程序获取审计证据涉及以下四个方面的决策:一是选用何种审计程序;二是对选定的审计程序,应当选取多大的样本规模;三是应当从总体中选取哪些项目;四是何时执行这些程序。

审计程序是指注册会计师在审计过程中的某个时间,对将要获取的某类审计证据如何进行收集的详细指令。在设计审计程序时,注册会计师通常使用规范的措辞或术语,以使审计人员能够准确理解和执行。例如,注册会计师为了验证Y公司应收账款2008年12月31日的存在性,取得Y公司编制的应收账款明细账,对应收账款进行函证。

注册会计师在选定了审计程序后,确定的样本规模可能在所测试的总体范围内随机变化。假定应收账款明细账合计有500家客户,注册会计师对应收账款明细账中300家客户进行函证。

在确定样本规模之后,注册会计师应该确定测试总体中的哪些样本项目。例如,注册会计师对应收账款明细账中余额较大的前200家客户进行函证,其余客户按一定规律抽取函证。抽取方法是从第10家客户开始,每隔20家抽取一家,与选取的大额客户重复的顺序递延。

注册会计师执行函证程序的时间可选择在资产负债表日(2008年12月31日)后任意时间,但通常受审计完成时间、审计证据的有效性和审计项目组人力充足性的影响。

(二)审计程序的种类

在审计过程中,注册会计师可根据需要单独或综合运用以下审计程序,以获取充分、适当的审计证据。

1. 检查

检查是指注册会计师对被审计单位内部或外部生成的,以纸质、电子或其他介质形式存在的记录和文件进行审查,或对资产进行实物审查。检查记录或文件可以提供可靠程度不同的审计证据,审计证据的可靠性取决于记录或文件的性质和来源,而在检查内部记录或文件时,其可靠性则取决于生成该记录或文件的内部控制的有效性。将检查用作控制测试的一个例子,是检查记录以获取关于授权的审计证据。

某些文件是表明一项资产存在的直接审计证据,如构成金融工具的股票或债券,但检查此类文件并不一定能提供有关所有权或计价的审计证据。此外,检查已执行的合同可以提供与被审计单位运用会计政策(如收入确认)相关的审计证据。

检查有形资产可为其存在提供可靠的审计证据,但不一定能够为权利和义务或计价等认定提供可靠的审计证据。对有形资产的检查通常用监盘的方法。

2. 观察

观察是指注册会计师察看相关人员正在从事的活动或实施的程序。例如,注册会计师对被审计单位人员执行的存货盘点或控制活动进行观察。观察可以提供执行有关过程或程序的审计证据,但观察所提供的审计证据仅限于观察发生的时点,被观察人员的行为可能因被观察而受到影响,这也会使观察提供的审计证据受到限制。

3. 询问

询问是指注册会计师以书面或口头方式,向被审计单位内部或外部的知情人员获取财务信息和非财务信息,并对答复进行评价的过程。作为其他审计程序的补充,询问广泛应用于整个审计过程中。

知情人员对询问的答复可能为注册会计师提供尚未获悉的信息或佐证证据。对询问的答复也可能提供与注册会计师已获取的其他信息存在重大差异的信息,例如,关于被审计单位管理层凌驾于控制之上的可能性的信息。在某些情况下,对询问的答复为注册会计师修改审计程序或实施追加的审计程序提供了基础。

尽管对通过询问获取的审计证据予以佐证通常特别重要,但在询问管理层意图时,获取的支持管理层意图的信息可能是有限的。在这种情况下,了解管理层过去所声称意图的实现情况、选择某项特别措施时声称的原因以及实施某项具体措施的能力,可以为佐证通过询问获取的证据提供相关信息。

针对某些事项,注册会计师可能认为有必要向管理层(如适用)获取书面声明,以证实对口头询问的答复。

> 询问本身不足以发现认定层次存在的重大错报,也不足以测试内部控制运行的有效性,注册会计师还应实施其他审计程序以获取充分、适当的审计证据。

4. 函证

函证,是指注册会计师直接从第三方(被询证者)获取书面答复以作为审计证据的过程,书面答复可以采用纸质、电子或其他介质等形式。

当针对的是与特定账户余额及其项目相关的认定时,函证常常是相关的程序。但是,函证不必局限于账户余额。例如,注册会计师可能要求对被审计单位与第三方之间的协议和交易条款进行函证。注册会计师可能在询证函中询问协议是否作过修改,如果作过修改,要求被询证者提供相关的详细信息。此外,函证程序还可以用于获取不存在某些情况的审计证据,如不存在可能影响被审计单位收入确认的"背后协议"。

5. 重新计算

重新计算是指注册会计师对记录或文件中的数据计算的准确性进行核对。重新计算可通过手工方式或电子方式进行。

6. 重新执行

重新执行是指注册会计师独立执行原本作为被审计单位内部控制组成部分的程序或控制。

7. 分析程序

分析程序,是指注册会计师通过分析不同财务数据之间以及财务数据与非财务数据之间的内在关系,对财务信息作出评价。分析程序还包括在必要时对识别出的、与其他相关信息不一致或与预期值差异重大的波动或关系进行调查。

上述审计程序单独或组合起来,可用作风险评估程序、控制测试和实质性程序。

例 4-1·多选题

下列各项中,可能构成审计证据的有(   )。

A. 注册会计师在本期审计中获取的信息

B. 被审计单位聘请的专家编制的信息

C. 注册会计师在以前审计中获取的信息

D. 会计师事务所接受业务时实施质量控制程序获取的信息

【正确答案】ABCD

【答案解析】审计证据包括会计信息和其他的信息。

例 4-2·单选题

下列有关审计证据质量的说法中,错误的是(   )。

A. 审计证据的适当性是对审计证据质量的衡量

B. 审计证据的质量与审计证据的相关性和可靠性有关

C. 注册会计师可以通过获取更多的审计证据弥补审计证据质量的缺陷

D. 在既定的重大错报风险水平下,需要获取的审计证据的数量受审计证据质量的影响

【正确答案】C

【答案解析】选项 C 错误。如果审计证据的质量存在缺陷,仅靠获取更多的审计证据可能无法弥补。

例 4-3·单选题

下列有关询问程序的说法,错误的是(　　)。

A. 询问适用于风险评估、控制测试和实质性程序

B. 询问可以以口头或书面方式进行

C. 注册会计师应当就管理层对询问作出的口头答复获取书面声明

D. 询问是指注册会计师向被审计单位内部或外部的知情人员获取财务信息和非财务信息,并对答复进行评价的过程

【正确答案】C

【答案解析】选项 C 错误。就询问获取书面声明是可能的,并非"应当"的。

第二节　审计工作底稿

一、审计工作底稿的含义及作用

(一)审计工作底稿的含义

审计工作底稿,是指注册会计师对制定的审计计划、实施的审计程序、获取的相关审计证据,以及得出的审计结论作出的记录。审计工作底稿是审计证据的载体,是注册会计师在审计过程中形成的审计工作记录和获取的资料。它形成于审计过程,也反映整个审计过程。

(二)审计工作底稿的目的

审计工作底稿在计划和执行审计工作中发挥着关键作用。它提供了审计工作实际执行情况的记录,并形成审计报告的基础。审计工作底稿也可用于质量控制复核、监督会计师事务所对审计准则的遵循情况以及第三方的检查等。会计师事务所因执业质量而涉及诉讼或有关监管机构进行执业质量检查时,审计工作底稿能够提供证据,证明会计师事务所是否按照中国注册会计师审计准则(以下简称审计准则)的规定执行了审计工作。

因此,注册会计师应当及时编制审计工作底稿,以实现下列目的:

1. 提供充分、适当的记录,作为出具审计报告的基础;

2. 提供证据,证明注册会计师已按照审计准则和相关法律法规的规定计划和执行了审计工作。

除上述目的外,编制审计工作底稿还可以实现下列目的:

1. 有助于项目组计划和执行审计工作;
2. 有助于负责督导的项目组成员国按照《中国注册会计师审计准则第1121号——对财务报表审计实施的质量控制》的规定,履行指导、监督与复核审计工作的责任;
3. 便于项目组说明其执行审计工作的情况;
4. 保留对未来审计工作持续产生重大影响的事项的记录;
5. 便于会计师事务所按照《质量控制准则第5101号——会计师事务所对执行财务报表审计和审阅、其他鉴证和相关服务业务实施的质量控制》的规定,实施质量控制复核与检查;
6. 便于监管机构和注册会计师协会根据相关法律法规或其他相关要求,对会计师事务所实施执业质量检查。

(三)审计工作底稿的编制要求

注册会计师编制的审计工作底稿,应当使未曾接触该项审计工作的有经验的专业人士清楚地了解:

1. 按照审计准则和相关法律法规的规定实施的审计程序的性质、时间安排和范围;
2. 实施审计程序的结果和获取的审计证据;
3. 审计中遇到的重大事项和得出的结论,以及在得出结论时作出的重大职业判断。有经验的专业人士,是指会计师事务所内部或外部的具有审计实务经验,并且对下列方面有合理了解的人士:

(1)审计过程;
(2)审计准则和相关法律法规的规定;
(3)被审计单位所处的经营环境;
(4)与被审计单位所处行业相关的会计和审计问题。

(四)审计工作底稿的性质

1. 审计工作底稿的存在形式

审计工作底稿可以以纸质、电子或其他介质形式存在。

随着信息技术的广泛运用,审计工作底稿的形式从传统的纸质形式扩展到电子或其他介质形式。但无论审计工作底稿以哪种形式存在,会计师事务所都应当针对审计工作底稿设计和实施适当的控制,以实现下列目的:

(1)使审计工作底稿清晰地显示其生成、修改及复核的时间和人员;
(2)在审计业务的所有阶段,尤其是在项目组成员共享信息或通过互联网将信息传递给其他人员时,保护信息的完整性和安全性;
(3)防止未经授权改动审计工作底稿;
(4)允许项目组和其他经授权的人员为适当履行职责而接触审计工作底稿。

为便于会计师事务所内部进行质量控制和外部执业质量检查或调查,以电子或其他介质形式存在的审计工作底稿,应与其他纸质形式的审计工作底稿一并归档,并应能通过打印等方式,转换成纸质形式的审计工作底稿。

在实务中,为便于复核,注册会计师可以将以电子或其他介质形式存在的审计工作底稿通过打印等方式,转换成纸质形式的审计工作底稿,并与其他纸质形式的审计工作底稿一并归档,同时,单独保存这些以电子或其他介质形式存在的审计工作底稿。

2. 审计工作底稿通常包括的内容

审计工作底稿通常包括总体审计策略、具体审计计划、分析表、问题备忘录、重大事项概要、询证函回函和声明、核对表、有关重大事项的往来函件(包括电子邮件),注册会计师还可以将被审计单位文件记录的摘要或复印件(如重大的或特定的合同和协议)作为审计工作底稿的一部分。

此外,审计工作底稿通常还包括业务约定书、管理建议书、项目组内部或项目组与被审计单位举行的会议记录、与其他人士(如其他注册会计师、律师、专家等)的沟通文件及错报汇总表等。但是,审计工作底稿并不能代替被审计单位的会计记录。

一般情况下,分析表主要是指对被审计单位财务信息执行分析程序的记录。例如,记录对被审计单位本年各月收入与上一年度的同期数据进行比较的情况,记录对差异的分析等。

问题备忘录一般是指对某一事项或问题的概要的汇总记录。在问题备忘录中,注册会计师通常记录该事项或问题的基本情况、执行的审计程序或具体审计步骤,以及得出的审计结论。例如,有关存货监盘审计程序或审计过程中发现问题的备忘录。

核对表一般是指会计师事务所内部使用的、为便于核对某些特定审计工作或程序的完成情况的表格。例如,特定项目(如财务报表)审计程序核对表、审计工作完成情况核对表等。它通常以列举的方式列出审计过程中注册会计师应当进行的审计工作或程序以及特别需要提醒注意的问题,并在适当情况下索引至其他审计工作底稿,便于注册会计师核对是否已按照审计准则的规定进行审计。

在实务中,会计师事务所通常采取以下方法从整体上提高工作(包括复核工作)效率及工作质量,并进行统一质量管理。

(1)会计师事务所基于审计准则及在实务中的经验等,统一制定某些格式、索引及涵盖内容等方面相对固定的审计工作底稿模板和范例,如核对表、审计计划及业务约定书范例等,某些重要的或不可删减的工作会在这些模板或范例中予以特别标识。

(2)在此基础上,注册会计师再根据各具体业务的特点加以必要的修改,制定用于具体项目的审计工作底稿。

3. 审计工作底稿通常不包括的内容

审计工作底稿通常不包括已被取代的审计工作底稿的草稿或财务报表的草稿、反映不全面或初步思考的记录、存在印刷错误或其他错误而作废的文本,以及重复的文件记录等。由于这些草稿、错误的文本或重复的文件记录不直接构成审计结论和审计意见的支持性证据,因此,注册会计师通常无须保留这些记录。

二、审计工作底稿的格式、要素、范围

(一)确定审计工作底稿的格式、要素和范围时考虑的因素

在确定审计工作底稿的格式、要素和范围时,注册会计师应当考虑下列因素。

1. 被审计单位的规模和复杂程度。通常来说,对大型被审计单位进行审计形成的审计工作底稿,通常比对小型被审计单位进行审计形成的审计工作底稿要多;对业务复杂被审计单位进行审计形成的审计工作底稿,通常比对业务简单被审计单位进行审计形成的审计工作底稿要多。

2. 拟实施审计程序的性质。通常,不同的审计程序会使得注册会计师获取不同性质的审计证据,由此注册会计师可能会编制不同的审计工作底稿。例如,注册会计师编制的有关函证程序的审计工作底稿(包括询证函及回函、有关不符事项的分析等)和存货监盘程序的审计工作底稿(包括盘点表、注册会计师对存货的测试记录等)在内容、格式及范围方面是不同的。

3. 识别出的重大错报风险。识别和评估的重大错报风险水平的不同可能导致注册会计师实施的审计程序和获取的审计证据不尽相同。例如,如果注册会计师识别出应收账款存在较高的重大错报风险,而其他应收款的重大错报风险较低,则注册会计师可能对应收账款实施较多的审计程序并获取较多的审计证据,因而对测试应收账款的记录会比针对测试其他应收款记录的内容多且范围广。

4. 已获取的审计证据的重要程度。注册会计师通过执行多项审计程序可能会获取不同的审计证据,有些审计证据的相关性和可靠性较高,有些质量则较差,注册会计师可能区分不同的审计证据进行有选择性的记录,因此,审计证据的重要程度也会影响审计工作底稿的格式、内容和范围。

5. 识别出的例外事项的性质和范围。有时注册会计师在执行审计程序时会发现例外事项,由此可能导致审计工作底稿在格式、内容和范围方面的不同。例如,某个函证的回函表明存在不符事项,如果在实施恰当的追查后发现该例外事项并未构成错报,注册会计师可能只在审计工作底稿中解释发生该例外事项的原因及影响;反之,如果该例外事项构成错报,注册会计师可能需要执行额外的审计程序并获取更多的审计证据,由此编制的审计工作底稿在内容和范围方面可能有很大不同。

6. 当从已执行审计工作或获取审计证据的记录中不易确定结论或结论的基础时,记录结论或结论基础的必要性。在某些情况下,特别是在涉及复杂的事项时,注册会计师仅将已执行的审计工作或获取的审计证据记录下来,并不容易使其他有经验的注册会计师通过合理的分析,得出审计结论或结论的基础。此时注册会计师应当考虑是否需要进一步说明并记录得出结论的基础(即得出结论的过程)及该事项的结论。

7. 审计方法和使用的工具。审计方法和使用的工具可能影响审计工作底稿的格式、内容和范围。例如,如果使用计算机辅助审计技术对应收账款的账龄进行重新计算,通常可以针对总体进行测试,而采用人工方式重新计算时,则可能会针对样本进行测试,由此形成的审计工作底稿会在格式、内容和范围方面有所不同。

考虑以上因素有助于注册会计师确定审计工作底稿的格式、内容和范围是否恰当。注册会计师在考虑以上因素时需注意,根据不同情况确定审计工作底稿的格式、内容和范围均是为达到审

计准则中所述的编制审计工作底稿的目的,特别是提供证据的目的。例如,细节测试和实质性分析程序的审计工作底稿所记录的审计程序有所不同,但两类审计工作底稿都应当充分、适当地反映注册会计师执行的审计程序。

表4-1 审计工作底稿——材料盘点表

被审计单位名称： 　编制人： 　日期： 　底稿索引号：
　　　　　　　　　复核人： 　日期：

编号	规格品种	计量单位	单价	账存		实存		盘盈		盘亏	
				数量	金额	数量	金额	数量	金额	数量	金额

原因分析：
盘盈： 　　　　　盘亏： 　　　　　账外物资： 　　　　　其他：
审计负责人： 　　审计员： 　　　　会计主管： 　　　　　保管：

(二)审计工作底稿的要素

通常,审计工作底稿包括下列全部或部分要素：

1. 审计工作底稿的标题；
2. 审计过程记录；
3. 审计结论；
4. 审计标识及其说明；
5. 索引号及编号；
6. 编制者姓名及编制日期；
7. 复核者姓名及复核日期；
8. 其他应说明事项。

下面分别对以上所述要素中的第1~7项进行说明。

1. 审计工作底稿的标题

每张底稿应当包括被审计单位的名称、审计项目的名称以及资产负债表日或底稿覆盖的会计期间(如果与交易相关)。

2. 审计过程记录

在记录审计过程时,应当特别注意以下几个重点方面。

(1)具体项目或事项的识别特征。在记录实施审计程序的性质、时间安排和范围时,注册会计师应当记录测试的具体项目或事项的识别特征,记录具体项目或事项的识别特征可以实现多种目的。例如,这能反映项目组履行职责的情况,也便于对例外事项或不符事项进行调查,以及对测试的项目或事项进行复核。

识别特征是指被测试的项目或事项表现出的征象或标志。识别特征因审计程序的性质和测试的项目或事项不同而不同。对某一个具体项目或事项而言,其识别特征通常具有唯一性,这种特性可以使其他人员根据识别特征在总体中识别该项目或事项并重新执行该测试。为帮助理解,以下列举部分审计程序中所测试的样本的识别特征。

如在对被审计单位生成的订购单进行细节测试时,注册会计师可以以订购单的日期或其唯一编号作为测试订购单的识别特征。需要注意的是,在以日期或编号作为识别特征时,注册会计师需要同时考虑被审计单位对订购单编号的方式,例如,若被审计单位按年对订购单依次编号,则识别特征是××年的××号;若被审计单位序列号进行编号,则可以直接将该号码作为识别特征。

对于需要选取或复核既定总体内一定金额以上的所有项目的审计程序,注册会计师可以记录实施程序的范围并指明该总体。例如,银行存款日记账中一定余额以上的所有会计分录。

对于需要系统化抽样的审计程序,注册会计师可能会通过记录样本的来源、抽样的起点及抽样间隔来识别已选取的样本。例如,若被审计单位对发运单顺序编号,测试的发运单的识别特征可以是,对×月×日至×月××日的发运记录,从第××××号发运单开始每隔×××号系统抽取发运单。

对于需要询问被审计单位中特定人员的审计和程序,注册会计师可能会以询问的时间、被询问人的姓名及职位作为识别特征。

对于观察程序,注册会计师可以以观察的对象或观察过程、相关规定观察人员及其各自的责任、观察的地点和时间作为识别特征。

(2)重大事项及相关重大职业判断。注册会计师应当根据具体情况判断某一事项是否属于重大事项。重大事项通常包括:

①引起特别风险的事项;

②实施审计程序的结果,该结果表明财务信息可能存在重大错报,或需要修正以前对重大错报风险的评估和针对这些风险拟采取的应对措施;

③导致注册会计师难以实施必要审计程序的情形;

④导致出具非标准审计报告的事项。

注册会计师应当记录与管理层、治理层和其他人员对重大事项的讨论,包括所讨论的重大事项的性质以及讨论的时间、地点和参加人员。

有关重大事项的记录可能分散在审计工作底稿的不同部分。将这些分散在审计工作底稿中的有关重大事项的记录汇总在重大事项概要中,不仅可以帮助注册会计师集中考虑重大事项对审计工作的影响,还便于审计工作的复核人员全面、快速地了解重大事项,从而提高复核工作的效率。对于大型、复杂的审计项目,重大事项概要的作用尤为重要。因此,注册会计师应当考虑编制重大事项概要,将其作为审计工作底稿的组成部分,以有效地复核和检查审计工作底稿,并评价重大事项的影响。

重大事项概要包括审计过程中识别的重大事项及其如何得到解决,或对其他支持性审计工作底稿的交叉索引。

注册会计师在执行审计工作和评价审计结果时运用职业判断的程度,是决定记录重大事项的审计工作底稿的格式、内容和范围的一项重要因素。在审计工作底稿中对重大职业判断进行记录,能够解释注册会计师得出的结论并提高职业判断的质量。这些记录对审计工作底稿的复核人员非常有帮助,同样也有助于执行以后期间审计的人员查阅具有持续重要性的事项(如根据实际结果对以前作出的会计估计进行复核)。

当涉及重大事项和重大职业判断时,注册会计师需要编制与运用职业判断相关的审计工作底稿。例如:

①如果审计准则要求注册会计师"应当考虑"某些信息或因素,并且这种考虑在特定业务情况下是重要的,记录注册会计师得出结论的理由;

②记录注册会计师对某些方面主观判断的合理性(如某些重大会计估计的合理性)得出结论的基础;

③如果注册会计师针对审计过程中识别出的导致其对某些文件记录的真实性产生怀疑的情况实施了进一步调查(如适当利用专家的工作或实施函证程序),记录注册会计师对这些文件记录真实性得出结论的基础。

(3)针对重大事项如何处理不一致的情况。如果识别出的信息与针对某重大事项得出的最终结论不一致,注册会计师应当记录如何处理不一致的情况。

上述情况包括但不限于注册会计师针对该信息执行的审计程序、项目组成员对某事项的职业判断不同而向专业技术部门的咨询情况,以及项目组成员和被咨询人员不同意见(如项目组与专业技术部门的不同意见)的解决情况。

记录如何处理识别出的信息与针对重大事项得出的结论不一致的情况是非常必要的,它有助于注册会计师关注这些不一致,并对此执行必要的审计程序以恰当地解决这些不一致。

但是,对如何解决这些不一致的记录要求并不意味着注册会计师需要保留不正确的或被取代的审计工作底稿。例如,某些信息初步显示与针对某重大事项得出的最终结论不一致,注册会计师发现这些信息是错误的或不完整的,并且初步显示的不一致可以通过获取正确或完整的信息得到满意的解决,则注册会计师无须保留这些错误的或不完整的信息。此外,对于职业判断的差异,若初步的判断意见是基于不完整的资料或数据,则注册会计师也无须保留这些初步的判断意见。

3. 审计结论

审计工作的每一部分都应包含与已实施审计程序的结果及其是否实现既定审计目标相关的结论,还应包括审计程序识别出的例外情况和重大事项如何得到解决的结论。注册会计师恰当地记录审计结论非常重要。注册会计师需要根据所实施的审计程序及获取的审计证据得出结论,并以此作为对财务报表发表审计意见的基础。在记录审计结论时需注意、在审计工作底稿中记录的审计程序和审计证据是否足以支持所得出的审计结论。

4. 审计标识及其说明

审计标识被用于与已实施审计程序相关的底稿。每张底稿都应包含对已实施程序的性质和范围所作的解释,以支持每一个标识的含义。审计工作底稿中可使用各种审计标识,但应说明其含义,并保持前后一致。以下是注册会计师在审计工作底稿中列明标识并说明其含义的例子,供参考。在实务中,注册会计师也可以依据实际情况运用更多的审计标识。

∧:纵加核对

<:横加核对

B:与上年结转数核对一致

T:与原始凭证核对一致

G：与总分类账核对一致

S：与明细账核对一致

T/B：与试算平衡表核对一致

C：已发询证函：

C\：已收回询证函

5．索引号及编号

通常，审计工作底稿需要注明索引号及顺序编号，相关审计工作底稿之间需要保持清晰的勾稽关系。为了汇总及便于交叉索引和复核，每个事务所都会制定特定的审计工作底稿归档流程。因此，每张表或记录都应有一个索引号，例如，A1，D6等，以说明其在审计工作底稿中的放置位置。工作底稿中每张表所包含的信息都应当与另一张表中的相关信息进行交叉索引，例如，现金盘点表应当与列示所有现金余额的导表进行交叉索引。利用计算机编制工作底稿时，可以采用电子索引和链接。随着审计工作的推进，链接表还可予以自动更新。例如，审计调整表可以链接到试算平衡表，当新的调整分录编制完后，计算机会自动更新试算平衡表，为相关调整分录插入索引号。同样，评估的固有风险或控制风险可以与针对特定风险领域设计的相关审计程序进行交叉索引。

在实务中，注册会计师可以按照所记录的审计工作的内容层次进行编号。例如，固定资产汇总表的编号为C1，按类别列示的固定资产明细表的编号为C1-1，房屋建筑物的编号为C1-1-1，机器设备的编号为C1-1-2，运输工具的编号为C1-1-3，其他设备的编号为C1-1-4。相互引用时，需要在审计工作底稿中交叉注明索引号。

以下是不同审计工作底稿之间相互索引的例子，供参考。

例如，固定资产的原值、累计折旧及净值的总额应分别与固定资产明细表的数字互相勾稽。以下是从固定资产汇总表工作底稿（见表12-1）及固定资产明细表工作底稿（见表12-2）中节选的部分，以做相互索引的示范。

表4-2　固定资产汇总表（工作底稿索引号：C1）（节选）

工作底稿索引号	固定资产	20×2年12月31日	20×1年12月31日
C1-1	原值	×××G	×××
C1-1	累计折旧	×××G	×××
	净值	×××T/B∧	×××B∧

表12-2　固定资产明细表（工作底稿索引号：C1-1）（节选）

工作底稿索引号	固定资产	期初余额	本期增加	本期减少	期末余额
	原值				
C1-1-1	1.房屋建筑物	×××		×××	×××S
C1-1-2	2.机器设备	×××	×××		×××S
C1-1-3	3.运输工具	×××			×××S
C1-1-4	4.其他设备	×××			×××S
	小计	×××B∧	×××∧	×××∧	×××<C1∧

续表

工作底稿索引号	固定资产	期初余额	本期增加	本期减少	期末余额
	累计折旧				
C1-1-1	1.房屋建筑物	×××			×××S
C1-1-2	2.机器设备	×××	×××		×××S
C1-1-3	3.运输工具	×××			×××S
C1-1-4	4.其他设备	×××			×××S
	小计	×××B∧	×××∧	×××∧	×××<C1∧
	净值	×××B∧			×××C1∧

注:"∧"纵加核对相符;"<"横加核对相符。

6. 编制人员和复核人员及执行日期

为了明确责任,在各向完成与特定工作底稿相关的任务之后,编制者和复核者都应在工作底稿上签名并注明编制日期和复核日期。在记录已实施审计程序的性质、时间安排和范围时,注册会计师应当记录:

(1)测试的具体项目或事项的识别特征;
(2)审计工作的执行人员及完成审计工作的日期;
(3)审计工作的复核人员及复核的日期和范围。

在需要项目质量控制复核的情况下,还需要注明项目质量控制复核人员及复核的日期。

通常,需要在每一张审计工作底稿上注明执行审计工作的人员和复核人员、完成该项审计工作的日期以及完成复核的日期。

在实务中,如果若干页的审计工作底稿记录同一性质的具体审计程序或事项,并且编制在同一个索引号中,此时可以仅在审计工作底稿的第一页上记录审计工作的执行人员和复核人员并注明日期。例如,应收账款函证核对表的索引号为L3-1-1/21,相对应的询证函回函共有20份,每一份应收账款询证函回函索引号以 L3-1-2/21、L3-1-3/21……L3-1-21/21 表示,对于这种情况,就可以仅在应收账款函证核对表上记录审计工作的执行人员和复核人员并注明日期。

三、审计工作底稿的归档

(一)审计工作底稿归档工作的性质

在出具审计报告前,注册会计师应完成所有必要的审计程序,取得充分、适当的审计证据并得出适当的审计结论。由此,在审计报告日后将审计工作底稿归整为最终审计档案是一项事务性的工作,不涉及实施新的审计程序或得出新的结论。

如果在归档期间对审计工作底稿做出的变动属于事务性的,注册会计师可以做出变动,主要包括:

1.删除或废弃被取代的审计工作底稿;

2. 对审计工作底稿进行分类、整理和交叉索引;

3. 对审计档案归整工作的完成核对表签字认可;

4. 记录在审计报告日前获取的、与项目组相关成员进行讨论并达成一致意见的审计证据。

(二)审计档案的结构

对每项具体审计业务,注册会计师应当将审计工作底稿归整为审计档案。

在实务中,审计档案可以分为永久性档案和定期档案。这一分类主要是基于具体实务中对审计档案使用的时间而划分的。

1. 永久性档案

永久性档案是指那些记录内容相对稳定,具有长期使用价值,并对以后审计工作具有重要影响和直接作用的审计档案。例如,被审计单位的组织结构、批准证书、营业执照、章程、重要资产的所有权或使用权的证明文件复印件等。若永久性档案中的某些内容已发生变化,注册会计师应当及时予以更新。为保持资料的完整性以便满足日后查阅历史资料的需要,永久性档案中被替换下的资料一般也需保留。例如,被审计单位因增加注册资本而变更了营业执照等法律文件,被替换的旧营业执照等文件可以汇总在一起,与其他有效的资料分开,作为单独部分归整在永久性档案中。

2. 当期档案

当期档案是指那些记录内容经常变化,主要供当期和下期审计使用的审计档案。例如,总体审计策略和具体审计计划。

目前,一些大型国际会计师事务所不再区分永久性档案和当期档案。这主要是以电子形式保留审计工作底稿的使用,尽管大部分事务所仍然既保留电子版又保留纸质的审计档案。

以下是典型的审计档案结构。

1. 沟通和报告相关工作底稿:

(1) 审计报告和经审计的财务报表;

(2) 与主审注册会计师的沟通和报告;

(3) 与治理层的沟通和报告;

(4) 与管理层的沟通和报告;

(5) 管理建议书。

2. 审计完成阶段工作底稿:

(1) 审计工作完成情况核对表;

(2) 管理层声明书原件;

(3) 重大事项概要;

(4) 错报汇总表;

(5) 被审计单位财务报表和试算平衡表;

(6) 有关列报的工作底稿(如现金流量表、关联方和关联交易的披露等);

(7) 财务报表所属期间的董事会会议纪要;

(8)总结会会议纪要。

3.审计计划阶段工作底稿：

(1)总体审计策略和具体审计计划；

(2)对内部审计职能的评价；

(3)对外部专家的评价；

(4)对服务机构的评价；

(5)被审计单位提交资料清单；

(6)主审注册会计师的指示；

(7)前期审计报告和经审计的财务报表；

(8)预备会会议纪要。

4.特定项目审计程序表：

(1)舞弊；

(2)持续经营；

(3)对法律法规的考虑；

(4)关联方。

5.进一步审计程序工作底稿：

(1)有关控制测试工作底稿；

(2)有关实质性程序工作底稿(包括实质性分析程序和细节测试)。

(三)审计工作底稿归档的期限

《质量控制准则第5101号——会计师事务所对执行财务报表审计和审阅、其他鉴证和相关服务业务实施的质量控制》要求会计师事务所制定有关及时完成最终业务档案归整工作的政策和程序。审计工作底稿的归档期限为审计报告日后六十天内。如果注册会计师未能完成审计业务，审计工作底稿的归档期限为审计业务中止后的六十天内。

如果针对客户的同一财务信息执行不同的委托业务，出具两个或多个不同的报告，会计师事务所应当将其视为不同的业务，根据会计师事务所内部制定的政策和程序，在规定的归档期限内分别将审计工作底稿归整为最终审计档案。

工作底稿归档期限明确，部分原因是媒体大肆宣传法庭听证会期间暴露出来的安然公司注册会计师销毁审计工作底稿，以及注册会计师在完成审计工作并签署审计报告数月之后延迟对审计档案的归档而引起。审计项目组成员可能转去开展其他审计项目，或可能已离开会计师事务所，未决事项无法及时跟进，因此，延迟归档可能导致审计档案不完整。只有当审计项目组执行后续财务年度的审计(对连续审计业务而言)时，才可能发现上期"已完成的审计档案"是不完整的。

(四)审计工作底稿归档后的变动

在完成最终审计档案的归整工作后，注册会计师不应在规定的保存期限届满前删除或废弃任何性质的审计工作底稿。

1. 需要变动审计工作底稿的情形

注册会计师发现有必要修改现有审计工作底稿或增加新的审计工作底稿的情形主要有以下两种：

(1)注册会计师已实施了必要的审计程序，取得了充分、适当的审计证据并得出了恰当的审计结论，但审计工作底稿的记录不够充分。

(2)审计报告日后，发现例外情况要求注册会计师实施新的或追加审计程序，或导致注册会计师得出新的结论。例外情况主要是指审计报告日后发现与已审计财务信息相关，且在审计报告日已经存在的事实，该事实如果被注册会计师在审计报告日前获知，可能影响审计报告。例如，注册会计师在审计报告日后才获知法院在审计报告日前已对被审计单位的诉讼、索赔事项作出最终判决结果。例外情况可能在审计报告日后发现，也可能在财务报表报出日后发现，注册会计师应当按照《中国注册会计师审计准则第1332号——期后事项》有关"财务报表报出后发现的事实"的相关规定，对例外事项实施新的或追加的审计程序。

2. 变动审计工作底稿时的记录要求

在完成最终审计档案的归整工作后，如果发现有必要修改现有审计工作底稿或增加新的审计工作底稿，无论修改或增加的性质如何，注册会计师均应当记录下列事项：

(1)修改或增加审计工作底稿的理由；

(2)修改或增加审计工作底稿的时间和人员，以及复核的时间和人员。

(五)审计工作底稿的保存期限

会计师事务所应当自审计报告日起，对审计工作底稿至少保存10年。如果注册会计师未能完成审计业务，会计师事务所应当自审计业务中止日起，对审计工作底稿至少保存10年。值得注意的是，对于连续审计的情况，当期归整的永久性档案可能包括以前年度获取的资料(有可能是10年以前)。这些资料虽然是在以前年度获取，但由于其作为本期档案的一部分，并作为支持审计结论的基础，因此，注册会计师对于这些对当期有效的档案，应视为当期取得并保存10年。如果这些资料在某一个审计期间被替换，被替换资料应当从被替换的年度起至少保存10年。

在完成最终审计档案的归整工作后，注册会计师不应在规定的保存期届满前删除或废弃任何性质的审计工作底稿。

(六)审计工作底稿的复核

1. 项目组成员实施的复核

《中国注册会计师审计准则第1121号——对财务报表审计实施的质量控制》规定，由项目组内经验较多的人员(包括项目合伙人)复核经验较少人员的工作时，复核人员应当考虑：

(1)审计工作是否已按照法律法规、相关职业道德要求和审计准则的规定执行；

(2)重大事项是否已提请进一步考虑；

(3)相关事项是否已进行适当咨询、由此形成的结论是否得到记录和执行；

(4)是否需要修改已执行审计工作的性质、时间安排和范围；

(5)已执行的审计工作是否支持形成的结论,并已得到适当记录;

(6)获取的审计证据是否充分、适当,足以支持审计结论;

(7)审计程序的目标是否已经实现。

为了监督审计业务的进程,并考虑助理人员是否具备足够的专业技能和胜任能力,以执行分派的审计工作,了解审计指令及按照总体审计策略和具体审计计划执行工作,有必要对执行业务的助理人员进行适当的督导和复核。

复核人员应当知悉并解决重大的会计和审计问题,考虑其重要程度并适当修改总体审计策略和具体审计计划。此外,项目组成员与客户的专业判断分歧应当得到解决,必要时,应考虑寻求恰当的咨询。

复核工作应当由至少具备同等专业胜任能力的人员完成,复核时应考虑是否已按照具体审计计划执行审计工作,审计工作和结论是否予以充分记录,所有重大事项是否已得到解决或在审计结论中予以反映,审计程序的目标是否已实现,审计结论是否与审计工作的结果一致并支持审计意见。

复核范围因审计规模、审计复杂程度以及工作安排的不同而存在显著差异。有时由高级助理人员复核低层次助理人员执行的工作,有时由项目经理完成,并最终由项目合伙人复核。如上所述,对工作底稿实施的复核必须留下证据,一般由复核者相关审计工作底稿上签名并标明日期。

2. 项目质量控制复核

《中国注册会计师审计准则第1121号——对财务报表审计实施的质量控制》规定,注册会计师在出具审计报告前,会计师事务所应当指定专门的机构或人员对审计项目组执行的审计实施项目质量控制复核。

项目合伙人有责任采取以下措施:

(1)确定会计师事务所已委派项目质量控制复核人员;

(2)与项目质量控制复核人员讨论在审计过程中遇到的重大影响,包括项目质量控制复核中识别的重大事项;

(3)在项目质量控制复核完成后,才能出具审计报告。

项目质量控制复核应当包括客观评价下列事项:

(1)项目组作出的重大判断;

(2)在准备审计报告时得出的结论。

会计师事务所采用制衡制度,以确保委派独立的、有经验的审计人员作为其所熟悉行业的项目质量控制复核人员。复核范围取决于审计项目的复杂程度以及未能根据具体情况出具审计报告的风险。许多会计师事务所不仅对上市公司审计进行项目质量控制复核,也会联系审计客户的组合,对那些高风险或涉及公众利益的审计项目实施项目质量控制复核。

例4-4·多选题

A注册会计师负责审计甲公司2008年度财务报表,在确定审计工作底稿的格式、内容和范围时,A注册会计师应当考虑的主要因素有(   )。

A. 编制审计工作底稿使用的文字

B. 审计工作底稿的归档期限

C. 实施审计程序的性质

D. 已获取审计证据的重要程度

【正确答案】CD

【答案解析】在确定审计工作底稿的格式、内容和范围时,注册会计师应当考虑的因素包括:实施审计程序的性质;已识别的重大错报风险;在执行审计工作和评价审计结果时需要做出判断的程度;已获取审计证据的重要程度;已识别的例外事项的性质和范围;当从已执行审计工作或获取审计证据的记录中不易确定结论或结论的基础时,记录结论或结论基础的必要性;使用的审计方法和工具。因此本题选择CD。

例 4-5·简答题

审计多某公司 2016 年度财务报表。2017 年 3 月 20 日,A 注册会计师出具了某公司 2016 年度审计报告。因管理层在财务报表报出前修改了财务报表,A 注册会计师 2017 年 4 月 3 日修改了审计报告,就财务报表修改部分增加了补充审计报告日期。2017 年 5 月 31 日,A 注册会计师将全部审计工作底稿归档。

要求:指出 A 注册会计师的做法是否恰当?简要说明理由。

【正确答案】不恰当。审计项目组应当在 2017 年 5 月 19 日以前将审计工作底稿归档。

课后练习

□复习思考题

1. 你是如何理解审计证据的含义和作用的?
2. 审计人员如何收集审计证据?有哪些方法?
3. 审计工作底稿包括哪些基本内容?你能举出一些例子吗?
4. 试述审计工作底稿三级复核制度的内容。
5. 审计证据、审计工作底稿和审计报告三者之间是什么关系?

□单项选择题

1. 下列有关审计证据的说法中,正确的是( )。

   A. 外部证据与内部证据矛盾时,注册会计师应当采用外部证据

   B. 审计证据不包括会计师事务所接受与保持客户或业务时实施质量控制程序获取的信息

   C. 注册会计师无需鉴定作为审计证据的文件记录的真伪

   D. 注册会计师可以考虑获取审计证据的成本与所获取信息的有用性之间的关系

2. 下列有关审计证据可靠性的说法中,正确的是( )。

   A. 可靠的审计证据是高质量的审计证据

B. 审计证据的充分性影响审计证据的可靠性

C. 内部控制薄弱时内部生成的审计证据是不可靠的

D. 从独立的外部来源获得的审计证据可能是不可靠的

3. 下列关于审计证据充分性的说法中,错误的是( )。

　A. 审计证据的充分性是对审计证据数量的衡量,主要与确定的样本量有关

　B. 获取更多的审计证据可以弥补这些审计证据质量上的缺陷

　C. 注册会计师需获取审计证据的数量受其对重大错报风险评估的影响

　D. 需要获取的审计证据的数量受审计证据质量的影响

4. A 注册会计师在对预计负债完整性认定进行审计时,下列审计程序中通常不能提供相关审计证据的是( )。

　A. 分析律师费用的异常变动　　　　B. 检查董事会会议纪要

　C. 向往来银行进行询证　　　　　　D. 从预计负债明细账追查至记账凭证

5. 注册会计师从 X 公司获取的下列审计证据中,可靠性最强的是( )。

　A. X 公司连续编号的采购订单　　　B. X 公司编制的成本分配计算表

　C. X 公司提供的银行对账单　　　　D. X 公司管理层提供的声明书

6. 在对营业收入进行细节测试时,注册会计师对顺序编号的销售发票进行了检查。针对所检查的销售发票,注册会计师记录的识别特征通常是( )。

　A. 销售发票的开具人　　　　　　　B. 销售发票的编号

　C. 销售发票的金额　　　　　　　　D. 销售发票的付款人

7. 下列各情形中,A 注册会计师认为不属于在归档期间对审计工作底稿作出事务性变动的是( )。

　A. A 注册会计师删除被取代的审计工作底稿

　B. A 注册会计师对审计工作底稿进行分类、整理和交叉索引

　C. A 注册会计师对审计档案归整工作的完成核对表签字认可

　D. A 注册会计师记录在审计报告日后实施补充审计程序获取的审计证据

8. 在归档审计工作底稿时,下列有关归档期限的要求中,注册会计师认为正确的是( )。

　A. 在审计报告日后六十天内完成审计工作底稿的归档工作

　B. 在审计报告日后九十天内完成审计工作底稿的归档工作

　C. 在审计报告公布日后六十天内完成审计工作底稿的归档工作

　D. 在审计报告公布日后九十天内完成审计工作底稿的归档工作

9. 在编制审计工作底稿时,下列各项中,A 注册会计师通常认为不必形成最终审计工作底稿的是( )。

　A. A 注册会计师与甲公司管理层对重大事项进行讨论的结果

　B. A 注册会计师不能实现相关审计标准规定的目标的情形

　C. A 注册会计师识别出的信息与针对重大事项得出的最终结论不一致的情形

　D. A 注册会计师取得的已被取代的财务报表草稿

□ 多项选择题

1. 下列有关审计证据质量的说法中,正确的有(　　)。
   A. 审计证据的适当性是对审计证据质量的衡量
   B. 审计证据的质量与审计证据的相关性和可靠性有关
   C. 注册会计师可以通过获取更多的审计证据弥补审计证据质量的缺陷
   D. 在既定的重大错报风险水平下,需要获取的审计证据的数量受审计证据质量的影响

2. 评价函证的可靠性时,下列各项中,注册会计师应当考虑的因素有(　　)。
   A. 对询证函设计、发出及收回的控制情况
   B. 被询证者的胜任能力、独立性及其客观性
   C. 被审计单位施加的限制或回函中的限制
   D. 被询证者的财务状况和授权回函的情况

3. A注册会计师负责审计甲公司2008年度财务报表,在编制重大事项概要时,下列内容中属于重大事项的有(　　)。
   A. 重大关联方交易
   B. 异常或超出正常经营过程的重大交易
   C. 导致A注册会计师难以实施必要审计程序的情形
   D. 导致A注册会计师出具非标准审计报告的事项

4. A注册会计师负责审计甲公司2008年度财务报表,在编制重大事项概要时,下列内容中属于重大事项的有(　　)。
   A. 重大关联方交易
   B. 异常或超出正常经营过程的重大交易
   C. 导致A注册会计师难以实施必要审计程序的情形
   D. 导致A注册会计师出具非标准审计报告的事项

5. 下列各情形中,A注册会计师认为属于在归档期间对审计工作底稿作出事务性变动的有(　　)。
   A. A注册会计师删除被取代的审计工作底稿
   B. A注册会计师对审计工作底稿进行分类、整理和交叉索引
   C. A注册会计师对审计档案归整工作的完成核对表签字认可
   D. A注册会计师记录在审计报告日后实施补充审计程序获取的审计证据

6. 下列有关注册会计师在审计报告日后对审计工作底稿做出变动的做法中,正确的有(　　)。
   A. 在归档期间删除或废弃被取代的审计工作底稿
   B. 在归档期间记录在审计报告日前获取的、与项目组相关成员进行讨论并达成一致意见的审计证据
   C. 以归档期间收到的询证函回函替换审计报告日前已实施的替代程序审计工作底稿
   D. 在归档后由于实施追加的审计程序而修改审计工作底稿,并记录修改的理由、时间和人员,以及复核的时间和人员

□综合题

A注册会计师担任甲公司2017年度财务报表审计业务的项目合伙人。在审计过程中,需要获取充分、适当的审计证据。相关事项如下。

(1)项目组成员通过了解内部控制,预期与存货相关的控制运行有效,拟缩小控制测试的样本规模。

(2)A注册会计师认为以账簿记录证实营业收入发生认定的相关性可能不足,要求项目组成员扩大对账簿记录的检查范围。

(3)为获取充分的审计证据,项目组成员拟改用消极的方式向客户函证,以代替以往使用的积极的函证方式。

(4)A注册会计师认为,甲公司能提供的发运凭证足以证实应收账款的存在认定,无需另行实施函证程序。

(5)项目组成员对固定资产实施了实物检查与实质性分析,获得的证据存在矛盾。项目合伙人认为实质性分析程序获取的证据不可靠,直接采信了通过实物检查获取的证据。

(6)为针对应付账款完整性认定获取更为相关的审计证据,A注册会计师修改了审计程序,将原定的从验收单追查到应付账款明细账改为由应付账款明细账追查到供应商对账单。

要求:

分别针对上述每一种情况,不考虑其他条件,指出A注册会计师及项目组成员的做法是否存在不当之处。如存在不当之处,请简要说明理由。

第五章

审计抽样

◎ **本章学习目标**

通过本章的学习，了解审计抽样的定义和作用；审计抽样的优点和不足，应如何克服；灵活掌握不同的审计抽样方法。

第一节 审计抽样的概念

一、审计抽样的概念

审计抽样,是指注册会计师对具有审计相关性的总体中低于百分之百的项目实施审计程序,使所有抽样单元均有被选取的机会,为注册会计师针对整个总体得出结论提供合理的基础。其目的是在合理的时间内以合理的成本完成审计工作。总体,是指注册会计师从中选取样本并期望据此得出结论的整个数据集合;抽样单元,是指构成总体的个体项目,可能是实物项目(如支票簿上列示的支票信息,银行对账单上的贷方记录,销售发票或应收账款余额),也可能是货币单元。

审计抽样应当同时具备以下三个特征:(1)对具有审计相关性的总体中低于百分之百的项目实施审计程序;(2)所有抽样单元都有被选取的机会;(3)可以根据样本项目的测试结果推断出有关抽样总体的结论。

温馨提示

审计抽样的特征:部分抽样(全查不属于审计抽样);均有机会(并不是机会均等);推断总体。

二、审计抽样的类型

(一)统计抽样和非统计抽样

注册会计师在运用审计抽样时,既可以使用统计抽样方法,也可以使用非统计抽样方法,这取决于注册会计师的职业判断。统计抽样,是指同时具备下列特征的抽样方法:

(1)随机选取样本项目;

(2)运用概率论评价样本结果,包括计量抽样风险。不同时具备前款提及的两个特征的抽样方法为非统计抽样。一方面,即使注册会计师严格按照随机原则选取样本,如果没有对样本结果进行统计评估,就不能认为使用了统计抽样;另一方面,基于非随机选样的统计评估也是无效的。

注册会计师应当根据具体情况并运用职业判断,确定使用统计抽样或非统计抽样方法,以最有效率地获取审计证据。注册会计师在统计抽样与非统计抽样方法之间进行选择时主要考虑成本效益。统计抽样的优点在于能够客观地计量抽样风险,并通过调整样本规模精确地控制风险,这是与非统计抽样最重要的区别。另外,统计抽样还有助于注册会计师高效地设计样本,计量所获取证据的充分性,以及定量评价样本结果。但统计抽样又可能发生额外的成本。首先,统计抽样需要特殊的专业技能,因此使用统计抽样需要增加额外的支出对注册会计师进行培训。其次,统计抽样要求单个样本项目符合统计要求,这些也需要支出额外的费用。非统计抽样如果设计适当,也能提供与统计抽样方法同样有效的结果。注册会计师使用非统计抽样时,也必须考虑抽样风险并将其降至可接受水平,但无法精确地测定出抽样风险。

不管统计抽样还是非统计抽样,两种方法都要求注册会计师在设计、实施和评价样本时运用职业判断。另外,对选取的样本项目实施的审计程序通常也与使用的抽样方法无关。

> **温馨提示**
>
> 统计抽样必须计量抽样风险,非统计抽样必须考虑抽样风险并将其降至可接受水平,只是无法精确地测定抽样风险。

(二)属性抽样和变量抽样

1. 属性抽样

属性抽样是一种用来对总体中某一事件发生率得出结论的统计抽样方法。属性抽样在审计中最常见的用途是测试某一设定控制的偏差率,以支持注册会计师评估的控制有效性(应用于控制测试)。在属性抽样中,设定控制的每一次发生或偏离都被赋予同样的权重,而不管交易的金额大小。

2. 变量抽样

变量抽样是一种用来对总体金额得出结论的统计抽样方法。变量抽样通常回答下列问题:金额是多少?或账户是否存在错报?变量抽样在审计中的主要用途是进行细节测试,以确定记录金额是否合理。

一般而言,属性抽样得出的结论与总体发生率有关,而变量抽样得出的结论与总体的金额有关。但有一个例外,即统计抽样中的概率比例规模抽样(货币单元抽样),却运用属性抽样的原理得出以金额表示的结论。例如,注册会计师对某公司进行审计,发现有两笔付款凭证没有经过审批,其中一笔是2万,一笔是10万。表明该公司内控有缺陷。对于公司有没有遵循内部控制进行测试,属于控制测试;对于金额大小的进行测试,属于细节测试。

> **温馨提示**
>
> 抽样方法包括统计抽样和非统计抽样,统计抽样方法包括属性抽样和变量抽样,其中属性抽样和变量抽样可从字面进行理解,一个是定性,一个是定量。

三、抽样风险和非抽样风险

(一)抽样风险

1. 概念

根据样本得出的结论,可能不同于对整个总体实施与样本相同的审计程序得出的结论的风险。

在审计过程中,可能导致抽样风险的影响因素如下:
(1)抽样风险由抽样引起,与样本规模和抽样方法相关;
(2)样本规模与抽样风险反向变动。

> **温馨提示**
>
> 抽样风险是一种因为抽样这种方法和工具导致的风险。根据抽取的样本得出的结论,最终可能与总体结论不一致。

2. 控制测试中的抽样风险

控制测试中的抽样风险包括依赖过度风险和信赖不足风险。信赖过度风险是指推断的控制有效性高于其实际有效性的风险。信赖过度风险与审计的效果有关。如果注册会计师评估的控制有效性高于其实际有效性,从而导致评估的重大错报风险水平偏低,注册会计师可能不适当地减少从实质性程序中获取的证据,因此审计的有效性下降。对于注册会计师而言,信赖过度风险更容易导致注册会计师发表不恰当的审计意见,因而更应予以关注。相反,信赖不足风险是指推断的控制有效性低于其实际有效性的风险。信赖不足风险与审计的效率有关。当注册会计师评估的控制有效性低于其实际有效性时,评估的重大风险水平高于实际水平,注册会计师可能会增加不必要的实质性程序。在这种情况下,审计效率可能降低。

> **温馨提示**
>
> 简单说,信赖过度风险即不该信的也相信了,导致最终的审计失败,影响审计效果;信赖不足风险即可以相信却没相信,加大工作量,进而影响审计效率。

3. 细节测试中的抽样风险

在实施细节测试时,注册会计师也要关注两类抽样风险,误受风险和误拒风险。误受风险是指注册会计师推断某一重大错报不存在而实际上存在的风险。与信赖过度风险类似,误受风险影响审计效果,容易导致注册会计师发表不恰当的审计意见,因此注册会计师更应予以关注。误拒风险是指注册会计师推断某一重大错报存在而实际上不存在的风险。与信赖不足风险类似,误拒风险影响审计效率。

> **温馨提示**
>
> 简单说,误受风险即错信了某些信息,导致审计失败,影响的是审计效果;误拒风险即拒绝了可以相信的信息,加大工作量,影响的是审计效率。

4. 抽样风险的控制

无论在控制测试还是在细节测试中,抽样风险都可以分为两种类型:一类是影响审计效果的抽样风险,包括控制测试中的信赖过度风险和细节测试中的误受风险;另一类是影响审计效率的抽样风险,包括控制测试中的信赖不足风险和细节测试中的误拒风险。

(1)无论是控制测试还是细节测试,都可通过增加样本规模来降低抽样风险至可接受水平;

(2)如果对总体中所有项目都实施检查,则不存在抽样风险,此时风险完全由非抽样风险产生。

(二)非抽样风险

1.定义

非抽样风险,是指注册会计师由于任何与抽样风险无关的原因而得出错误结论的风险。注册会计师即使对某类交易或账户余额的所有项目实施审计程序,也可能仍未能发现重大错报或控制失效。在审计过程中,可能导致非抽样风险的原因包括下列情况:

(1)注册会计师选择的总体不适合测试目标;

(2)注册会计师未能适当地定义误差(包括控制偏差或错报),导致注册会计师未能发现样本中存在的偏差或错报;

(3)注册会计师选择了不适合实现特定目标的审计程序;

(4)注册会计师未能适当地评价审计发现的情况;

(5)其他原因。

2.产生环节

实施控制测试和实质性程序时均可能产生非抽样风险。

3.非抽样风险的控制

非抽样风险是由人为错误造成的,因而可以降低、消除或防范。虽然在任何一种抽样方法中注册会计师都不能量化非抽样风险,但通过采取适当的质量控制政策和程序,对审计工作进行适当的指导、监督和复核,以及对注册会计师实务的适当改进,可以将非抽样风险降至可以接受的水平。注册会计师也可以通过仔细设计其审计程序尽量降低非抽样风险。

例5-1·多选题

下列各项中,属于审计抽样基本特征的有( )。

A.对具有审计相关性的总体中低于百分之百的项目实施审计程序

B.可以根据样本项目的测试结果推断出有关抽样总体的结论

C.所有抽样单元都有被选取的机会

D.可以基于某一特征从总体中选出特定项目实施审计程序

【正确答案】ABC

【答案解析】选项D,根据某种特征选取项目进行测试,不能保证所有抽样单元都有被选取的机会,不属于抽样。

例 5-2·多选题

下列有关抽样风险的说法中,正确的有(　　)。
A. 误受风险和信赖过度风险影响审计效果
B. 误受风险和信赖不足风险影响审计效果
C. 误拒风险和信赖不足风险影响审计效率
D. 误拒风险和信赖过度风险影响审计效率

【正确答案】AC

【答案解析】误受风险和信赖过度风险影响审计效果,误拒风险和信赖不足风险影响审计效率。

第二节　审计抽样的原理和步骤

在使用审计抽样时,注册会计师的目标是,为得出有关抽样总体的结论提供合理的基础。注册会计师在控制测试和细节测试中使用审计抽样方法,主要分为三个阶段进行。第一阶段是样本设计阶段,旨在根据测试的目标和抽样总体,制定选取样本的计划。第二阶段是选取样本阶段,旨在按照适当的方法从相应的抽样总体中选取所需的样本,并对其实施检查,以确定是否存在误差。第三阶段是评价样本结果阶段,旨在根据对误差的性质和原因的分析,将样本结果推断至总体,形成对总体的结论。

一、样本设计阶段

在设计审计样本时,注册会计师应当考虑审计程序的目的和抽样总体的特征。也就是说,注册会计师首先应考虑拟实现的具体目标,并根据目标和总体的特点确定能够最好地实现该目标的审计程序组合,以及如何在实施审计程序时运用审计抽样。审计抽样中样本设计阶段的工作主要包括以下几个步骤。

(一)确定测试目标

审计抽样必须紧紧围绕审计测试的目标展开,因此确定测试目标是样本设计阶段的第一项工作。一般而言,控制测试的目标所提供的关于控制运行有效性的审计证据,以支持计划的重大错报风险评估水平,而细节测试的目的是确定某类交易或账户余额的金额是否正确,获取与存在的错报有关的证据。

(二)定义总体与抽样单元

1. 总体。在实施抽样之前,注册会计师必须仔细定义总体,确定抽样总体的范围。总体,是指注册会计师从中选取样本并期望据此得出结论的整个数据集合。总体可以包括构成某类交易或账户余额的所有项目,也可以只包括某类交易或账户余额中的部分项目。例如,如果应收账款中没有单个重大项目,注册会计师直接对应收账款账面余额进行抽样,则总体包括构成应收账款期末余额的所有项目,如果注册会计师已使用选取特定项目的方法将应收账款中的单个重大项目挑选出来单独测试,只对剩余的应收账款余额进行抽样,则总体只包括构成应收账款期末余额的部分项目。

注册会计师应当确保总体的适当性和完整性。也就是说,注册会计师所定义的总体应具备下列两个特征。

(1)适当性。注册会计师应确定总体适合于特定的审计目标,包括适合于测试的方向。例如,在控制测试中,如果要测试用以保证所有发运商品都已开单的控制是否有效运行,注册会计师从已开单的项目中抽取样本不能发现误差,因为该总体不包含那些已发运但未开单的项目。为发现这种误差,将所有已发运的项目作为总体通常比较适当。又如,在细节测试中,如果注册会计师的目标是测试应付账款的高估,总体可以定义为应付账款清单。但在测试应付账款的低估时,总体就不是应付账款清单,而是后来支付的证明、未付款的发票、供货商的对账单、没有销售发票对应的收货报告,或能提供低估应付账款的审计证据的其他总体。

(2)完整性。在实施审计抽样时,注册会计师需要实施审计程序,以获取有关总体的完整性的审计证据。注册会计师应当从总体项目内容和涉及时间等方面确定总体的完整性。例如,如果注册会计师从档案中选取付款证明,除非确信所有的付款证明都已归档,否则注册会计师不能对该期间的所有付款证明得出结论。又如,如果注册会计师对某一控制活动在财务报告期间是否有效运行得出结论,总体应包括来自整个报告期间的所有相关项目。

注册会计师通常从代表总体的实物中选取样本项目。例如,如果注册会计师将总体定义为特定日期的所有应收账款余额,代表总体的实物就是该日应收账款余额明细表。又如,如果总体是某一测试期间的销售收入,代表总体的实物就可能是记录在销售明细账中的销售交易,也可能是销售发票。由于注册会计师实际上是从该实物中选取样本,所有根据样本得出的结论只与该实物有关。如果代表总体的实物和总体不一致,注册会计师可能对总体得出错误的结论。因此,注册会计师必须详细了解代表总体的实物,确定代表总体的实物是否包括整个总体。注册会计师通常通过加总或计算来完成这一工作。例如,注册会计师可将发票金额总数与已记入总账的销售收入金额总数进行核对。如果注册会计师将选择的实物和总体比较之后,认为代表总体的实物遗漏了应包含在最终评价中的总体项目,注册会计师应选择新的实物,或对被排除在实物之外的项目实施替代程序。

2.定义抽样单元。抽样单元,是指构成总体的个体项目。抽样单元可能是实物项目(如支票簿上列示的支票信息,银行对账单上的贷方记录,销售发票或应收账款余额),也可能是货币单元。在定义抽样单元时,注册会计师应使其与审计测试目标保持一致。注册会计师在定义总体时通常都指明了适当的抽样单元。

3.分层。如果总体项目存在重大的变异性,注册会计师可以考虑将总体分层。分层,是指将总体划分为多个子项目的过程,每个子项目由一组具有相同特征(通常为货币金额)的抽样单元组成。分层可以降低每一层中项目的变异性,从而在抽样风险没有成比例增加的前提下减小样本规模,提高审计效率。注册会计师应当仔细界定子项目,以使每一抽样单元只能属于一层。

在实施细节测试时,注册会计师通常根据金额对总体进行分层。这使注册会计师能够将更多审计资源投向金额较大的项目,而这些项目最有可能包含高估错报。例如,为了函证应收账款,注册会计师可以将应收账款账户按其金额大小分为三层,即账户金额在10000元以上的;账户金额为5000～10000元的;账户金额在5000元以下的。然后,根据各层的重要性分别采取不同的选样方法。金额在10000元以上的应收账款账户,应进行全部函证;金额在5000～10000元以及5000元以下的应收账款账户,则可采用适当的选样方法选取进行函证的样本。同样,注册会计师也可以根据表明更高错报风险的特定特征对总体分层,例如,在测试应收账款计价中的坏账准备时,注册会计师可以根据账龄对应收账款余额进行分层。

分层后的每层构成一个子总体且可以单独检查。对某一层中的样本项目实施审计程序的结果,只能用于推断构成该层的项目。如果对整个总体得出结论,注册会计师应当考虑与构成整个总体的其他层有关的重大错报风险。例如,在对某一账户余额进行测试时,占总体数量20%的项目,其金额可能占该账户余额的90%。注册会计师只能根据该样本的结果推断至上述90%的金额。对于剩余10%的金额,注册会计师可以抽取另一个样本或使用其他收集审计证据的方法,单独得出结论,或者认为其不重要而不实施审计程序。

如果注册会计师将某类交易或账户余额分成不同的层,需要对每层分别推断错报。在考虑错报对该类别的所有交易或账户余额的可能影响时,注册会计师需要综合考虑每层的推断错报。

(三)定义误差构成条件

注册会计师必须事先准确定义构成误差的条件,否则执行审计程序时就没有识别误差的标准。在控制测试中,误差是指控制偏差,注册会计师要仔细定义所要测试的控制及可能出现偏差的情况;在细节测试中,误差是指错报,注册会计师要确定哪些情况构成错报。

注册会计师定义误差构成条件时要考虑审计程序的目标。清楚地了解误差构成条件,对于确保在推断误差时将且仅将所有与审计目标相关的条件包括在内至关重要。

(四)确定审计程序

注册会计师必须确定能够最好地实现测试目标的审计程序组合。例如,如果注册会计师的审计目标是通过测试某一阶段的适当授权证实交易的有效性,审计程序就是检查特定人员已在某文件上签字以示授权的书面证据。注册会计师预计样本中每一张该文件上都有适当的签名。

二、选取样本阶段

(一)确定样本规模

样本规模是指从总体中选取样本项目的数量。在审计抽样中,如果样本规模过小,就不能反映出审计对象总体的特征,注册会计师就无法获取充分的审计证据,其审计结论的可靠性就会大打折扣,甚至可能得出错误的审计结论。因此,注册会计师应当确定足够的样本规模,以将抽样风险降至可接受的低水平。相反,如果样本规模过大,则会增加审计工作量,造成不必要的时间和人力上的浪费,加大审计成本,降低审计效率,就会失去审计抽样的意义。

影响样本规模的因素主要包括以下几点。

1.可接受的抽样风险。可接受的抽样风险与样本规模成反比。注册会计师愿意接受的抽样风险越低,样本规模通常越大。反之,注册计师愿意接受的抽样风险越高,样本规模越小。

2.可容忍误差。可容忍误差是指注册会计师在认为测试目标已实现的情况下准备接受的总体最大误差。

在控制测试中,它指可容忍偏差率。可容忍偏差率,是指注册会计师设定的偏离规定的内部控制程序的比率,注册会计师试图对总体中的实际偏差率不超过该比率获取适当水平的保证。换言之,可容忍偏差率是注册会计师能够接受的最大偏差数量;如果偏差超过这一数量则减少或取消对内部控制程序的信赖。

在细节测试中,它指可容忍错报。可容忍错报,是指注册会计师设定的货币金额,注册会计师试图对总体中的实际错报不可超过该货币金额获取适当水平的保证。实际上,可容忍错报是实际执行的重要性这个概念在特定抽样程序中的运用。可容忍错报可能等于或低于实际执行的重要性。

当保证程度一定时,注册会计师运用职业判断确定可容忍误差。可容忍误差越小,为实现像样的保证程度所需的样本规模越大。

3.预计总体误差。预计总体误差是指注册会计师根据以前对被审计单位的经验或实施风险评估程序的结果而估计总体中可能存在的误差。预计总体误差越大,可容忍误差也应当越大;但预计总体误差不应超过可容忍误差。在既定的可容忍误差下,当预计总体误差增加时,所需的样本规模越大。

4.总体变异性。总体变异性是指总体的某一特征(如金额)在各项目之间的差异程度。在控制测试中,注册会计师在确定样本规模时一般不考虑总体变异性。在细节测试中,注册会计师确定适当的样本规模时要考虑特征的变异性。总体项目的变异性越低,通常样本规模越小。注册会计师可以通过分层,将总体分为相对同质的组,以尽可能降低每一组中变异性的影响,从而减小样本规模。未分层总体具有高度变异性,其样本规模通常很大。最有效率的方法是根据预期会降低变异性的总体项目特征进行分层。在细节测试中分层的依据通常包括项目的账面金额,与项目处理有关的控制的性质,或与特定项目(如更可能包含错报的那部分总体项目)有关的特殊考虑等。分组后的每一组子总体被称为一层,每层分别独立选取样本。

5.总体规模。除非总体非常小,一般而言,总体规模对样本规模的影响几乎为零。注册会计师通常将抽样单元超过5000个的总体视为大规模总体。对大规模总体而言,总体的实际容量对样本规模几乎没有影响。对小规模总体而言,审计抽样比其他选择测试项目的方法的效率低。

表4-1列示了审计抽样中影响样本规模的因素,并分别说明了这些影响因素在控制测试和细节测试中的表现形式。

表4-1 影响样本规模的因素

影响因素	控制测试	细节测试	与样本规模的关系
可接受的抽样风险	可接受的信赖过度风险	可接受的误受风险	反向变动
可容忍误差	可容忍偏差率	可容忍错报	反向变动
预计总体误差	预计总体偏差率	预计总体错报	同向变动
总体变异性	—	总体变异性	同向变动
总体规模	总体规模	总体规模	影响很小

使用统计抽样方法时,注册会计师必须对影响样本规模的因素进行量化,并利用根据统计公式开发的专门的计算机程序或专门的样本量表来确定样本规模。在非统计抽样中,注册会计师可以只对影响样本规模的因素进行定性的估计,并运用职业判断确定样本规模。

(二)选取样本

不管使用统计抽样或非统计抽样,在选取样本项目时,注册会计师都应当使总体中的每个抽样单元都有被选取的机会。在统计抽样中,注册会计师选取样本项目时每个抽样单元被选取的概率是已知的。在非统计抽样中,注册会计师根据判断选取样本项目。由于抽样的目的是为注册会计师得出有关总体的结论提供合理的基础,因此,注册会计师通过选择具有总体典型特征的样本项目,从而选出有代表性的样本以避免偏向是很重要的。选取样本的基本方法,包括使用随机数表或计算机辅助审计技术选样、系统选样和随意选样。

1. 使用随机数表或计算机辅助审计技术选样

使用随机数表或计算机辅助审计技术选样又称随机数选样。使用随机数选样需以总体中的每一项目都有不同的编号为前提。注册会计师可以使用计算机生成的随机数,如电子表格程序、随机数码生成程序、通用审计软件程序等计算机程序产生的随机数,也可以使用随机数表获得所需的随机数。

随机数是一组从长期来看出现概率相同的数码,且不会产生可识别的模式。随机数表也称乱数表,它是由随机生成的从0~9共10个数字所组成的数表,每个数字在表中出现的次数是大致相同的,它们出现在表上的顺序是随机的。表4-2就是5位随机数表的一部分。

表4-2 随机数表

	1	2	3	4	5	6	7	8	9	10
1	32044	69037	29655	92114	81034	40582	01584	77184	85762	46505
2	23821	96070	82592	81642	08971	07411	09037	81530	56195	98425
3	82383	94987	66441	28677	95961	78346	37916	09416	42438	48432
4	68310	21792	71635	86089	38157	95620	96718	79554	50209	17705
5	94856	76940	22165	01414	01413	37231	05509	37489	56459	52983
6	95000	61958	83430	98250	70030	05436	74814	45978	09277	13827
7	20764	64638	11359	32556	89822	02713	81293	52970	25080	33555
8	71401	17964	50940	95753	34905	93566	36318	79530	51105	26952
9	38464	75707	16750	61371	01523	69205	32122	03436	14489	02086
10	59442	59247	74955	82835	98378	83513	47870	20795	01352	89906

应用随机数表选样的步骤如下:

(1)对总体项目进行编号,建立总体中的项目与表中数字的一一对应关系。编号可利用总体项目中原有的某些编号,如凭证号、支票号、发票号等。在没有事先编号的情况下,注册会计师需按一定的方法进行编号。如由40页、每页50行组成的应收账款明细表,可采用4位数字编号,前两位由01~40的整数组成,表示该记录在明细表中的页数,后两位数字由01~50的整数组成,表示该记录的行次。这样,编号 0534 表示第 5 页第 34 行的记录。所需使用的随机数的位数一般由总体项目数或编号位数决定。如前例中可采用 4 位随机数表,也可以使用 5 位随机数表的前 4 位数字或后 4 位数字。

(2)确定连续选取随机数的方法。即从随机数表中选择一个随机起点和一个选号路线,随机起点和选号路线可以任意选择,但一经选定就不得改变。从随机数表中任选一行或任何一栏开始,按照一定的方向(上下左右均可)依次查找,符合总体项目编号要求的数字,即为选中的号码,与此号码相对应的总体项目即为选取的样本项目,一直到选足所需的样本量为止。例如,从前述应收账款明细表的 2000 个记录中选 10 个样本,总体编号规则如前所述,即前两位数字不能超过 40,后两位数字不能超过 50。如从表 10-2 第一行第一列开始,使用前 4 位随机数,逐行向右查找,则选中的样本为编号 3204,0741,0903,0941,3815,2216,0141,3723,0550,3748 的 10 个记录。

随机数选样不仅使总体中每个抽样单元被选取的概率相等,而且使相同数量的抽样单元组成的每种组合被选取的概率相等。这种方法在统计抽样和非统计抽样中均适用。由于统计抽样要求注册会计师能够计量实际样本被选取的概率,这种方法尤其适合于统计抽样。

2. 系统选样

系统选样也称等距选样,是指按照相同的间隔从审计对象总体中等距离地选取样本的一种选样方法。采用系统选样法,首先要计算选样间距,确定选样起点,然后再根据间距顺序地选取样本。选样间距的计算公式如下:

$$选样间距 = 总体规模 \div 样本规模$$

例如,如果销售发票的总体范围是 652~3151,设定的样本量是 125,那么选样间距为 20[(3152−652)÷125]。注册会计师必须从 0~19 中选取一个随机数作为抽样起点。如果随机选择的数码是 9,那么第一个样本项目是发票号码为 661(652+9)的那一张,其余的 124 个项目是 681(661+20),701(681+20),……依此类推,直至第 3141 号。

系统选样方法的主要优点是使用方便,比其他选样方法节省时间,并可用于无限总体。此外,使用这种方法时,对总体中的项目不需要编号,注册会计师只要简单数出每一个间距即可。但是,使用系统选样方法要求总体必须是随机排列的,否则容易发生较大的偏差,造成非随机的、不具代表性的样本。如果测试项目的特征在总体内的分布具有某种规律性,则选择样本的代表性就可能较差。例如,应收账款明细表每页的记录均以账龄的长短按先后次序排列,则选中的 200 个样本可能多数是账龄相同的记录。

为克服系统选样法的这一缺点,可采用两种办法:一是增加随机起点的个数;二是在确定选样方法之前对总体特征的分布进行观察。如发现总体特征的分布呈随机分布,则采用系统选样法;否则,可考虑使用其他选样方法。

系统选样可以在非统计抽样中使用,在总体随机分布时也可适用于统计抽样。

3. 随意选样

在这种方法中,注册会计师选取样本不采用结构化的方法。尽管不使用结构化方法,注册会计师也要避免任何有意识的偏向或可预见性(如回避难以找到的项目,或总是选择或回避每页的第一个或最后一个项目),从而试图保证总体中的所有项目都有被选中的机会。在使用统计抽样时,运用随意选样是不恰当的。

上述三种基本方法均可选出代表性样本。但随机数选样和系统选样属于随机基础选样方法,即对总体的所有项目按随机规则选取样本,因而可以在统计抽样中使用,当然也可以在非统计抽样中使用。而随意选样虽然也可以选出代表性样本,似它属于非随机基础选样方法,因而不能在统计抽样中使用,只能在非统计抽样中使用。

(三)对样本实施审计程序

注册会计师应当针对选取的每个项目,实施适合具体目的的审计程序。对选取的样本项目实施审计程序旨在发现并记录样本中存在的误差。

如果审计程序不适用于选取的项目,注册会计师应当针对替代项目实施该审计程序。例如,如果在测试付款授权时选取了一张作废的支票,并确信支票已经按照适当程序作废因而不构成偏差,注册会计师需要适当选择一个替代项目进行检查。

注册会计师通常对每一样本项目实施适合于特定审计目标的审计程序。有时,注册会计师可能无法对选取的抽样单元实施计划的审计程序(如由于原始单据丢失等原因)。注册会计师对未检查项目的处理取决于未检查项目对评价样本结果的影响。如果注册会计师对样本结果的评价不会因为未检查项目可能存在错报而改变,就不需对这些项目进行检查。如果未检查项目可能存在的错报会导致该类交易或账户余额存在重大错报,注册会计师就要考虑实施替代程序,为形成结论提供充分的证据。例如,对应收账款的积极式函证没有收到回函时,注册会计师可以审查期后收款的情况,以证实应收账款的余额。注册会计师也要考虑无法对这些项目实施检查的原因是否会影响计划的重大错报风险评估水平或对舞弊风险的评估。如果未能对某个选取的项目实施设计的审计程序或适当的替代程序,注册会计师应当将该项目视为控制测试中对规定的控制的一项偏差,或细节测试中的一项错报。

三、评价样本结果

(一)分析样本误差

注册会计师应当调查识别出的所有偏差或错报的性质和原因,并评价其对审计程序的目的和审计的其他方面可能产生的影响。无论是统计抽样还是非统计抽样,对样本结果的定性评估和定量评估一样重要。即使样本的统计评价结果在可以接受的范围内,注册会计师也应对样本中的所有误差(包括控制测试中的控制偏差和细节测试中的金额错报)进行定性分析。

如果注册会计师发现许多误差具有相同的特征,如交易类型、地点、生产线或时期等,则应考虑该特征是不是引起误差的原因,是否存在其他尚未发现的具有相同特征的误差。此时,注册会计师应将具有该共同特征的全部项目划分为一层,并对层中的所有项目实施审计程序,以发现潜在的系统误差。同时,注册会计师仍需分析误差的性质和原因,考虑存在舞弊的可能性。如果将某一误差视为异常误差,注册会计师应当实施追加的审计程序,以高度确信该误差对总体误差不具有代表性。

在极其特殊的情况下,如果认为样本中发现的某项偏差或错报是异常误差,注册会计师应当对该项偏差或错报对总体不具有代表性获取高度保证。异常误差,是指对总体中的错报或偏差明显不具有代表性的错报或偏差。在获取这种高度保证时,注册会计师应当实施追加的审计程序,获取充分、适当的审计证据,以确定该项偏差或错报不影响总体的其余部分。

(二)推断总体误差

当实施控制测试时,注册会计师应当根据样本中发现的偏差率推断总体偏差率,并考虑这一结果对特定审计目标及审计的其他方面的影响。

当实施细节测试时,注册会计师应当根据样本中发现的错报金额推断总体错报金额,并考虑这一结果对特定审计目标及审计的其他方面的影响。

(三)形成审计结论

注册会计师应当评价样本结果,以确定对总体相关特征的评估是否得到证实或需要修正。

1. 控制测试中的样本结果评价

在控制测试中,注册会计师应当将总体偏差率与可容忍偏差率比较,但必须考虑抽样风险。

(1)统计抽样。在统计抽样中,注册会计师通常使用表格或计算机程序计算抽样风险。用以评价抽样结果的大多数计算机程序都能根据样本规模、样本结果,计算在注册会计师确定的信赖过度风险条件下可能发生的偏差率上限的估计值。该偏差率上限的估计值即总体偏差率与抽样风险允许限度之和。

如果估计的总体偏差率上限低于可容忍偏差率,则总体可以接受。这时注册会计师对总体得出结论,样本结果支持计划评估的控制有效性,从而支持计划的重大错报风险评估水平。

如果估计的总体偏差率上限大于或等于可容忍偏差率,则总体不能接受。这时注册会计师对总体得出结论,样本结果不支持计划评估的控制有效性,从而不支持计划的重大错报风险评估水平。此时注册会计师应当修正重大错报风险评估水平,并增加实质性程序的数量。注册会计师也可以对影响重大错报风险评估水平的其他控制进行测试,以支持计划的重大错报风险评估水平。

如果估计的总体偏差率上限低于但接近可容忍偏差率,注册会计师应当结合其他审计程序的结果,考虑是否接受总体,并考虑是否需要扩大测试范围,以进一步证实计划评估的控制有效性和重大错报风险水平。

(2)非统计抽样。在非统计抽样中,抽样风险无法直接计量。注册会计师通常将样本偏差率(即估计的总体偏差率)与可容忍偏差率相比较,以判断总体是否可以接受。

如果样本偏差率大于可容忍偏差率,则总体不能接受。

如果样本偏差率低于总体的可容忍偏差率,注册会计师要考虑即使总体实际偏差率高于可容忍偏差率时仍出现这种结果的风险。如果样本偏差率大大低于可容忍偏差率,注册会计师通常认为总体可以接受。如果样本偏差率虽然低于可容忍偏差率,但两者很接近,注册会计师通常认为总体实际偏差率高于可容忍偏差率的抽样风险很高,因而总体不可接受。如果样本偏差率与可容忍偏差率之间的差额不是很大也不是很小,以至于不能认定总体是否可以接受时,注册会计师则要考虑扩大样本规模,以进一步搜集证据。

2. 细节测试中的样本结果评价

当实施细节测试时，注册会计师应当根据样本中发现的错报推断总体错报。注册会计师首先必须根据样本中发现的实际错报要求被审计单位调整账面记录金额。将被审计单位已更正的错报从推断的总体错报金额中减掉后，注册会计师应当将调整后的推断总体错报与该类交易或账户余额的可容忍错报相比较，但必须考虑抽样风险。如果推断错报高于确定样本规模时使用的预期错报，注册会计师可能认为，总体中实际错报超出可容忍错报的抽样风险是不可接受的。考虑其他审计程序的结果有助于注册会计师评估总体中实际错报超出可容忍错报的抽样风险，获取额外的审计证据可以降低该风险。

（1）统计抽样。在统计抽样中，注册会计师利用计算机程序或数学公式计算出总体错报上限，并将计算的总体错报上限与可容忍错报比较。计算的总体错报上限等于推断的总体错报（调整后）与抽样风险允许限度之和。

如果计算的总体错报上限低于可容忍错报，则总体可以接受。这时注册会计师对总体得出结论，所测试的交易或账户余额不存在重大错报。

如果计算的总体错报上限大于或等于可容忍错报，则总体不能接受。这时注册会计师对总体得出结论，所测试的交易或账户余额存在重大错报。在评价财务报表整体是否存在重大错报时，注册会计师应将该类交品或账户余额的错报与其他审计证据一起考虑。通常，注册会计师会建议被审计单位对错报进行调查，在必要时调整账并记录。

（2）非统计抽样。在非统计抽样中，注册会计师运用其经验和职业判断评价抽样结果。如果调整后的总体错报大于可容忍错报，或虽小于可容忍错报但两者很接近，注册会计师通常得出总体实际错报大于可容忍错报的结论。也就是说，该类交易或账户余额存在重大错报，因而总体不能接受。如果对样本结果的评价显示，对总体相关特征的评估需要修正，注册会计师可以单独或综合采取下列措施：提请管理层对已识别的错报和存在更多错报的可能性进行调查，并在必要时予以调整；修改进一步审计程序的性质、时间安排和范围；考虑对审计报告的影响。

如果调整后的总体错报远远小于可容忍错报，注册会计师可以得出总体实际错报小于可容忍错报的结论，即该类交易或账户余额不存在重大错报，因而总体可以接受。

如果调整后的总体错报虽然小于可容忍错报但两者之间的差距很接近（既不很小又不很大），注册会计师必须特别仔细地考虑，总体实际错报超过可容忍错报的风险是否能够接受，并考虑是否需要扩大细节测试的范围，以获取进一步的证据。

综上所述，审计抽样流程可以用图 4-1 表示。

第五章 审计抽样

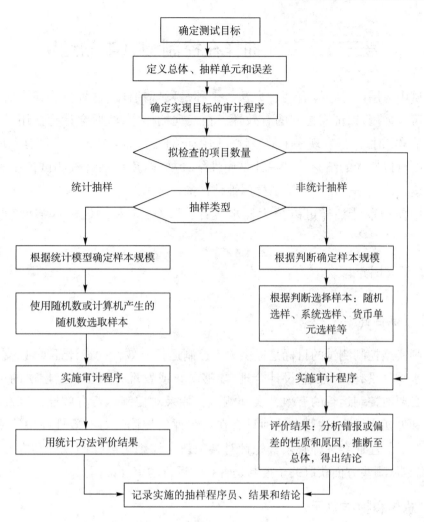

图 4-1 审计抽样流程图

例 5-3 · 多选题

下列选取样本的方法中,可以在统计抽样中使用的有( )。

A. 使用随机数表选样

B. 随意选样

C. 使用计算机辅助审计技术选样

D. 系统选样

【正确答案】ACD

第三节 审计抽样在控制测试中的运用

在控制测试中应用审计抽样有两种方法。一种是发现抽样。这种方法在注册会计师预计控制高度有效时可以使用,以证实控制的有效性。在发现抽样中,注册会计师使用的预计总体偏差率是0。在检查样本时,一旦发现一个偏差就立即停止抽样。如果在样本中没有发现偏差,则可以得出总体偏差率可以接受的结论。另一种是属性估计抽样,用以估计被测试控制的偏差发生率,或控制未有效运行的频率。本节以第二种属性估计抽样方法为主。

控制测试中使用审计抽样可以分为样本设计、选取样本和评价样本结果三个阶段。具体如下:

一、样本设计阶段

(一)确定测试目标

注册会计师实施控制测试的目标是提供关于控制运行有效性的审计证据,以支持计划的重大错报风险评估水平。只有认为控制设计合理、能够防止或发现并纠正认定层次的重大错报时,注册会计师才有必要对控制运行的有效性实施测试。如果对控制运行有效性的定性评价可以分为最高、高、中等和低四个层次,注册会计师只有在初步评估控制运行有效性在中等或以上水平时,才会实施控制测试。注册会计师必须首先针对某项认定详细了解控制目标和内部控制政策与程序之后,方可确定从哪些方面获取关于控制是否有效运行的审计证据。

(二)定义总体和抽样单元

1. 定义总体

总体,是指注册会计师从中选取样本并期望据此得出结论的整个数据集合。注册会计师在界定总体时,应当确保总体的适当性和完整性。

首先,总体应适合于特定的审计目标。例如,要测试现金支付授权控制是否有效运行,如果从已得到授权的项目中抽取样本,注册会计师不能发现控制偏差,因为该总体不包含那些已支付但未得到授权的项目。因此在本例中,为发现未得到授权的现金支付,注册会计师应当将所有已支付现金的项目作为总体。

其次,注册会计师还应考虑总体的完整性,包括代表总体的实物的完整性。例如,如果注册会计师将总体定义为特定时期的所有现金支付,代表总体的实物就是该时期的所有现金支付单据。

在控制测试中,注册会计师还必须考虑总体的同质性。同质性是指总体中的所存项目应该具有同样的特征。例如,如果被审计单位的出口和内销业务的处理方式不同,注册会计师应分别评价两种不同的控制情况,因时出现两个独立的总体。又如,虽然被审计单位的所有分支机构的经营可能都相同,但每个分支机构是由不同的人运行的。如果注册会计师对每个分支机构的内部控制和员工感兴趣,可以将每个分支机构作为一个独立的总体对待。另外,如果注册会计师关心的不是单个分支机构而是被审计单位整体的经营,且各分支机构的控制具有足够的相同之处,就可以将被审计单位视为一个单独的总体。

2. 定义抽样单元

抽样单元,指构成总体的个体项目。注册会计师定义的抽样单元应与审计测试目标相适应。抽样单元通常是能够提供控制运行证据的一份文件资料、一个记录或其中一行,每个抽样单元构成了总体中的一个项目。例如,如果测试目标是确定付款是否得到授权,且设定的控制要求付款之前授权人在付款单据上签字,抽样单元可能被定义为每一张付款单据。如果一张付款单据包含了对几张发票的付款,且设定的控制要求每张发票分别得到授权,那么付款单据上与发票对称的一行就可能被定义为抽样单元。

对抽样单元的定义过于宽泛可能导致缺乏效率。例如,如果注册会计师将发票作为抽样单元,就必须对发票上的所有项目进行测试。如果注册会计师将发票上的每一行作为抽样单元,则只需对被选取的行所代表的项目进行测试。如果定义抽样单元的两种方法都适合于测试目标,将每一行的项目作为抽样单元时能效率更高。本例中,注册会计师定义的抽样单元为现金支付单据上的每一行。

(三)定义偏差构成条件

注册会计师应仔细定义所要测试的控制及可能出现偏差的情况。注册会计师应根据对内部控制的理解,确定哪些特征能够显示被测试控制的运行情况,然后据此定义误差构成条件。在控制测试中,偏差是指偏离对设定控制的预期执行。在评估控制运行的有效性时,注册会计师应当考虑其认为必要的所有控制环节。例如,设定的控制要求每笔支付都应附有发票、收据、验收报告和订购单等证明文件,且均盖上"已付"戳记。注册会计师认为盖上"已付"戳记的发票和验收报告足以显示控制的适当运行。在这种情况下,误差可能被定义为缺乏盖有"已付"戳记的发票和验收报告等证明文件的款项支付。

(四)定义测试期间

注册会计师通常在期中实施控制测试,由于期中测试获取的证据只与控制截至期中测试时点的运行有关,注册会计师需要确定如何获取关于剩余期间的证据。

注册会计师通常在期中实施控制测试。由于期中测试获取的证据只与控制截止期中测试时点的运行有关,注册会计师需要确定如何获取关于剩余期间的证据。

1. 将总体定义为整个被审计期间的交易

在设计控制测试的审计样本时,注册会计师通常将测试扩展至在剩余期间发生的交易,以获取额外的证据。在这些情况下,总体由整个被审计期间的交易组成。

(1)初始测试。注册会计师可能将总体定义为包括整个被审计期间的交易,但在期中实施初始测试。在这种情况下,注册会计师可能估计总体中剩余期间将发生的交易的数量,并在期末审计时对所有发生在期中测试之后的被选取交易进行检查。例如,如果被审计单位在当年的前10个月开具了编号从1到10000的发票,注册会计师可能估计,根据企业的经营周期,剩下两个月中将开具2500张发票;因此注册会计师在选取所需的样本时用1到12500作为编号。所选取的发票中,编号小于或等于10000的样本项目在期中审计时进行检查,剩余的样本项目将在期末审计时进行检查。

(2)估计总体。在估计总体规模时,注册会计师可能考虑上年同期的实际情况、变化趋势以及经营性质等因素。在实务中,注册会计师可能高估剩余项目的数量。年底,如果部分被选取的编号对应的交易没有发生(由于实际发生的交易数量低于预计数量),可以用其他交易代替。注册会计师可能希望稍多选取一些项目,对多余的项目只在需要作为替代项目时才进行检查。

另一方面,注册会计师也可能低估剩余项目的数量。如果剩余项目的数量被低估,一些交易将没有被选取的机会,因此,样本不能代表注册会计师所定义的总体。在这种情况下,注册会计师可以重新定义总体,以将样本中未包含的项目排除在外。对未包含在重新定义总体中的项目,注册会计师可以实施替代程序。例如,将这些项目作为一个独立的样本进行测试,或对其进行百分之百的检查,或询问剩余期间的情况。注册会计师应判断各种替代程序的效率和效果,并据此选择适合于具体情况的方法。

在许多情况下,注册会计师可能不需等到被审计期间结束,就能得出关于控制的运行有效性是否支持其计划评估的重大错报风险水平的结论。在对选取的交易进行期中测试时,注册会计师发现的误差可能足以使其得出结论:即使在发生于期中测试以后的交易中未发现任何误差,控制也不能支持计划评估的重大错报风险水平。在这种情况下,注册会计师可能决定不将样本扩展至期中测试以后发生的交易,而是相应地修正计划的重大错报风险评估水平和实质性程序。

2. 将总体定义为从年初到期中测试日为止的交易

将整个被审计期间的所有交易包括在抽样总体中通常效率不高,有时使用替代方法测试剩余期间的控制有效性也许效率更高。在这种情况下,注册会计师将总体定义为从年初到期中测试日为止的交易,并在确定是否需要针对剩余期间获取额外证据以及获取哪些证据时考虑下列因素:所涉及的认定的重要性;期中进行测试的特定控制;自期中以来控制发生的任何变化;控制改变实质性程序的程度;期中实施控制测试的结果;剩余期间的长短;对剩余期间实施实质性程序所产生的、与控制的运行有关的证据。

注册会计师应当获取与控制在剩余期间发生的所有重大变化的性质和程度有关的证据,包括其人员的变化。如果发生了重大变化,注册会计师应修正其对内部控制的了解,并考虑对变化后的控制进行测试。或者,注册会计师也可以考虑对剩余期间实施实质性分析程序或细节测试。

二、选取样本阶段

(一)确定样本规模

1. 影响因素

在控制测试中影响样本规模的因素如下。

(1)可接受的信赖过度风险。在实施控制测试时,注册会计师主要关注抽样风险中的信赖过度风险。可接受的信赖过度风险与样本规模反向变动。控制测试中选取的样本旨在提供关于控制运行有效性的证据。由于控制测试是控制是否有效运行的主要证据来源,因此,可接受的信赖过度风险应确定在相对较低的水平上。在控制测试中,影响注册会计师可以接受的信赖过度风险的因素包括:该控制所针对的风险的重要性;控制环境的评估结果;针对风险的控制程序的重要性;证明该控制能够防止、发现和改正认定层次重大错报的审计证据的相关性和可靠性;在与某认定有关的其他控制的测试中获取的证据的范围;控制的叠加程度;对控制的观察和询问所获得的答复可能不能准确反映该控制得以持续适当运行的风险。

实务中,这一数值通常为 5%~10%,注册会计师通常对所有控制测试确定一个统一的可接受信赖过度风险水平,然后对每一测试根据计划的重大错报风险评估水平和控制有效性分别确定其可容忍偏差率。

(2)可容忍偏差率。可容忍偏差率是注册会计师能够接受的最大偏差数量,如果偏差超过这一数量则减少或取消对内部控制的信赖;与细节测试中设定的可容忍错报相比,注册会计师通常为控制测试设定相对较高的可容忍偏差率;可容忍偏差率与样本规模反向变动。在确定可容忍偏差率时,注册会计师应考虑计划评估的控制有效性。计划评估的控制有效性越低,注册会计师确定的可容忍偏差率通常越高,所需的样本规模就越小。一个很高的可容忍偏差率通常意味着,控制的运行不会大大降低相关实质性程序的程度。在这种情况下,由于注册会计师预期控制运行的有效性很低,特定的控制测试可能不需进行。反之,如果注册会计师在评估认定层次重大错报风险时预期控制的运行是有效的,注册会计师必须实施控制测试。换言之,注册会计师在风险评估时越依赖控制运行的有效性,确定的可容忍偏差率越低,进行控制测试的范围越大,因而样本规模增加。

在实务中,注册会计师通常认为,当偏差率为 3%~7% 时,控制有效性的估计水平较高;可容忍偏差率最高为 20%,偏差率超过 20% 时,由于估计控制运行无效,注册会计师不需进行控制测试。当估计控制运行有效时,如果注册会计师确定的可容忍偏差率较高就被认为不恰当。表 4-3 列示了可容忍偏差率与计划评估的控制有效性之间的关系。本例中注册会计师预期现金支付授权控制运行有效,确定的可容忍偏差率为 7%。

表 4-3　可容忍偏差率和计划评估的控制有效性之间的关系

计划评估的控制有效性	可容忍偏差率(近似值,%)
高	3~7
中	6~12
低	11~20
最低	不进行控制测试

(3)预计总体偏差率。对于控制测试,注册会计师在考虑总体特征时,需要根据对相关控制的了解或对总体中少量项目的检查来评估预期偏差率。在既定的可容忍偏差率下,预计总体偏差率与样本规模同向变动;预计总体偏差率不应超过可容忍偏差率,如果预期总体偏差率高得无法接受,意味着控制有效性很低,注册会计师通常决定不实施控制测试。

(4)总体规模。在控制测试中,注册会计师通常将抽样单元超过 2000 个的总体视为大规模总体;对大规模总体而言,总体的实际容量对样本规模几乎没有影响;对小规模总体而言,审计抽样比其他选择测试项目的方法的效率低。

(5)其他因素。控制运行的相关期间越长,需要测试的样本越多;控制程序越复杂,测试的样本越多;样本规模还取决于所测试的控制的类型,通常对人工控制实施的测试要多过自动化控制。

表 4-4 观点小结

影响因素	与样本规模的关系
可接受的信赖过度风险	反向变动
可容忍偏差率	反向变动
预计总体偏差率	同向变动
总体规模	影响很小

2. 确定样本量

实施控制测试时,注册会计师可能使用统计抽样,也可能使用非统计抽样。在非统计抽样中,注册会计师可以只对影响样本规模的因素进行定性的估计,并运用职业判断确定样本规模。在统计抽样中,注册会计师必须对影响样本规模的因素进行量化,并基于统计公式确定样本规模(查表法)。表 4-5 提供了在控制测试中确定的可接受信赖过度风险为 10% 时所他用的样本量表节选。如果注册会计师计需要其他信赖过度风险水平的抽样规模,必须使用统计抽样参考资料中其他表格或计算机程序。

注册会计师根据可接受的信赖过度风险选择和相应的抽样规模表,然后,读取预计总体偏差率栏找到适当的比率。接下来注册会计师确定与可容忍偏差率对应的列。可容忍偏差率所在列与预计总体偏差率所在执行的交点就是所需的样本规模。例如,册会计师确定的可接受信赖过度风险为 10%,可容忍偏差率为 7%,预计总体偏差为 1.75% 预计总体偏差率的交叉处为 55,即所需的样本规模为 55。

表 4-5 控制测试统计抽样样本规模——信赖过度风险 10%(节选)

(括号内是可接受的偏差数)

预计总体偏差率%	可容忍偏差率										
	2%	3%	4%	5%	6%	7%	8%	9%	10%	15%	20%
0.00	114(0)	76(0)	57(0)	45(0)	38(0)	32(0)	28(0)	25(0)	22(0)	15(0)	11(0)
0.25	194(1)	129(1)	96(1)	77(1)	64(1)	55(1)	48(1)	42(1)	38(1)	25(1)	18(1)
0.50	194(1)	129(1)	96(1)	77(1)	64(1)	55(1)	48(1)	42(1)	38(1)	25(1)	18(1)
0.75	265(2)	129(1)	96(1)	77(1)	64(1)	55(1)	48(1)	42(1)	38(1)	25(1)	18(1)
1.00	*	176(2)	96(1)	77(1)	64(1)	55(1)	48(1)	42(1)	38(1)	25(1)	18(1)
1.25	*	*	*	*	64(1)	55(1)	48(1)	42(1)	38(1)	25(1)	18(1)
1.50	*	*	*	*	64(1)	55(1)	48(1)	42(1)	38(1)	25(1)	18(1)
1.75	*	*	*	*	88(2)	55(1)	48(1)	42(1)	38(1)	25(1)	18(1)
2.00	*	*	*	*	88(2)	75(2)	48(1)	42(1)	38(1)	25(1)	18(1)

注 1:* 表示样本规模太大,因而在大多数情况下不符合成本效益原则。

注 2:本表假设总体为大总体。

(二)选取样本并对其实施审计程序

在控制测试中使用统计抽样方法时,注册会计师必须在上节所述的使用随机数表或计算机辅助审计技术选样和系统选样中选择一种方法。原因在于,这两种方法能够产生随机样本,而其他选样方法虽然也可能提供代表性的样本,但却不是随机的。常见的情形有两种:

(1)无效单据,合理确信该无效单据是正常的且不构成设定的偏差;如果使用随机选样,要用一个替代的随机数与新的样本对应。

(2)无法对选取的项目实施检查,注册会计师应当针对选取的每个项目,实施适合于具体审计目标的审计程序;如果注册会计师无法对选取的项目实施计划的审计程序或适当的替代程序,考虑在评价样本时将该样本项目视为控制偏差。

三、评价样本结果阶段

(一)计算偏差率

将样本中发现的偏差数量除以样本规模,就可以计算出样本偏差率。样本偏差率就是注册会计师对总体偏差率的最佳估计,因而在控制测试中无须另外推断总体偏差率。但注册会计师还必须考虑抽样风险。

(二)考虑抽样风险

抽样风险是指注册会计师根据样本得出的结论,可能不同于如果对整个总体实施与样本相同的审计程序得出的结论的风险。在控制测试中评价样本结果时,注册会计师应当考虑抽样风险。也就是说,如果总体偏差率(即样本偏差率)低于可容忍偏差率,注册会计师还要考虑实际的总体偏差率仍有可能大于可容忍偏差率的风险。

1. 使用统计抽样方法

在实务中,注册会计师使用统计抽样方法时通常使用公式、表格或计算机程序直接计算在确定的信赖过度风险水平下可能发生的偏差率上限,即估计的总体偏差率与抽样风险允许限度之和。

(1)使用统计公式评价样本结果。

$$总体偏差率上限(MDR) = \frac{风险系数(R)}{样本量(n)}$$

表 4-6 列示了在控制测试中常用的风险系数。

表 4-6 控制测试中常用的风险系数表

样本中发现偏差的数量	信赖过度风险	
	5%	10%
0	3.0	2.3
1	4.8	3.9

续表

样本中发现偏差的数量	信赖过度风险	
	5%	10%
2	6.3	5.3
3	7.8	6.7
4	9.2	8.0
5	10.5	9.3
6	11.9	10.6
7	13.2	11.8
8	14.5	13.0
9	15.7	14.2
10	17.0	15.4

(2)使用样本结果评价表。

注册会计师也可以使用样本结果评价表评价统计抽样的结果。

这计算出估计的总体偏差率上限后,注册会计师通常可以对总体进行如下判断。

如果估计的总体偏差率上限低于可容忍偏差率,则总体可以接受。这时注册会计师对总体得出结论,样本结果支持计划评估的控制有效性,从而支持计划的重大错报风险评估水平。

如果估计的总体偏差率上限大于或等于可容忍偏差率,则总体不能接受。这时注册会计师对总体得出结论,样本结果不支持计划评估的控制有效性,从而不支持计划的重大错报风险评估水平。此时注册会计师应当修正重大错报风险评估水平,并增加实质性程序的数量。注册会计师也可以对影响重大错报风险评估水平的其他控制进行测试,以支持计划的重大错报风险评估水平。

如果估计的总体偏差率上限低于但接近可容忍偏差率,注册会计师应当结合其他审计程序的结果,考虑是否接受总体,并考虑是否需要扩大测试范围,以进一步证实计划评估的控制有效性和重大错报风险水平。

2. 使用非统计抽样方法

在非统计抽样中,抽样风险无法直接计量。注册会计师通常将估计的总体偏差率(即样本偏差率)与可容忍偏差率相比较,以判断总体是否可以接受。

如果总体偏差率大于可容忍偏差率,则总体不能接受。

如果总体偏差率大大低于可容忍偏差率,注册会计师通常认为总体可以接受。

如果总体偏差率虽然低于可容忍偏差率,但两者很接近,注册会计师通常认为实际的总体偏差率高于可容忍偏差率的抽样风险很高,因而总体不可接受。

如果总体偏差率与可容忍偏差率之间的差额不是很大也不是很小,以至于不能认定总体是否可以接受时,注册会计师则要考虑扩大样本规模,以进一步收集证据。

(三)考虑偏差的性质和原因

对偏差的性质和原因进行分析时应考虑:注册会计师应当调查识别出的所有偏差的性质和原因;无论是统计抽样还是非统计抽样,均需要对样本结果进行定性评估和定量评估;即使样本的评价结果在可接受的范围内,注册会计师也应对样本中的所有控制偏差进行定性分析;注册会计师应考虑存在重大舞弊的可能性;注册会计师需要考虑已识别的偏差对财务报表的直接影响。控制偏差并不一定导致财务报表中的金额错报。如果某项控制偏差更容易导致金额错报,该项控制偏差就更加重要。

偏差确定,注册会计师有两种处理办法:一是扩大样本规模,以进一步搜集证据;但是,如果确定控制偏差是系统偏差或舞弊导致,扩大样本规模通常无效;二是认为控制没有有效运行,样本结果不支持计划的控制运行有效性和重大错报风险的评估水平,因而提高重大错报风险评估水平,增加对相关账户的实质性程序。

(四)得出总体结论

在计算偏差率,考虑抽样风险,分析偏差的性质和原因之后,注册会计师需要运用职业判断得出总体结论。如果样本结果及其他相关审计证据支持评估的控制有效性,从而支持计划的重大错报风险评估水平,注册会计师可能不需要修改计划的实质性程序。如果样本结果不支持计划的控制运行有效性和重大错报风险的评估水平,注册会计师通常有以下两种选择:

一是进一步测试其他控制(如补偿性控制),以支持计划的控制运行有效性和重大错报风险的评估水平;

二是提高重大错报风险评估水平,并相应修改计划的实质性程序的性质、时间安排和范围。

四、记录抽样程序

注册会计师应当记录所实施的审计程序,以形成审计工作底稿。在控制测试中使用审计抽样时,注册会计师通常记录下列内容:对所测试的设定控制的描述;抽样的目标,包括与重大错报风险评估的关系;对总体和抽样单元的定义,包括注册会计师如何考虑总体的完整性;对偏差的构成条件的定义;信赖过度风险,可容忍偏差率,以及在抽样中使用的预计总体偏差率;确定样本规模的方法;选样方法;对如何实施抽样程序的描述,以及样本中发现的偏差清单;对样本的评价及总体结论摘要。

对样本的评价和总体结论摘要可能包含样本中发现的偏差数量、对注册会计师如何考虑抽样风险的解释,以及关于样本结果是否支持计划的重大错报风险评估水平的结论。工作底稿中还可能记录偏差的性质、注册会计师对偏差的定性分析;以及样本评价结果对其他审计程序的影响。

例5-4·多选题

下列有关控制测试的样本规模的说法中,错误的有( )。

A. 对相关控制的依赖程度增加所需的样本规模增大

B. 大规模总体中抽样单元的数量增加,所需的样本规模增大

C. 拟测试的总体预期偏差率增加,所需的样本规模增大

D. 可容忍偏差率增加,所需的样本规模增大

【正确答案】BD

例 5-5·多选题

有关注册会计师使用审计抽样实施控制测试的说法中,正确的有( )。

A. 可容忍偏差率超过 20% 时,注册会计师通常无需实施控制测试

B. 如果总体规模很大,注册会计师通常忽略总体规模对样本规模的影响

C. 注册会计师通常需要计算样本偏差率并推断总体偏差率

D. 注册会计师通常可以对所有控制测试确定一个统一的可接受信赖过度风险水平,对每一项控制测试分别确定可容忍偏差率

【正确答案】ABD

【答案解析】选项 C 错误。将样本中发现的偏差数量除以样本规模,就可以计算出样本偏差率。样本偏差率就是注册会计师对总体偏差率的最佳估计,因而在控制测试中无须另外推断总体偏差率。

第四节 审计抽样在细节测试中的运用

一、样本设计阶段

实施细节测试时,注册会计师在样本设计阶段必须完成的工作包括四个环节:明确测试目标、定义总体、定义抽样单元、界定错报。

(一)明确测试目标

细节测试的目的是识别财务报表中各类交易。账户余额和披露中存在的重大错报。在细节测试中,审计抽样通常用来测试有关财务报表金额的一项或多项认定(如应收账款的存在)的合理性。如果该金额是合理正确的,注册会计师将接受与之相关的认定,认为财务报表金额不存在重大错报。

(二)定义总体

在实施审计抽样之前,注册会计师必须仔细定义总体,确定抽样总体的范围,确保总体的适当性和完整性。

1. 适当性

注册会计师应确信抽样总体适合于特定的审计目标。例如,注册会计师如果对已记录的项目进行抽样,就无法发现由于某些项目被隐瞒而导致的金额低估。为发现这类低估错报,注册会计师应从包含被隐瞒项目的来源选取样本。例如,注册会计师可能对期后的现金支付进行抽样,以测试由隐瞒采购所导致的应付账款低估,或者对装运单据进行抽样,以发现由已装运但未确认为销售的交易所导致的销售收入低估问题。

值得注意的是,不同性质的交易可能导致借方余额、贷方余额和零余额多种情况并存,注册会计师需要根据风险、相关认定和审计目标进行不同的考虑。

2. 完整性

总体的完整性包括代表总体的实物的完整性。例如注册会计师将总体定义为特定时期的所有现金支付,代表总体的实物就是该时期的所有现金支付单据。由于注册会计师实际上是从该实物中选取样本,所有根据样本得出的结论只与该实物有关。如果代表总体的实物和总体不一致,注册会计师可能对总体得出错误的结论。因此,注册会计师必须详细了解代表总体的实物,确定代表总体的实物是否包括整个总体。

(1)考虑总体的适当性和完整性。注册会计师应确信抽样总体适合于特定的审计目标。例如,注册会计师如果对已记录的项目进行抽样,就无法发现由于某些项目被隐瞒而导致的金额低估。为发现这类低估错报,注册会计师应从包含被隐瞒项目的来源选取样本。

(2)识别单个重大项目(超过可容忍错报应该单独测试的项目)和极不重要的项目。在细节测试中计划抽样时,注册会计师应当运用职业判断,判断某账户余额或交易类型中是否存在及存在哪些应该单独测试而不能放在抽样总体中的项目。某一项目可能由于存在特别风险或者金额较大而应被视为单个重大项目。注册会计师应当对单个重大项目逐一实施检查,以将抽样风险控制在合理的范围。

值得注意的是,在审计抽样时,销售收入和销售成本通常被视为两个独立的总体。为了减少样本量而仅将毛利率作为一个总体是不恰当的,因为收入错报并非总能被成本错报抵消,反之亦然。例如,当存在舞弊时,被审计单位记录了虚构的销售收入,该笔收入并没有与之相匹配的销售成本。如果仅将毛利率作为一个总体,样本量可能太小,无法发现收入舞弊。

(三)定义抽样单元

在细节测试中,注册会计师应考虑实施计划的审计程序或替代程序的难易程度,定义抽样单元。抽样单元可能是一个账户余额、一笔交易或交易中的一个记录(如销售发票中的单个项目),甚至是每个货币单元。例如,如果抽样的目标是测试应收账款是否存在,注册会计师可能选择各应收账款明细账余额、发票或发票上的单个项目作为抽样单元。选择的标准是,如何定义抽样单元能使审计抽样实现最佳的效率和效果。

(四)界定错报

在细节测试中,误差是指错报,注册会计师应根据审计目标,确定什么构成错报。例如,在对应收账款存在性的细节测试中(如函证),客户在函证日之前支付、被审计单位在函证日之后不久收到的款项不构成误差。而且,被审计单位在不同客户之间误登明细账也不影响应收账款总账余额。如果错报定义为账面金额与注册会计师审定金额之间的差异,不符合相关特征的差异就不是错报。

二、选取样本阶段

(一)确定抽样方法

在细节测试中进行审计抽样,可能使用统计抽样,也可能使用非统计抽样。注册会计师在细节测试中常用的统计抽样方法包括货币单元抽样和传统变量抽样。

1. 货币单元抽样

货币单元抽样是一种运用属性抽样原理对货币金额而不是对发生率得出结论的统计抽样方法,它是概率比例规模抽样方法的分支,有时也被称为金额单元抽样、累计货币金额抽样以及综合属性变量抽样等。总体中的每个货币单元被选中的机会相同,所以总体中某一项目被选中的概率等于该项目的金额与总体金额的比率,项目金额越大,被选中的概率就越大,这样有助于注册会计师将审计重点放在较大的账户余额或交易。但实际上注册会计师并不是对总体中的货币单元实施检查,而是对包含被选取货币单元的账户余额或交易实施检查。注册会计师检查的账户余额或交易被称为逻辑单元。注册会计师进行货币单元抽样必须满足两个条件:第一,总体的错报率很低(低于10%)且总体规模在2000以上,这是货币单元抽样使用的泊松分布的要求;第二,总体中任一项目的错报不能超过该项目的账面金额。这就是说,如果某账户的账面金额是100元,其错报金额不能超过100元。

货币单元抽样的优点:①货币单元抽样一般比传统变量抽样更易于使用。由于货币单元抽样以属性抽样原理为基础,注册会计师可以很方便地计算样本规模,手工或使用量表评价样本结果。样本的选取可以在计算机程序或计算器的协助下进行。②货币单元抽样可以如同大海捞针一样发现极少量的大额错报,原因在于它通过将少量的大额实物单元拆成数量众多、金额很小的货币单元,从而赋予大额项目更多的机会被选入样本。③货币单元抽样的样本规模无须考虑被审计金额的预计变异性。传统变量抽样的样本规模是在总体项目共有特征的变异性或标准差的基础上计算的。货币单元抽样在确定所需的样本规模时不需要直接考虑货币金额的标准差。④货币单元抽样中项目被选取的概率与其货币金额大小成比例,因而生成的样本自动分层。如果使用传统变量抽样,注册会计师通常需要对总体进行分层,以减小样本规模。在抽样中,如果项目金额超过选样间距,PPS系统选样将自动识别所有单个重大项目。⑤如果注册会计师预计错报不存在或很小,货币单元抽样的样本规模通常比传统变量抽样方法更小。⑥货币单元抽样的样本更容易设计,且可在能够获得完整的总体之前开始选取样本。

货币单元抽样的缺点:①货币单元抽样要求总体每一实物单元的错报金额不能超出其账面金额。②在货币单元抽样中,被低估的实物单元被选取的概率更低。货币单元抽样不适用于测试低估。如果注册会计师在货币单元抽样的样本中发现低估,在评价样本时需要特别考虑。③对零余额或负余额的选取需要在设计时特别考虑。例如,如果准备对应收账款进行抽样,注册会计师可能需要将贷方余额分离出去,作为一个单独的总体。如果检查零余额的项目对审计目标非常重要,注册会计师需要单独对其进行测试,因为零余额的项目在货币单元抽样中不会被选取。④当总体中错报数量增加时,货币单元抽样所需的样本规模也会增加。在这些情况下货币单元抽样的样本规模可能大于传统变量抽样所需的规模。⑤当发现错报时,如果风险水平一定,货币单元抽样在评价样本时可能高估抽样风险的影响,从而导致注册会计师更可能拒绝一个可接受的总体账面金额。⑥在货币单元抽样中注册会计师通常需要逐个累计总体金额。但如果相关的会计数据以电子形式储存,就不会额外增加大量的审计成本。

2. 传统变量抽样

传统变量抽样运用正态分布理论,根据样本结果推断总体的特征。传统变量抽样涉及难度较大、较为复杂的数学计算,注册会计师通常使用计算机程序确定样本规模,一般不需懂得这些方法所用的数学公式。

传统变量抽样的优点:①如果账面余额与审定金额之间存在较多差异,传统变量抽样可能只需较小的样本规模就能满足审计目标。②注册会计师关注总体的低估时,使用传统变量抽样比货币单元抽样更合适。③需要在每一层追加选取额外的样本项目时,传统变量抽样更易于扩大样本规模。④对零余额或负余额项目的选取,传统变量抽样不需要在设计时予以特别考虑。

传统变量抽样的缺点:①传统变量抽样比货币单元抽样更复杂,注册会计师通常需要借助计算机程序。②在传统变量抽样中确定样本规模时,注册会计师需要估计总体特征的标准差,而这种估计往往难以作出,注册会计师可能利用以前对总体的了解或根据初始样本的标准差进行估计。③如果存在非常大的项目,或者在总体的账面余额与审定金额之间存在非常大的差异,而且样本规模比较小,正态分布理论可能不适用,注册会计师更可能得出错误的结论。④如果几乎不存在错报,传统变量抽样中的差异法和比率法将无法使用。

根据推断总体的方法不同,传统变量抽样又可以分为三种具体的方法:均值估计抽样、差额估计抽样和比率估计抽样。

(1)均值估计抽样。均值估计抽样是指通过抽样审查确定样本的平均值,再根据样本平均值推断总体的平均值和总值的一种变量抽样方法。使用这种方法时,注册会计师先计算样本中所有项目审定金额的平均值,然后用这个样本平均值乘以总体规模,得出总体金额的估计值。总体估计金额和总体账面金额之间的差额就是推断的总体错报。计算公式如下:

$$样本审定金额的平均值 = 样本审定金额 \div 样本规模$$

$$估计的总体金额 = 样本审定金额的平均值 \times 总体规模$$

$$推断的总体错报 = 总体账面金额 - 估计的总体金额$$

例如,注册会计师从总体规模为1000、账面金额为1000000元的存货项目中选择了200个项目作为样本。在确定了正确的采购价格并重新计算了价格与数量的乘积之后,注册会计师将200个样本项目的审定金额加总后除以200,确定样本项目的平均审定金额为980元。然后计算估计的存货余额为980000元(980×1000)。推断的总体错报就是20000元(1000000-980000)。

(2)差额估计抽样。差额估计抽样是以样本实际金额与账面金额的平均差额来估计总体实际金额与账面金额的平均差额,然后再以这个平均差额乘以总体规模,从而求出总体的实际金额与账面金额的差额(即总体错报)的一种方法。差额估计抽样的计算公式如下:

$$样本平均错报 = (样本账面金额 - 样本审定金额) \div 样本规模$$

$$推断的总体错报 = 平均错报 \times 总体规模$$

$$估计的总体金额 = 总体账面余额 - 推断的总体错报$$

例如,注册会计师从总体规模为1000个的存货项目中选取了200个项目进行检查,总体的账面金额总额为1040000元。注册会计师逐一比较200个样本项目的审定金额和账面金额并将账面金额(208000元)和审定金额(196000元)之间的差异加总,本例中为12000元。612000元的差额除以样本项目个数200,得到样本平均错报60元。然后注册会计师用这个平均错报乘以总体规模,计算出总体错报为60000元[60×1000]。

(3)比率估计抽样。比率估计抽样是指以样本的实际金额与账面金额之间的比率关系来估计总体实际金额与账面金额之间的比率关系,然后再以这个比率去乘总体的账面金额,从而求出估计的总体实际金额的一种抽样方法。比率估计抽样法的计算公式如下：

$$比率＝样本审定金额\div 样本账面余额$$

$$估计的总体实际金额＝总体账面金额\times 比率$$

$$推断的总体错报＝估计的总体实际金额－总体账面金额$$

如果上例中注册会计师使用比率估计抽样,样本审定金额合计与样本账面金额的比例则为0.94(196000÷208000)。注册会计师用总体的账面金额乘以该比例0.94,得到估计的存货余额977600元(1040000×0.94)。推断的总体错报则为62400元(1040000－977600)。

如果未对总体进行分层,注册会计师通常不使用均值估计抽样,因为此时所需的样本规模可能太大,以至于对一般的审计而言不符合成本效益原则。比率估计抽样和差额估计抽样都要求样本项目存在错报。如果样本项目的审定金额和账面金额之间没有差异,这两种方法使用的公式所隐含的机理就会导致错误的结论。如果注册会计师决定使用统计抽样,预计只发现少量差异,就不应使用比率估计抽样和差额估计抽样,而考虑使用其他的替代方法,如均值估计抽样或货币单元抽样。

表4-7 观点小结

方法	适用条件
均值法	如果未对总体进行分层,不适用均值法; 注册会计师预计样本项目的审定金额和账面金额之间没有差异或只有少量差异。
差额法	样本项目存在错报; 错报金额与项目数量密切相关。
比率法	样本项目存在错报; 错报金额与项目金额密切相关。

(二)确定样本规模

1. 影响样本规模的因素

如果在细节测试中使用非统计抽样,注册会计师在确定适当的样本规模时,也需要考虑相关的影响因素,如可接受抽样风险,可容忍错报,预计总体错报,总体规模以及总体变异性等,即使注册会计师无法明确地量化这些因素。

(1)可接受的抽样风险。细节测试中的抽样风险分为两类:误受风险和误拒风险。

误受风险与审计的效果有关,注册会计师更为关注。在确定可接受的误受风险水平时,注册会计师需要考虑下列因素:注册会计师愿意接受的审计风险水平;评估的重大错报风险水平;针对同一审计目标(财务报表认定)的其他实质性程序的检查风险,包括分析程序。误受风险与样本规模反向变动。在实务中,注册会计师愿意承担的审计风险通常为5%～10%。当审计风险既定时,如果注册会计师将重大错报风险评估为低水平或更为依赖针对同一审计目标或财务报表认定的其他实质性程序,就可以在计划的细节测试中接受较高的误受风险,从而降低所需的样本规模。相反,如果注册会计师将重大错报风险水平评估为高水平,而且不执行针对同一审计目标或财务报表认定的其他实质性程序,可接受的误受风险将降低,所需的样本规模随之增加。

误拒风险与审计的效率有关。与控制测试中对信赖不足风险的关注相比,注册会计师在细节测试中对误拒风险的关注程度通常更高。可接受的误拒风险与样本规模反向变动。在实务中,如果注册会计师降低可接受的误拒风险,所需的样本规模将增加,以审计效率为代价换取对审计效果的保证程度。如果总体中的预期错报非常小,拟从样本获取的保证程度也较低,且被审计单位拟更正事实错报,这种情况下,误拒风险的影响降低,注册会计师不必过多关注误拒风险。

(2)可容忍错报。可容忍错报,是指注册会计师设定的货币金额,注册会计师试图对总体中的实际错报不超过该货币金额获取适当水平的保证。细节测试中,某账户余额、交易类型或披露的可容忍错报是注册会计师能够接受的最大金额的错报。确定可容忍错报的考虑因素:事实错报和推断错报的预期金额;被审计单位对建议的调整所持的态度;金额需要估计或无法准确确定的账户的数量;经营场所、分支机构或某账户中样本组合的数量。测试项目占账户全部项目的比例。例如,如果注册会计师预期存在大量错报,或管理层拒绝接受建议的调整,或大量账户的金额需要估计,或分支机构的数量非常多,或测试项目占账户全部项目的比例很小,注册会计师很可能设定可容忍错报低于实际执行的重要性。反之,可以设定可容忍错报等于实际执行的重要性。

可容忍错报与样本规模反向变动。当误受风险一定时,如果注册会计师确定的可容忍错报降低,为实现审计目标所需的样本规模就增加。

(3)预计总体错报。在确定细节测试所需的样本规模时,注册会计师还需要考虑预计在账户余额或交易中存在的错报金额和频率。预计总体错报的规模或频率降低,所需的样本规模也降低。相反,预计总体错报的规模或频率增加,所需的样本规模也增加。如果预期错报很高,注册会计师在实施细节测试时对总体进行100%检查或使用较大的样本规模可能较为适当。

注册会计师在运用职业判断确定预计错报金额时,应当考虑被审计单位的经营状况,以前年度对账户余额或交易类型进行测试的结果,初始样本的结果,相关实质性程序的结果,以及相关控制测试的结果等因素。

(4)总体规模。总体中的项目数量在细节测试中对样本规模的影响很小。因此,按总体的固定百分比确定样本规模通常缺乏效率。

(5)总体变异性。总体项目的某一特征(如金额)经常存在重大的变异性。在细节测试中确定适当的样本规模时,注册会计师应考虑特征的变异性。注册会计师通常根据项目账面金额的变异性估计总体项目审定金额的变异性。衡量这种变异或分散程度的指标是标准差,注册会计师在使用非统计抽样时,不需量化期望的总体标准差,但要用"大"或"小"等定性指标来估计总体的变异性。总体项目的变异性越低,通常样本规模越小。

表 4-8 观点小结

影响因素	与样本规模的关系
可接受的误受风险	反向变动
可容忍错报	反向变动
预计总体错报	同向变动
总体规模	影响很小
总体的变异性	同向变动

2. 利用公式确定样本规模

如果使用非统计抽样,注册会计师也可以运用职业判断和经验公式确定样本规模。注册会计师在细节测试中可用来确定样本规模的公式如下:

样本规模＝总体账面金额÷可容忍错报×保证系数(保证系数见表 4-9)

表 4-9 保证系数表

评估的重大错报风险	其他实质性程序未能发现重大错报的风险			
	最高	高	中	低
最高	3.0	2.7	2.3	2.0
高	2.7	2.4	2.0	1.6
中	2.3	2.1	1.6	1.2
低	2.0	1.6	1.2	1.0

(三)选取样本并对其实施审计程序

在统计抽样方法中,注册会计师可以使用随机数表或计算机辅助审计技术选样、系统选样。在非统计抽样方法中,注册会计师可以使用随机数表或计算机辅助审计技术选样、系统选样,也可以使用随意选样。注册会计师应当仔细选取样本,以使样本能够代表抽样总体的特征。在选取样本之前,注册会计师通常先识别单个重大项目,从剩余项目中选取样本,或者对剩余项目分层,并将样本规模相应分配给各层。注册会计师从每一层中选取样本,但选取的方法应当能使样本具有代表性。注册会计师应对选取的每一个样本实施计划的审计程序。无法对选取的项目实施检查时,注册会计师应当考虑这些未检查项目对样本评价结果的影响。如果未检查项目中可能存在的错报不会改变注册会计师对样本的评价结果,注册会计师无需检查这些项目;反之,注册会计师应当实施替代程序,获取形成结论所需的审计证据。注册会计师还要考虑无法实施检查的原因是否影响计划的重大错报风险评估水平或舞弊风险的评估水平。

三、评价样本结果阶段

(一)推断总体的错报

注册会计师应当根据样本结果推断总体的错报。如果在期中实施细节测试时用到审计抽样,注册会计师只能根据样本结果推断从中选取样本的总体的错报金额。注册会计师需要实施进一步审计程序,以确定能否将期中测试得出的结论合理延伸至期末。值得注意的是,未回函的消极函证不能证明被询证者已收到询证函并验证期中包含的信息是正确的,因此注册会计师不能根据未回函的消极函证推断总体的错报。

当实施细节测试时,注册会计师应当根据样本中发现的错报金额推断总体错报金额。注册会计师常用的方法是比率法、差额法。

第一种方法是比率法,即用样本中的错报金额除以该样本中包含的账面金额占总体账面总金额的比例。例如,注册会计师选取的样本可能包含了应收账款账户账面金额的。如果注册会计师在样本中发现了100元的错报,其对总体错报的最佳估计为1000元(100元÷10%)。这种方法不需使用总体规模。比率估计法在错报金额与抽样单元金额相关时最为适用,是大多数审计抽样中注册会计师首选的总体推断方法。

第二种方法是差额法,即计算样本中所有项目审定金额和账面金额的平均差异,并推断至总体的全部项目。例如,注册会计师选取的非统计抽样样本为100个项目。如果注册会计师在样本中发现的错报为200元,样本项目审定金额和账面金额的平均差异则为2元(200元÷100)。然后注册会计师可以用总体规模(本例中为5000)乘以样本项目的平均差异2元,以估计总体的错报金额。注册会计师估计的总体错报则为10000元(5000×2元)。差异估计法通常更适用于错报金额与抽样单元本身而不是与其金额相关的情况。

如果注册会计师在设计样本时将进行抽样的项目分为几层,则要在每层分别推断错报,然后将各层推断的金额加总,计算估计总体错报。注册会计师还要将在进行百分之百检查的个别重大项目中发现的所有错报与推断的错报金额汇总。

(二)考虑抽样风险

注册会计师应当将推断的总体错报额与百分之百检查的项目中所发现的错报加总,并要求被审计单位调整已经发现的错报。依据被审计单位已更正的错报对推断的总体错报额进行调整后,注册会计师要将其与该类交易或账户余额的可容忍错报相比较,并适当考虑抽样风险,以评价样本结果。如果推断的错报总额低于账户余额或交易类型的可容忍错报,注册会计师要考虑即使总体的实际错报金额超过可容忍错报,仍可能出现这一情况风险。例如,如果1000000元的某账户余额的可容忍错报为50000元,根据适当的样本推断的总体错报为10000元,由于推断的总体错报远远低于可容忍错报,注册会计师可能合理确信,总体实际错报金额超过可容忍错报的抽样风险很低,因而可以接受。另外,如果推断的错报总额接近或超过可容忍错报,注册会计师通常得出总体实际错报超过可容忍错报的结论。

在非统计抽样中,注册会计师运用其经验和职业判断进行这种评价。但是,当推断的错报与可容忍错报的差距既不很小又不很大时,注册会计师应仔细考虑,实际错报超过可容忍错报的风险是否高得无法接受。

如果样本结果不支持总体账面金额,且注册会计师认为账面金额可能存在错报,注册会计师在评价财务报表整体是否存在重大错报时,应当将错报与其他审计证据一起考虑。通常,注册会计师会建议被审计单位对错报进行调查,并在必要时调整账面记录。

(三)考虑错报的性质和原因

除了评价错报的金额和频率以及抽样风险之外,注册会计师还应当考虑:
(1)错报的性质和原因;
(2)错报与审计工作其他阶段之间可能存在的关系。

(四)得出总体结论

在推断总体的错报,考虑抽样风险,分析错报的性质和原因之后,注册会计师需要运用职业判断得出总体结论。如果样本结果不支持总体账面金额,且注册会计师认为账面金额可能存在错报,注册会计师通常会建议被审计单位对错报进行调查,并在必要时调整账面记录。依据被审计单位已更正的错报对推断的总体错报额进行调整后,注册会计师应当将剩余的推断错报与其他交易或账户余额中的错报总额累计起来,以评价财务报表整体是否存在重大错报。无论样本结果是否表明错报总额超过了可容忍错报,注册会计师都应当要求被审计单位的管理层记录已发现的事实错报(除非低于明显微小错报临界值)。

如果样本结果表明注册会计师作出抽样计划时依据的假设有误,注册会计师应当采取适当的行动。例如,如果细节测试中发现的错报的金额或频率大于依据重大错报风险的评估水平作出的预期,注册会计师需要考虑重大错报风险的评估水平是否仍然适当。注册会计师也可能决定修改对重大错报风险评估水平低于最高水平的其他账户拟实施的审计程序。

四、记录抽样程序

注册会计师要记录所实施的审计程序,以形成审计工作底稿。在实质性程序中使用审计抽样时,注册会计师通常记录下列内容:测试目标和对与此目标相关的其他审计程序的描述;总体和抽样单元的定义,包括注册会计师如何确定总体的完整性;错报的定义;误受风险、误拒风险和可容忍错报;使用的审计抽样方法;选样方法;描述抽样程序的实施,以及样本中发现的错报清单;对样本的评价和总体结论摘要。

对样本的评价和总体结论摘要可能包含根据样本中发现的错报推断总体,对注册会计师如何考虑抽样风险的解释,以及关于总体的最终结论。审计工作底稿也可记录注册会计师对错报的性质方面的考虑。

例 10-1·单选题

下列有关细节测试的样本规模说法中,错误的是( )。

A. 误拒风险与样本规模同向变动

B. 可容忍错报与样本规模反向变动

C. 总体项目的变异性越低,通常样本规模越小

D. 误受风险与样本规模反向变动

【正确答案】A

【答案解析】细节测试的样本规模与可接受的误受、误拒风险以及可容忍错报均呈反向变动(A选项错、B选项正确、D选项正确),与总体变异性同向变动(C选项正确)。

课后练习

□ 复习思考题

1. 什么是审计抽样？
2. 简述审计抽样的过程。
3. 何谓抽样风险和非抽样风险？分别说明其包括的主要内容。
4. 试述影响样本规模的主要因素及其与样本规模的关系。
5. 什么是属性抽样和变量抽样？

案例阅读

2019年05月24日，中国证监会行政处罚决定书〔2019〕37号中涉及当事人：某华会计师事务所（特殊普通合伙）（以下简称其华所），某特科技股份有限公司（以下简称某特）2015年财务报表审计机构，住所：上海市黄浦区中山南路。孙某，男，1960年10月出生，某特2015年财务报表审计报告签字注册会计师，住址：上海市虹口区公平路。顾某，女，1980年6月出生，某特2015年财务报表审计报告签字注册会计师，住址：上海市宝山区淞南三村。

依据《中华人民共和国证券法》（以下简称《证券法》）的有关规定，我会对众某所违法违规行为进行了立案调查、审理，并依法向当事人告知了作出行政处罚的事实、理由、依据及当事人依法享有的权利。当事人均提出陈述、申辩意见，并要求听证。应当事人要求，2018年9月3日和2019年3月22日，我会举行两次听证会，听取了当事人陈述、申辩意见。本案现已调查、审理终结。

经查明，当事人存在以下违法事实（截取）：

控制测试程序无法达到控制测试目标。

某华所在对雅百特销售与回款循环—与记录应收账款有关的业务活动的控制实施控制测试程序时，设定的控制目标是所有记录的应收账款均已发出相应货物。但其实施的控制测试程序是抽取凭证，并在底稿中记录凭证编号、发票上是否有相符印章、是否输入应收账款借方、发票号码等信息，而以上获取的信息并不能印证记录的应收账款均已发出相应货物，而应该获取的货物出入库单据、运费单据等资料，底稿中未予记载和保留。

某华所未揭示雅百特以上与财务报表相关的内部控制缺陷，其内部控制测试程序流于形式，违反了《中国注册会计师其他鉴证业务准则第3101号——历史财务信息审计或审阅以外的鉴证业务》第十三条、第三十四条的规定。

某华所及相关当事人在听证及陈述申辩材料中请求免于处罚，主要陈述申辩意见如下：

关于财务报告内部控制有效性审核服务：某华所对于出库单据的抽查样本达到99%，保留在实质性测试底稿中。

我会认为：

关于控制测试程序设计问题。某华所设计实施的测试程序是抽取凭证，并在底稿中记录凭证编号、发票上是否有相符印章、是否输入应收账款借方、发票号码等信息，但上述信息不能印证货物已出库。而能够证明货物发出的出入库单据、运费单据众华所并未设计程序核查，其设计的控制测试程序无法达到控制目标。当事人所称"出库单据的抽查保留在实质性测试底稿中"与认定控制测试程序无法达到控制测试目标无关。综上，对此项申辩意见不予采纳。

思考：本案例中非抽样风险的具体体现有哪些？如何降低非抽样风险？

□ 单项选择题

1. 下列有关针对选取测试项目的方法的说法中，错误的是（　　）。

    A. 对某总体包含的全部项目进行测试不属于审计抽样

    B. 对全部项目进行检查会导致抽样风险和非抽样风险

    C. 审计抽样适用于控制测试和细节测试

    D. 从总体中选取特定项目进行测试不构成审计抽样

2. 下列有关统计抽样和非统计抽样的说法中，错误的是（　　）。

    A. 注册会计师在统计抽样与非统计抽样方法之间进行选择时主要考虑成本效益

    B. 非统计抽样如果设计适当，也能提供与统计抽样方法同样有效的结果

    C. 注册会计师应当根据具体情况并运用职业判断，确定使用统计抽样或非统计抽样方法

    D. 注册会计师使用非统计抽样时，不需要考虑抽样风险

3. 下列有关信赖过度风险的说法中，正确的是（　　）。

    A. 信赖过度风险属于非抽样风险

    B. 信赖过度风险影响审计效率

    C. 信赖过度风险与控制测试和细节测试均相关

    D. 注册会计师可以通过扩大样本规模降低信赖过度风险

4. 下列有关抽样风险的说法中，错误的是（　　）。

    A. 在使用非统计抽样中，注册会计师可以对抽样风险进行定性地评价和控制

    B. 如果注册会计师对总体中的所有项目都实施检查，就不存在抽样风险

    C. 注册会计师未能恰当地定义误差将导致抽样风险

    D. 无论是控制测试还是细节测试，注册会计师都可以通过扩大样本规模降低抽样风险

5. 下列有关抽样风险的说法中，错误的是（　　）。

    A. 在控制测试中，如果注册会计师推断的控制有效性高于其实际有效性，则会导致信赖过渡风险

    B. 在控制测试中，如果注册会计师推断的控制有效性低于其实际有效性，则会导致信赖不足风险

    C. 注册会计师未能恰当地定义误差将导致抽样风险

    D. 在细节测试中，如果注册会计师推断某一重大错报不存在而实际上存在，则会导致误受

风险

6. 下列各项中,不会导致非抽样风险的是( )。
 A. 注册会计师选择的总体不适合于测试目标
 B. 注册会计师未能适当地定义误差
 C. 注册会计师未对总体中的所有项目进行测试
 D. 注册会计师未能适当地评价审计发现的情况

7. 在控制测试审计抽样时,注册会计师确定样本规模时没有必要考虑的因素的是( )。
 A. 可接受的信赖过度风险　　　　B. 总体的变异性
 C. 可容忍偏差率　　　　　　　　D. 预计总体偏差率

8. 下列有关控制测试的样本规模的说法中,错误的是( )。
 A. 可接受的信赖过度风险与样本规模反向变动
 B. 总体规模与样本规模反向变动
 C. 可容忍偏差率与样本规模反向变动
 D. 预计总体偏差率与样本规模同向变动

9. 下列有关细节测试的样本规模说法中,错误的是( )。
 A. 可接受的误拒风险与样本规模同向变动
 B. 可容忍错报与样本规模反向变动
 C. 总体项目的变异性越低,通常样本规模越小
 D. 可接受的误受风险与样本规模反向变动

10. 下列关于审计抽样的说法中,错误的是( )。
 A. 变量抽样不适用于实质性分析程序
 B. 非统计抽样也能够客观地计量并精准地控制抽样风险
 C. 当控制运行留下轨迹时,注册会计师可以采用审计抽样测试控制运行有效性
 D. 风险评估程序通常不涉及审计抽样,但如果注册会计师在了解内部控制的同时对内部控制运行有效性进行测试可以运用审计抽样

11. 下列有关审计抽样的样本代表性的说法中,错误的是( )。
 A. 如果样本的选取是无偏向的,该样本通常具有代表性
 B. 样本具有代表性意味着根据样本测试结果推断的错报与总体中的错报相同
 C. 样本的代表性与样本规模无关
 D. 样本的代表性通常只与错报的发生率而非错报的特定性质相关

□多项选择题

1. 下列各项中,属于审计抽样基本特征的有( )。
 A. 对具有审计相关性的总体中低于百分之百的项目实施审计程序
 B. 可以根据样本项目的测试结果推断出有关抽样总体的结论
 C. 所有抽样单元都有被选取的机会
 D. 可以基于某一特征从总体中选出特定项目实施审计程序

2. 下列各项审计程序中,通常不采用审计抽样的有( )。

A. 风险评估程序　　　　　　　　　　B. 控制测试

C. 实质性分析程序　　　　　　　　　D. 细节测试

3. 下列各项中,属于统计抽样特征的有(　　)。

　　A. 评价非抽样风险

　　B. 运用概率论评价样本结果

　　C. 运用概率论计量抽样风险

　　D. 随机选取样本项目

4. 下列有关抽样风险的说法中,正确的有(　　)。

　　A. 误受风险和信赖过度风险影响审计效果

　　B. 误受风险和信赖不足风险影响审计效果

　　C. 误拒风险和信赖不足风险影响审计效率

　　D. 误拒风险和信赖过度风险影响审计效率

5. 下列有关非抽样风险的说法中,正确的有(　　)。

　　A. 注册会计师保持职业怀疑有助于降低非抽样风险

　　B. 注册会计师可以通过扩大样本规模降低非抽样风险

　　C. 注册会计师实施控制测试和实质性程序时均可能产生非抽样风险

　　D. 注册会计师可以通过加强对审计项目组成员的监督和指导降低非抽样风险

□综合题

A 注册会计师负责审计甲公司 2019 年度财务报表。对以下(1)～(3)项,逐项判断 A 注册会计师的做法是否恰当,如不恰当,说明理由。

(1)甲公司规定,对于现金支付业务,审批人根据其职责、权限和相应程序对支付申请进行审批。A 注册会计师拟测试甲公司现金支付审批控制是否有效运行,将甲公司 2019 年度所有经批准的付款申请单界定为属性抽样总体。

(2)A 注册会计师拟测试甲公司 2019 年度信用审核控制是否有效运行,由于开展审计工作时,甲公司 2019 年 12 月的销售单尚未归档整理完毕,A 注册会计师向销售经理询问,得到答复称 2019 年 12 月业务量较其他月份少,故 A 注册会计师将 2019 年 1 月 1 日至 2019 年 11 月 30 日期间的所有销售单界定为测试总体。

(3)甲公司及其下属子公司执行相同的成本核算方法,即由成本会计人员手工计算产品成本并进行账户处理。为加强产品成本管理,甲公司购入一项信息化系统用于成本核算,于 2019 年正式投入使用,并拟在 2020 年推广至其下属子公司。为测试成本核算相关控制的有效性,A 注册会计师将甲公司及其下属子公司 2019 年度所有成本计算单定义为抽样总体。

第六章

风险评估

◎ **本章学习目标**

本章是审计理论的重要组成部分。通过本章的学习，熟悉风险评估的程序、评估重大错报风险；熟练掌握针对财务报表和认定两个层次重大错报风险的进一步审计程序、识别和评估舞弊导致的重大错报风险。

对财务报表实施风险导向审计,其目标是对财务报表不存在由于错误或舞弊导致的重大错报获取合理保证。风险导向审计是注册会计师采用主流的审计方法,它要求注册会计师评估财务报表重大错报风险,设计和实施进一步审计程序以应对评估的错报风险,根据审计结果出具恰当的审计报告。2006年财政部发布,2010年修订的中国注册会计师执业准则体系全面贯彻了风险导向审计思想和方法的要求。本章将结合审计风险准则,介绍如何对重大错报风险进行评估和应对,并最终将审计风险降至可接受的低水平。

第一节 风险评估程序

一、风险评估的概念和总体要求

(一)风险识别和评估的概念

风险识别是指注册会计实施特定的审计程序找出财务报表整体层面和认定层面的重大错报风险;风险评估是对找出的重大错报风险评估其发生的可能性及后果的严重程度。风险识别和评估指注册会计师通过实施风险评估程序,识别和评估财务报表层次和认定层次的重大错报风险。

(二)风险评估的作用

《中国注册会计师审计准则第1211号——了解被审计单位及其环境和评估重大错报风险》第七条的规定对注册会计师了解被审计单位及其环境并评估重大错报风险提出了总体目标,指出注册会计师通过了解被审计单位及其环境,识别和评估财务报表层次和认定层次的重大错报风险(无论该错报由于舞弊或错误导致),从而为设计和实施针对评估的重大错报风险采取的应对措施提供基础。

风险评估的作用主要表现在以下几个方面:评估重大错报风险;确定重要性;考虑选择和运用会计政策的恰当性和财务报表披露的充分性;识别需要特别考虑的领域;确定在实施分析程序时使用的预期值;应对评估的重大错报风险,包括设计和实施进一步审计程序以获取充分、适当的审计证据;评价已获取审计证据的充分性和适当性。

温馨提示

注册会计师对被审计单位及其环境了解的程度,要低于管理层为经营管理企业而对被审计单位及其环境需要了解的程度。

了解被审计单位及其环境是一个连续和动态地收集、更新与分析信息的过程,贯穿于整个审计过程的始终。评价注册会计师对被审计单位及其环境了解的程度是否恰当,关键是看注册会计师对被审计单位及其环境的了解是否足以识别和评估财务报表重大错报风险。如果了解被审计单位及其环境获得的信息足以识别和评估财务报表重大错报风险,设计和实施进一步审计程序,那么了解的程度就是恰当的。

二、风险评估程序、信息来源以及项目组内部的讨论

(一)风险评估程序

风险评估程序,是指注册会计师为了解被审计单位及其环境,以识别和评估财务报表层次和认定层次的重大错报风险(无论错报由于舞弊或错误导致)而实施的审计程序。

注册会计师应当实施风险评估程序,为识别和评估财务报表层次和认定层次的重大错报风险提供基础。风险评估程序应当包括:

询问管理层以及被审计单位内部其他人员;

分析程序;

观察和检查。

温馨提示

风险评估程序本身并不能为形成审计意见提供充分、适当的审计证据。

1. 询问被审计单位管理层和内部其他相关人员

询问被审计单位管理层和内部其他相关人员是注册会计师了解被审计单位及其环境的一个重要信息来源。注册会计师可以考虑向管理层和财务负责人询问下列事项。

(1)管理层所关注的主要问题。如新的竞争对手、主要客户和供应商的流失、新的税收法规的实施以及经营目标或战略的变化等。

(2)被审计单位最近的财务状况、经营成果和现金流量。

(3)可能影响财务报告的交易和事项,或者目前发生的重大会计处理问题。如重大的购并事宜等。

(4)被审计单位发生的其他重要变化。如所有权结构、组织结构的变化,以及内部控制的变化等。

注册会计师除了询问管理层和对财务报告负有责任的人员外,还应当考虑询问内部审计人员、采购人员、生产人员、销售人员等其他人员,并考虑询问不同级别的员工,以获取对识别重大错报风险有用的信息。

在确定向被审计单位的哪些人员进行询问以及询问哪些问题时,注册会计师应当考虑何种信息有助于其识别和评估重大错报风险。

2. 实施分析程序

分析程序是指注册会计师通过研究不同财务数据之间以及财务数据与非财务数据之间的内在关系,对财务信息作出评价。分析程序还包括调查识别出的、与其他相关信息不一致或与预期数据严重偏离的波动和关系。

分析程序既可用作风险评估程序和实质性程序,也可用于对财务报表的总体复核。

注册会计师将分析程序用作风险评估程序,可能有助于识别未注意到的被审计单位的情况,并可能有助于评估重大错报风险,以为针对评估的风险设计和实施应对措施提供基础。注册会计师实施分析程序可能有助于识别异常的交易或事项,以及对审计产生影响的金额、比率和趋势。识别出的异常或未预期到的关系可以帮助注册会计师识别重大错报风险,特别是由于舞弊导致的重大错报风险。

如果使用了高度汇总的数据,实施分析程序的结果可能仅初步显示财务报表存在重大错报,将分析程序的结果与识别重大风险时获取的其他信息一并考虑,可以帮助注册会计师了解并评价分析程序的结果。注册会计师实施分析程序可以使用财务信息和非财务信息。如销售额与卖场的面积或已出售商品数量之间的关系。

3. 观察和检查

观察和检查程序可以支持对管理层和其他相关人员的询问结果,并可以提供有关被审计单位及其环境的信息。这些审计程序的举例包括观察或检查下列事项:

(1)被审计单位的经营活动;
(2)文件(如经营计划和策略)、记录和内部控制手册;
(3)管理层编制的报告(如季度管理层报告和中期财务报告)和治理层编制的报告(如董事会会议纪要);
(4)被审计单位的生产经营场所和厂房设备。

> **温馨提示**
>
> 以前期间获取的信息及对本期审计的影响:
>
> 注册会计师以往与被审计单位交往的经验以及以前审计中实施的审计程序可以为注册会计师提供有关下列事项的信息:
>
> 以往的错报情况以及错报是否及时得到更正;被审计单位及其环境的性质、被审计单位的内部控制(包括内部控制缺陷);自上期以来被审计单位或其经营活动可能发生的重大变化,这些变化可以帮助注册会计师对被审计单位获取充分的了解,以识别和评估重大错报风险。
>
> 如果拟将以前期间获取的信息用于本期审计,注册会计师需要确定这些信息是否仍然相关。这是因为信息的变化(如控制环境的变化)可能影响上期所获取信息的相关性。为了确定影响这些信息相关性的变化是否已经发生,注册会计师可以询问并实施其他恰当的审计程序,如对相关系统进行穿行测试。

(三)项目组内部的讨论

为了有效地实施风险评估程序,准确识别和评估重大错报风险,审计业务项目组成员应就财务报表存在重大错报风险的可能性进行讨论。讨论过程包括:

(1)使经验较丰富的项目组成员(包括项目合伙人)有机会分享其根据对被审计单位的了解形成的见解。

（2）使项目组成员能够讨论被审计单位面临的经营风险、财务报表容易发生错报的领域以及发生错报的方式，特别是由于舞弊或错误导致重大错报的可能性。

（3）帮助项目组成员更好地了解在各自负责的领域中潜在的财务报表重大错报，并了解各自实施的审计程序的结果可能如何影响审计的其他方面，包括对确定进一步审计程序的性质、时间安排和范围的影响。

（4）为项目组成员交流和分享在审计过程中获取的、可能影响重大错报风险评估结果或应对这些风险的审计程序的新信息提供基础。

讨论的内容包括被审计单位面临的经营风险、财务报表容易发生错报的领域以及发生错报的方式；特别是由于舞弊导致重大错报的可能性。表 6-1 列举了项目组讨论的主要领域及目标。

表 6-1　项目组讨论实例

讨论的主要领域	目的：了解被审计单位，进行公开的讨论
分享了解的信息	1.被审计单位的性质、管理人员对内部控制的态度，从以往审计业务中获得的经验、重大经营风险因素。 2.已了解的影响被审计单位的外部和内部舞弊因素，可能为管理人员或其他人员实施下列行为提供动机或压力： （1）实施舞弊； （2）为实施构成犯罪的舞弊提供机会； （3）利用企业文化或环境，寻找使舞弊行为合理化的理由； （4）考虑管理人员对接触现金或其他被侵占资产的员工实施监督的情况。 3.确定财务报表哪些项目易于发生重大错报，表明管理人员倾向于高估或低估收入的迹象
	目的：对审计意见和方法实施头脑风暴法
分享审计思路的方法	管理人员可能如何编报和隐藏虚假财务报告，例如管理人员凌驾于内部控制之上。根据对识别的舞弊风险因素的评估，设想可能的舞弊场景对审计很有帮助。例如，销售经理可能通过高估收入实现达到奖励水平的目的。这可能通过修改收入确认政策或进行不恰当的收入截止来实现。 2.出于个人目的侵占或挪用被审计单位的资产行为如何发生。 3.考虑： (1)管理人员时行高估/低估账目的方法，包括对准备和估计进行操纵以及变更会计政策等； (2)用于应对评估风险可能的审计程序/方法
	目的：为项目组指明审计方向
指明方向	1.强调在审计过程中保持职业怀疑态度的重要性。不应将管理人员当成完全诚实，也不应将其作为罪犯对待。 2.列示表明可能存在舞弊的迹象。例如： （1）识别警示信号（红旗），并予以追踪； （2）一个不重要的金额（例如，增长的费用）可能表明存在很大的问题，例如管理人员诚信。 3.决定如何增加拟实施审计的程序的性质、时间安排和范围的不可预见性。 4.总体考虑：每个项目组成员拟执行的审计工作部分，需要的审计方法、特殊考虑、时间，记录要求，如果出现问题应联系的人员，审计工作底稿复核，以及其他预期事项。 5.强调对表明管理人员不诚实的迹象保持警觉的重要性

项目合伙人可以与项目组关键成员(包括专家和负责组成部分审计的人员,如认为适当)进行讨论,而在考虑整个项目组中必要的沟通范围后,可以委派代表与其他人员进行讨论。讨论的时间和方式由项目组应当根据审计的具体情况,在整个审计过程中持续交换有关财务报表发生重大错报可能性的信息。

温馨提示

对小型被审计单位的特殊考虑

许多小型被审计单位的审计全部由项目合伙人实施。在这种情况下,亲自计划审计工作的项目合伙人将负责考虑财务报表发生由于舞弊或错误导致的重大错报的可能性。

第二节 了解被审计单位及其环境——固有风险

按照《中国注册会计师审计准则第1211号——了解被审计单位及环境并评估重大错报风险》的要求,注册会计师应当从下列六个方面了解被审计单位及其环境。

(1)行业状况、法律环境与监管环境以及其他外部因素。
(2)被审计单位的性质。
(3)被审计单位对会计政策的选择和运用。
(4)被审计单位的目标、战略以及相关经营风险。
(5)被审计单位财务业绩的衡量和评价。
(6)被审计单位的内部控制。

上述第(1)项是被审计单位的外部环境,第(2)项至第(4)项以及第(6)项是被审计单位的内部因素,第(5)项则既有外部因素也有内部因素。值得注意的是,被审计单位及其环境的各个方面可能会互相影响。因此,注册会计师在对被审计单位及其环境的各个方面进行了解和评估时,应当考虑各因素之间的相互关系。

一、行业状况、法律环境与监管环境以及其他外部因素

被审计单位所处的行业状况、法律环境与监管环境以及其他外部因素可能会对被计单位的经营活动乃至财务报表产生影响,注册会计师应当对这些外部因素进行了解。

(一)行业状况

被审计单位经营所处的行业可能产生由于经营性质或监管程度导致的特定重大错报风险。相关行业因素包括行业状况,如竞争环境、供应商和客户关系、技术发展情况等。注册会计师可能需要考虑的事项包括:

市场与竞争,包括市场需求、生产能力和价格竞争;
生产经营的季节性和周期性;

与被审计单位产品相关的生产技术;

能源供应与成本。

(二)法律环境及监管因素

相关法律和监管因素包括法律环境和监管环境。法律环境和监管环境包括适用的财务报告编制基础、法律和政治环境等。注册会计师可能需要考虑的事项包括:

会计原则和行业特定惯例;

受管制行业的法规框架;

对被审计单位经营活动产生重大影响的法律法规,包括直接的监管活动;

税收政策(关于企业所得税和其他税种的政策);

目前对被审计单位开展经营活动产生影响的政府政策,如货币政策(包括外汇管制)、财政政策、财政刺激措施(如政府援助项目)、关税或贸易限制政策等;

影响行业和被审计单位经营活动的环保要求。

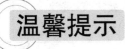

对公共部分实体的特殊考虑

对于公共部门实体的审计,法律法规或其他监管要求可能影响被审计单位的经营活动。在了解被审计单位时考虑这些因素是必要的。

(三)其他外部因素

注册会计师考虑的影响被审计单位的其他外部因素可能包括总体经济情况、利率、融资的可获得性、通货膨胀水平或币值变动等。

二、被审计单位的性质

了解被审计单位的性质使注册会计师能够了解如下事项。

一是被审计单位的组织结构是否复杂。例如,是否在多个地区拥有子公司或其他组成部分。复杂的组织结构通常产生可能导致重大错报风险的问题。这些问题可能包括对商誉、合营企业、投资或特殊目的实体的会计处理是否恰当。

二是所有权结构,所有者与其他人员或实体之间的关系。了解这些方面有助于确定关联方交易是否已得到识别和恰当处理。

在了解被审计单位的性质时,注册会计师可能需要考虑的事项见表6-2。

表 6-2 注册会计师了解审计单位性质应考虑的事项

考虑事项	举例
经营活动	①收入来源、产品或服务以及市场的性质(包括电子商务,如网上销售和营销活动);②业务的开展情况(如生产阶段与生产方法,易受环境风险影响的活动);③联盟、合营与外包情况;④地区分布与行业细分;⑤生产设施、仓库和办公室的地理位置,存货存放地点和数量;⑥关键客户及货物和服务的重要供应商,劳动用工安排(包括是否存在工会合同、退休金和其他退休福利、股票期权或激励性奖金安排以及与劳动用工事项相关的政府法规);⑦研究与开发活动及其支出;⑧关联方交易。
投资与投资活动	①计划实施或近期已实施的并购或资产处置;②证券与贷款的投资和处置;③资本性投资活动;④对未纳入合并范围的实体的投资,包括合伙企业、合营企业和特殊目的实体。
筹资与筹资活动	①主要子公司和联营企业(无论是否处于合并范围内);②债务结构和相关条款,包括资产负债表外融资和租赁安排;③实际受益方(实际受益方是国内的,还是国外的,其商业声誉和经验可能对被审计单位产生的影响)及关联方;④衍生金融工具的使用。
财务报告	①会计政策和行业特定惯例,包括特定行业的重要活动(如银行业的贷款和投资、医药行业的研究与开发活动);②收入确认惯例;③公允价值会计核算;④外币资产、负债与交易;⑤异常或复杂交易(包括在有争议或新兴领域的交易)的会计处理(如对以股票为基准的薪酬的会计处理)。

温馨提示

被审计单位自以前期间发生的重大变化可能导致或改变重大错报风险。

三、被审计单位对会计政策的选择和运用

注册会计师应当了解被审计单位对会计政策的选择和运用是否符合适用的会计准则和相关会计制度,是否符合被审计单位的具体情况。了解被审计单位对会计政策的选择和运用可能包括如下事项:

被审计单位对重大和异常交易的会计处理方法;

在缺乏权威性标准或共识、有争议的或新兴领域采用重要会计政策产生的影响;

会计政策的变更;

新颁布的财务报告准则、法律法规,被审计单位何时采用、如何采用这些规定。

四、被审计单位的目标、战略以及相关经营风险

注册会计师应当了解被审计单位的目标和战略以及可能导致财务报表重大错报的相关经营风险。被审计单位在行业状况、法律环境和监管环境及其他内部和外部因素的背景下开展经营活动。为应对这些因素,管理层或治理层需要确定目标,作为被审计单位的总体规划。战略是管理层为实现目标而采用的方法。被审计单位的目标和战略可能会随着时间而变化。

经营风险可能对某类交易、账户余额和披露的认定层次重大错报风险或财务报表层次重大错报风险产生直接影响。经营风险比财务报表重大错报风险范围更广,并且包括重大错报风险。经营风险可能产生于环境变化或经营的复杂性。未能认识到根据环境的变化作出改变也可能导致经营风险。例如,下列事项可能产生经营风险:开发新产品或服务可能失败;即使成功开拓了市场,也不足以支持产品或服务;产品或服务存在瑕疵,可能导致负债及声誉风险。

由于多数经营风险最终都会产生财务后果,从而影响财务报表,因此了解被审计单位面临的经营风险可以提高识别出重大错报风险的可能性。注册会计师在了解可能导致财务报表重大错报风险的目标、战略及相关经营风险时,可以考虑以下事项,如表6-3。

表6-3 注册会计师了解目标、战略及经营风险考虑的事项

考虑事项	举例
行业发展	潜在的相关经营风险可能是被审计单位不具备足以应对行业变化的人力资源和业务专长。
开发新产品或提供新服务	潜在的相关经营风险可能是被审计单位产品责任增加。
业务扩张	潜在的相关经营风险可能是被审计单位对市场需求的估计不准确。
新的会计要求	潜在的相关经营风险可能是被审计单位执行不当或不完整,或会计处理成本增加。
监管要求	潜在的相关经营风险可能是被审计单位法律责任增加。
本期及未来的融资条件	潜在的相关经营风险可能是被审计单位由于无法满足融资条件而失去融资机会。
信息技术的运用	潜在的相关经营风险可能是被审计单位信息系统与业务流程难以融合。
实施战略的影响,特别是由此产生的需要运用新的会计要求的影响	潜在的相关经营风险可能是被审计单位执行新要求不当或不完整。

温馨提示

注册会计师没有责任识别或评估所有的经营风险,因为并非所有的经营风险都会导致重大错报风险。

五、被审计单位财务业绩的衡量和评价

被审计单位管理层及其他人员经常衡量和评价其认为重要的事项。无论是内部的还是外部的业绩衡量,都会对被审计单位产生压力。这些压力反过来可能促使管理层采取措施改善经营业绩或歪曲财务报表。因此,了解被审计单位的业绩衡量,有助于注册会计师考虑实现业绩目标的压力是否可能导致管理层采取行动,以致增加财务报表发生重大错报的风险(包括由于舞弊导致的风险)。注册会计师可以考虑的、管理层在衡量和评价财务业绩时使用的内部生成信息如下:

(1)关键业绩指标(财务或非财务的)、关键比率、趋势和经营统计数据;
(2)同期财务业绩比较分析;
(3)预算、预测、差异分析,分部信息与分部、部门或其他不同层次的业绩报告;
(4)员工业绩考核与激励性报酬政策;
(5)被审计单位与竞争对手的业绩比较。

在了解上述信息中,注册会计师应当关注外部机构或人员也可能衡量和评价被审计单位的财务业绩。例如,外部信息可能为注册会计师提供有用信息,如分析师报告和信用评级机构报告,这些报告通常可以从被审计单位获取。内部业绩衡量可能显示未预期到的结果或趋势,需要管理层确定原因并采取纠正措施(包括在某些情况下及时发现并纠正错报)。业绩衡量还可能向注册会计师表明,相关财务报表信息存在错报风险。例如,业绩衡量可能表明,被审计单位与同行业其他实体相比具有异常快速的增长率或盈利水平。这些信息,特别是如果将其与基于业绩的奖金或激励性报酬等其他因素结合考虑,可能表明管理层在编制财务报表时存在偏向的潜在风险。

温馨提示

对小型被审计单位的特殊考虑

小型被审计单位通常没有正式的财务业绩衡量和评价程序,管理层往往依据某些关键指标,作为评价财务业绩和采取适当行动的基础,注册会计师应当了解管理层使用的关键指标。

第三节 了解被审计单位内部控制——控制风险

了解被审计单位的内部控制是识别和评估重大错报风险、设计和实施进一步审计程序的基础。注册会计师应当了解与审计相关的内部控制以识别潜在错报的类型,考虑导致重大错报风险的因素,以及设计和实施进一步审计程序的性质、时间和范围。

一、内部控制的内涵、要素和特征

关于内部控制,国际国内的学者和专家基于不同的角度和层次有不同的定义,不同的历史时期也有不同的认识和分析。

(一)内部控制的定义

1. COSO委员会对内部控制的定义

成立于1985年的COSO (Committee of Sponsoring Organization)委员1992年9月提出了《内部控制——整合框架》,1994年又进行了增补,简称《内部控制框架》即COSO内部控制框架。COSO委员会对内部控制的定义是"公司的董事会、管理层及其他人士为实现以下目标提供合理保证而实施的程序,运营的效益和效率,财务报告的可靠性和遵守适用的法律法规"。

2.《企业内部控制基本规范》对内部控制的定义

财政部、证监会、审计署、银监会和保监会于 2008 年 6 月联合发布的《企业内部控制基本规范》中指出,内部控制是由企业董事会、证监会、经理和全体员工实施的、旨在实现控制目标的过程。可以从以下几方面理解内部控制。

(1)内部控制的目标。设计、执行和维护内部控制,目的是应对识别出的对被审计单位实现下列目标产生不利影响的经营风险。

①财务报告的可靠性,这一目标与管理层履行财务报告编制责任密切相关。

②经营的效果和效率,即经济有效地使用企业资源,以最优方式实现企业的目标。

③遵守适用的律法规,即在法律法规的框架下从事经营活动。

(2)设计和实施内部控制的责任主体是治理层、管理层和其他人员,组织中的每一个人都对内部控制负有责任。内部控制设计、执行和维护的方式因被审计单位的规模与复杂程度的不同而不同。

(3)实现内部控制目标的手段是设计和执行控制政策和程序。

对小型被审计单位的特殊考虑

小型被审计单位可能采用非正式和简单的流程和程序实现内部控制的目标。

(二)内部控制的组成要素

《企业内部控制基本规范》借鉴了以美国 COSO 报告为代表的国际内部控制框架,并结合中国国情,要求企业所建立与实施的内部控制。审计准则将内部控制划分为以下五个要素,为注册会计师考虑内部控制的不同方面如何影响审计提供有用的框架:

(1)控制环境;

(2)风险评估过程;

(3)与财务报告相关的信息系统(包括相关业务流程)与沟通;

(4)控制活动;

(5)对控制的监督。

温馨提示

被审计单位并不一定按照这种划分方法设计、执行和维护内部控制以及划分特定要素。注册会计师也可以使用不同于本准则方法的术语或框架说明内部控制的不同方面及其对审计的影响,只要能够涵盖本准则所述的所有要素。

(三)内部控制的固有限制

内部控制无论如何有效,都只能为被审计单位实现财务报告目标提供合理保证。内部控制实现目标的可能性受其固有限制的影响。这些限制包括在决策时人为判断可能出现错误和因人为失误而导致内部控制失效。例如,控制的设计和修改可能存在失误。同样,控制的运行可能无效,例如,由于负责复核信息的人员不了解复核的目的或没有采取适当的措施,内部控制生成的信息(如例外报告)没有得到有效使用。

温馨提示

对小型被审计单位的特殊考虑

小型被审计单位拥有的员工通常较少,限制了其职责分离的程度。但是,在业主管理的小型被审计单位,业主兼经理可以实施比大型被审计单位更有效的监督。这种监督可以弥补职责分离有限的局限性。

另一方面,由于内部控制系统较为简单,业主兼经理更有可能凌驾于控制之上。注册会计师在识别由于舞弊导致的重大错报风险时需要考虑这一问题。

(四)内部控制的特征——人工和自动化成分

1. 考虑内部控制的人工和自动化特征及其影响

被审计单位的内部控制系统包含人工成分,通常也包含自动化成分。人工或自动化成分的特征,与注册会计师的风险评估以及在此基础上实施的进一步审计程序相关。

不同的被审计单位采用的控制系统中人工控制和自动化控制的比例是不同的。小型被审计单位,可能以人工控制为主,大中型被审计单位,可能以自动化控制为主。内部控制可能既包括人工成分又包括自动化成分,在风险评估以及设计和实施进一步审计程序时,注册会计师应当考虑内部控制的人工和自动化特征及其影响。内部控制采用人工系统还是自动化系统,将影响交易生成、记录、处理和报告的方式。被审计单位的性质和经营的复杂程度会对采用人工控制和自动控制的成分产生影响。

2. 信息技术的适用范围及相关内部控制风险

信息技术通常在下列方面提高被审计单位内部控制的效率和效果:

(1)在处理大量的交易或数据时,一贯运用事先确定的业务规则,并进行复杂运算;
(2)提高信息的及时性、可获得性及准确性;
(3)有助于对信息的深入分析;
(4)加强对被审计单位政策和程序执行情况的监督;
(5)降低控制被规避的风险;
(6)通过对操作系统、应用程序系统和数据库系统实施安全控制,提高不相容职务分离的有效性。

但是，信息技术也可能对内部控制产生特定风险。注册会计师应当从下列方面了解信息技术对内部控制产生的特定风险：系统或程序未能正确处理数据，或处理了不正确的数据，或两种情况同时并存；在未得到授权情况下访问数据，可能导致数据的毁损或对数据不恰当的修改，包括记录未经授权或不存在的交易，或不正确地记录了交易；信息技术人员可能获得超越其履行职责以外的数据访问权限，破坏了系统应有的职责分工；未经授权改变主文档的数据；未经授权改变系统或程序；未能对系统或程序作出必要的修改；不恰当的人为干预；数据丢失的风险或不能访问所需要的数据。

3. 人工控制的适用范围及相关内部控制风险

内部控制的人工成分在处理下列需要主观判断或酌情处理的情形时可能更为适当：

(1)存在大额、异常或偶发的交易；

(2)存在难以定义、防范或预见的错误；

(3)为应对情况的变化，需要对现有的自动化控制进行调整；

(4)监督自动化控制的有效性。

但是，内部控制中的人工成分可能比自动化成分的可靠性低，原因是人工成分可能更容易被规避、忽视或凌驾，以及更容易产生简单错误和失误。因此，不能假定人工控制能够一贯运用。人工控制在下列情形中可能是不适当的：存在大量或重复发生的交易，或者事先可预计或预测的错误能够通过自动化控制参数得以防止或发现并纠正；用特定方法实施控制的控制活动可得到适当设计和自动化处理。

观点小结

内部控制风险的程度和性质受被审计单位信息系统的性质和特征的影响。在了解内部控制时，注册会计师应当考虑被审计单位是否通过建立有效的控制，以恰当应对由于使用信息技术系统或人工系统而产生的风险。

二、与审计相关的内部控制

注册会计师审计的目标是对财务报表是否不存在重大错报发表审计意见，尽管要求注册会计师在财务报表审计中考虑与财务报表编制相关的内部控制，但目的并非对被审计单位内部控制的有效性发表意见。被审计单位的目标与为实现目标提供合理保证的控制之间存在直接关系。被审计单位的目标和控制，与财务报告、经营及合规有关。但这些目标和控制并非都与注册会计师的风险评估相关。

注册会计师在判断一项控制单独或连同其他控制是否与审计相关时可能考虑下列事项：

(1)重要性；

(2)相关风险的重要程度；

(3)被审计单位的规模；

(4)被审计单位业务的性质，包括组织结构和所有权特征；

(5)被审计单位经营的多样性和复杂性;
(6)适用的法律法规;
(7)内部控制的情况和适用的要素;
(8)作为内部控制组成部分的系统(包括使用服务机构)的性质和复杂性;
(9)一项特定控制(单独或连同其他控制)是否以及如何防止或发现并纠正重大错报。

如果在设计和实施进一步审计程序时拟利用被审计单位内部生成的信息,针对该信息完整性和准确性的控制可能与审计相关。如果与经营和合规目标相关的控制与注册会计师实施审计程序时评价或使用的数据相关,则这些控制也可能与审计相关。

被审计单位通常有一些与目标相关但与审计无关的控制,注册会计师无需对其加以考虑。例如,被审计单位可能依靠某一复杂的自动化控制提高经营活动的效率和效果(如航空公司用于维护航班时间表的自动化控制系统),但这些控制通常与审计无关。进一步讲,虽然内部控制应用于整个被审计单位或所有经营部门或业务流程,但是了解与每个经营部门和业务流程相关的内部控制,可能与审计无关。

小知识

对公共部门实体进行审计的注册会计师通常对内部控制负有额外责任,如报告被审计单位对既定操作守则的遵守情况。注册会计师可能也有责任报告被审计单位对法律法规及其他监管要求的遵守情况。因此,注册会计师对内部控制的评价可能更广泛、更详细。

温馨提示

本教材所称内部控制都是指与注册会计师审计相关的内部控制。

三、对内部控制了解的性质和程度

(一)对内部控制了解的性质

注册会计师在了解内部控制时,应当评价控制的设计,并确定其是否得到执行。评价控制的设计,涉及考虑该控制单独或连同其他控制,是否能够有效防止或发现并纠正重大错报。控制得到执行是指某项控制存在且被审计单位正在使用。评估一项无效控制的运行没有什么意义,因此需要首先考虑控制的设计。设计不当的控制可能表明存在值得关注的内部控制缺陷。如果控制设计不当,不需要再考虑控制是否得到执行。

(二)对内部控制了解的程度

对内部控制了解的程度,是指在了解被审计单位及其环境时对内部控制了解的深度。包括评价控制的设计,并确定其是否得到执行,但不包括对控制是否得到一贯执行的测试。了解内部控制的流程如图 6-1。

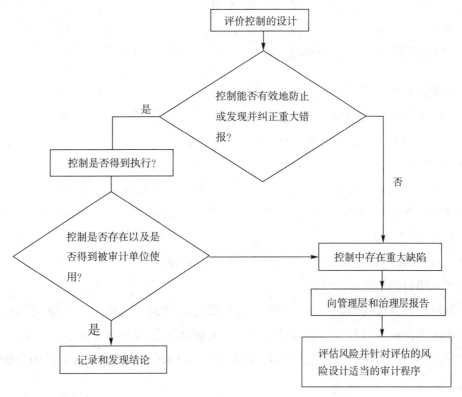

图 6-1　内部控制了解流程

注册会计师用以获取有关控制设计和执行的审计证据的风险评估程序可能包括：
询问被审计单位人员；
观察特定控制的运用；
检查文件和报告；
追踪交易在财务报告信息系统中的处理过程(穿行测试)。

温馨提示

关键控制的选择和测试

询问本身并不足以评价控制的设计以及确定其是否得到执行,注册会计师应当将询问与其他风险评估程序结合使用。

(三)了解内部控制与测试控制运行有效性的关系

除非存在某些可以使控制得到一贯运行的自动化控制,注册会计师对控制的了解并不能够代替对控制运行有效性的测试。但由于信息技术处理流程的内在一贯性,实施审计程序确定某项自动控制是否得到执行,也可能实现对控制运行有效性测试的目标。对控制运行有效性的测试称为控制测试。

四、对被审计单位内部控制五要素的了解

(一)内部控制要素——控制环境

1. 控制环境的含义和了解控制环境的总体要求

控制环境包括治理职能和管理职能,以及治理层和管理层对内部控制及其重要性的态度、认识和措施。控制环境设定了被审计单位的内部控制基调,影响员工对内部控制的认识和态度。良好的控制环境是实施有效内部控制的基础。注册会计师应当了解控制环境。

防止或发现并纠正舞弊和错误是被审计单位治理层和管理层的责任。在评价控制环境的设计和实施情况时,注册会计师应当了解管理层在治理层的监督下,是否营造并保持了诚实守信和合乎道德的文化,以及是否建立了防止或发现并纠正舞弊和错误的恰当控制。实际上,在审计业务承接阶段,注册会计师就需要对控制环境作出初步了解和评价。

2. 控制环境的构成要素

在评价控制环境的设计时,注册会计师应当考虑构成控制环境的下列要素,以及这些要素如何被纳入被审计单位业务流程。这些要素包括:对诚信和道德价值观念的沟通与落实;对胜任能力的重视;治理层的参与程度;管理层的理念和经营风格;组织结构;职权与责任的分配;人力资源政策与实务。

(1)对诚信和道德价值观念的沟通与落实

诚信和道德价值观念是控制环境的重要组成部分,影响重要业务流程的设计和运行。控制的有效性受负责创建、管理和监控内部控制的人员的诚信和道德价值观的影响。被审计单位是否存在道德行为规范,以及这些规范如何在被审计单位内部得到沟通和落实,决定了是否能产生诚信和道德的行为。

(2)对胜任能力的重视

胜任能力是指具备完成某一职位的工作所应有的知识和能力。管理层对胜任能力的重视包括管理层对特定工作胜任能力的考虑以及这些能力如何转化为必要的技能和知识。注册会计师应当考虑主要管理人员和其他相关人员是否能够胜任承担的工作和职责。

(3)治理层的参与程度

被审计单位的控制环境在很大程度上受治理层的影响。治理层职责的重要性在被审计单位的行为守则、其他法律法规或在为治理层制定的指引中予以规定。治理层的职责还包括监督以下程序的设计和有效执行:内部举报不恰当行为的程序和用于复核内部控制有效性的程序。

治理层对控制环境影响的因素包括:治理层相对于管理层的独立性;治理层的经验与品德;治理层参与被审计单位经营的程度和收到的信息及其对经营活动的详细检查;治理层采取措施的适当性,包括提出问题的难度和对问题的跟进程度,以及治理层与内部审计人员和注册会计师的互动;

(4)管理层的理念和经营风格

管理层的理念包括管理层对内部控制的理念,即管理层对内部控制以及对具体控制实施环境的重视程度。管理层的经营风格是指管理层所能接受的业务风险的性质。管理层的理念和经营风格具有广泛的特点。例如,管理层对财务报告的态度及行为,可以通过其选择保守还是激进的会计原则以及作出会计估计时的谨慎和保守态度得到体现。

了解管理层的理念和经营风格有助于注册会计师判断哪些因素影响管理层对待内部控制的态度,哪些因素影响在编制财务报表时所作的判断,特别是在作出会计估计以及选用会计政策时。这种了解也有助于注册会计师进一步认识管理层的能力和经营动机。

管理层的理念和经营风格对控制环境影响的因素包括:①承担和管理经营风险的方法;②对财务报告的态度和措施;③对信息处理、会计职能及人员的态度;

(5)组织结构及职权与责任的分配

组织结构,即被审计单位为实现目标而计划、执行、控制及评价其活动的框架。建立相关的组织结构包括考虑职权和责任的关键领域,以及适当的报告层级。被审计单位组织结构是否恰当部分取决于被审计单位的规模和经营活动的性质。被审计单位的组织结构将在一定程度上取决于被审计单位的规模和经营活动的性质。

职权与责任的分配,可能包括与适当的经营惯例、关键员工的知识和经验、履行职责时提供的资源相关的政策。此外,还可能包括一些政策及交流活动,用于保证所有员工都了解被审计单位目标、相互之间的工作联系以及个人的工作对实现目标的作用,认识如何承担责任。

(6)人力资源政策与实务

力资源政策与实务,包括与招聘、培训、考核、咨询、晋升、薪酬和补救措施等相关的政策与实务。人力资源政策与实务通常能显示与被审计单位控制意识相关的重要事项。例如,如果招聘录用标准要求录用最胜任的员工(即强调教育背景、以前的工作经验、以前取得的成就、诚信和道德行为的证明),则表明被审计单位希望录用有胜任能力并值得信赖的人员。被审计单位的培训政策可以传达预期角色及职责,并包括实务性培训(如培训学校和研讨会),这表明了员工预期的工作表现和行为方式。通过定期业绩考核予以晋升的政策表明被审计单位希望具备相应资格的员工承担更高级别的职责。

温馨提示

综上所述,注册会计师应当对控制环境的构成要素获取足够的了解,并考虑内部控制的实质及其综合效果,以了解管理层和治理层对内部控制及其重要性的态度、认识以及所采取的措施。

3. 了解控制环境

注册会计师应当了解控制环境。作为了解控制环境的一部分,注册会计师应当评价:管理层在治理层的监督下,是否营造并保持了诚实守信和合乎道德的文化;控制环境总体上的优势是否为内部控制的其他要素奠定了适当的基础,以及这些其他要素是否未被控制环境中存在的缺陷所削弱。

4. 与控制环境要素相关的审计证据

注册会计师通过将询问和其他风险评估程序相结合,如通过观察或检查文件证实询问、可以获取相关审计证据。例如,通过询问管理层和员工,注册会计师可以了解管理层如何向员工传达商业行为惯例和道德行为价值观念。注册会计师可以通过考虑管理层是否建立了书面行为守则以及管理层是否按照支持该守则的方式行事,来确定相关控制是否已得到执行。

5. 控制环境对重大错报风险评估的影响

治理层与治理参与对重大错报风险评估的影响

控制环境的某些要素对重大错报风险评估具有广泛影响。例如,被审计单位的控制意识在很大程度上受治理层影响,因为治理层的职责之一就是平衡管理层面临的与财务报告关、源于市场需求或薪酬方案的压力。与治理层参与相关的控制环境的设计有效性受下列事项的影响:

一是,治理层相对于管理层的独立性及评价管理层措施的能力;

二是,治理层是否了解被审计单位从事的交易;

三是,治理层对财务报表是否按照适用的财务报告编制基础编制进行评价的程度。

活跃而独立的董事会对重大错报风险评估的影响

活跃而独立的董事会可能影响高级管理人员的理念和经营风格,其他因素对高级管理人员的影响可能有限。例如,人力资源政策和实务规定招聘具有胜任能力的财务、会计和信息系统人员,这可能降低处理财务信息时出现错误的风险,但是却不能抵消最高管理层高估收益的强烈倾向。

控制环境中存在的缺陷对重大错报风险评估的影响

当注册会计师评估重大错报风险时,存在令人满意的控制环境是一个积极的因素。虽然令人满意的控制环境有助于降低舞弊风险,但并不能绝对遏制舞弊。相反,控制环境中存在的缺陷(特别是与舞弊相关的缺陷)可能削弱控制的有效性。例如,管理层没有针对信息系统安全风险投入足够资源,而是允许对系统程序或数据作出不当修改,或允许处理未经授权的交易,这可能对内部控制产生不利影响。控制环境也影响进一步审计程序的性质、时间安排和范围。

控制环境本身并不能防止或发现并纠正重大错报。然而,它可能影响注册会计师对其他控制(如对控制的监督和特定控制活动的运行)有效性的评价,进而影响注册会计师对重大错报风险的评估。

温馨提示

对小型被审计单位的特殊考虑

小型被审计单位的控制环境通常与较大型被审计单位的不同。例如,小型被审计单位的治理层可能不包括独立的或外部的成员,如果没有其他所有者,治理层的职能通常直接由业主兼经理承担。控制环境的性质也可能影响其他控制的重要性或缺乏这些控制所造成的后果。例如,在小型被审计单位,业主兼经理的积极参与可能抵消由于缺乏职责分离导致的特定风险,但也会增加其他风险,如凌驾于控制之上的风险。

在小型被审计单位,可能无法获取以文件形式存在的有关控制环境要素的审计证据,特别是在管理层与其他人员的沟通不够正式但却有效的情况下。例如,小型被审计单位可能没有书面的行为守则,但却通过口头沟通和管理层的示范作用形成了强调诚信和道德行为重要性的文化。

因此,管理层或业主兼经理的态度、认识和措施对注册会计师了解小型被审计单位的控制环境非常重要。

(二)内部控制要素——被审计单位的风险评估过程

1. 风险评估过程的含义与被审计单位面临的风险

风险评估过程包括识别与财务报告相关的经营风险,以及针对这些风险所采取的措施。

被审计单位的风险评估过程为管理层确定需要管理的风险提供了基础。如果这一过程对于具体情况(包括被审计单位的性质、规模和复杂程度)是适当的,则有助于注册会计师识别重大错报风险。被审计单位的风险评估过程对于具体情况是否适当属于职业判断。

就财务报告的目的而言,被审计单位的风险评估过程包括管理层如何识别与按照适用的财务报告编制基础编制财务报表相关的经营风险,估计其重要性,评估其发生的可能性,针对这些风险采取措施应对和管理风险及其结果。例如,被审计单位的风险评估过程可能针对被审计单位如何考虑交易未被记录的可能性,或识别并分析财务报表中记录的重大估计。

与可靠的财务报告相关的风险包括可能发生的外部和内部事项、交易或情况,这些事项、交易或情况会对被审计单位生成、记录、处理和报告财务报表中与管理层认定相一致的财务数据产生不利影响。管理层可能会制订计划、执行程序或采取措施以解决特定风险,或者出于成本或其他考虑决定接受风险。表6-3列举了可能会产生或改变风险的情况。

表6-3 可能会产生或改变风险的情形

序号	可能产生或改变风险的情形	举例
1	监管环境和经营环境的变化	监管环境和经营环境的变化会导致竞争压力的变化以及显著不同的风险。
2	新员工	新员工可能对内部控制有不同的关注点或认识。
3	新的或升级的信息系统	信息系统重大、快速的变化会改变与内部控制有关的风险。
4	快速增长	重要、快速的业务扩张可能使控制难以应对,从而增加了控制失效的风险。
5	新技术	将新技术运用于生产过程或信息系统可能改变与内部控制相关的风险。
6	新业务模式、产品或活动	进入新的业务领域和发生新的交易,可能因被审计单位具有较少的经验而带来新的与内部控制相关的风险。
7	公司重组	重组可能带来裁员和监督及职责分离的变化,可能改变与内部控制相关的风险。
8	扩张海外经营	在海外扩张或收购海外企业会产生新的并且往往是独特的风险,进而可能影响内部控制,如由于外币交易产生的额外或已变化的风险。
9	新的会计政策	采用新的会计政策或变更会计政策可能影响财务报表编制过程中的风险。

2. 了解风险评估过程考虑

注册会计师应当了解被审计单位是否已建立风险评估过程,包括:

识别与财务报告目标相关的经营风险;

估计风险的重要性;

评估风险发生的可能性;

决定应对这些风险的措施。

如果被审计单位已建立风险评估过程,注册会计师应当了解风险评估过程及其结果。如果识别出管理层未能识别出的重大错报风险,注册会计师应当评价是否存在这类风险,即注册会计师预期被审计单位风险评估过程应当识别出而未识别出的风险。如果存在这类风险,注册会计师应当了解风险评估过程未能识别出的原因,并评价风险评估过程是否适合具体情况,或者确定与风险评估过程相关的内部控制是否存在值得关注的内部控制缺陷。

如果被审计单位未建立风险评估过程,或具有非正式的风险评估过程,注册会计师应当与管理层讨论是否识别出与财务报告目标相关的经营风险以及如何应对这些风险。注册会计师应当评价缺少记录的风险评估过程是否适合具体情况,或确定是否表明存在值得关注的内部控制缺陷。

温馨提示

对小型被审计单位的特殊考虑

小型被审计单位可能没有正式的风险评估过程。在这种情况下,管理层很可能通过直接亲自参与经营来识别风险。无论情况如何,注册会计师询问识别出的风险以及管理层如何应对这些风险,仍是必要的。

(三) 内部控制要素——与财务报告相关的信息系统(包括相关业务流程)与沟通

信息系统与沟通是收集与交换被审计单位执行、管理和控制业务活动所需信息的过程,包括收集和提供信息(特别是履行内部控制岗位职责所需的信息)给适当人员,使之能够履行职责。信息系统与沟通的质量直接影响到管理层对经营活动作出正确决策和编制可靠的财务报告的能力。

1. 与财务报告相关的信息系统(包括会计系统)

(1)信息系统(包括会计系统)的职能

与财务报告目标相关的信息系统(包括会计系统)由一系列的程序和记录组成。被审计单位设计和建立这些程序和记录旨在:生成、记录、处理和报告交易(以及事项和情况),以及为相关资产、负债和所有者权益明确受托责任;解决不正确处理交易的问题,如自动生成暂记账户文件,以及及时按照程序清理暂记项目;处理并解释凌驾于控制之上或规避控制的情况;将信息从交易处理系统过入总分类账;针对除交易以外的事项和情况获取与财务报告相关的信息,如资产的折旧和摊销、应收账款可回收性的改变等;确保适用的财务报告编制基础规定披露的信息得到收集、记录、处理和汇总,并在财务报表中进行了适当报告。

(2)会计分录的使用

被审计单位的信息系统通常包括使用标准会计分录记录重复发生的交易。例如,在总分类账中记录销售、采购和现金付款,或记录管理层定期作出的会计估计,如对无法收回的应收账款的估计的改变。被审计单位的财务报告过程还包括使用非标准的会计分录,以记录不重复发生的、异常的交易或调整事项,包括合并调整、业务合并或处置,或非重复发生的估计(如资产减值)。在人工系统的总分类账中,注册会计师可以通过检查分类账、日记账和支持性记录来识别非标准的会计分录。但是,当运用自动化程序记录总分类账和编制财务报表时,这些分录可能只以电子形式存在,因此使用计算机辅助审计技术更易于识别。

(3)相关业务流程

被审计单位的业务流程是指旨在实现下列目的的活动:开发、采购、生产、销售、配送产品和提供服务;确保遵守法律法规;记录信息,包括会计和财务报告信息。业务流程产生的交易由信息系统记录、处理和报告。了解被审计单位的业务流程,包括交易产生的方式,有助于注册会计师以适合被审计单位具体情况的方式了解与财务报告相关的信息系统。

温馨提示

对小型被审计单位的特殊考虑

在小型被审计单位,与财务报告相关的信息系统和相关业务流程可能不如较大型被审计单位复杂,但其作用同样重要。管理层积极参与经营管理的小型被审计单位,可能不需要详细描述会计流程、复杂的会计记录或书面政策。因此,在对小型被审计单位进行审计时,了解其系统和流程就较为容易,也更依赖于询问而不是对文件的检查。但是,了解与财务报告相关的信息系统和相关业务流程仍然重要。

2. 了解与财务报告相关的信息系统

注册会计师应当从下列方面了解与财务报告相关的信息系统(包括相关业务流程):

一是,在被审计单位经营过程中,对财务报表具有重大影响的各类交易;

二是,在信息技术和人工系统中,被审计单位的交易生成、记录、处理、必要的更正、结转至总账以及在财务报表中报告的程序;

三是,用以生成、记录、处理和报告(包括纠正不正确的信息以及信息如何结转至总账)交易的会计记录、支持性信息和财务报表中的特定账户;

四是,被审计单位的信息系统如何获取除交易以外的对财务报表重大的事项和情况;

五是,用于编制被审计单位财务报表(包括作出的重大会计估计和披露)的财务报告过程;

六是,与会计分录相关的控制,这些分录包括用以记录非经常性的、异常的交易或调整的非标准会计分录。

3. 与财务报告相关的沟通

与财务报告相关的沟通包括使员工了解各自在与财务报告有关的内部控制方面的角色和职责、员工之间的工作联系,以及向适当级别的管理层报告例外事项的方式。沟通可以采用政策手册、会计和财务报告手册和备忘录等形式进行,也可以通过发送电子邮件、口头沟通和管理层的行动来进行。公开的沟通渠道有助于确保例外事项得到报告并有应对措施。

注册会计师应当了解被审计单位如何沟通与财务报告相关的人员的角色和职责以及与财务报告相关的重大事项。这种沟通包括：管理层与治理层之间的沟通；外部沟通,如与监管机构的沟通。

温馨提示

对小型被审计单位的特殊考虑

由于职责层级较少,更容易接触到管理层,小型被审计单位的沟通可能比大型被审计单位更简单、更容易实现。

(四)内部控制要素——控制活动

控制活动是指有助于确保管理层的指令得以执行的政策和程序。控制活动(不管存在于信息系统还是人工系统中)具有各种不同的目标,运用于各种不同的组织和职能层级中。控制活动包括与下列相关的活动:授权;业绩评价;信息处理;实物控制;职责分离。

1. 相关的控制活动

(1)授权

注册会计师应当了解与授权有关的控制活动,包括一般授权和特别授权。

授权的目的在于保证交易在管理层授权范围内进行。一般授权是指管理层制定的要求组织内部遵守的普遍适用于某类交易或活动的政策。特别授权是指管理层针对特定类别的交易或活动逐一设置的授权,如重大资本支出和股票发行等。特别授权也可能用于超过一般授权限制的常规交易。例如,同意因某些特别原因,对某个不符合一般信用条件的客户赊购商品。

(2)业绩评价

注册会计师应当了解与业绩评价有关的控制活动,主要包括被审计单位分析评价实际业绩与预算(或预测、前期业绩)的差异,综合分析财务数据与经营数据的内在关系,将内部数据与外部信息来源相比较,评价职能部门、分支机构或项目活动的业绩,以及对发现的异常差异或关系采取必要的调查与纠正措施。

通过调查非预期的结果和非正常的趋势,管理层可以识别可能影响经营目标实现的情形。管理层对业绩信息的使用(如将这些信息用于经营决策,还是同时用于对财务报告系统报告的非预期结果进行追踪),决定了业绩指标的分析是只用于经营目的,还是同时用于财务报告目的。

(3)信息处理

注册会计师应当了解与信息处理有关的控制活动,包括信息技术的一般控制和应用控制。

被审计单位通常执行各种措施,检查各种类型信息处理环境下的交易的准确性、完整性和授权。信息处理控制可以是人工的、自动化的,或是基于自动流程的人工控制。信息处理控制分为两类,即信息技术的一般控制和应用控制。

信息技术一般控制是与多个程序相关且支持应用控制有效运行的政策或程序,应用于主机、小型机和终端用户环境。保证信息完整性和数据安全性的信息技术一般控制通常包括：数据中心和网络运行控制；系统软件的购置、修改及维护控制；程序修改控制；接触或访问权限控制；应用系统的购置、开发及维护控制。

应用控制通常是指在业务流程层面运行的人工或自动化程序,运用于由单个程序处理的交易。从性质上讲,应用控制可以是预防性的或检查性的,旨在保证会计记录的完整性。因此,应用控制与用于生成、记录、处理、报告交易或其他财务数据的程序相关。这些控制有助于保证发生的交易经过授权,并得到全面而准确的记录和处理。应用控制的举例包括对输入数据的编辑性检查,序号检查和报告例外事项的人工跟进,以及在数据录入时进行纠正。

(4)实物控制

注册会计师应当了解实物控制,主要包括了解对资产和记录采取适当的安全保护措施,对访问计算机程序和数据文件设置授权,以及定期盘点并将盘点记录与会计记录相核对。例如,现金、有价证券和存货的定期盘点控制。实物控制的效果影响资产的安全,从而对财务报表的可靠性及审计产生影响。

(5)职责分离

注册会计师应当了解职责分离,主要包括了解被审计单位如何将交易授权、交易记录以及资产保管等职责分配给不同员工,以防范同一员工在履行多项职责时可能发生的舞弊或错误。当信息技术运用于信息系统时,职责分离可以通过设置安全控制来实现。

温馨提示

对小型被审计单位的特殊考虑

小型被审计单位的控制活动可能没有大型被审计单位那样正式和复杂。并且某些控制活动可能直接由小型被审计单位中的管理层执行。例如,由管理层批准销售的信用额度、重大的采购等,可能就不再需要更具体的控制活动。因此,小型被审计单位通常难以实施适当的职责分离,注册会计师应当考虑小型被审计单位采取的控制活动(特别是职责分离)能否有效实现控制目标。

2. 与审计相关的控制活动

与审计相关的控制活动,是注册会计师为评估认定层次重大错报风险并设计进一步审计程序应对评估的风险而认为有必要了解的控制活动。与审计相关的控制活动包括：(1)与特别风险相关的控制活动,以及与仅通过实质性程序无法获取充分、适当的审计证据的风险相关的控制活动；(2)注册会计师运用职业判断认为相关的控制活动。

注册会计师判断一项控制活动是否与审计相关,受以下两个因素的影响：(1)注册会计师识别出的可能导致重大错报的风险；(2)在确定实质性程序的范围时,注册会计师认为测试控制运行的有效性是否适当。

注册会计师应当了解与审计相关的控制活动,以足够评估认定层次的重大错报风险和针对评估的风险设计进一步审计程序。在了解被审计单位控制活动时,注册会计师应当了解被审计单位如何应对信息技术导致的风险。

温馨提示

注册会计师的工作重点是识别和了解重大错报风险更高的领域的控制活动。如果多项控制活动能够实现同一目标,注册会计师不必了解与该目标相关的每项控制活动。审计并不要求了解与财务报表中每类重大交易、账户余额和披露或与其每项认定相关的所有控制活动。

(五)内部控制要素一对控制的监督

1. 对控制的监督的含义

对控制的监督是指被审计单位评价内部控制在一段时间内运行有效性的过程。对控制的监督涉及及时评估控制的有效性并采取必要的补救措施。管理层通过持续的监督活动、单独的评价活动或两者相结合实现对控制的监督。持续的监督活动通常贯穿于被审计单位日常重复的活动中,包括常规管理和监督工作。

管理层的监督活动可能包括利用与外部有关各方沟通所获取的信息(如可能表明存在问题或需要改进的领域的顾客投诉和监管机构的意见)。

温馨提示

对小型被审计单位的特殊考虑

管理层对控制的监督经常通过管理层或业主兼经理对经营活动的密切参与来实现。通过密切参与经营活动,可以识别出与预期不同的重大差异和不准确的财务数据,从而可以对控制采取补救措施。

2. 对内部审计的考虑

如果被审计单位设有内部审计,注册会计师应当了解下列事项,以确定内部审计是否可能与审计相关:内部审计的职能范围以及内部审计在被审计单位组织结构中的地位和作用;内部审计已实施或拟实施的活动。

如果被审计单位内部审计的职责和活动与财务报告相关,并且注册会计师预期利用内部审计人员的工作,以修改拟实施审计程序的性质或时间安排或者缩小拟实施审计程序的范围,则内部审计可能与审计相关。如果注册会计师确定内部审计与审计相关,则《中国注册会计师审计准则第1411号——利用内部审计人员的工作》适用。如果内部审计职责的性质与财务报告相关,注册会计师在考虑内部审计已实施或拟实施的活动时,可以检查内部审计在本期的审计计划(如存在)并与内部审计人员讨论该计划。

3. 了解对控制的监督

注册会计师应当了解被审计单位用于监督与财务报告相关的内部控制的主要活动,包括了解针对与审计相关的控制活动的监督,以及被审计单位如何对控制缺陷采取补救措施。注册会计师通过了解内部控制其他要素获取的关于控制活动是否存在的信息,有助于其确定是否有必要对控制活动进行更多的了解。

监督活动中使用的很多信息可能由被审计单位的信息系统产生。如果管理层假定用于监督的数据是准确的而这一假定没有依据,则这些信息可能存在错误,导致管理层从监督活动中得出不正确的结论。因此,注册会计师需要了解以下事项,并将其作为了解被审计单位监督活动(内部控制要素)的一部分:与被审计单位监督活动相关的信息来源;管理层认为信息对于信息的使用目的足够可靠的依据。

第四节 识别和评估重大错报风险

了解被审计单位及其环境的目的之一就是评估重大错报风险。评估重大错报风险是风险评估阶段的最后一个步骤。注册会计师应当识别和评估的财务报表层次以及各类交易、账户余额、列报认定层次的重大错报风险。

一、识别和评估重大错报风险的审计程序

(一)识别和评估重大错报风险的审计程序

在识别和评估重大错报风险时,注册会计师应当实施下列审计程序:

(1)在了解被审计单位及其环境(包括与风险相关的控制)的整个过程中,结合对财务报表中各类交易、账户余额和披露的考虑,识别风险。

(2)评估识别出的风险,并评价其是否更广泛地与财务报表整体相关,进而潜在地影响多项认定。

(3)结合对拟测试的相关控制的考虑,将识别出的风险与认定层次可能发生错报的领域相联系。

(4)考虑发生错报的可能性(包括发生多项错报的可能性),以及潜在错报的重大程度是否会导致重大错报

(二)可能表明存在重大错报风险的情况和事项

注册会计师应当充分关注可能表明被审计单位存在重大错报风险的相关事项和情况,并考虑由于相关事项和情况导致的风险是否重大,以及该风险导致财务报表发生重大错报的可能性。表6—4列举了可能表明存在重大错报风险的情况和事项的示例。这些情况和事项涵盖范围广泛,然而,并非所有的情况和事项都与每项审计业务相关,表中所列情况和事项也不一定完整。

表 6-4

序号	可能表明存在重大错报风险的情况和事项
1	在经济不稳定(如货币发生重大贬值或经济发生严重通货膨胀)的国家或地区开展业务
2	在高度波动的市场开展业务(如期货交易)
3	在高度复杂的监管环境中开展业务
4	持续经营和资产流动性出现问题,包括重要客户流失
5	获取资本或借款的能力受到限制
6	被审计单位经营所处的行业发生变化
7	供应链发生变化
8	开发新产品或提供新服务,或进入新的业务领域
9	开辟新的经营场所
10	被审计单位发生变化,如发生重大收购、重组或其他异常的事项
11	拟出售分支机构或业务分部
12	存在复杂的联营或合资企业
13	运用表外融资、特殊目的实体以及其他复杂的融资安排
14	从事重大的关联方交易
15	缺乏具备会计和财务报告技能的员工
16	关键人员变动(包括核心执行人员的离职)
17	内部控制存在缺陷,尤其是管理层未处理的内部控制缺陷
18	信息技术战略与经营战略不协调
19	信息技术环境发生变化
20	安装新的与财务报告有关的重大信息技术系统
21	经营活动或财务业绩受到监管机构或政府机构的调查
22	以往发生的错报或错误,或者在本期期末出现重大会计调整
23	发生大额非常规或非系统性交易(包括公司间的交易和在期末发生大量收入的交易)
24	按照管理层特定意图记录的交易(如债务重组、资产出售,交易性债券的分类)
25	采用新的会计准则
26	涉及复杂过程的会计计量
27	涉及重大计量不确定性(包括会计估计)的事项或交易
28	存在未决诉讼和或有负债(如售后质量保证、财务担保和环境补救)

二、识别和评估财务报表层次和认定层次的重大错报风险

在对重大错报风险进行识别和评估后,注册会计师应当确定,识别的重大错报风险是与特定的某类交易、账户余额、列报的认定相关,还是与财务报表整体广泛相关,进而影响多项认定。注册会计师应当在下列两个层次识别和评估重大错报风险,为设计和实施进一步审计程序提供基

础:财务报表层次;各类交易、账户余额和披露的认定层次。

(一)评估财务报表层次重大错报风险

财务报表层次重大错报风险是指与财务报表整体广泛相关,并潜在地影响多项认定的风险。这种性质的风险不一定限定于某类交易、账户余额或披露层次的特定认定的风险,而在一定程度上代表了可能增加认定层次重大错报风险的情况,如管理层凌驾于内部控制之上。财务报表层次的风险可能与注册会计师考虑由于舞弊导致的重大错报风险尤其相关。财务报表层次的风险很可能源于控制环境存在缺陷(虽然这些风险还可能与其他因素相关,如经济下滑)。例如,管理层缺乏胜任能力等缺陷可能对财务报表具有更广泛的影响,可能需要注册会计师采取总体应对措施。

(二)评估认定层次重大错报风险

注册会计师需要考虑各类交易、账户余额和披露认定层次的重大错报风险,因为这些考虑直接有助于确定用于获取充分、适当的审计证据而在认定层次实施的进一步审计程序的性质、时间安排和范围。在识别和评估认定层次重大错报风险时,注册会计师可能认为识别出的风险与财务报表整体广泛相关,进而潜在地影响多项认定。

(三)识别重大错报风险的过程

通过实施风险评估程序收集的信息,包括在评价控制的设计及确定其是否得到执行时获取的审计证据,可以作为支持风险评估结果的审计证据。风险评估结果决定了拟实施的进一步审计程序的性质、时间安排和范围。

(四)控制对评估认定层次重大错报风险的影响

在评估重大错报风险时,注册会计师应当将所了解的控制与特定认定相联系。这是由于控制有助于防止或发现并纠正认定层次的重大错报。在评估重大错报发生的可能性时,除了考虑可能的风险外,还要考虑控制对风险的抵消和遏制作用。有效的控制会减少错报发生的可能性,而控制不当或缺乏控制,错报就会有可能变成现实。

控制可能与某一认定直接相关,也可能与某一认定间接相关。关系越间接,控制在防止或发现并纠正认定中错报的作用越小。

注册会计师应当考虑对识别的各类交易、账户余额和列报认定层次的重大错报风险予以汇总和评估,以确定进一步审计程序的性质、时间和范围。评估认定层次重大错报风险汇总表的示例如表6-5所示。

表 6-5　评估认定层次的重大错报风险汇总表

重大账户	认定	识别的重大错报风险	风险评估结果
列示重大账户，如：应收账款	列示相关的认定，如：存在、完整性、计价或分摊等	汇总实施审计程序识别出的与该重大账户的某项认定相关的重大错报风险	评估该项认定的重大错报风险水平（应考虑控制设计是否合理，是否得到执行）

注：注册会计师也可以在该表中记录针对评估的认定层次重大错报风险而相应制定的审计方案。

(五)考虑财务报表的可审计性

注册会计师在了解被审计单位内部控制后，可能对被审计单位财务报表的可审计性产生怀疑。如果通过对内部控制的了解发现下列情况，并对财务报表局部或整体的可审计性产生疑问，注册会计师应当考虑出具保留意见或无法表示意见的审计报告：被审计单位会计记录的状况和可靠性存在重大问题，不能获取充分、适当的审计证据发表无保留意见；对管理层的诚信存在严重疑虑。必要时，注册会计师应当考虑解除业务约定。

三、需要特别考虑的重大错报风险

作为风险评估的一部分，注册会计师应当根据职业判断，确定识别出的风险是否为特别风险。在进行判断时，注册会计师不应考虑识别出的控制对相关风险的抵消效果。

特别风险，是指注册会计师识别和评估的、根据判断认为需要特别考虑的重大错报风险。

(一)确定特别风险时应考虑的事项

在判断哪些风险是特别风险时，注册会计师应当至少考虑下列方面：
(1)风险是否属于舞弊风险；
(2)风险是否与近期经济环境、会计处理方法或其他方面的重大变化相关，因而需要特别关注；
(3)交易的复杂程度；
(4)风险是否涉及重大的关联方交易；
(5)财务信息计量的主观程度，特别是计量结果是否具有高度不确定性；
(6)风险是否涉及异常或超出正常经营过程的重大交易。

(二)非常规交易和判断事项导致的特别风险

特别风险通常与重大的非常规交易和判断事项有关。非常规交易是指由于金额或性质异常而不经常发生的交易。例如，企业购并、债务重组、重大或有事项等。判断事项可能包括作出的会计估计(具有计量的重大不确定性)。经过系统处理的日常、简单的交易不太可能产生特别风险。

(1)对由于如下事项导致的重大非常规交易，重大错报风险可能更高：
管理层更多地干预会计处理；对数据的收集和处理进行更多的人工干预；复杂的计算或会计

处理方法;非常规交易的性质可能使被审计单位难以对由此产生的风险实施有效控制。

(2)对由于如下事项导致的需要作出会计估计的重大判断事项,重大错报风险可能更高:

对涉及会计估计、收入确认等方面的会计原则存在不同的理解;所要求的判断可能是主观或复杂的,或需要对未来事项的影响作出假设,如对公允价值的判断。

(三)考虑与特别风险相关的控制。

了解与特别相关的控制,有助于注册会计师制定有效的审计方案予以应对。虽然与重大非常规交易或判断事项相关的风险通常很少受到日常控制的约束,管理层可能采取其他措施应对此类风险。相应地,注册会计师在了解被审计单位是否设计和执行了针对非常规交易或判断事项导致的特别风险的控制时,通常了解管理层是否以及如何应对这些风险。管理层采取的应对措施可能包括:控制活动,如高级管理人员或专家对假设进行检查;对估计流程作出记录;治理层作出批准。

如果发生诸如收到重大诉讼事项的通知等一次性事件,注册会计师在考虑被审计单位的应对措施时,关注的事项包括:被审计单位是否已将这类事项提交适当的专家(如内部或外部的法律顾问)处理,是否已对该事项的潜在影响作出评估,如何建议将该情况在财务报表中进行披露。

在某些情况下,管理层可能未能通过实施针对特别风险的控制恰当应对特别风险。管理层未能实施这些控制表明存在值得关注的内部控制缺陷。

(四)仅实施实质性程序不能获取充分、适当的审计证据的风险

重大错报风险可能与记录日常交易或账户余额以及编制可靠的财务报表直接相关。这些风险可能包括对日常和重大类别的交易(如被审计单位的收入、采购、现金收入或现金支出)处理不准确或不完整的风险。

如果日常交易由高度自动化处理,不存在或存在很少人工干预,针对风险仅实施实质性程序可能不可行。例如,如果被审计单位大量信息在一体化的系统中仅以电子方式生成、记录、处理或报告,注册会计师可能认为会出现以上情况。在这种情况下:(1)获取的审计证据可能仅以电子形式存在,其充分性和适当性通常取决于针对准确性和完整性的控制的有效性;(2)如果适当的控制没有有效运行,信息不当生成或对信息进行不当修改而没有被发现的可能性会增加。

在实务中,注册会计师可以通过编制表格汇总识别的重大错报风险,并判定它们的性质,如表6-6所示。

表6-6 识别的重大错报风险汇总表

识别的重大错报风险	对财务报表的影响	相关的交易类别、账户余额和列报认定	是否与财务报表整体广泛相关	是否属于重大错报风险	是否属于仅通过实质性程序无法应对的重大错报风险
记录识别的重大错报风险	描述对财务报表的影响和导致财务报表发生重大错报的可能性	列示相关的各类交易、账户余额、列报及其认定	考虑是否属于财务报表层次的重大错报风险	考虑是否属于重大错报风险	考虑是否属于仅通过实质性程序无法应对的重大错报风险

(五)对风险评估的修正

注册会计师对认定层次重大错报风险的评估应以获取的审计证据为基础,并可能随着不断获取审计证据而作出相应的变化。如果通过实施进一步审计程序获取的审计证据与初始评估获取的审计证据相矛盾,注册会计师应当修正风险评估结果,并相应修改原计划实施的进一步审计程序。因此,评估重大错报风险与了解被审计单位及其环境一样,也是一个连续和动态地收集、更新与分析信息的过程,贯穿于整个审计过程的始终。

课后练习

复习思考题

1. 什么是风险评估?注册会计师如何进行风险评估?
2. 注册会计师应从哪几个方面了解被审计单位及其环境?
3. 识别和评估重大错报风险时,注册会计应实施哪些审计程序?
4. 注册会计师应与治理层和管理层进行怎样沟通?

单项选择题

1. 实施风险评估时,下列各项审计程序中,注册会计师通常采用的是(　　)。
   A. 将财务报表与其所依据的会计记录相核对
   B. 识别异常的交易或事项,以及对财务报表和审计产生影响的金额、比率和趋势
   C. 对应收账款实施函证
   D. 以人工方式或使用计算机辅助审计技术,对记录或文件中的数据计算准确性进行核对

2. 下列各项中,注册会计师没有义务实施的程序是(　　)。
   A. 查找被审计单位内部控制运行中的所有重大缺陷
   B. 了解被审计单位情况及其环境
   C. 实施审计程序,以了解被审计单位内部控制的设计
   D. 实施穿行测试,以确定被审计单位相关控制活动是否得到执行

3. 在了解内部控制时,下列各项中,A注册会计师通常不实施审计程序的是(　　)。
   A. 了解控制活动是否得到执行　　B. 了解内部控制的设计
   C. 记录了解的内部控制　　　　　D. 寻找内部控制运行中的缺陷

4. 在下列各项中,不属于内部控制要素的是(　　)。
   A. 控制风险　　　　　　　　　　B. 控制活动
   C. 对控制的监督　　　　　　　　D. 控制环境

5. 下列有关控制环境的说法中,错误的是(　　)。
   A. 控制环境本身能防止或发现并纠正认定层次的重大错报
   B. 控制环境的好坏影响注册会计师对财务报表层次重大错报风险的评估
   C. 控制环境影响被审计单位内部生成的审计证据的可信赖程度

D. 控制环境影响实质性程序的时间安排

6. 下列关于了解内部控制的说法中,错误的是( )。

　A. 如果认为仅通过实质性程序无法将认定层次的检查风险降至可接受的低水平,应当了解相关的内部控制

　B. 针对特别风险,应当了解与该风险相关的控制

　C. 如果与经营和合规目标相关的控制与注册会计师实施审计程序时评价或使用的数据相关,则这些控制也可能与审计相关

　D. 注册会计师应当了解所有与财务报告相关的控制

7. 下列关于控制测试的表述中,不正确的是( )。

　A. 如果并不打算依赖内部控制,注册会计师就没有必要进一步了解业务流程层面的控制

　B. 如果不打算信赖内部控制,注册会计师就没有必要进行穿行测试

　C. 针对特别风险,注册会计师应当了解和评估相关的控制活动

　D. 如果认为仅通过实质性程序无法将认定层次的检查风险降至可接受的水平,注册会计师应当了解和评估相关的控制活动

8. 以下关于控制环境的说法中,不恰当的是( )。

　A. 在审计业务承接阶段,注册会计师无需了解和评价控制环境

　B. 在评估重大错报风险时,注册会计师应当将控制环境连同其他内部控制要素产生的影响一并考虑

　C. 在进行风险评估时,如果注册会计师认为被审计单位的控制环境薄弱,则很难认定某一流程的控制是有效的

　D. 在实施风险评估程序时,注册会计师需要对控制环境构成要素获取足够了解,并考虑内部控制的实质及其综合效果

9. 下列各项中,注册会计师在确定特别风险时不需要考虑的是( )。

　A. 潜在错报的重大程度

　B. 控制对相关风险的抵消效果

　C. 错报发生的可能性

　D. 风险的性质

10. 甲公司存在的下列事项中,最可能导致A注册会计师解除业务约定的是( )。

　A. 甲公司没有书面的内部控制

　B. 管理层诚信存在严重问题

　C. 管理层凌驾于内部控制之上

　D. 管理层没有及时完善内部控制存在的缺陷

11. 下列各项中,通常属于业务流程层面控制的是( )。

　A. 信息技术一般控制

　B. 应对管理层凌驾于控制之上的控制

　C. 信息技术应用控制

　D. 对期末财务报告流程的控制

□ 多项选择题

1. 下列各项中,属于注册会计师组织项目组讨论的主要目的有(　　)。
   A. 强调遵守职业道德的必要性
   B. 确保项目组成员具备足够的专业胜任能力
   C. 分享对甲公司及其环境了解所形成的见解
   D. 考虑甲公司由于舞弊导致重大错报的可能性

2. 了解控制环境时,注册会计师应当关注的内容有(　　)。
   A. 治理层相对于管理层的独立性
   B. 管理层的理念和经营风格
   C. 员工整体的道德价值观
   D. 对控制的监督

3. 注册会计师作出下列决策时,应当考虑控制环境的有(　　)。
   A. 确定控制测试的时间安排
   B. 期中实施审计程序后,针对剩余期间获取补充证据的多少
   C. 确定控制测试的时间间隔
   D. 确定细节测试的方向

4. 下列情形中,注册会计师认为通常适合采用信息技术控制的有(　　)。
   A. 存在大量、重复发生的交易
   B. 存在大额、异常的交易
   C. 存在难以定义、防范的错误
   D. 存在事先确定并一贯运用的业务规则

5. 下列活动中,注册会计师认为属于控制活动的有(　　)。
   A. 授权　　　B. 业绩评价　　　C. 风险评估　　　D. 职责分离

6. 下列有关注册会计师了解内部控制的说法中,正确的有(　　)。
   A. 注册会计师在了解被审计单位内部控制时,应当确定其是否得到一贯执行
   B. 注册会计师不需要了解被审计单位所有的内部控制
   C. 注册会计师对内部控制的了解通常不足以测试控制运行的有效性
   D. 注册会计师询问被审计单位人员不足以评价内部控制设计的有效性

7. 下列各项程序中,通常用作风险评估程序的有(　　)。
   A. 检查　　　B. 重新执行　　　C. 观察　　　D. 分析程序

8. 针对被审计单位新近推出的降价促销和免费运输措施,注册会计师可能认为导致(　　)的重大错报风险。
   A. 营业收入的准确性认定
   B. 营业成本的发生认定
   C. 销售费用的完整性认定
   D. 财务报表层次

9. 确定特别风险时,注册会计师的下列做法中,正确的有(　　)。
   A. 直接假定某公司收入确认存在特别风险
   B. 将某公司管理层舞弊导致的重大错报风险确定为特别风险

C. 直接假定某公司存货存在特别风险
D. 将某公司管理层凌驾于控制之上的风险确定为特别风险

☐ 综合题

A. 注册会计师是甲公司 2021 年度财务报表审计业务的项目合伙人。通过对甲公司及其环境的了解，发现甲公司 2021 年度存在以下需要关注的情况：

(1) 2021 年初，由于境外原材料供应商所在国战事频发，供应商多次提高原材料的价格和运费；

(2) 甲公司新的治理层上任后，撤销了内部审计部门，辞退了内部审计人员，将原有内部审计部门的日常工作交由财务部门进行不定期自查和监督；

(3) 甲公司的 1000 万元长期借款将于 2022 年 4 月 30 日到期，但预计不能按期偿还。甲公司管理层提请债权银行延期半年偿还，债权银行要求甲公司提供 2021 年度经审计的财务报表；

(4) 审计项目组成员在期中控制测试中发现，甲公司部分银行账户未编制月末银行存款余额调节表。甲公司管理层拟对该项内部控制进行整改。

(5) 由于开发商经营不善，甲公司委托某房地产开发公司承建的大型基建项目于 2021 年 8 月停工。何时开工尚难预料；

(6) 2021 年末，甲公司耗资 500 万元更换了新的会计电算化系统。为尽快适应新的信息技术环境，财务部门分期分批对全体财务人员进行了业务培训。

要求：

单独考虑上述各种情况，指出是否会导致甲公司 2021 年度财务报表产生重大错报风险。如认为产生重大错报风险，请指出重大错报风险是属于财务报表层还是认定层；如认为是认定层，请指明涉及财务报表的哪一个项目的哪一项认定，简要说明理由。

第七章

风险应对

◎ 本章学习目标

本章是审计理论的重要组成部分。通过本章的学习，掌握针对财务报表层次重大错报风险的总体应对措施；理解进一步实质性程序综合方案的内涵；了解针对认定层次重大错报风险的进一步审计程序的含义；理解并熟练掌握控制测试的性质、时间安排和范围；理解并熟练掌握实质性程序的性质、时间安排和范围。

第一节　针对财务报表层次重大错报风险的总体应对措施

在风险导向审计理念下,实施审计的过程就是识别、评估和应对财务报表重大错报风险的过程。注册会计师在采用风险评估程序了解被审计单位及其环境,充分识别和评估财务报表的重大错报风险后,便要考虑如何应对评估的重大错报风险问题。《中国注册会计师审计准则第1231号——针对评估的重大错报风险实施的程序》规范注册会计师针对已评估的重大错报风险确定总体应对措施,设计和实施进一步审计程序。为此,注册会计师应当针对评估的财务报表层次重大错报风险确定总体应对措施,并针对评估的认定层次重大错报风险设计和实施进一步审计程序,以将审计风险降至可接受的低水平。

一、针对财务报表层次重大错报风险的总体应对措施

财务报表层次重大错报风险,是指识别的与财务报表整体相关,涉及多项认定从而具有广泛影响性的重大错报风险。在财务报表重大错报风险的评估过程中,注册会计师应当确定,识别的重大错报风险是与特定的某类交易、账户余额、列报的认定相关,还是与财务报表整体广泛相关,进而影响多项认定。如果是后者,则属于财务报表层次的重大错报风险。

注册会计师针对评估的财务报表层次重大错报风险确定的总体应对措施可能包括：

对项目组强调保持职业怀疑的必要性；

指派更有经验或具有特殊技能的审计人员,或利用专家的工作；

提供更多的督导；

在选择拟实施的进一步审计程序时融入更多的不可预见的因素；

对拟实施审计程序的性质、时间安排或范围作出总体修改,如在期末而非期中实施实质性程序,或修改审计程序的性质以获取更具说服力的审计证据。

二、对源于控制环境的财务报表层次重大错报风险的考虑

财务报表层次的重大错报风险很可能源于薄弱的控制环境。薄弱的控制环境带来的风险可能对财务报表产生广泛影响。注册会计师对控制环境的了解影响其对财务报表层次重大错报风险的评估,从而影响所采取的总体应对措施。有效的控制环境可以增强注册会计师对内部控制的信心和对被审计单位内部生成的审计证据的信赖程度。例如,如果控制环境有效,注册会计师可以在期中而非期末实施某些审计程序；如果控制环境存在缺陷,则产生相反的影响。为应对无效的控制环境,注册会计师可以采取的措施如下：

在期末而非期中实施更多的审计程序；

通过实施实质性程序获取更广泛的审计证据；

增加拟纳入审计范围的经营地点的数量。

三、总体应对措施对拟实施进一步审计程序的总体方案的影响

财务报表层次重大错报风险难以限于某类交易、账户余额、列报的特点，意味着此类风险可能对财务报表的多项认定产生广泛影响，并相应增加注册会计师对认定层次重大错报风险的评估难度。因此，注册会计师评估的财务报表层次重大错报风险以及采取的总体应对措施，对拟实施进一步审计程序的总体方案具有重大影响。

注册会计师对财务报表层次重大错报风险拟实施进一步审计程序的总体方案包括实质性方案和综合性方案。其中，实质性方案是指注册会计师实施的进一步审计程序以实质性程序为主；综合性方案是指注册会计师在实施进一步审计程序时，将控制测试与实质性程序结合使用。当评估的财务报表层次重大错报风险属于高风险水平（并相应采取更强调审计程序不可预见性、重视调整审计程序的性质、时间和范围等总体应对措施）时，拟实施进一步审计程序的总体方案往往更倾向于实质性方案。

例 7-1·单选题

下列各项措施中，不能应对财务报表层次重大错报风险的是（　　）。
A. 在期末而非期中实施更多的审计程序
B. 扩大控制测试的范围
C. 增加拟纳入审计范围的经营地点的数量
D. 增加审计程序的不可预见性

【正确答案】C

【答案解析】选项 C 错误。应对财务报表层次重大错报风险需要扩大实质性程序的范围，通过实施实质性程序获取更广泛的审计证据。

第二节　针对认定层次重大错报风险的进一步审计程序

注册会计师应当针对评估的认定层次重大错报风险设计和实施进一步审计程序，包括审计程序的性质、时间和范围。

一、对认定层次风险进行评估的作用

注册会计师对识别出的认定层次风险进行评估，为确定总体审计方案提供了基础。例如，注册会计师可能确定以下几方面：

一是，只有实施控制测试才可以有效应对评估的特定认定重大错报风险；

二是，仅实施实质性程序对于特定认定是适当的，因此，注册会计师在对相关风险进行评估时不再考虑控制的影响。这可能是由于注册会计师在实施风险评估程序后没有发现任何与该认定相关的有效控制，或者由于控制测试效率不高，因而注册会计师在确定实质性程序的性质、时间安排和范围时，不拟信赖控制运行的有效性；

三是,将控制测试和实质性程序结合使用的综合性方案是一个有效的方案。

无论注册会计师选取哪种方案,注册会计师都需要针对所有重大类别的交易、账户余额和披露设计和实施实质性程序。

二、进一步审计程序的性质、时间安排和范围

(一)进一步审计程序的含义

进一步审计程序相对风险评估程序而言,是指注册会计师针对评估的各类交易、账户余额、列报(包括披露)认定层次重大错报风险实施的审计程序,包括控制测试和实质性程序。

注册会计师针对所评估的认定层次重大错报风险所设计和实施进一步审计程序,包括审计程序的性质、时间和范围。注册会计师设计和实施的进一步审计程序的性质、时间和范围,应当与评估的认定层次重大错报风险具备明确的对应关系。这些条款的实质是要求注册会计师实施的审计程序具有目的性和针对性,有的放矢地配置审计资源,提高审计效率和效果。

(二)进一步审计程序的性质

审计程序的性质是指审计程序的目的和类型。审计程序的目的包括实施控制测试以评价内部控制在防止或发现并纠正认定层次重大错报方面运行的有效性,实施实质性程序以发现认定层次重大错报。审计程序的类型包括检查、观察、询问、函证、重新计算、重新执行和分析程序。在应对评估的风险时,确定审计程序的性质是最重要的。

(三)审计程序的时间安排

审计程序的时间安排是指注册会计师何时实施审计程序,或审计证据适用的期间或时点。

(四)审计程序的范围

审计程序的范围是指实施审计程序的数量,如抽取的样本量或对某项控制活动的观察次数。

注册会计师需要根据并针对评估的认定层次重大错报风险设计和实施进一步审计程序(包括审计程序的性质、时间安排和范围),使进一步审计程序和风险评估结果之间具备明确的对应关系。

三、应对评估的认定层次风险

注册会计师评估的风险可能影响拟实施的审计程序的类型及其综合运用。例如,当评估的风险较高时,注册会计师除检查文件外,还可能决定向交易对方函证合同条款的完整性。此外,对于与某些认定相关的错报风险,实施某些审计程序可能比其他审计程序更适当。例如,在测试收入时,对于与收入完整性认定相关的错报风险,控制测试可能最能有效应对;对于与收入发生认定相关的错报风险,实质性程序可能最能有效应对。

(一)进一步审计程序的性质的选择

在确定审计程序的性质时,注册会计师需要考虑形成风险评估结果的依据。例如,对于某类交易,注册会计师可能判断即使在不考虑相关控制的情况下发生错报的风险仍较低,此时仅实施实质性分析程序就可以获取充分、适当的审计证据;另一方面,如果注册会计师预期存在与此类交易相关的内部控制的情况下发生错报的风险较低,且拟基于这一评估的低风险设计实质性程序,注册会计师需要按照准则的要求实施控制测试。对于在被审计单位信息系统中进行日常处理和控制的、常规且不复杂的交易,这种情况可能出现。

(二)进一步审计程序的时间安排

1. 时间安排

注册会计师可以在期中或期末实施控制测试或实质性程序。当重大错报风险越高时,注册会计师可能认为在期末或接近期末而非期中实施实质性程序,或采用不通知的方式(如在不通知的情况下对选取的经营地点实施审计程序),或在管理层不能预见的时间实施审计程序更有效。这在考虑应对舞弊风险时尤为相关。例如,如果识别出故意错报或操纵会计记录的风险,注册会计师可能认为将期中得出的结论延伸至期末而实施的审计程序是无效的。

在期末之前实施审计程序可能有助于注册会计师在审计工作初期识别重大事项,并在管理层的协助下及时解决这些事项,或针对这些事项制定有效的审计方案。

某些审计程序只能在期末或期后实施:

(1)核对财务报表与会计记录;

(2)检查财务报表编制过程中作出的会计调整;

(3)为应对被审计单位可能在期末签订不适当的销售合同的风险,或交易在期末可能尚未完成的风险而实施的程序。

2. 影响注册会计师考虑在何时实施审计程序的其他相关因素

(1)控制环境;

(2)何时能得到相关信息。例如,某些电子文档如未能及时取得,可能被覆盖;再如,某些拟观察的程序可能只在特定时点发生;

(3)错报风险的性质。例如,如果存在被审计单位为了保证盈利目标的实现而伪造销售合同以虚增收入的风险,注册会计师可能需要检查截至期末的所有销售合同;

(4)审计证据适用的期间或时点。

(三)进一步审计程序的范围

在确定必要的审计程序的范围时,注册会计师需要考虑重要性、评估的风险和计划获取的保证程度。如果需要通过实施多个审计程序实现某一目的,注册会计师需要分别考虑每个程序的范围。一般而言,审计程序的范围随着重大错报风险的增加而扩大。例如,在应对评估的由于舞弊导致的重大错报风险时,增加样本量或实施更详细的实质性分析程序可能是适当的。但是,只有当审计程序本身与特定风险相关时,扩大审计程序的范围才是有效的。

使用计算机辅助审计技术对电子化的交易和账户文档进行更广泛的测试,有助于注册会计师修改测试范围(如针对由于舞弊导致的重大错报风险的测试范围)。这是因为计算机辅助审计技术可以用于从主要电子文档中选取交易样本,按照某一特征对交易进行分类,或对总体而非样本进行测试。

温馨提示

当由于评估的风险较高而需要获取更具说服力的审计证据时,注册会计师可能需要增加所需审计证据的数量,或获取更具相关性或可靠性的证据,如更多地从第三方获取证据或从多个独立渠道获取互相印证的证据。

小知识

对于公共部门实体审计,授权审计的文件和其他特殊的审计要求可能影响注册会计师对进一步审计程序的性质、时间安排和范围的考虑。

小型被审计单位可能不存在很多能够被注册会计师识别的控制活动,或者对控制活动的存在或运行的记录程度可能有限。在这种情况下,注册会计师实施以实质性程序为中的进一步审计程序可能效率更高。但是在极少数情况下,缺乏控制活动或控制的其他组成要素可能使注册会计师无法获取充分、适当的审计证据。

例7-2·单选题

下列各项审计程序中,注册会计师在实施控制测试和实质性程序时均可以采用的是( )。

A. 分析程序

B. 函证

C. 重新执行

D. 检查

【正确答案】D

【答案解析】分析程序与函证程序属于实质性程序,重新执行属于控制测试,检查程序同时属于控制测试和实质性程序。

例7-3·单选题

下列有关注册会计师实施进一步审计程序的时间的说法中,错误的是( )。

A. 如果被审计单位的控制环境良好,注册会计师可以更多地在期中实施进一步审计程序

B. 注册会计师在确定何时实施进一步审计程序时需要考虑能够获取相关信息的时间

C. 如果评估的重大错报风险为低水平,注册会计师可以选择资产负债表日前适当日期为截止日实施函证

D. 对于被审计单位发生的重大交易,注册会计师应当在期末或期末以后实施实质性程序

【正确答案】D

【答案解析】选项 D 不准确。对于被审计单位发生的重大交易,注册会计师通常在期末或期末以后实施实质性程序,而非"应当"。

第三节　控制测试

一、控制测试的内涵和要求

(一)控制测试的含义

控制测试,是指用于评价内部控制在防止或发现并纠正认定层次重大错报方面的运行有效性的审计程序。测试控制运行的有效性与确定控制是否得到执行所需获取的审计证据是不同的。在实施风险评估程序以获取控制是否得到执行的审计证据时,注册会计师应当确定某项控制是否存在,被审计单位是否正在使用。

测试控制运行有效性与了解控制和评价控制的设计和执行是不同的,但是所采用的审计程序的类型是相同的。因此,注册会计师可以决定在评价控制的设计以及确定其是否得到执行的同时测试控制运行的有效性,以提高审计效率。

(二)控制测试的要求

当存在下列情形之一时,注册会计师应当设计和实施控制测试,针对相关控制运行的有效性,获取充分、适当的审计证据:

在评估认定层次重大错报风险时,预期控制的运行是有效的(即在确定实质性程序的性质、时间安排和范围时,注册会计师拟信赖控制运行的有效性);

仅实施实质性程序并不能够提供认定层次充分、适当的审计证据。

只有认为控制设计合理、能够防止或发现并纠正认定层次的重大错报,注册会计师才实施控制测试。如果被审计单位在所审计期间内的不同时期使用了显著不同的控制,注册会计师要分别考虑不同时期的控制。

在某些情况下,注册会计师可能发现仅通过实施有效的实质性程序无法获取认定层次的充分、适当的审计证据,例如,被审计单位采用信息技术处理业务,除信息系统中的信息外不生成或保留任何与业务相关的文件记录。在这种情况下,根据准则的要求,注册会计师需要对相关控制实施测试。

温馨提示

当注册会计师采取的总体审计方案主要以控制测试为主,尤其是仅通过实施实质性程序无法或不能获取充分、适当的审计证据时,注册会计师可能需要获取有关控制运行有效性的更高水平的保证。

二、控制测试的性质

(一)控制测试的性质的含义

控制测试的性质是指控制测试所使用的审计程序的类型及其组合。计划从控制测试中获取的保证水平是决定控制测试性质的主要因素之一。注册会计师应当选择适当类型的审计程序以获取有关控制运行有效性的保证。计划的保证水平越高,对有关控制运行有效性的审计证据的可靠性要求越高。注册会计师获取的有关控制运行有效性的证据应当包括以下几点:

控制在所审计期间的相关时点是如何运行的;

控制是否得到一贯执行;

控制由谁或以何种方式执行。

通常控制测试的审计程序包括询问、观察、检查、重新执行和穿行测试。

(1)询问。注册会计师可以向被审计单位适当员工询问,获取与内部控制运行情况相关的信息。询问本身并不足以测试控制运行的有效性。因此,注册会计师需要将询问与其他审计程序结合使用。而观察提供的证据仅限于观察发生的时点,因此,将询问与检查或重新执行结合使用,可能比仅实施询问和观察获取更高水平的保证。

(2)观察。观察是测试不留下书面记录的控制(如职责分离)的运行情况的有效方法。通常情况下,注册会计师通过观察直接获取的证据比间接获取的证据更可靠。但是,注册会计师还要考虑其所观察结果控制在注册会计师不在场时可能未被执行的情况。

(3)检查。对运行情况留有书面证据的控制,检查非常适用。书面说明、复核时留下的记号,或其他记录在偏差报告中的标志都可以被当作控制运行情况的证据。

(4)重新执行。通常只有当询问、观察和检查程序结合在一起仍无法获得充分的证据时,注册会计师才考虑通过重新执行来证实控制是否有效运行。但是,如果需要进行大量的重新执行,注册会计师就要考虑通过实施控制测试以缩小实质性程序的范围是否有效率。

(5)穿行测试。穿行测试是通过追踪交易在财务报告信息系统中的处理过程,来证实注册会计师对控制的了解、评价控制设计的有效性以及确定控制是否得到执行。值得注意的是,穿行测试不是单独的一种程序,而是将多种程序按特定审计需要进行结合运用的方法。可见,穿行测试更多地在了解内部控制时运用。但在执行穿行测试时,注册会计师可能获取部分控制运行有效性的审计证据。

温馨提示

某些风险评估程序并非专为控制测试设计,但可以提供有关控制运行有效性的审计证据,从而也能够作为控制测试。例如,注册会计师实施的风险评估程序可能包括:

(1)询问管理层对预算的使用;
(2)观察管理层对月度预算费用与实际费用的比较;
(3)检查预算金额与实际金额之间的差异报告。

通过实施这些审计程序,注册会计师可以了解被审计单位预算管理制度的设计及其是否得到执行,同时也可以获取关于这些制度在预防或发现费用的重大错报方面运行的有效性的审计证据。

(二)确定控制测试的性质时的要求

在确定实施哪种程序以获取有关控制运行是否有效的审计证据时,注册会计师需要考虑特定控制的性质。例如,某些控制通过文件记录证明其运行的有效性,在这种情况下,注册会计师可能需要检查这些文件记录以获取控制运行有效的审计证据。而某些控制可能不存在文件记录,或文件记录与控制运行是否有效不相关。例如,控制环境中的某些要素(如职权和责任的分配),或某些由计算机实施的控制活动,可能不会留下运行记录。在这种情况下,注册会计师可能需要通过询问并结合其他审计程序(如观察)或借助计算机辅助审计技术,获取有关控制运行有效性的审计证据。

(三)双重目的测试考虑

控制测试的目的是评价控制是否有效运行;细节测试的目的是发现认定层次的重大错报。尽管控制测试和细节测试的目的不同,注册会计师可以考虑针对同一交易同时实施控制测试和细节测试,以实现双重目的,这种做法称为双重目的测试。双重目的测试是通过分别考虑每个测试的目的而设计和评价的。例如,注册会计师可以通过检查某笔交易的发票这项程序,实现以下两个目的:一是确定其是否经过适当的授权,二是获取关于该交易的发生、准确性等认定的审计证据。

(四)实施实质性程序的结果对控制测试结果的影响

如果通过实施实质性程序未发现某项认定存在错报,这本身并不能说明与该认定有关的控制是有效运行的;但如果通过实施实质性程序发现某项认定存在错报,注册会计师应当在评价相关控制的运行有效性时予以考虑。因此,注册会计师应当考虑实施实质性程序发现的错报对评价相关控制运行有效性的影响(如降低对相关控制的信赖程度、调整实质性程序的性质、扩大实质性程序的范围等)。如果实施实质性程序发现被审计单位没有识别出的重大错报,通常表明内部控制存在重大缺陷,注册会计师应当就这些缺陷与管理层和治理层进行沟通。

三、控制测试的范围

对于控制测试的范围主要是指某项控制活动的测试次数。注册会计师应当设计控制测试,以获取控制在整个拟信赖的期间有效运行的充分、适当的审计证据。

(一)确定控制测试范围考虑的因素

当针对控制运行的有效性需要获取更具说服力的审计证据时,可能需要扩大控制测试的范围。在确定控制测试的范围时,除考虑对控制的信赖程度外,注册会计师还可能考虑以下因素。

在拟信赖期间,被审计单位执行控制的频率;

在所审计期间,注册会计师拟信赖控制运行有效性的时间长度;

控制的预期偏差率;

拟获取的有关认定层次控制运行有效性的审计证据的相关性和可靠性;

通过测试与认定相关的其他控制获取的审计证据的范围。

(二)对自动化控制测试范围的特别考虑

对自动化控制来说,除非系统(包括系统使用的表格、文档或其他永久性数据)发生变动,注册会计师通常不需要扩大自动化控制的测试范围。对于自动化应用控制,一旦确定某项自动化控制能够发挥预期作用(可在最初实施该控制的时点或其他时点确定),注册会计师就可能需要考虑实施测试以确定该控制是否持续有效运行。这些测试可能包括确定:程序修改是否已经过适当的程序变动控制;交易处理所用软件是否为授权批准版本;其他相关的一般控制是否运行有效。

这些测试还可能包括确定系统是否未发生变动。例如,当被审计单位使用软件包应用程序而没有对其进行修改或维护时,注册会计师可以检查信息系统安全管理记录,以获取在所审计期间不存在未经授权接触系统的审计证据。

(三)间接控制的测试的考虑

在某些情况下,注册会计师可能有必要获取有关间接控制运行有效性的审计证据。例如,被审计单位可能针对超出信用额度的例外赊销交易设置报告和审核制度,在测试这项制度运行的有效性时,审核制度和相关的跟进措施是与测试直接相关的控制,与例外赊销报告中信息准确性相关的控制(如信息技术一般控制)则被称为间接控制。

由于信息技术处理过程的内在一贯性,有关自动化应用控制得到执行的审计证据,连同信息技术一般控制(特别是对系统变动的控制)运行有效性的审计证据,也可能提供有关自动化应用控制运行有效性的重要审计证据。

三、控制测试的时间

(一)测试的时间的含义

控制测试的时间包含两层含义:一是何时实施控制测试;二是测试所针对的控制适用的时点或期间。如果仅需要测试控制在特定时点运行的有效性(如对被审计单位期末存货盘点进行控制测试),注册会计师只需要获取该时点的审计证据。如果拟信赖控制在某一期间运行的有效性,注册会计师需要实施其他测试,以获取相关控制在该期间内的相关时点运行有效的审计证据。这种测试可能包括测试被审计单位对控制的监督。因此,注册会计师应当根据控制测试的目的确定控制测试的时间,测试其拟信赖的特定时点或整个期间的控制,为预期信赖程度提供恰当的依据。

(二)利用期中审计证据的考虑

注册会计师可能在期中实施进一步审计程序。对于控制测试,注册会计师在期中实施此类程序具有更积极的作用。因为即使注册会计师已获取有关控制在期中运行有效性的审计证据,仍然需要考虑如何能够将控制在期中运行有效性的审计证据合理延伸至期末,一个基本的考虑是针对期中至期末这段剩余期间获取充分、适当的审计证据。所以,如果已获取有关控制在期中运行有效性的审计证据,并拟利用该证据,注册会计师应当实施下列审计程序:

1. 获取这些控制在剩余期间发生重大变化的审计证据

针对期中已获取审计证据的控制,考察这些控制在剩余期间的变化情况(包括是否发生了变化以及如何变化);如果这些控制在剩余期间没有发生变化,注册会计师可能决定信赖期中获取的审计证据;如果这些控制在剩余期间发生了变化,注册会计师需要了解并测试控制的变化对期中审计证据的影响。

2. 确定针对剩余期间还需获取的补充审计证据

在确定需要获取哪些补充审计证据以证明控制在期中之后的剩余期间仍然有效运行时,注册会计师需要考虑的相关因素包括:

(1)评估的认定层次重大错报风险的重要程度;

(2)在期中测试的特定控制,以及自期中测试后发生的重大变动,包括在信息系统、流程和人员方面发生的变动;

(3)在期中对有关控制运行的有效性获取的审计证据的程度;

(4)剩余期间的长度;

(5)在信赖控制的基础上拟缩小实质性程序的范围;

(6)控制环境。

(三)利用以前审计获取的审计证据的考虑

在某些情况下,如果注册会计师实施了用以确定审计证据持续相关性的审计程序,以前审计获取的审计证据可以为本期提供相关审计证据。例如,在以前期间执行审计时,注册会计师可能确定被审计单位某项自动化控制能够发挥预期作用。那么在本期审计中,注册会计师可能需要获取审计证据以确定是否发生了影响该自动化控制持续有效发挥作用的变化。例如,注册会计师可以通过询问管理层或检查日志,确定哪些控制已经发生变化。通过考虑控制变化的证据,注册会计师可以增加或减少需要在本期获取的有关控制运行是否有效的审计证据。

1. 确定利用以前获取审计证据时考虑的因素

在确定利用以前审计获取的有关控制运行有效性的审计证据是否适当,以及再次测试控制的时间间隔时,注册会计师应当考虑下列因素。

(1)内部控制其他要素的有效性,包括控制环境、被审计单位对控制的监督以及被审计单位的风险评估过程。

(2)控制特征(人工控制还是自动化控制)产生的风险。

(3)信息技术一般控制的有效性。

(4)控制设计及其运行的有效性,包括在以前审计中发现的控制运行偏差的性质和程度,以及是否发生对控制运行产生重大影响的人员变动。

(5)是否存在由于环境发生变化而特定控制缺乏相应变化导致的风险。

(6)重大错报风险和对控制的信赖程度。

2. 确定以前获取的审计证据是否与本期审计持续相关

如果拟利用以前审计获取的有关控制运行有效性的审计证据,注册会计师应当通过获取这些控制在以前审计后是否发生重大变化的审计证据,确定以前审计获取的审计证据是否与本期审计持续相关。

注册会计师应当通过实施询问并结合观察或检查程序,获取这些控制是否发生重大变化的审计证据,以确认对这些控制的了解,并根据下列情况作出不同处理。

(1)如果已发生变化,且这些变化对以前审计获取的审计证据的持续相关性产生影响,注册会计师应当在本期审计中测试这些控制运行的有效性。

(2)如果未发生这些变化,如果拟信赖的控制自上次测试后未发生变化,且不属于旨在减轻特别风险的控制,注册会计师需要运用职业判断确定是否在本期审计中测试其运行的有效性。注册会计师应当每三年至少对控制测试一次,并且在每年审计中测试部分控制,以避免将所有拟信赖控制的测试集中于某一年,而在之后的两年中不进行任何测试。

图7-1概括了注册会计师是否需要在本期测试某项控制的决策过程。

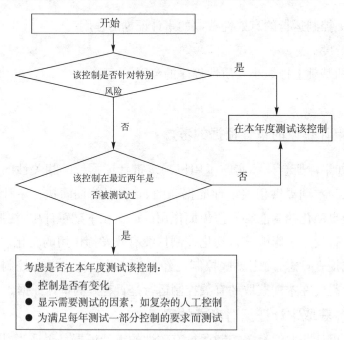

图7-1 本审计期间测试某项控制的决策图

(四)不得依赖以前审计所获取证据的情形

一般情况下,重大错报风险越高,或对控制的拟信赖程度越高,时间间隔(如有)就越短。下列因素可能缩短再次测试控制的时间间隔或导致完全不信赖以前审计获取的审计证据:控制环境薄弱;对控制的监督薄弱;相关控制中的人工成分较多;发生对控制运行产生重大影响的人事变动;环境的变化表明需要对控制作出相应的变动;信息技术一般控制薄弱。

> **温馨提示**
>
> 如果注册会计师拟信赖以前审计已获取审计证据的多个控制,在每次审计中测试其中的某些控制可以为控制环境的持续有效性提供佐证信息。这些信息能够帮助注册会计师确定依赖以前审计获取的审计证据是否适当。

四、评价控制运行的有效性

在评价相关控制运行的有效性时,注册会计师应当评价通过实施实质性程序发现的错报是否表明控制未得到有效运行。注册会计师实施审计程序发现的重大错报,是表明内部控制存在值得关注的内部控制缺陷的重要迹象。但通过实质性程序未发现错报,并不能证明与所测试认定相关的控制是有效的。在理解控制运行的有效性时,注册会计师需要意识到被审计单位控制运行可能存在偏差。偏差产生的原因可能是关键人员发生变动、交易量发生重大季节性波动或人为错误等。如果发现拟信赖的控制出现偏差,注册会计师应当进行专门询问以了解这些偏差及其潜在后果,并确定:

(1)已实施的控制测试是否为信赖这些控制提供了适当的基础;
(2)是否有必要实施追加的控制测试;
(3)是否需要针对潜在的错报风险实施实质性程序

发现的偏差率,尤其是在与预期偏差率进行比较后,可能表明注册会计师无法信赖该控制,以将认定层次的风险降至注册会计师评估的水平。

例7-4·多选题

下列有关利用以前审计获取的有关控制运行有效性的审计证据的说法中,错误的有( )。

A.如果拟信赖以前审计获取的有关控制运行有效性的审计证据,注册会计师应当通过询问程序获取这些控制是否已经发生变化的审计证据

B.如果拟信赖控制在本期发生变化,注册会计师应当考虑以前审计获取的有关控制运行有效性的审计证据是否与本期审计相关

C.如果拟信赖控制在本期未发生变化,注册会计师可以运用职业判断决定不在本期测试其运行的有效性

D. 如果拟信赖控制在本期未发生变化,控制应对的重大错报风险越高,本次控制测试与上次控制测试的时间间隔越短

【正确答案】AC

【答案解析】选项 A 错误,仅通过询问不足以证实内控是否有效;选项 C 错误,如果拟信赖的控制是针对特别风险的控制,即使在本期未发生变化,注册会计师也应在本期测试其运行的有效性选项。

第四节 实质性程序

一、实质性程序的含义和要求

(一)实质性程序的含义

实质性程序,是指用于发现认定层次重大错报的审计程序。实质性程序包括下列两类程序:

(1)对各类交易、账户余额和披露的细节测试。细节测试是对各类交易、账户余额、列报的具体细节进行测试,目的在于直接识别财务报表认定是否存在错报。

(2)实质性分析程序。实质性分析程序主要是通过研究数据间关系评价信息,只是将该技术方法用作实质性程序,即用以识别各类交易、账户余额、列报及相关认定是否存在错报。实质性分析程序从技术特征上仍然是分析程序。

由于注册会计师对重大错报风险的评估是一种判断,可能无法充分识别所有的重大错报风险,并且由于内部控制存在固有局限性,无论评估的重大错报风险结果如何,注册会计师都应当针对所有重大类别的交易、账户余额和披露,设计和实施实质性程序。

(二)实质性程序的总体要求

1. 与财务报表编制完成阶段相关的实质性程序的考虑

注册会计师实施的实质性程序应当包括下列与财务报表编制完成阶段相关的审计程序:

(1)将财务报表与其所依据的会计记录进行核对或调节;

(2)检查财务报表编制过程中作出的重大会计分录和其他调整。

注册会计师对会计分录和其他会计调整检查的性质和范围,取决于被审计单位财务报告过程的性质和复杂程度以及由此产生的重大错报风险。

2. 针对特别风险实施的实质性程序

如果认为评估的认定层次重大错报风险是特别风险,注册会计师应当专门针对该风险实施实质性程序。例如,如果认为管理层面临实现盈利指标的压力而可能提前确认收入,注册会计师在设计询证函时不仅应当考虑函证应收账款的账户余额,还应当考虑询证销售协议的细节条款,如交货、结算及退货条款;注册会计师还可考虑在实施函证的基础上针对销售协议及其变动情况询问被审计单位的非财务人员。

如果针对特别风险仅实施实质性程序,注册会计师应当使用细节测试,或将细节测试和实质性分析程序结合使用,以获取充分、适当的审计证据。

二、实质性程序的性质

实质性程序的性质,是指实质性程序的类型及其组合。实质性程序的两种基本类型包括细节测试和实质性分析程序。

由于细节测试和实质性分析程序的目的和技术手段存在一定差异,因此各自有不同的适用领域。注册会计师应当根据各类交易、账户余额、列报的性质选择实质性程序的类型。细节测试适用于对各类交易、账户余额、列报认定的测试,尤其是对存在或发生、计价认定的测试;对在一段时期内存在可预期关系的大量交易,注册会计师可以考虑实施实质性分析程序。

(一)实质性程序的性质

1. 实质性程序的性质

根据具体情况,注册会计师可能确定的具体实质性程序包括:

(1)仅实施实质性分析程序就足以将审计风险降至可接受的低水平,如当实施控制测试获取的审计证据可以支持风险评估结果时;

(2)仅实施细节测试是适当的;

(3)将细节测试与实质性分析程序结合使用可以最恰当地应对评估的风险。

2. 实施实质性分析程序应考虑的因素

在设计和实施实质性分析程序时,无论单独使用或与细节测试结合使用,注册会计师应当考虑下列因素:

(1)考虑针对所涉及认定评估的重大错报风险和实施的细节测试(如有),确定特定实质性分析程序对这些认定的适用性;

(2)考虑可获得信息的来源、可比性、性质和相关性以及与信息编制相关的控制,评价在对已记录的金额或比率作出预期时使用数据的可靠性;

(3)对已记录的金额或比率作出预期,并评价预期值是否足够精确地识别重大错报(包括单项重大的错报和单项虽不重大但连同其他错报可能导致财务报表产生重大错报的错报);

(4)确定已记录金额与预期值之间可接受的,且无需按准则规定要求作进一步调查的差异额。

3. 设计细节测试时的考虑

在设计细节测试时,注册会计师需要考虑风险和认定的性质。例如,在针对存在或发生认定设计细节测试时,注册会计师可能需要选择已经包含在财务报表金额中的项目,并获取相关审计证据。另一方面,在针对完整性认定设计细节测试时,注册会计师可能需要选择应包含在财务报表金额中的项目,并调查这些项目是否确实包含在内。

4. 考虑是否将函证程序用作实质性程序

当涉及与账户余额及其要素相关的认定时,通常使用函证程序,但不必局限在这些项目。例如,注册会计师可能对被审计单位与其他方签订的协议、合同或交易的条款实施函证,还可能实施函证程序以获取有关某些条件不存在的审计证据。例如,注册会计师可能专门实施函证程序,以证实不存在可能与收入截止认定相关的"背后协议"。在应对评估的重大错报风险时,函证程序可能提供相关审计证据的其他情况。注册会计师可能认为,为某一目的而实施的函证程序可能能够提供关于其他事项的审计证据。例如,对银行存款余额进行函证时,通常还包括对与其他财务报表认定相关的信息进行函证。这种情况可能促使注册会计师作出实施函证程序的决策。

可能帮助注册会计师确定是否拟将函证程序作为实质性程序的因素包括:

(1)被询证者对函证事项的了解。如果被询证者对所函证的信息具有必要的了解,其提供的回复可靠性更高。

(2)预期被询证者回复询证函的能力或意愿。例如,在下列情况下,被询证者可能不会回复,也可能只是随意回复或可能试图限制对其回复的依赖程度:被询证者可能不愿承担回复询证函的责任;被询证者可能认为回复询证函成本太高或消耗太多时间;被询证者可能对因回复询证函而可能承担的法律责任有所担心;被询证者可能以不同币种核算交易;回复询证函不是被询证者日常经营的重要部分。

(3)预期被询证者的客观性。如果被询证者是被审计单位的关联方,则其回复的可靠性会降低。

二、实质性程序的范围

实质性分析程序的范围有两层含义。第一层含义是对什么层次上的数据进行分析,注册会计师可以选择在高度汇总的财务数据层次进行分析,也可以根据重大错报风险的性质和水平调整分析层次。第二层含义是需要对什么幅度或性质的偏差展开进一步调查。实施分析程序可能发现偏差,但并非所有的偏差都值得展开进一步调查。可容忍或可接受的偏差(即预期偏差)越大,作为实质性分析程序一部分的进一步调查的范围就越小。

在确定实质性程序的范围时,注册会计师应当考虑评估的认定层次重大错报风险和实施控制测试的结果。注册会计师评估的认定层次的重大错报风险越高,需要实施实质性程序的范围越广。由于注册会计师在评估重大错报风险时考虑了内部控制,如果对控制测试结果不满意,注册会计师可能需要扩大实质性程序的范围。然而,只有当审计程序本身与特定风险相关时,扩大审计程序的范围才是适当的。

在设计细节测试时,注册会计师通常从样本量的角度考虑测试范围,但还可能考虑其他相关因素,包括使用其他选取测试项目的方法是否更有效等。注册会计师选取测试项目的方法包括:

(1)选取全部项目(100%检查);

(2)选取特定项目;

(3)审计抽样。

三、实质性程序的时间

(一)考虑是否在期中实施实质性程序

注册会计师在期中实施实质性程序而未在其后实施追加程序,将增加期末可能存在错报而未被发现的风险,并且该风险随着剩余期间的延长而增加。下列因素可能对是否在期中实施实质性程序产生影响：

1. 控制环境和其他相关控制；
2. 实施审计程序所需要的信息在期中之后的可获得性；
3. 实质性程序的目的；
4. 评估的重大错报风险；
5. 特定类别的交易或账户余额以及相关认定的性质；
6. 针对剩余期间，注册会计师能否通过实施适当的实质性程序或将实质性程序与控制测试相结合，降低期末可能存在错报而未被发现的风险。

(二)利用期中获取的审计证据

如果在期中实施了实质性程序，注册会计师应当针对剩余期间实施下列程序之一，以将期中测试得出的结论合理延伸至期末：

1. 结合对剩余期间实施的控制测试，实施实质性程序；
2. 如果认为对剩余期间拟实施的实质性程序是充分的，仅实施实质性程序

在某些情况下，注册会计师可能认为在期中实施实质性程序，并将期末余额的相关信息与期中的可比信息进行比较和调节，对于实现下列目的是有效的：识别显示异常的金额；调查这些异常金额；实施实质性分析程序或细节测试以测试剩余期间。

下列因素可能对是否就期中至期末实施实质性分析程序产生影响：

一是，特定类别交易的期末累计发生额或期末账户余额在金额、相对重要性及构成方面能否被合理预期；

二是，被审计单位在期中对此类交易或账户余额进行分析和调整的程序及确保截止正确的程序是否恰当；

三是，与财务报告相关的信息系统能否提供关于期末账户余额和剩余期间的交易的充分信息，以足以调查下列事项：重大的异常交易或会计分录(尤其在期末或接近期末发生的交易或会计记录)；导致重大波动的其他原因或预期发生但未发生的波动；特定类别的交易或账户余额在构成上的变动。

(三)期中发现的错报的考虑

如果期中检查出注册会计师在评估重大错报风险时未预期到的错报，注册会计师应当评价是否需要修改相关的风险评估结果以及针对剩余期间拟实施的实质性程序的性质、时间安排或范围。

温馨提示

以前审计获取的审计证据的考虑

在多数情况下,在以前审计中实施实质性程序获取的审计证据,通常对本期只有很弱的证据效力或没有证据效力。但是,也有例外。例如,由于证券化的结构未发生变化,以前审计中获得的与证券化结构有关的法律意见可能在本期仍适用。又如,以前审计通过实质性程序测试过的某项诉讼在本期没有任何实质性进展。在这些情况下,使用在以前审计的实质性程序中获取的审计证据可能是适当的,前提是该证据及其相关事项未发生重大变动,并且本期已实施用以确认是否具有持续相关性的审计程序。

四、列报和披露的恰当性

注册会计师应当实施审计程序,评价财务报表的总体列报与相关披露是否符合适用的财务报告编制基础的规定。评价财务报表的整体列报(包括相关披露)涉及考虑单一财务报表的列报方式是否反映了财务信息的适当分类和描述,以及财务报表及其附注的形式、排列和内容;同时包括所使用的术语、所提供的明细金额、报表项目的分类以及所列金额的依据等。

五、审计工作底稿

注册会计师应当就下列事项形成审计工作底稿:

1. 针对评估的财务报表层次重大错报风险采取的总体应对措施,以及实施的进一步审计程序的性质、时间安排和范围;
2. 实施的进一步审计程序与评估的认定层次风险之间的联系;
3. 实施进一步审计程序的结果,包括在结果不明显时得出的结论。
4. 如果拟利用在以前审计中获取的有关控制运行有效性的审计证据,注册会计师应当记录信赖这些控制的理由和结论。

注册会计师的审计工作底稿应当能够证明财务报表与其所依据的会计记录是一致的或调节相符的。

例7-5·单选题

下列针对重大账户余额实施审计程序的说法中,正确的是( )。

A. 注册会计师应当实施细节测试
B. 注册会计师应当实施控制测试
C. 注册会计师应当实施实质性程序
D. 注册会计师应当实施控制测试和实质性程序

【正确答案】C

【答案解析】审计准则要求注册会计师针对重大的各类交易、账户余额和披露实施实质性程序。

例7-6·单选题

下列关于实质性程序时间安排的说法中,错误的是（　　）。

A.注册会计师评估的某项认定的重大错报风险越高,越应当考虑将实质性程序集中在期末或接近期末实施

B.控制环境和其他相关的控制越薄弱,注册会计师越不宜在期中实施实质性程序

C.如果实施实质性程序所需信息在期中之后难以获取,注册会计师应考虑在期中实施实质性程序

D.如果在期中实施了实质性程序,注册会计师应当针对剩余期间实施控制测试,以将期中测试得出的结论合理延伸至期末

【正确答案】D

【答案解析】选项D错误。将期中实质性程序获取证据的有效性延伸到期末的两种选择：一是针对剩余期间实施进一步实质性程序（首选）；二是将实质性程序和控制测试结合使用（备选）。仅实施控制测试无法以将期中实质性程序的结论合理延伸至期末。

课后练习

□复习思考题

1.注册会计师针对财务报表层次重大错报风险应采取哪些总体应对措施？

2.什么是进一步审计程序？说明进一步审计程序的性质、时间和范围。

3.何谓控制测试？说明控制测试的性质、时间和范围。

4.何谓实质性测试？说明实质性测试的性质、时间和范围。

□单项选择题

1.确定进一步审计程序的性质时,注册会计师首先需要考虑的是（　　）。

　　A.报表层次重大错报风险的评估结果

　　B.被审计单位内部控制的有效性

　　C.认定层次重大错报风险的评估结果

　　D.对被审计单位及其环境的了解

2.下列有关控制测试程序的说法中,正确的是（　　）。

　　A.观察程序应当与其他程序结合使用

　　B.检查程序适用于所有控制测试

　　C.重新执行程序适用于所有控制测试

　　D.重新执行提供的保证程度最高

3.确定控制测试的性质时,注册会计师应当考虑的主要因素是（　　）。

A. 计划从控制测试中获取的保证水平

B. 是否依赖内部控制

C. 计划从实质性程序中获取的保证水平

D. 控制设计是否合理

4. 如果期中已获得有关控制有效运行的证据,注册会计师需要针对剩余期间控制的有效性获取的审计证据的数量不受下列(　　)的影响。

　A. 初步评估的控制风险

　B. 剩余期间的长度

　C. 计划实施实质性程序的范围

　D. 控制在剩余期间的变化

5. 在利用以前年度获取的审计证据时,下列说法中,错误的是(　　)。

　A. 对于不属于旨在减轻特别风险的控制,如果控制在本年末发生变化,且上年经测试运行有效,本次审计中无需测试

　B. 对于旨在减轻特别风险的控制,如果在本年末发生变化,可以依赖上年的测试结果

　C. 如果相关事项未发生重大变化,则上年通过实质性测试获取的审计证据可能可以作为本年的有效审计证据

　D. 一般而言,上年通过实质性测试获取的审计证据对本年只有很弱的证据效力或没有证据效力

6. 如果注册会计师拟信赖旨在应对管理层凌驾于控制之上的控制,假设该控制没有发生变化,下列有关测试该控制运行有效性的时间间隔的说法中,正确的是(　　)。

　A. 每一年至少测试一次

　B. 每两年至少测试一次

　C. 每三年至少测试一次

　D. 每四年至少测试一次

7. 下列有关针对重大账户余额实施审计程序的说法中,正确的是(　　)。

　A. 注册会计师应当实施细节测试

　B. 注册会计师应当实施控制测试

　C. 注册会计师应当实施实质性程序

　D. 注册会计师应当实施控制测试和实质性程序

8. 如期中实施了实质性程序,在将得出的结论合理延伸至期末时,注册会计师针对剩余期间实施审计程序时优先的选择是(　　)。

　A. 实施实质性程序

　B. 实施实质性分析

　C. 实施细节测试

　D. 将实质性程序和控制测试结合使用

9. 如果识别出舞弊导致的重大错报风险,以下说法中错误的是(　　)。

　A. 应当将期中实施实质性程序的结论延伸至期末

B. 应当考虑在期末或者接近期末实施实质性程序

C. 应当针对剩余期间交易、事项实施实质性程序

D. 应当放弃利用以前期间实施实质性程序的结论

10. 注册会计师在确定控制测试的时间时,下列提法中不恰当的是( )。

　　A. 对于控制测试,注册会计师在期中实施此类程序具有更积极的作用

　　B. 注册会计师观察某一时点的控制,则可获取该控制在被审期间有效运行的审计证据

　　C. 注册会计师即使已获取控制在期中运行有效性的审计证据,仍需将控制运行有效性的审计证据合理延伸至期末

　　D. 注册会计师如果将询问与检查或重新执行结合使用,通常能够获得控制有效性的审计证据

□ 多项选择题

1. 下列各项中,通常用以应对财务报表层次的重大错报风险的有( )。

　　A. 向项目组强调保持职业怀疑态度的必要性

　　B. 设计和实施控制测试和实质性程序

　　C. 分派具有特殊技能的人员或利用专家工作

　　D. 向审计项目组提供更多的质量督导

2. 下列做法中,可以提高审计程序不可预见性的有( )。

　　A. 针对销售收入和销售退回延长截止测试期间

　　B. 像以前没有询问过的被审计单位员工询问

　　C. 对以前通常不测试的金额较小的项目实施实质性程序

　　D. 对被审计单位银行存款年末余额实施函证

3. 当拟信赖的以前年度控制同时满足下列( )条件时,注册会计师才可以利用以前期间获取的该项控制有效的审计证据。

　　A. 自上次测试后未发生实质变化

　　B. 相关领域不存在特别风险

　　C. 此前两年内测试过该项控制

　　D. 该项控制发生的频率较高

4. 在针对特别风险计划实施进一步审计程序时,注册会计师可能采取的做法有( )。

　　A. 实施控制测试和实质性程序

　　B. 实施细节测试和实质性分析程序

　　C. 仅实施控制测试

　　D. 仅实施实质性分析程序

5. 在识别出被审计单位的特别风险后,采取的下列应对措施中,正确的有( )。

　　A. 将特别风险所影响的财务报表项目与具体认定相联系

　　B. 对于管理层应对特别风险的控制,无论是否信赖,都需要进行了解

　　C. 应当专门针对识别的特别风险实施实质性程序

　　D. 对于管理层应对特别风险的控制,无论是否信赖,都需要进行测试

6. 在测试内部控制的运行有效性时，注册会计师应当获取的审计证据有（   ）。

    A. 控制是否存在

    B. 控制在所审计期间不同时点是如何运行的

    C. 控制是否得到一贯执行

    D. 控制由谁执行

7. 下面有关实质性程序的表述正确的有（   ）。

    A. 当使用分析程序比细节测试能更有效地将认定层次的检查风险降低至可接受的水平时，分析程序可以用作实质性程序

    B. 仅实施实质性程序不足以提供认定层次充分、适当的审计证据时，注册会计师应当实施控制测试，以获取内部控制运行有效性的审计证据

    C. 如果风险评估程序未能识别出与认定相关的任何控制，注册会计师可能认为仅实施实质性程序就是适当的

    D. 注册会计师认为控制测试很可能不符合成本效益原则，注册会计师可能认为仅实施实质性程序就是适当的

□ 综合题

甲公司主要生产和销售汽车零部件。A注册会计师自2014年起负责审计甲公司的财务报表。在2017年度财务报表审计中，A注册会计师了解的相关情况、实施的部分审计程序及相关结论（如适用）摘录如下：

序号	甲公司情况概述	实施的审计程序及相关结论
(1)	甲公司的内部控制制度规定，应当将销售合同、出库单、客户验收单和销售发票核对一致后记录收入。	对该项控制，A注册会计师预计控制偏差率为零，并抽取25笔交易作为样本实施控制测试，发现其中两笔交易没有客户验收单。管理层解释客户验收单已遗失，但属于例外情况。A注册会计师接受了管理层的解释，认为该控制运行有效。
(2)	甲公司与现金销售相关的内部控制设计合理并得到执行	A注册会计师对与现金销售相关的内部控制实施控制测试。经询问财务经理，了解到2017年度相关控制运行有效，未发现例外事项。A注册会计师认为2017年度与现金销售相关的内部控制运行有效。
(3)	甲公司与多个关联方发生大量非常规交易	A注册会计师认为甲公司的关联方交易存在特别风险，因此，不再了解相关内部控制，直接实施实质性程序。
(4)	甲公司经营情况、员工结构和员工人数稳定，各年度职工薪酬费用变化不大	A注册会计师认为与职工薪酬相关的财务报表项目不存在特别风险，决定采用综合性方案实施进一步审计程序。A注册会计师在审计甲2014年度财务报表时，对与职工薪酬相关的内部控制实施了测试，认为其运行有效。在2016年度至2017年度审计中，通过实施询问程序未发现相关控制发生变化。因此，A注册会计师决定在2017年度财务报表审计中利用2014年度获取的控制运行有效的审计证据。

要求：

针对以上资料中所述的审计程序及相关结论，假定不考虑其他条件，逐项指出其是否恰当，并简要说明理由。将答案直接填入答题区的相应表格内。

审计程序及相关结论（如适用）序号	是否恰当（是/否）	理由
（1）		
（2）		
（3）		
（4）		

第八章

销售与收款循环审计

◎ **本章学习目标**

本章是审计实务循环的重要组成部分。了解审计实务中，财务报表审计的组织方式；了解销售与收款循环业务的特点；描述销售与收款循环交易的控制测试程序；描述销售与收款循环交易的实质性程序；评估企业收入舞弊的重大错报风险；设计营业收入的实质性程序，特别是营业收入截止测试程序；设计应收账款的实质性程序，特别是应收账款的函证程序。

第一节 会计报表审计组织方式概述

从本章起至第十二章,我们将以上市公司的财务报表审计为例,介绍财务会计报表审计的基本程序,包括业务循环和报表重要项目的控制测试与实质性测试的主要内容。

在注册会计师审计实务中,财务报表审计的组织方式大致有两种:一是对财务报表的每个账户余额单独进行审计,此法称为账户法(Accountapproach);二是将财务报表分成几个循环进行审计,即把紧密联系的交易种类和账户余额归入同一循环中,按业务循环组织实施审计,此法称为循环法(Cycleapproach)。

一、账户法

账户法,又称"分项审计"。指按会计报表项目性质分类,如资产类项目、负债类项目,权益类项目和损益类项目等,对不同类别的项目的账户余额分别进行单独审计的方法。分项审计是账表导向(基础)审计阶段的主要方法。

一般而言,账户法与多数被审计单位账户设置体系及财务报表格式相吻合,具有操作方便的优点,但它将紧密联系的相关账户(如存货和营业成本)人为地予以分割,容易造成整个审计工作的脱节和重复,不利于审计效率的提高。

二、循环法

所谓业务循环是指处理某类经济业务的程序和先后顺序。业务循环审计是指运用业务循环法了解、评价和审查被审计单位内部控制系统及其执行情况,从而对会计报表的合法性和公允性发表审计意见。

循环法则更符合被审计单位的业务流程和内部控制设计的实际情况,不仅可加深审计人员对被审计单位经济业务的理解,还将特定业务循环所涉及的财务报表项目分配给一个或数个审计人员,增强了审计人员分工的合理性,将助于提高审计工作的效率与效果。

控制测试是在了解被审计单位内部控制、实施风险评估程序基础上进行的,而了解内部控制主要是评价控制的设计以及是否得到执行,与被审计单位的业务流程关系密切,因此,对控制测试通常应采用循环法实施。一般而言,在财务报表审计中可将被审计单位的所有交易和账户余额划分为4个至6个甚至更多个业务循环。由于各被审计单位的业务性质和规模不同,其业务循环的划分也应有所不同。即使是同一被审计单位,不同注册会计师也可能有不同的循环划分方法。在本教材中,我们将交易和账户余额划分为销售与收款循环、采购与付款循环、生产与存货循环、投资与筹资循环,分章阐述各业务循环的审计。由于货币资金与上述多个业务循环均密切相关,并且货币资金的业务和内部控制又有着不同于其他业务循环和其他财务报表项目的鲜明特征,因此,将货币资金审计单独安排为一个循环。

三、"账户法"和"循环法"在财务报表审计实务中的运用

对交易和账户余额的实质性程序,既可采用账户法实施,也可采用循环法实施。但由于控制测试通常按循环法实施,为有利于实质性程序与控制测试的衔接,提倡采用循环法。按照各财务报表项目与业务循环的相关程度,基本可以建立起各业务循环与其所涉及的主要财务报表项目(特殊行业的财务报表项目不涉及)之间的对应关系,如表8-1所示。

表8-1 业务循环与主要财务报表项目对照表

业务循环	资产负债表项目	利润表项目
销售与收款循环	应收票据、应收账款、长期应收款、预收款项、应交税费、其他应收款	营业收入、税费及附加、销售费用
采购与付款循环	预付款项、固定资产、在建工程、工程物资、固定资产清理、无形资产、开发支出、商誉、长期待摊费用、应付票据、应付账款、长期应付款	管理费用
生产与存货循环	存货(包括材料采购或在途物资、原材料、材料成本差异、库存商品、发出商品、商品进销差价、委托加工物资、委托供销商品、受托代销商品、周转材料、生产成本、制造费用、劳务成本、存货跌价准备、受托代销商品款等)、应付职工薪酬等	营业成本
投资与筹资循环	交易性金融资产、应收利息、其他应收款、其他流动资产、可供出售金融资产、持有至到期投资、长期股权投资、投资性房地产、递延所得税资产、其他非流动资产、短期借款、交易性金融负债、应付利息、应付股利、其他应付款、其他流动负债、长期借款、应付债券、专项应付款、预计负债、递延所得税负债、其他非流动负债、实收资本(或股本)、资本公积、盈余公积、未分配利润	财务费用、资产减值损失、公允价值变动收益、投资收益、营业外收入、营业外支出、所得税费用

在财务报表审计中将被审计单位的所有交易和账户余额划分为多个业务循环,并不意味着各业务循环之间互不关联。事实上,各业务循环之间存在一定联系,比如投资与筹资循环同采购与付款循环紧密联系,生产与存货循环则同其他所有业务循环均紧密联系。各业务循环之间的流转关系如图8-1所示。

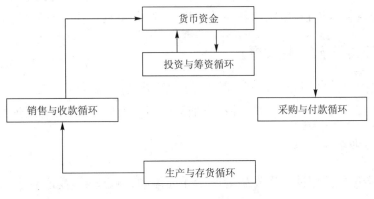

图8-1 各业务循环之间的流转关系

第二节　销售与收款循环业务特征

一、销售与收款循环的主要业务活动

销售与收款业务是指企业对外销售商品、产品或提供劳务等收取货币资金的经营业务活动。销售分为现销和赊销两种形式,在此,主要阐述赊销业务活动。赊销业务活动由接受客户订单开始,依次经过批准赊销、供货、装运货物、给客户开发票、记录销售业务、记录收款业务、处理销售退回与折让、坏账处理等业务环节。

(一)接受客户订单

企业在收到客户的订单后,须经有关人员详细审查上面的条款与数量,以确定是否能在合理的时间内完成。只有经过批准的订单,才能作为销售的依据。订单批准后,需编制一式多联的销货通知单。

(二)批准赊销信用

信用部门接到销货通知后,根据管理当局的赊销政策和授权决定是否批准赊销。赊销信用审批时,应合理划分工作责任,以切实避免销售人员为增加销售而使企业承受不适当的信用风险。

(三)按销售单供货

经过信用部门批准的销货通知单将传递至仓储部门,仓储部门根据经过批准的销货通知单发货。销货通知单既是运输部门发运的依据,也是登记存货账和开具发票的依据。

(四)按销售单装运货物

当产品由仓储部门转交给运输部门时,运输部门必须负责安排货物的装运。运输部门根据经过批准的销货通知单装运货物,填制提货单等货运文件,并将其送往开具发票的部门。

(五)给客户开具账单(销售发票)

销售发票一般由会计部门开具。开具发票的员工首先应核对以下文件:客户的订货单、销货通知单、提货单。如以上文件完全相符,并符合商品价目表的要求,则可开具连续编号销售发票。

(六)记录销售业务

开具发票后,会计部门根据销售发票等原始凭证编制记账凭证,登记应收账款、销售收入明细账和总账,以及库存商品明细账和总账。

(七)记录收款业务

收到客户的贷款后,会计部门应编制相应的收款凭证,并及时、完整地予以记录,以确保回收

货款的完整性。

(八)处理销货退回与折让

发生销货退回、销售折扣与折让,必须经授权批准,并分别控制实物流和会计处理。所有销货折让与退回以及应收账款的注销的调整账项都必须填制连续编号的、并由一名无权接触现金或保管账户的负责人签字的贷项通知单。在记录销货退回之前,必须确保商品已经收回并验收入库。

(九)提取和注销坏账

在应收账款作为坏账处理时,应取得应收账款不能收回的确凿证据,并经管理当局批准后,方可作为坏账,进行相应的会计处理。

二、销售与收款循环涉及的主要凭证和会计记录

被审计单位在开展销售与收款循环的主要业务活动中,涉及的主要凭证和会计记录说明如下。

(一)客户订购单

即客户提出的书面购货要求。企业可以通过销售人员或其他途径,如采用电话、信函和向现有的及潜在的客户发送订购单等方式接受订货,取得客户订购单。

(二)销售单

销售单是列示客户所订商品的名称、规格、数量以及其他客户订购单有关信息的凭证,作为销售方内部处理客户订购单的凭证。

(三)发运凭证

发运凭证即在发运货物时编制的,有以反映发出商品的规格、数量和其他有关内容的凭据。发运凭证的一联寄送给客户,其余联(一联或数联)由企业保留。这种凭证可用做向客户开具账单的依据。

(四)销售发票

销售发票是一种用来表明已销售商品的名称、规格、数量、价格、销售金额、运费和保险费、开票日期、付款条件等内容的凭证。销售发票的一联寄送给客户,其余联由企业保留。销售发票也是在会计账簿中登记销售交易的基本凭据。

(五)商品价目表

商品价目表是列示已经授权批准的、可供销售的各种商品的价格清单。

(六)贷项通知单

贷项通知单是一种用来表示由于销售退回或经批准的折让而引起的应收销货款减少的凭证。这种凭证的格式通常与销售发票的格式相同，只不过它不是用来证明应收账款的增加，而是用来证明应收账款的减少。

(七)应收账款账龄分析表

通常，应收账款账龄分析表按月编制，反映月末尚未收回的应收账款总额和账龄，并详细反映每个客户月末尚未偿还的应收账款数额和账龄。

(八)应收账款明细账

应收账款明细账是用来记录每个客户各项赊销、还款、销售退回及折让的明细账。各应收账款明细账的余额合计数应与应收账款总账的余额相等。

(九)主营业务收入明细账

主营业务收入明细账是一种用来记录销售交易的明细账。它通常记载和反映不同类别商品或服务的营业收入的明细发生情况和总额。

(十)汇款通知书

汇款通知书是一种与销售发票一起寄给客户，由客户在付款时再寄回销售单位的凭证。这种凭证注明了客户的姓名、销售发票号码、销售单位开户银行账号以及金额等内容。

(十一)坏账审批表

坏账审批表是一种用来批准将某些应收款项注销为坏账，仅在企业内部使用的凭证。

(十二)库存现金日记账和银行存款日记账

库存现金日记账和银行存款日记账是用来记录应收账款的收回或现销收入以及其他各种现金、银行存款收入和支出的日记账。

(十三)客户月末对账单

客户月末对账单是一种按月定期寄送给客户的用于购销双方定期核对账目的凭证。客户月末对账单上应注明应收账款的月初余额、本月各项销售交易的金额、本月已收到的货款、各贷项通知单的数额以及月末余额等内容。

(十四)转账凭证与收款凭证

转账凭证是指记录转账业务的记账凭证，它是根据有关转账业务(即不涉及现金、银行存款收付的各项业务)的原始凭证编制的。收款凭证是指用来记录现金和银行存款收入业务的记账凭证。

三、销售与收款循环影响的财务报表科目

销售与收款循环涉及的主要账户如表 8-2 所示：

表 8-2　销售与收款循环涉及的主要账户

序号	资产负债表科目	序号	损益表科目
1	库存现金及银行存款	1	主营业收入
2	应收账款	2	其他业务收入
3	应收票据	3	信用资产减值损失
4	预收账款		
5	坏账准备		
6	应交税费——应交增值税（销项税）		

第三节　销售与收款循环内部控制和控制测试

一、销售与收款循环的内部控制

（一）内部控制目标、内部控制与审计测试的关系

表 8-3　列示了销售交易的内部控制目标、内部控制与审计测试的关系。

内部控制目标	关键内部控制	常用的控制测试	常用的交易实质性程序
登记入账的销售交易确系已经发货给真实的客户（发生）	销售交易是以经过审核的发运凭证及经过批准的客户订购单为依据登记入账的。在发货前，客户的赊购已经被授权批准。销售发票均经事先编号，并已恰当地登记入账。每月向客户寄送对账单，对客户提出的意见作专门追查	检查销售发票副联是否附有发运凭证（或提货单）及销售单（或客户订购单）。检查客户的赊购是否经授权批准。检查销售发票连续编号的完整性。观察是否寄发对账单，并检查客户回函档案	复核主营业务收入总账、明细账以及应收账款明细账中的大额或异常项目。追查主营业务收入明细账中的分录至销售单、销售发票副联及发运凭证。将发运凭证与存货永续记录中的发运分录进行核对。
所有销售交易均已登记入账（完整性）	发运凭证（或提货单）均经事先编号并已经登记入账。销售发票均经事先编号，并已登记入账	检查发运凭证连续编号的完整性。检查销售发票连续编号的完整性	将发运凭证与相关的销售发票和主营业务收入明细账及应收账款明细账中的分录进行核对

续表

内部控制目标	关键内部控制	常用的控制测试	常用的交易实质性程序
登记入账的销售数量确系已发货的数量,已正确开具账单并登记入账(计价和分摊)	销售价格、付款条件、运费和销售折扣的确定已经适当的授权批准。 由独立人员对销售发票的编制作内部核查	检查销售发票是否经适当的授权批准。 检查有关凭证上的内部核查标记	复算销售发票上的数据。 追查主营业务收入明细账中的分录至销售发票。 追查销售发票上的详细信息至发运凭证、经批准的商品价目表和客户订购单
销售交易的分类恰当(分类)	采用适当的会计科目表。 内部复核和核查	检查会计科目表是否适当。 检查有关凭证上内部复核和核查的标记	检查证明销售交易分类正确的原始证据
销售交易的记录及时(截止)	采用尽量能在销售发生时开具收款账单和登记入账的控制方法。 每月末由独立人员对销售部门的销售记录、发运部门的发运记录和财务部门的销售交易入账情况作内部核查	检查尚未开具收款账单的发货和尚未登记入账的销售交易。 检查有关凭证上内部核查的标记	将销售交易登记入账的日期与发运凭证的日期比较核对
销售交易已经正确地记入明细账,并经正确汇总(准确性、计价和分摊)	每月定期给客户寄送对账单。 由独立人员对应收账款明细账作内部核查。 将应收款明细账余额合计数与其总账余额进行比较	观察对账单是否已经寄出。 检查内部核查标记。 检查将应收账款明细账余额合计数与其总账余额进行比较的标记	将主营业务收入明细账加总,追查其至总账的过账

表8-3分四列,将与销售交易有关的内部控制目标,关键内部控制以及注册会计师常用的相应控制测试和交易实质性程序分类列示。下面介绍各列的内容及各列之间的关系。

第一列"内部控制目标",列示了企业设立销售交易内部控制的目标,也就是注册会计师实施相应控制测试和实质性程序所要达到的审计目标。第二列"关键内部控制",列示了与上述各项内部控制目标相对应的一项或数项主要的内部控制。第三列"常用的控制测试",列示了注册会计师针对上述关键内部控制所实施的测试程序。控制测试与内部控制之间存在直接联系。第四列"常用的交易实质性程序",列示了注册会计师常用的实质性程序。实质性程序与第一列的控制目标有着直接的联系。

(二)销售交易的内部控制

销售与收款循环的内部控制主要有以下几个方面:合同订货制度、开票与结算制度、仓库发货制度、销售价格审批制度、销售退回与折让制度以及主营业务收入的核算和报告制度。对销售与收款循环内部控制的了解应当遵循内部控制的主要原则,具体包括以下几点。

1. 适当的授权审批制度

企业在设计授权审批制度时,一般在下列关键点设置审批程序。

(1)销售发票和发货单须经企业有关负责部门和人员审批。

(2)由信用部门或专门的人员负责建立并及时更新有关客户信用的记录。

授信额度内的销货信用部门有权批准;超过这一限额则应由更高级别的主管人员来负责决策。

(3)销售价格的确定,销售方式、结算方式的选择,销货折扣与折让制度的制定、调整,销售退回等均须经企业有关负责部门和人员审批。

(4)坏账损失的处理须经授权批准。

2. 职责分离

适当的职责分离通常可以加强赊销业务的内部控制,是预防舞弊的必要手段,也有助于防止各种有意或无意的错误。下列职能应当由不同的部门或个人负责。

主营业务收入账如果系由记录应收账款账之外的职员独立登记,并由另一位不负责账簿记录的职员定期调节总账和明细账;负责主营业务收入和应收账款记账的职员不得经手货币资金;销售人员应当避免接触销货现款;赊销批准职能与销售职能的分离;企业应当分别设立办理销售、发货、收款三项业务的部门(或岗位);销售合同订立前,应当指定专门人员就销售价格、信用政策、发货及收款方式等具体事项与客户进行谈判。谈判人员应有两人以上,并与订立合同的人员相分离;编制销售发票通知单的人员与开具销售发票的人员应相互分离;应收票据的取得和贴现必须经由保管票据以外的主管人员的书面批准。

3. 凭证的预先编号与充分会计记录

凭证的预先编号和充分记录有助于企业执行各项控制以实现控制目标。例如:销售通知单、发票和出库单应事先编号,并按顺序填列签发;所有的销售发票都开具出库单并交给客户,经客户签字确认;建立并及时登记应收账款总账、明细账,主营业务收入总账、明细账等账簿。使用事先编号的退货凭证,退回的货物经检验入库后退款给客户。使用事先编号的凭证来记录坏账的核销,并保留坏账的有关记录,以便冲销的应收账款以后又收回时进行会计处理;同时,坏账的有关记录还是信用部门确定赊销限额的一个重要的参考依据。采用适当的方法记录收入、应收账款以及估计坏账准备的金额。

4. 定期核对

(1)应收账款总账、明细账,主营业务收入的总账、明细账等应定期进行核对。

(2)应收账款有核对、催收制度,每月由独立的人员负责向客户寄送对账单,并定期检查确定账龄较长的欠款,在必要的情况下,调整这类客户的信用限额。

二、销售与收款循环内部控制测试

销售与收款循环内部控制的测试包括以下内容。

一是,抽取一定数量的销售发票作如下检查。

检查发票是否连续编号,作废发票的处理是否正确;核对销售发票与销售订单、销售通知单、出库单所载明的品名、规格、数量、价格是否一致;检查销售通知单上是否有信用部门的有关人员批准赊销的签字;复核销售发票中所列的数量、单价和金额是否正确。包括:将销售发票中所列商品的单价与商品价目表的价格进行核对;验算发票金额的正确性;从销售发票追查至有关的记账凭证、应收账款明细账及主营业务收入明细账，确定企业是否正确、及时地登记有关的凭证、账簿。

二是，抽取一定数量的出库单或提货单，并与相关的销售发票核对，检查已发出的商品是否均已向顾客开出发票。

三是，从主营业务收入明细账中抽取一定数量的会计记录，并与有关的记账凭证、销售发票进行核对，以确定是否存在收入高估或低估的情况。

四是，抽取一定数量的销售调整业务的会计凭证，检查销售退回、折让和折扣的核准与会计核算。主要包括：确定销售退回与折让的批准与贷项通知单的签发职责是否分离；确定现金折扣是否经过适当授权，授权人与收款人的职责是否分离；检查销售退回和折让是否附有按顺序编号并经主管人员核准的贷项通知书；检查退回的商品是否具有仓库签发的退货验收报告，并将验收报告的数量、金额与贷项通知单等进行核对；确定退货、折扣和折让的会计记录是否正确。

五是，抽取一定数量的记账凭证、应收账款明细账作检查。

从应收账款明细账中抽取一定的记录并与相应的记账凭证进行核对，比较二者登记的时间、金额是否一致；从应收账款明细账中抽查一定数量的坏账注销的业务，并与相应的记账凭证、原始凭证进行核对，确定坏账的注销是否符合有关法规的规定、企业主管人员是否核准等；确定企业是否定期与顾客对账，在可能的情况下，将企业一定期间的对账单与相应的应收账款明细账的余额进行核对，如有差异，则应进行追查。

六是，观察职员获得或接触资产、凭证和记录（包括存货、销售通知单、出库单、销售发票、凭证与账簿、现金及支票等）的途径，并观察职员在执行授权、发货和开票等职责时的表现，确定企业是否存在必要的职务分离、内部控制的执行过程中是否存在弊端。

七是，评价内部控制。

在对客户的内部控制制度进行了必要的了解与测试之后，审计人员应当对其控制风险做出评价，并对实质性程序的内容做出相应的调整。同时，对测试过程中发现的问题，应当在工作底稿中做出记录，并以适当的形式告知客户的管理当局。

三、评估销售与收款循环的重大错报风险

被审计单位可能有各种各样的收入来源，处于不同的控制环境，存在复杂的合同安排，这些情况对收入交易的会计核算可能存在诸多影响，比如不同交易安排下的收入确认的时间和依据可能不尽相同。

注册会计师应当考虑影响收入交易的重大错报风险，并对被审计单位经营活动中可能发生的重大错报风险保持警觉。

(一) 收入交易和余额存在的固有风险

收入的舞弊风险。

收入的复杂性导致的错误。

期末收入交易和收款交易的截止错误。

收款未及时入账或记入不正确的账户。

应收账款坏账准备的计提不准确。

(二)常用的收入确认舞弊手段

1. 为了达到粉饰财务报表的目的而采用虚增收入或提前确认收入

(1)利用与未披露关联方之间的资金循环虚构交易。

(2)通过未披露的关联方进行显失公允的交易。例如,以明显高于其他客户的价格向未披露的关联方销售商品。

(3)通过出售关联方的股权,使之从形式上不再构成关联方,但仍与之进行显失公允的交易,或与未来或潜在的关联方进行显失公允的交易。

(4)通过虚开商品销售发票虚增收入,而将货款挂在应收账款中,并可能在以后期间计提坏账准备,或在期后冲销。

(5)为了虚构销售收入,将商品从某一地点移送至另一地点,凭出库单和运输单据为依据记录销售收入。

(6)在与商品相关的风险和报酬尚未全部转移给客户之前确认销售收入。例如,销售合同中约定被审计单位的客户在一定时间内有权无条件退货,而被审计单位隐瞒退货条款,在发货时全额确认销售收入。

(7)通过隐瞒售后回购或售后租回协议,而将以售后回购或售后租回方式发出的商品作为销售商品确认收入。

(8)采用完工百分比法确认劳务收入时,故意低估预计总成本或多计实际发生的成本,以通过高估完工百分比的方法实现当期多确认收入。

(9)在采用代理商的销售模式时,在代理商仅向购销双方提供帮助接洽、磋商等中介代理服务的情况下,按照相关购销交易的总额而非净额(扣除佣金和代理费等)确认收入。

当存在多种可供选择的收入确认会计政策或会计估计方法时,随意变更所选择的会计政策或会计估计方法。

(11)选择与销售模式不匹配的收入确认会计政策。

2. 为了达到报告期内降低税负或转移利润等目的而少计收入或延后确认收入

(1)被审计单位将商品发出、收到货款并满足收入确认条件后,不确认收入,而将收到的货款作为负债挂账,或转入本单位以外的其他账户。

(2)被审计单位采用以旧换新的方式销售商品时,以新旧商品的差价确认收入。

(3)在提供劳务或建造合同的结果能够可靠估计的情况下,不在资产负债表日按完工百分比法确认收入,而推迟到劳务结束或工程完工时确认收入。

(三)通常表明被审计单位在收入确认方面可能存在舞弊风险的迹象有

注册会计师发现,被审计单位的客户是否付款取决于下列情况:能否从第三方取得融资;能否转售给第三方(如经销商);被审计单位能否满足特定的重要条件。

未经客户同意,在销售合同约定的发货期之前发送商品。

未经客户同意,将商品运送到销售合同约定地点以外的其他地点。

被审计单位的销售记录表明,已将商品发往外部仓库或货运代理人,却未指明任何客户。

在实际发货之前开具销售发票,或实际未发货而开具销售发票。

对于期末之后的发货,在本期确认相关收入。

实际销售情况与订单不符,或者根据已取消的订单发货或重复发货。

已经销售给货运代理人的商品,在期后有大量退回。

销售合同或发运单上的日期被更改,或者销售合同上加盖的公章并不属于合同所指定的客户。

在接近期末时发生了大量或大额的交易。

交易之后长期不进行结算。

在被审计单位业务或其他相关事项未发生重大变化的情况下,询证函回函相符比例明显异于以前年度。

发生异常大量的现金交易,或被审计单位有非正常的资金流转及往来,特别是有非正常现金收付的情况。

应收款款项收回时,付款单位与购买方不一致,存在较多代付款的情况。

交易标的对交易对手而言不具有合理用途。

主要客户自身规模与其交易规模不匹配。

(四)对收入确认实施分析程序(是一种识别收入确认舞弊的较为有效的方法)

1. 可以实施的分析程序举例

(1)将本期销售收入金额与以前可比期间的对应数据或预算数进行比较。

(2)分析月度或季度销售量变动趋势。

(3)将销售收入变动幅度与销售商品及提供劳务收到的现金、应收账款、存货、税费等项目的变动幅度进行比较。

(4)将销售毛利率、应收账款周转率、存货周转率等关键财务指标与可比期间数据、预算数或同行业其他企业数据进行比较。

(5)分析销售收入等财务信息与投入产出率、劳动生产率、产能、水电能耗、运输数量等非财务信息之间的关系。

(6)分析销售收入与销售费用之间的关系,包括销售人员的人均业绩指标、销售人员薪酬、差旅费用、运费,以及销售机构的设置、规模、数量、分布等。

2. 注册会计师通过实施分析程序,可能识别出未注意到的异常关系,或难以发现的变动趋势,从而有目的、有针对性地关注可能发生重大错报风险的领域,有助于评估重大错报风险,为设计和实施应对措施提供基础

(1)如果注册会计师发现被审计单位不断地为完成销售目标而增加销售量,或者大量的销售因不能收现而导致应收账款大量增加,需要对销售收入的真实性予以额外关注。

(2)如果注册会计师发现被审计单位临近期末销售量大幅增加,需要警惕将下期收入提前确认的可能性。

(3)如果注册会计师发现单笔大额收入能够减轻被审计单位盈利方面的压力,或使被审计单位完成销售目标,需要警惕被审计单位虚构收入的可能性。

3. 如果发现异常或偏离预期的趋势或关系,注册会计师可能采取的调查方法举例如下

(1)如果注册会计师发现被审计单位的毛利率变动较大或与所在行业的平均毛利率差异较大,注册会计师可以采用定性分析与定量分析相结合的方法,从行业及市场变化趋势、产品销售价格和产品成本要素等方面对毛利率变动的合理性进行调查。

(2)如果注册会计师发现应收账款余额较大,或其增长幅度高于销售收入的增长幅度,注册会计师需要分析具体原因(如赊销政策和信用期限是否发生变化等),并在必要时采取恰当的措施,如扩大函证比例、增加截止测试和期后收款测试的比例等。

(3)如果注册会计师发现被审计单位的收入增长幅度明显高于管理层的预期,可以询问管理层的适当人员,并考虑管理层的答复是否与其他审计证据一致,例如,如果管理层表示收入增长是由于销售量增加所致,注册会计师可以调查与市场需求相关的情况。

例8-1·单选题

为了防止虚假交易登记入账,被审计单位以下内部控制设计存在缺陷的是(　　)。

A. 只依据附有有效装运凭证和销售单的销售发票记录销售

B. 控制所有事先连续编号的销售发票

C. 独立检查已处理销售发票上的销售金额与会计记录金额的一致性

D. 定期向客户寄送对账单,并要求客户将任何例外情况直接向指定的未执行或记录销售交易的会计主管报告

【正确答案】C

【答案解析】选项C是针对保证销售交易记录准确的一项内部控制。

例8-2·简答题

A注册会计师负责对甲公司2010年12月31日的财务报告内部控制进行审计。A注册会计师了解到,甲公司将客户验货签收作为销售收入确认的时点,部分与销售相关的控制内容摘录如下。

(1)每笔销售业务均需与客户签订销售合同。

(2)赊销业务需由专人进行信用审批。

(3)仓库只有在收到经批准的发货通知单时才能供货。

(4)负责开具发票的人员无权修改开票系统中已设置好的商品价目表。

(5)财务人员根据核对一致的销售合同、客户签收单和销售发票编制记账凭证并确认销售收入。

(6)每月末,由独立人员对应收账款明细账和总账进行调节。

要求:

1. 针对上述(1)至(6)项所列控制,逐项指出是否与销售收入的发生认定直接相关。

2. 从所选出的与销售收入的发生认定直接相关的控制中,选出一项最应当测试的控制,并简要说明理由。

【正确答案】

1. 第(1)(5)项直接相关。(与销售收入的发生认定直接相关)

第(2)项不直接相关。(与应收账款账面余额的"计价和分摊"认定有关。)

第(3)项不直接相关。(与授权有关。)

第(4)项不直接相关。(收入的准确性认定有关)

第(6)项不直接相关。(收入的准确性认定有关)

2. 应测试第(5)项控制,客户签收单是确认销售收入发生的关键环节,同时也是外部来源证据,因此与第(1)项控制相比,第(5)项控制应对销售收入发生认定的错报更有力。

第四节　销售与收款循环的实质性程序

一、销售与收款交易实质性程序

(一)销售与收款交易的实质性分析程序

1. 识别需要运用实质性分析程序的账户余额或交易。

就销售与收款交易和相关余额而言,通常需要运用实质性分析程序的是销售交易、收款交易、营业收入项目和应收账款项目。

2. 确定期望值。

基于注册会计师对被审计单位的相关预算情况、行业发展状况、市场份额、可比的行业信息、经济形势和发展历程的了解,与营业额、毛利率和应收账款等的预期相关。

3. 确定可接受的差异额。

在确定可接受的差异额时,注册会计师首先应关注其重要性和计划的保证水平的影响。此外,根据拟进行实质性分析的具体指标的不同,可接受的差异额的确定有时与管理层使用的关键业绩指标相关,并需考虑到这些指标的适当性和监督过程。

4. 识别需要进一步调查的差异并调查异常数据关系。

注册会计师应当计算实际和期望值之间的差异,这涉及一些比率和比较。

(1)观察月度(或每周)的销售记录趋势,与往年或预算或同行业公司的销售情况相比较。任何异常波动都必须与管理层讨论,如果有必要的话还应作进一步的调查。

(2)将销售毛利率与以前年度和预算或者同行业公司的销售毛利率相比较。如果被审计单位各种产品的销售价格是不同的,那么就应当对每个产品或者相近毛利率的产品组进行分类比较。任何重大的差异都需要与管理层沟通。

(3)计算应收账款周转率和存货周转率,并与以前年度或者预算或者同行业公司的相关指标相比较。未预期的差异可能由很多因素引起,包括未记录销售、虚构销售记录或截止问题。

(4)检查异常项目的销售,例如对大额销售以及未从销售记录过入销售总账的销售应予以调查。对临近年末的异常销售记录更应加以特别关注。

5. 调查重大差异并做出判断。

注册会计师在分析上述与预期相联系的指标后,如果认为存在未预期的重大差异,就可能需要对营业收入发生额和应收账款余额实施更加详细的细节测试。

6. 评价分析程序的结果。

注册会计师应当就收集的审计证据是否能支持其试图证实的审计目标和认定形成结论。

(二)销售交易的细节测试

销售交易常用的细节测试程序主要有以下几点。

1. 登记入账的销售交易是真实的

销售交易是否真实,注册会计师一般关心三类错误的可能性:一是未曾发货却已将销售交易登记入账;二是销售交易的重复入账;三是向虚构的客户发货,并作为销售交易登记入账。

(1)针对未曾发货却已将销售交易登记入账这类错误的可能性,注册会计师可以从主营业务收入明细账中抽取若干笔分录,追查有无发运凭证及其他佐证,借以查明有无事实上没有发货却已登记入账的销售交易。如果注册会计师对发运凭证等的真实性也有怀疑,就可能有必要再进一步追查存货的永续盘存记录,测试存货余额有无减少,以及考虑是否检查更多涉及外部单位的单据,例如外部运输单位出具的运输单据、客户签发的订货单据和到货签收记录等。

(2)针对销售交易重复入账这类错误的可能性,注册会计师可以通过检查企业的销售交易记录清单以确定是否存在重号、缺号。

(3)针对向虚构的客户发货并作为销售交易登记入账这类错误发生的可能性,注册会计师应当检查主营业务收入明细账中与销售分录相应的销货单,以确定销售是否履行赊销审批手续和发货审批手续。如果注册会计师认为被审计单位虚构客户和销售交易的风险较大,需要考虑是否对相关重要交易和客户的情况(例如相关客户的经营场所、财务状况和股东情况等)专门展开进一步的独立调查。

检查上述三类高估销售错误的可能性的另一有效的办法是追查应收账款明细账中贷方发生额的记录。如果应收账款最终得以收回货款或者由于合理的原因收到退货,则记录入账的销售交易一开始通常是真实的;如果贷方发生额是注销坏账,或者直到审计时所欠货款仍未收回而又没有合理的原因,就需要考虑详细追查相应的发运凭证和客户订购单等,因为这些迹象都说明可能存在虚构的销售交易。

当然,通常只有在注册会计师认为由于缺乏足够的内部控制而可能出现舞弊时,才有必要实施上述细节测试。

2. 已发生的销货业务均已登记入账(完整性测试)

从发货部门的档案中选取部分发运凭证,并追查至有关的销售发票副本和主营业务收入明细账(证→账),是测试未入账的发货的一种有效程序。为使这一程序有效,注册会计师通过检查凭证的编号顺序来确定全部发运凭证是否归档。

3. 登记入账的销售交易均经正确计价(计价测试)

销售交易计价的准确性包括：按发货数量和价格准确地开具账单，以及将账单上的数额准确地记入会计账簿。通常细节测试是：

(1)以主营业务收入明细账中的会计分录为起点，将所选择的交易业务的合计数与应收账款明细账和销售发票存根进行比较核对；

(2)将销售发票存根上所列的单价与经过批准的商品价目表进行比较核对，对其金额小计和合计数也要进行复算；

(3)审核客户订购单和销售单中的同类数据。

4. 登记入账的销售交易分类恰当(现销与赊销；营业收入与营业外收入)

5. 测试销售交易的截止

一般要将所选取的提货单或其他发运凭证的日期与相应的销售发票存根、主营业务收入明细账和应收账款明细账上的日期作比较。

6. 销售交易已正确地记入明细账并正确地汇总

例8-3·单选题

注册会计师在对被审计单位销售与收款循环中的销售交易进行测试时，一般会偏重于检查高估资产和收入的问题，那么为了实现发生或存在目标，所实施的实质性程序是(　　)。

A. 以发运凭证为起点，选取样本追查至销售发票存根和主营业务收入等明细账

B. 可以由发运凭证为起点顺查，也可以以主营业务收入等明细账为起点逆查

C. 以主营业务收入等明细账为起点追查至销售发票存根、发运凭证等原始凭证

D. 核对主营业务收入明细账金额和应收账款明细账金额

【正确答案】C

【答案解析】选项A是实现完整性目标的实质性程序；选项B由发运凭证为起点顺查实现的目标是完整性；选项D有助于计价和分摊或准确性目标的实现。

二、营业务收入实质性程序

(一)营业务收入审计目标与认定

表8-4

审计目标	财务报表认定					
	发生	完整性	准确性	截止	分类	列报
A 利润表中记录的营业收入已发生，且与被审计单位有关。	√					
B 所有应当记录的营业收入均已记录。		√				
C 与营业收入有关的金额及其他数据已恰当记录。			√			

续表

审计目标	财务报表认定					
	发生	完整性	准确性	截止	分类	列报
D 营业收入已记录于正确的会计期间。				√		
E 营业收入已记录于恰当的账户。					√	
F 营业收入已按照企业会计准则的规定在财务报表中作出恰当的列报。						√

(二)主营业务收入实质性程序

程序一,获取或编制营业收入明细表,并执行以下工作。

(1)复核加计是否正确,并与总账数和明细账合计数核对是否相符,结合其他业务收入科目与报表数核对是否相符。

(2)检查以非记账本位币结算的主营业务收入的折算汇率及折算是否正确。

程序二,检查营业收入的确认条件、方法是否符合企业会计准则,前后期是否一致;关注周期性、偶然性的收入是否符合既定的收入确认原则、方法。

按照《企业会计准则第14号——收入》的要求,企业商品销售收入应在下列条件均能满足时予以确认:

(1)企业已将商品所有权上的主要风险和报酬转移给购货方;

(2)企业既没有保留通常与所有权相联系的继续管理权,也没付对已售出的商品实施有效控制;

(3)收入的金额能够可靠地计量;

(4)相关的经济利益很可能流入企业;

(5)相关的已发生或将发生的成本能够可靠地计量。因此,对主营业务收入的实质程序,重点测试被审计单位是否依据上述五个条件确认产品销售收入。具体来说,被审计单位采取的销售方式不同,确认销售的时点也是不同的。

①采用交款提货销售方式,通常应于货款已收到或取得收取货款的权利,同时已将发票账单和提货单交给购货单位时确认收入的实现。对此,注册会计师应着重检查被审计单位是否收到货款或取得收取货款的权利,发票账单和提货单是否已交付购货单位。应注意有无相压结算凭证,将当期收入转入下期入账的现象,或者虚记收入、开具假发票、虚列购货单位,将当期未实现的收入虚转为收入记账,在下期予以冲销的现象。

②采用预收账款销售方式,通常应于商品已经发出时,确认收入的实现。对此,注册会计师应重点检查被审计单位是否收到了货款,商品是否已经发出。应注意是否存在对已收货款并已将商品发出的交易不入账、转为下期收入,或开具虚假出库凭证、虚增收入等现象。

③采用托收承付结算方式,通常应于商品已经发出,劳务已经提供,并已将发票账单提交银行、办妥收款手续时确认收入的实现。对此,注册会计师应重点检查被审计单位是否发货,托收手续是否办妥,货物发运凭证是否真实,托收承付结算回单是否正确。

④销售合同或协议明确销售价款的收取采用递延方式,可能实质上具有融资性质的,应当按照应收合同或协议价款的公允价值确定销售商品收入金额。应收的合同或协议价款与其公允价之间的差额,通常应当在合同或协议期间内采用实际利率法进行摊销,计入当期损益。

⑤长期工程合同收入,如果合同的结果能够可靠估计,通常应当根据完工百分比法确认合同收入。注册会计师应重点检查收入的计算、确认方法是否合乎规定,并核对应计收入与实际收入是否一致,注意查明有无随意确认收入、虚增或虚减本期收入的情况。

⑥销售商品房的,通常应在商品房已经移交并将发票结算账单提交对方时确认收入。对此,注册会计师应重点检查已办理的移交手续是否符合规定要求,发票账单是否已交对方。如果被审计单位事先与买方签订了不可撤销合同,按合同要求开发房地产,则通常应按建造合同的处理原则处理。

程序三,必要时实施实质性分析程序。

(1)将本期的主营业务收入与上期的主营业务收入、销售预算或预测数等进行比较,分析主营业务收入及其构成的变动是否异常,并分析异常变动的原因;

(2)计算本期重要产品的毛利率,与上期或预算或预测数据比较,检查是否存在异常,各期之间是否存在重大波动,查明原因;

(3)比较本期各月各类主营业务收入的波动情况,分析其变动趋势是否正常,是否符合被审计单位季节性、周期性的经营规律,查明异常现象和重大波动的原因;

(4)将本期重要产品的毛利率与同行业企业进行对比分析,检查是否存在异常;

(5)根据增值税发票报表或普通发票,估算全年收入,与实际收入金额比较。

例8-4·多选题

注册会计师在对主营业务收入进行审计时,如果认为有必要实施分析程序,下列说法中正确的有( )。

A. 比较本期各月各类主营业务收入的波动情况,分析其变动趋势是否正常,是否符合被审计单位季节性、周期性的经营规律

B. 将本期重要产品的毛利率与同行业进行对比分析,估算全年收入,与实际收入金额比较

C. 将本期重要产品的毛利率与上期比较,检查是否存在异常,各期之间是否存在重大波动,查明原因

D. 根据增值税发票申报表或普通发票,分析产品销售的结构和价格变动是否异常,并分析异常变动的原因

【正确答案】AC

【答案解析】选项B,将本期重要产品的毛利率与同行业进行对比分析,主要是检查是否存在异常,而不是估算全年收入,所以是错误的。根据增值税发票申报表或普通发票,是用来估算全年收入,与实际收入金额比较;而将本期的主营业务收入与上期的主营业务收入进行比较,是为了分析产品销售的结构和价格变动是否异常,并分析异常变动的原因,所以选项D错误。

例8-5·简答题

注册会计师B对甲公司2016年度会计报表进行审计时了解到,甲公司2016年度的经营形势、管理及组织结构与2015年度比较未发生重大变化,且未发生重大重组行为。甲公司2016年度至12月份未审主营业务收入、主营业务成本如表8-5所示(单位:万元)。

表8-3 主营业务收入、主营业务成本表

月份	主营业务收入	主营业务成本
1	7800	7566
2	7600	6764
3	7400	6512
4	7700	6768
5	7800	6981
6	7850	6947
7	7950	7115
8	7700	6830
9	7600	6832
10	7900	7111
11	8100	7280
12	18900	15139
合计	104300	91845

要求:请对上述资料进行分析,指出主营业务收入和主营业务成本的重点审计领域,并简要说明理由。

【正确答案】对上述资料进行分析性复核后,确定1月份、12月份的主营业务收入和主营业务成本为重点审计领域,原因是全年平均毛利率为11.94%,1月份仅为3%,12月份为19.9%,且12月收入占全年比重达18.12%。

程序四,获取产品价格目录,抽查售价是否符合价格政策,并注意销售给关联方或关系密切的重要客户的产品价格是否合理,有无以低价或高价结算的方法,相互之间有无转移利润的现象。

程序五,抽取本期一定数量的发运凭证,审查存货出库日期、品名、数量等是否与发票、销售合同、记账凭证等一致。

程序六,抽取本期一定数量的记账凭证,审查入账日期、品名、数量、单价、金额等是否与发票、发货单、销售合同等一致。

程序七,结合对应收账款实施的函证程序,选择主要客户函证本期销售额。

程序八,对于出口销售,应当将销售记录与出口报关单、货运提单、销售发票等出口销售单据进行核对,必要时向海关函证。

程序九,销售的截止测试。

(1)选取资产负债表日前后若干天一定金额以上的发运凭证,与应收账款和收入明细账进行核对;同时,从应收账款和收入明细账选取在资产负债表日前后若干天一定金额以上的凭证,与发运凭证核对,以确定销售是否存在跨期现象。

(2)复核资产负债表日前后销售和发货水平,确定业务活动水平是否异常,并考虑是否有必要追加实施截止测试程序。

(3)取得资产负债表日后所有的销售退回记录,检查是否存在提前确认收入的情况。

(4)结合对资产负债表日应收账款函证程序,检查有无未取得对方认可的大额销售。

(5)调整重大跨期销售。

对营业务收入项目实施截止测试,其目的主要在于确定被审计单位主营业务收入的会计记录归属期是否正确;应计入本期或下期的主营业务收入是否被推迟至下期或提前至本期。

针对三个重要日期:"发票""记账日期""发货日期"有两条审计路径:一是以账簿记录为起点,从资产负债表日前后若干天的账簿记录查至记账凭证,检查发票存根与发运凭证,目的是证实已入账收入是否在同一期间已开具发票并发货,有无多记收入。二是以发运凭证为起点,从资产负债表日前后若干天的发运凭证查至发票开具情况与账簿记录,确定主营业务收入是否已记入恰当的会计期间。

上述两条审计路线在实务中均被广泛采用。为提高审计效率,注册会计师应当借助专业经验和所掌握的信息、资料做出正确判断,选择其中的一条或两条审计路线实施更有效的主营业务收入截止测试。

程序十,存在销货退回的,检查手续是否符合规定,结合原始销售凭证检查其会计处理是否正确。结合存货项目审计关注其真实性。

程序十一,检查销售折扣与折让。

程序十二,检查有无特殊的销售行为,如委托代销、分期收款销售、商品需要安装和检验的销售、附有退回条件的销售、售后租回、售后回购、以旧换新、出口销售等,选择恰当的审计程序进行审核。

程序十三,调查向关联方销售的情况,记录其交易品种、价格、数量、金额和比例,并记录占总销售收入的比例。对于合并范围内的销售活动,记录应予合并抵销的金额。

程序十四,调查集团内部销售的情况,记录其交易价格、数量和金额,并追查在编制合并财务报表时是否已予以抵销;

程序十五,确定主营业务收入列报是否恰当。

例8-6·多选题

下列关于实施销售截止测试的说法中,正确的有(　　)。

A. 选取资产负债表日前后若干天一定金额以上的发运凭证,与应收账款和收入明细账进行核对

B. 从应收账款和收入明细账选取在资产负债表日前后若干天一定金额以上的凭证,与发运凭证核对,以确定销售是否存在跨期现象

C.复核资产负债表日前后销售和发货水平,确定业务活动水平是否异常,并考虑是否有必要追加实施截止测试程序

D.取得资产负债表日后所有的销售退回记录,检查是否存在提前确认收入的情况

【正确答案】ABCD

【答案解析】实施销售截止测试,除此之外,还包括:取得资产负债表日后所有的销售退回记录,检查是否存在提前确认收入的情况;结合对资产负债表日应收账款的函证程序,检查有无未取得对方认可的大额销售;调整重大跨期销售等。

(三)其他业务收入实质性程序

其他业务收入的实质性程序一般包括以下内容。

一是,获取或编制其他业务收入明细表,复核加计是否正确,并与总账数和明细账合计数核对是否相符,结合主营业务收入科目与营业收入报表数核对是否相符。

二是,计算本期其他业务收入与其他业务成本的比率,并与上期该比率比较,检查是否有重大波动,如有,应查明原因。

三是,检查其他业务收入内容是否真实、合法,收入确认原则及会计处理是否符合规定,则要抽查原始凭证予以核实。

四是,对异常项目,应追查入账依据及有关法律文件是否充分。

五是,抽查资产负债表日前后一定数量的记账凭证,实施截止测试,追踪到销售发票、收据等,确定入账时间是否正确,对于重大跨期事项作必要的调整建议。

六是,确定其他业务收入在财务报表中的列报是否恰当。

三、应收账款实质性审计程序

(一)应收账款审计目标与认定的关系

表8-6 审计目标与认定关系

审计目标	财务报表认定				
	存在	完整性	权利和义务	计价和分摊	列报
A 资产负债表中记录的应收账款是存在的。	√				
B 所有应当记录的应收账款均已记录。		√			
C 记录的应收账款由被审计单位拥有或控制。			√		
D 应收账款以恰当的金额包括在财务报表中,与之相关的计价调整已恰当记录。				√	
E 应收账款已按照企业会计准则的规定在财务报表中作出恰当列报。					√

(二)应收账款的实质性程序

1. 取得或编制应收账款明细表

复核加计正确,并与总账数和明细账合计数核对是否相符;结合坏账准备科目与报表数核对是否相符。检查非记账本位币应收账款的折算汇率及折算是否正确。分析有贷方余额的项目,查明原因,必要时,建议做重分类调整。结合其他应收款,预收款项等往来项目的明细余额,调查有无同一客户多处挂账、异常余额或与销售无关的其他款项(如,代销账户、关联方账户或员工账户),必要时提出调整建议。

2. 检查涉及应收账款的相关财务指标(分析程序)

(1)复核应收账款借方累计发生额与主营业务收入关系是否合理,并将当期应收账款借方发生额占销售收入净额的百分比与管理层考核指标比较和被审计单位相关赊销政策比较,如存在异常应查明原因。

(2)计算应收账款周转率、应收账款周转天数等指标,并与被审计单位相关赊销政策、被审计单位以前年度指标、同行业同期相关指标对比分析,检查是否存在重大异常。

应收账款分析性程序财务比率如表8-7所示。

表8-7 应收账款分析性程序财务比率

财务比率	计算公式	审计含义
应收账款周转率	主营业务收入/应收账款平均余额	判断总体合理性及坏账准备的计提是否充分
应收账款周转天数	365/应收账款周转率	同上
应收账款与流动资产总额的比例	应收账款/流动资产	判断总体合理性
坏账费用与赊销净额之比	坏账费用/赊销收入净额	同上

3. 获取或编制应收账款账龄分析表

应收账款账龄是指从赊销业务发生时开始至资产负债表日止所经历的期间。编制账龄分析表进行账龄分析的目的是确定应收账款收回的可能性、坏账准备计提的充分性。应收账款的账龄越长,回收的可能性越小,应计提的坏账准备比例就越大。编制应收账款账龄分析表时,重要客户及其余额应单独列示,不重要的或余额较小的可汇总列示。

表8-8 应收账款账龄分析表

客户名称	期末余额	账龄			
		1年以内	1-2年	2-3年	3年以上
合 计					

4. 对应收账款进行函证

函证是指注册会计师为了证实影响会计报表认定的账户余额或其他信息的真实性,以被审计单位的名义向第三方发出询证函,获取和评价审计证据的过程。函证应收账款的目的是证实应收账款余额的真实性、正确性,防止或发现被审计单位及其有关人员在销售业务中发生的差错或弄虚作假、营私舞弊行为。通过函证,就可以证明债权人的存在和被审计单位记录的可靠性,询函证可以由被审计单位编制,也可以由注册会计师利用被审计单位的资料编制,但函证的寄发一定要由注册会计师亲自进行。

(1)函证范围和对象。除非有充分的证据表明应收账款对被审计单位财务报表而言是不重要的,或者函证很可能是无效的,否则,注册会计师应当对应收账款进行函证。影响函证范围的主要因素有如下几点。

一是应收账款在全部资产中的重要性。如果应收账款在全部资产中的比重比较大,则函证的范围也要相应扩大。

二是被审计单位内部控制的强弱。如果内部控制较健全,则可减少函证量;反之,则应相应扩大函证范围。

三是以前年度的函证结果。若以前年度函证中发现重大差异,或欠款纠纷较多,则函证范围应相应扩大。

四是函证方式的选择。若采用肯定式函证,则可以相应减少函证量;若采用消极式函证,则要相应增加函证量。

一般情况下,注册会计师应选择以下项目作为函证对象:大额或账龄较长的项目;与债务人发生纠纷的项目;关联方项目;主要客户(包括关系密切的客户)项目;交易频繁但期末余额较小甚至为零的项目;可能产生重大错报或舞弊的非正常项目。

(2)函证方式与适用范围。函证分为两种方式:肯定式函证和否定式函证。肯定式函证,也称积极式函证,是指无论函证的内容与被函证人的记录是否一致,都要予以回复的函证方式。肯定式询证函的格式如表8-9所示。

表8-9 企业询证函

企业询证函
(公司)　　　　　　　　　　　　　　　　　　　　　　　编号:
本公司聘请的×××会计事务所正在对本公司的会计报表进行审计,按照《中国注册会计师执业准则》的要求,应当询证本公司与贵公司的往来账项等事项。下列数据出自本公司账簿记录,如与贵公司记录相符,请在本函下端"数据证明无误"处签章证明;如有不符,请在"数据不符"处列明不符金额。回函请直接寄至×××会计师事务所。
通信地址:　　　　　邮编:　　　　　电话:　　　　　传真:
1.本公司与贵公司的往来账项列示如下:
<table><tr><td>截止日期</td><td>贵公司欠</td><td>欠贵公司</td><td>备注</td></tr><tr><td></td><td></td><td></td><td></td></tr><tr><td></td><td></td><td></td><td></td></tr></table>
2.其他事项:
本函仅为复核账目之用,并非催款结算。若款项在上述日期之后已经付清,仍请及时函复为盼。
(公司签章)　　　　　(日期)
结论:1.数据证明无误　　　　　　　　　　　(签章)　　　(日期)
2.数据不符,请列明不符金额　　　　　(签章)　　　(日期)

肯定式函证的结果比较可靠,能为审计人员提供较高的保证,但肯定式函证成本较高。肯定式函证适用于以下情况:①欠款金额较大的客户;②可能存在差错、争议等问题的账户。

否定式函证,也称消极式函证,是指只有在函证的内容与被函证人的记录不一致时,才予以回复的函证方式。采用否定式函证的成本较低,但是否定式函证结果的可靠性较差。否定式函证适用于以下情况:①重大错报风险评估为低水平;②预计错误率比较低;③欠款金额小的债务人数量很多;④没有理由认为被函证对象对不一致的情况不予以回复。

(3)函证时间的选择。注册会计师通常以资产负债表日为截止日,在期后适当时间内实施函证。如果重大错报风险评估为低水平,注册会计师可选择资产负债表日前适当日期为截止日实施函证,并对所函证项目自该截止日起至资产负债表日止发生的变动实施实质性测试程序。

(4)函证的控制。注册会计师通常利用被审计单位提供的应收账款明细账户名称及客户地址等资料据以编制询证函,但注册会计师应当对确定需要确认或填列的信息、选择适当的被询证者、设计询证函以及发出和跟进(包括收回)询证函保持控制。

注册会计师可通过函证结果汇总表的方式对询证函的收回情况加以控制。函证结果汇总表如表8-10所示。

表8-10 应收账款函证结果汇总表

被审计单位名称: 制表: 日期:
结账日: 年 月 日 复核: 日期:

单位名称	询证函编号	函证方式	函证日期		回函日期	账面金额	回函金额	经调节后是否存在差异	调节表索引号
			第一次	第二次					
甲									
乙									
...									

(5)对不符事项的处理。对应收账款而言,登记入账的时间不同而产生的不符事项主要表现为:①询证函发出时,债务人已经付款,而被审计单位尚未收到货款;②询证函发出时,被审计单位的货物已经发出并已作销售记录,但货物仍在途中,债务人尚未收到货物;③债务人由于某种原因将货物退回,而被审计单位尚未收到;④债务人对收到的货物的数量、质量及价格等方面有异议而全部或部分拒付货款等。如果不符事项构成错报,注册会计师应当评价该错报是否表明存在舞弊,并重新考虑所实施审计程序的性质、时间和范围。

(6)对函证结果的总结和评价。注册会计师对函证结果可进行如下评价:

①重新考虑对内部控制的原有评价是否适当,控制测试的结果是否适当;分析程序的结果是否适当;相关的风险评价是否适当等。

②如果函证结果表明没有审计差异,则可以合理地推论,全部应收账款总体是正确的。

③如果函证结果表明存在审计差异,则应当估算应收账款总额中可能出现的累计差错是多少,估算未被选中进行函证的应收账款的累计差错是多少。为取得对应收账款累计差错更加准确的估计,也可以进一步扩大函证范围。

5. 对未函证应收账款实施替代审计程序

通常,注册会计师不可能对所有应收账款进行函证,对下面三种情况:未函证应收账款;没回函的积极式函证;对回函结果不满意。应采用替代程序,以验证这些应收账款的真实性:注册会计师应抽查有关原始凭据,如销售合同、销售订购单、销售发票副本、发运凭证及回款单据等,以验证与其相关的应收账款的真实性。

6. 确定已收回的应收账款金额

请被审计单位协助,在应收账款明细表上标出至审计时已收回的应收账款金额。对金额较大的款项进行检查,如核对收款凭证、银行对账单、销售发票副本等,并注意凭证发生的日期的合理性。

7. 抽查有无不属于结算业务的债权

不属于结算业务的债权,不应在应收账款中核算。如有,应做出记录或建议被审计单位作适当调整。

8. 分析应收账款明细账余额

应收账款明细账的余额一般在借方,在分析应收账款明细账余额时,注册会计师如果发现应收账款出现贷方明细账余额的情形,应查明原因,必要时建议作重分类调整。

9. 审查坏账损失的处理

(1)检查应收账款中有无债务人破产或者死亡的,以及破产财产或者遗产清偿后仍无法收回的,或者债务人长期未履行偿债义务的情况;

(2)检查年度内发生的坏账损失有无授权批准、有无已作坏账损失处理后又收回的账款;

(3)按照计提坏账准备的范围、标准测算已提坏账准备是否充分,并核对坏账准备总账余额与报表数是否相符;

(4)确定坏账准备在资产负债表上的披露是否恰当。

10. 确定应收账款是否已在资产负债表上恰当披露

如果被审计单位设立"预收账款"账户,应注意资产负债表中"应收账款"项目的数额是否根据"应收账款"和"预收账款"账户所属的明细账户的期末借方余额的合计数填列。如果被审计单位为上市公司,其财务报表附注还应披露期初、期末余额的账龄分析,期末欠款金额较大的单位账款,以及持有5%以上股份的股东单位账款等情况。

例8-7·简答题

ABC会计师事务所审计甲公司2013年财务报告,审计工作底稿中与函证相关部分内容摘录如下。

(1)甲公司在乙银行开立了用以缴纳税款的专门账户。除此以外,与乙银行没有其他业务关系,审计项目组认为,该账户的重大错报风险很低且余额不重大,未对该账户实施函证程序。

(2)审计项目组经评估认为应收账款的重大错报风险较低,对甲公司2013年11月30日的应收账款余额实施了函证未发现差异。2013年12月31日的应收账款的余额较11月30日无重大变动,审计项目组据此认为已对年末应收账款余额的存在认定获取了充分、适当的审计证据。

(3)审计项目组负责填写询证函信息,甲公司业务员负责填写询证函信封。审计项目组取得加盖公章的询证函及业务员填写的信封后,直接至邮局将询证函寄出。

(4)客户丙公司的回函并非询证函原件,甲公司财务人员解释,在催收回函时,由于丙财务人员表示未收到询证函,因此将其留存的询证函复印件寄送给了丙公司,并要求丙公司财务人员将回函直接寄回ABC会计师事务所。审计项目组认为该解释合理,无需实施进一步审计程序。

(5)审计项目组收到一份银行询证函回函中标注"本行不保证回函的准确性,接收人不能依赖回函中的信息"。审计项目组致电该行,银行人员表示,这是标准条款,审计项目组据此认为回函可靠,并在审计工作底稿中记录了与银行的电话沟通内容。

(6)甲公司管理层拒绝审计项目组向客户丁公司寄发询证函。

要求:针对上述第(1)至(5)项,逐项指出,审计项目组的做法是否恰当,若不恰当,请说明理由。

针对(6),指出审计项目组应采取的应对措施。

【正确答案】

第(1)项恰当。

第(2)项不恰当。注册会计师应对2013年11月30日和12月31日之间应收账款的变动情况实施进一步审计程序/实质性程序/将实质性程序和控制测试结合使用。

第(3)项不恰当。注册会计师没有将被询证者的名称、地址与被审计单位有关记录/外部记录进行核对。

第(4)项不恰当。注册会计师未对询证函的发出保持控制/询证函不应由甲公司财务人员寄发。

第(5)项不恰当。该限制条款影响了回函的可靠性/审计项目组需要实施额外或替代审计程序。

第(6)项,审计项目组应当:

(1)询问管理层不允许寄发询证函的原因,并就其原因的合理性/正当性搜集证据;

(2)评价管理层不允许寄发询证函对评估的重大错报风险(包括舞弊风险),以及其他审计程序的性质、时间安排和范围的影响;

(3)实施替代程序,以获取相关、可靠的审计证据。

(三)坏账准备的实质性程序

企业会计准则规定,企业应当在期末对应收款项进行检查,并合理预期可能产生的坏账损失。常用的坏账准备审计实质性程序(以应收账款为例)。

1.取得或编制坏账准备明细表,复核加计是否正确,与坏账准备总账数、明细账合计数核对是否相符。

2.将应收账款坏账准备本期计提数与资产减值损失相应明细项目的发生额核对是否相符。

3.检查应收账款坏账准备计提和核销的批准程序,取得书面报告等证明文件,评价计提坏账准备所依据的资料、假设及方法。

4. 实际发生坏账损失的,检查转销依据是否符合有关规定,会计处理是否正确。

5. 已经确认并销的坏账重新收回的,检查其会计处理是否正确。

6. 检查函证结果。对债务人回函中反映的例外事项及存在争议的余额,注册会计师应查明原因并作记录。必要时,应建议被审计单位作相应的调整。

7. 实施分析程序。通过比较前期坏账准备计提数和实际发生数,以及检查期后事项,评价应收账款坏账准备计提的合理性。

8. 确定应收账款坏账准备的披露是否恰当。上市公司还应在财务报表附注中分项披露如下事项:

(1)本期全额计提坏账准备,或计提坏账准备的比例较大的(计提比例一般40%及以上的,下同),应说明计提的比例以及理由;

(2)以前期间已全额计提坏账准备,或计提坏账准备的比例较大但在本期又全额或部分收回的,或通过重组等其他方式收回的,应说明其原因、原估计计提比例的理由以及原估计计提比例的合理性;

(3)本期实际冲销的应收款项及其理由,其中,实际冲销的关联交易产生的应收账款应单独披露。

四、其他相关账户实质性审计程序

销售与收款循环审计中除包括前述主要账户外,还涉及其他如:应收票据、预收账款、应交税费、主营业务税金及附加、营业费用、其他业务收入、其他业务支出等账户的审计。下面介绍其中主要账户相应的实质性审计程序。

(一)应收票据审计

企业因销售商品、提供劳务等收到客户的商业汇票,包括商业承兑汇票和银行承兑汇票,便产生了应收票据。应收票据是以书面形式表现的企业债权,经背书后可以转让或提交银行贴现。因此,应收票据的审计应结合企业赊销业务进行,企业对销售、收取票据、计息、贴现、收款等活动的控制是保证应收票据正确核算的基础。审计人员应根据销售与收款循环的控制测试情况,判断与应收票据有关的内部控制制度是否有效的执行,并作为进一步确定实质性程序审计程序的依据。

1. 审计目标与认定对应关系表

表 8-11

审计目标	财务报表认定				
	存在	完整性	权利和义务	计价和分摊	列报
A 资产负债表中记录的应收票据是存在的。	√				
B 所有应当记录的应收票据均已记录。		√			
C 记录的应收票据由被审计单位拥有或控制。			√		

审计目标	财务报表认定				
	存在	完整性	权利和义务	计价和分摊	列报
D 应收票据以恰当的金额包括在财务报表中,与之相关的计价调整已恰当记录。				√	
E 应收票据已按照企业会计准则的规定在财务报表中作出恰当列报。					√

2. 应收票据实质性审计程序员

(1)获取或编制应收票据明细表。

复核加计是否正确,并与总账数和明细账合计数核对是否相符;结合坏账准备科目与报表数核对是否相符;

检查非记账本位币应收票据的折算汇率及折算是否正确;

检查逾期票据是否已转为应收账款。

(2)取得被审计单位"应收票据备查簿",核对其是否与账面记录一致。在应收票据明细表上标出至审计时已兑现或已贴现的应收票据,检查相关收款凭证等资料,以确认其真实性。

(3)监盘库存票据,并与"应收票据备查簿"的有关内容核对;检查库存票据,注意票据的种类、号数、签收的日期、到期日、票面金额、合同交易号、付款人、承兑人、背书人姓名或单位名称,以及利率、贴现率、收款日期、收回金额等是否与应收票据登记簿的记录相符;关注是否对背书转让或贴现的票据负有连带责任;注意是否存在已作质押的票据和银行退回的票据。

(4)对应收票据进行函证,并对函证结果进行汇总、分析,同时对不符事项作出适当处理。

(5)对于大额票据,应取得相应销售合同或协议、销售发票和出库单等原始交易资料并进行核对,以证实是否存在真实交易。

(6)复核带息票据的利息计算是否正确;并检查其会计处理是否正确。

(7)对贴现的应收票据,复核其贴现息计算是否正确,会计处理是否正确。编制已贴现和已转让但未到期的商业承兑汇票清单,并检查是否存在贴现保证金。

(8)评价针对应收票据计提的坏账准备的适当性:

①取得或编制坏账准备计算表,复核加计正确,与坏账准备总账数、明细账合计数核对相符;将应收票据坏账准备本期计提数与资产减值损失相应明细项目的发生额核对,并确定其是否相符;

②检查应收票据坏账准备计提和核销的批准程序,取得书面报告等证明文件;评价坏账准备所依据的资料、假设及计提方法;复核应收票据坏账准备是否按经股东(大)会或董事会批准的既定方法和比例提取,其计算和会计处理是否正确;

③实际发生坏账损失的,检查转销依据是否符合有关规定,会计处理是否正确;

④已经确认并转销的坏账重新收回的,检查其会计处理是否正确;

⑤通过比较前期坏账准备计提数和实际发生数,以及检查期后事项,评价应收票据坏账准备计提的合理性。

(9)标明应收关联方包括持股5%以上(含5%)股东的款项,执行关联方及其交易审计程序,并注明合并报表时应予抵销的金额;对关联企业、有密切关系的主要客户的交易事项作专门核查:

①了解交易事项目的、价格和条件,作比较分析;

②检查销售合同、销售发票、货运单证等相关文件资料;

③检查收款凭证等货款结算单据;

④向关联方、有密切关系的主要客户或其他注册会计师函证,以确认交易的真实性、合理性。

(10)根据评估的舞弊风险等因素增加的审计程序。

(11)检查应收票据是否已按照企业会计准则的规定在财务报表中作出恰当列报。

(二)预收账款的审计

预收账款是买卖双方协议商定,由购货方预先支付一部分货款给供货方而发生的一项负债。《企业会计制度》规定,预收账款应于实际收到时确认为流动负债,并按照实际收到的金额计量。审计实务中预收账款的实质性程序如表8-12所示。

1. 预收账款实质性程序

表8-12 审计目标与认定对应关系表

审计目标	财务报表认定				
	存在	完整性	权利和义务	计价和分摊	列报
A 资产负债表中记录的预收账款是存在的。	√				
B 所有应当记录的预收账款均已记录。		√			
C 记录的预收账款是被审计单位应当履行的现时义务。			√		
D 预收账款以恰当的金额包括在财务报表中,与之相关的计价调整已恰当记录。				√	
E 预收账款已按照企业会计准则的规定在财务报表中作出恰当列报。					√

2. 预收账款的实质性审计程序

(1)获取或编制预收账款明细表。

①复核加计是否正确,并与报表数、总账数和明细账合计数核对是否相符。

②以非记账本位币结算的预收账款,检查其采用的折算汇率及折算是否正确。

③检查是否存在借方余额,必要时进行重分类调整。

④结合应收账款等往来款项目的明细余额,检查是否存在应收、预收两方挂账的项目,必要时做出调整。

⑤标识重要客户。

(2)检查预收账款长期挂账的原因,并作出记录,必要时提请被审计单位予以调整。

(3)抽查预收账款有关的销货合同、仓库发货记录、货运单据和收款凭证,检查已实现销售的商品是否及时转销预收账款,确定预收账款期末余额的正确性和合理性。

(4)对预收账款进行函证。

(5)通过货币资金的期后测试,以确定预收账款是否已计入恰当期间。

(6)标明预收关联方包括持股5%以上(含5%)股东的款项,执行关联方及其交易审计程序,并注明合并报表时应予抵销的金额。

(7)根据评估的舞弊风险等因素增加的审计程序。

(8)检查预收款项是否已按照企业会计准则的规定在财务报表中作出恰当列报。

(三)应交税费的审计

企业应在每月月末对本月取得的营业收入和实现的利润,按规定计算出应向国家缴纳的各种税费,并于下月初预缴,在尚未交纳前记入应交税费等有关账户,形成企业的一项负债。其中增值税和所得税与企业销售业务关系较为密切,我们将应交税费放在销售与收款循环中审计。在对应交税费审计时应结合收入、利润账户进行,并注意与营业务税费及附加账户相关数据核对。

1. 审计目标与认定对应关系表

表 8-13 审计目标与认定对应关系表

审计目标	财务报表认定				
	存在	完整性	权利和义务	计价和分摊	列报
A 资产负债表中记录的应交税费是存在的。	√				
B 所有应当记录的应交税费均已记录。		√			
C 记录的应交税费是被审计单位应当履行的偿还义务。			√		
D 应交税费以恰当的金额包括在财务报表中,与之相关的计价调整已恰当记录。				√	
E 应交税费已按照企业会计准则的规定在财务报表中作出恰当列报。					√

2. 应交税费实质性审计程序

(1)获取或编制应交税费明细表:

①复核加计是否正确,并与报表数、总账数和明细账合计数核对是否相符;

②注意印花税、耕地占用税以及其他不需要预计应缴数的税金有无误入应交税费项目;

③分析存在借方余额的项目,查明原因,判断是否由被审计单位预缴税款引起。

首次接受委托时,取得被审计单位的纳税鉴定、纳税通知、减免税批准文件等,了解被审计单位适用的税种、附加税费、计税(费)基础、税(费)率,以及征、免、减税(费)的范围与期限。如果被审计单位适用特定的税基式优惠或税额式优惠、或减低适用税率的,且该项税收优惠需办理规定的审批或备案手续的,应检查相关的手续是否完整、有效。连续接受委托时,关注其变化情况。在借方余额的项目,查明原因,判断是否由被审计单位预缴税款引起。

(2)核对期初未交税金与税务机关受理的纳税申报资料是否一致,检查缓期纳税及延期纳税事项是否经过有权税务机关批准。

(3)取得税务部门汇算清缴或其他确认文件、有关政府部门的专项检查报告、税务代理机构专业报告、被审计单位纳税申报资料等,分析其有效性,并与上述明细表及账面数据进行核对。对于超过法定交纳期检查应交增值税:

①获取或编制应交增值税明细表,加计复核其正确性,并与明细账核对相符;

②将应交增值税明细表与被审计单位增值税纳税申报表进行核对,比较两者是否总体相符,并分析其差额的原因;

③通过"原材料"等相关科目匡算进项税是否合理;

④抽查一定期间的进项税抵扣汇总表,与应交增值税明细表相关数额合计数核对,如有差异,查明原因并作适当处理;

⑤抽查重要进项税发票、海关完税凭证、收购凭证或运费发票,并与网上申报系统进行核对,并注意进口货物、购进的免税农产品或废旧物资、支付运费、接受投资或捐赠、接受应税劳务等应计的进项税额是否按规定进行了会计处理;因存货改变用途或发生非常损失应计的进项税额转出数的计算是否正确,是否按规定进行了会计处理;

⑥根据与增值税销项税额相关账户审定的有关数据,复核存货销售,或将存货用于投资、无偿馈赠他人、分配给股东(或投资者)应计的销项税额,以及将自产、委托加工的产品用于非应税项目的计税依据确定是否正确以及应计的销项税额是否正确计算,是否按规定进行会计处理;

⑦检查适用税率是否符合税法规定;

⑧取得《出口货物退(免)税申报表》及办理出口退税有关凭证,复核出口货物退税的计算是否正确,是否按规定进行了会计处理;

⑨对经主管税务机关批准实行核定征收率征收增值税的被审计单位,应检查其是否按照有关规定正确执行。如果申报增值税金额小于核定征收率计算的增值税金额,应注意超过申报额部分的会计处理是否正确;

⑩抽查本期已交增值税资料,确定已交款数的正确性。限的税费,应取得主管税务机关的批准文件。

(4)检查应交消费税的计算是否正确。结合营业税金及附加等项目,根据审定的应税消费品销售额(或数量),检查消费税的计税依据是否正确。适用税率(或单位税额)是否符合税法规定,是否按规定进行了会计处理,并分项复核本期应交消费税税额;抽查本期已交消费税资料,确定已交数的正确性。

(5)检查应交资源税的计算是否正确,是否按规定进行了会计处理。

(6)检查应交土地增值税的计算是否正确,是否按规定进行了会计处理:

①根据审定的预售房地产的预收账款,复核预交税款是否准确;

②对符合项目清算条件的房地产开发项目,检查被审计单位是否按规定进行土地增值税清算;如果被审计单位已聘请中介机构办理土地增值税清算鉴证的,应检查、核对相关鉴证报告;

③如果被审计单位被主管税务机关核定征收土地增值税的,应检查、核对相关的手续。

(7)检查应交城市维护建设税的计算是否正确。结合营业税金及附加等项目的审计,根据审定的计税基础和按规定适用的税率,复核被审计单位本期应交城市维护建设税的计算是否正确,是否按规定进行了会计处理;抽查本期已交城市维护建设税资料,确定已交数的正确性。

(8)检查应交车船使用税和房产税的计算是否正确。获取被审计单位自有车船数量、吨位(或座位)及自有房屋建筑面积、用途、造价(购入原价)、购建年月等资料,并与固定资产(含融资租入固定资产)明细账复核一致;了解其使用、停用时间及其原因等情况;通过审核本期完税单,检查其是否如实申报和按期缴纳,是否按规定进行了会计处理。

(9)检查应交土地使用税的计算是否正确,是否按规定进行了会计处理。

(10)获取或编制应交所得税测算表,结合所得税项目,确定应纳税所得额及企业所得税税率,复核应交企业所得税的计算是否正确,是否按规定进行了会计处理;抽查本期已交所得税资料,确定已交数的正确性。汇总纳税企业所得税汇算清缴,并按税法规定追加相应的程序。

(11)检查教育费附加、矿产资源补偿费等的计算是否正确,是否按规定进行了会计处理。

(12)检查除上述税项外的其他税项及代扣税项的计算是否正确,是否按规定进行了会计处理。

(13)检查被审计单位获得税费减免或返还时的依据是否充分、合法和有效,会计处理是否正确。

(14)抽查若干笔应交税费相关的凭证,检查是否有合法依据,会计处理是否正确。

(15)根据评定确定应交税费是否已按照企业会计准则的规定在财务报表中作出恰当列报。估的舞弊风险等因素增加的审计程序。

(四)税金及附加审计

税金及附加是指企业由于销售产品、提供劳务等负担的税费及附加费,包括消费税、城市维护建设税和教育费附加等。对税金及附加的审计,应在查明被审计单位应交纳的税种基础上结合"主营业务收入""其他业务收入"以及"应交税费""其他应交款"等账户进行审查。

1. 审计目标与认定对应关系表

表8-12 审计目标与认定对应关系表

审计目标	财务报表认定					
	发生	完整性	准确性	截止	分类	列报
A 确定利润表中记录的营业税金及附加已发生,且与被审计单位有关。	√					
B 确定所有应当记录的营业税金及附加均已记录。		√				
C 确定与营业税金及附加有关的金额及其他数据已恰当记录。			√			
D 确定营业税金及附加记录于正确的会计期间。				√		
E 确定营业税金及附加中的交易和事项已记录于恰当的账户。					√	
F 营业税金及附加已按照企业会计准则的规定在财务报表中作出恰当列报。						√

2. 税金及附加实质性审计程序

(1) 获取或编制税金及附加明细表，复核加计是否正确，并与报表数、总账数和明细账合计数核对是否相符。

(2) 根据审定的本期应纳营业税的营业收入和其他纳税事项，按规定的税率，分项计算、复核本期应纳营业税税额，检查会计处理是否正确。

(3) 根据审定的本期应税消费品销售额（或数量），按规定适用的税率，分项计算、复核本期应纳消费税税额，检查会计处理是否正确。

(4) 根据审定的本期应纳资源税产品的课税数量，按规定适用的单位税额，计算、复核本期应纳资源税税额，检查会计处理是否正确。

(5) 检查城市维护建设税、教育费附加等项目的计算依据是否和本期应纳增值税、营业税、消费税合计数一致，并按规定适用的税率或费率计算、复核本期应纳城建税、教育费附加等

(6) 结合应交税费科目的审计，复核其勾稽关系。查会计处理是否正确。

(7) 根据评估的舞弊风险等因素增加的审计程序。

(8) 检查营业税金及附加是否已按照企业会计准则的规定在财务报表中作出恰当列报。

(五) 销售费用审计

销售费用核算企业销售商品过程中发生的各项费用，如因销售产品而发生的运杂费、包装费、广告费和展览费、专设销售机构经费等。

1. 审计目标与认定对应关系表

表 8-12　审计目标与认定对应关系表

审计目标	财务报表认定					
	发生	完整性	准确性	截止	分类	列报
A 利润表中记录的销售费用已发生，且与被审计单位有关。	√					
B 所有应当记录的销售费用均已记录。		√				
C 与销售费用有关的金额及其他数据已恰当记录。			√			
D 销售费用已记录于正确的会计期间。				√		
E 销售费用已记录于恰当的账户。					√	
F 销售费用已按照企业会计准则的规定在财务报表中作出恰当的列报。						√

2. 销售费用实质性审计程序

(1) 获取或编制销售费用明细表：

①复核其加计数是否正确，并与报表数、总账数和明细账合计数核对是否相符；

②将销售费用中的工资、折旧等与相关的资产、负债科目核对，检查其勾稽关系的合理性。

(2) 对销售费用进行分析：

①计算分析各个月份销售费用总额及主要项目金额占主营业务收入的比率,并与上一年度进行比较,判断变动的合理性;

②计算分析各个月份销售费用中主要项目发生额及占销售费用总额的比率,并与上一年度进行比较,判断其变动的合理性。

(3)检查各明细项目是否与被审计单位销售商品和材料、提供劳务以及专设的销售机构发生的各种费用有关。

(4)检查销售佣金支出是否符合规定,审批手续是否健全,是否取得有效的原始凭证;如超过规定,是否按规定进行了纳税调整。

(5)检查广告费、宣传费、业务招待费的支出是否合理,审批手续是否健全,是否取得有效的原始凭证;如超过规定限额,应在计算应纳税所得额时调整。

(6)检查由产品质量保证产生的预计负债,是否按确定的金额进行会计处理。

(7)选择重要或异常的销售费用,检查销售费用各项目开支标准是否符合有关规定,开支内容是否与被审计单位的产品销售或专设销售机构的经费有关,计算是否正确,原始凭证是否合法,会计处理是否正确。

(8)抽取资产负债表日前后　天的　张凭证,实施截止测试,若存在异常迹象,应考虑是否有必要追加审计程序,对于重大跨期项目的应作必要调整。

(9)根据评估的舞弊风险等因素增加相应的审计程序。

(10)检查销售费用是否已按照企业会计准则在财务报表中作出恰当的列报。

课后练习

□**复习思考题**

1.试述划分业务循环与审计的关系。

2.销售环节的哪些职责要进行分工?

3.销售与收款循环的内部控制测试主要包括哪些内容?

4.审计人员对主营业务收入进行实质性分析程序包括哪些内容?

5.如何进行主营业务收入的截止测试?有几种路线?

□**单项选择题**

1.针对被审计单位销售交易的流程,以下表达正确的是(　　)。

　　A.接受顾客订单——批准赊销信用——开具账单——按照销售单供货——装运货物

　　B.批准赊销信用——接受顾客订单——按照销售单供货——开具账单——装运货物

　　C.接受顾客订单——批准赊销信用——按销售单供货——装运货物——开具账单

　　D.批准赊销信用——接受顾客订单——按照销售单供货——装运货物——开具账单

2.为了防止仓库在未经授权的情况下擅自发货,被审计单位有效的内部控制是(　　)。

　　A.仓库只有在收到经过批准的销售单时才能供货

　　B.仓库只有在收到经过批准的发运单时才能供货

C. 仓库只有在收到销售发票时才能供货

D. 仓库只有在会计部门登记销售明细账后才能供货

3. 为了防止虚假交易登记入账,被审计单位以下内部控制设计存在缺陷的是(   )。

A. 只依据附有有效装运凭证和销售单的销售发票记录销售

B. 控制所有事先连续编号的销售发票

C. 独立检查已处理销售发票上的销售金额与会计记录金额的一致性

D. 定期向客户寄送对账单,并要求客户将任何例外情况直接向指定的未执行或记录销售交易的会计主管报告

4. 被审计单位针对销售交易以下内部控制设计不合理的是(   )。

A. 在签订销售合同前,应当由两名以上人员负责谈判并签订合同

B. 在办理销售、发运、收款时应当由不同部门分别执行

C. 企业应收票据的取得和贴现由保管票据以外的人员批准

D. 赊销审批和销售审批由不同人员执行

5. 被审计单位日常交易采用自动化控制,以下在销售交易中能够防止商品发运但没有及时开具销售发票的内部控制的是(   )。

A. 当客户订购单在系统中获得发货批准时,系统自动生成连续编号的发运凭证

B. 计算机把所有准备发出的商品与销售单上的商品种类和数量进行比对。打印种类或数量不符的例外报告,并暂缓发货

C. 发货以后系统根据发运凭证及相关信息自动生成连续编号的销售发票

D. 每张发票的单价、计算、商品代码、商品摘要和客户账户代码均由计算机程序控制

6. 注册会计师接受委托对戊公司 2011 年度财务报表进行审计。审计过程中发现,该企业于 2010 年 11 月接受一项产品安装任务,采用完工百分比法确认劳务收入,预计安装期 16 个月,合同总收入 200 万元,合同预计总成本为 158 万元。至 2010 年底已预收款项 160 万元,余款在安装完成时收回,至 2011 年 12 月 31 日实际发生成本 152 万元,预计还将发生成本 8 万元。2010 年已确认收入 20 万元,成本 16 万元。戊公司 2011 年未对该项业务进行账务处理,该项业务对当年利润表的影响是(   )。

A. 高估营业利润 34 万元 B. 低估营业利润 34 万元

C. 高估营业利润 8 万元   D. 低估营业利润 8 万元

7. 注册会计师在确定被审计单位主营业务收入的会计记录是否记录于正确的会计期间时,应实施的审计程序是(   )。

A. 监盘   B. 函证

C. 截止测试 D. 检查

8. 注册会计师通过对被审计单位及其环境的了解,认为营业收入的发生认定存在重大错报风险,为了防止被审计单位高估营业收入,注册会计师需要实施的截止测试程序是(   )。

A. 抽取若干张在资产负债表日前后开具的销售发票的存根,追查至发运凭证和账簿记录

B. 从资产负债表日前后若干天的账簿记录查至记账凭证,检查发票存根与发运凭证

C. 从资产负债表日前后若干天的发运凭证查至发票开具情况与账簿记录

D. 选取营业收入明细账中的大额或异常项目追查至销售单、销售发票副联及发运凭证

9. 注册会计师针对被审计单位应收账款账龄实施分析程序,可以证明认定是(　　)。
   A. 存在　　　　　　　　　　B. 完整性
   C. 准确性、计价和分摊　　　　D. 权利和义务

10. 注册会计师针对被审计单位应收账款账龄分析的目的是确认(　　)。
    A. 赊销业务的审批情况
    B. 被审计单位应收账款的催收制度
    C. 应收账款的可收回性
    D. 应收账款的真实性

11. 注册会计师通常以资产负债表日为截止日,在(　　)的适当时间内对应收账款实施函证。
    A. 资产负债表日　　　B. 资产负债表日前
    C. 资产负债表日前后　D. 资产负债表日后

12. 为证实被审计单位当期所有销售业务均已记录,A注册会计师应选择的最有效的具体审计程序是(　　)。
    A. 检查出库单　　　　　　B. 检查销售明细账
    C. 检查应收账款明细账　　D. 检查银行对账单

二、多项选择题

1. 企业销售交易中涉及的主要凭证有(　　)。
   A. 顾客订购单　　　B. 销售单
   C. 商品价目表　　　D. 顾客月末对账单

2. 企业设计的以下针对收款交易的内部控制,存在缺陷的有(　　)。
   A. 企业应当建立应收账款账龄分析制度和逾期应收账款催收制度,财务部门应当负责应收账款的催收,销售部门应当督促财务部门加紧催收
   B. 企业应当按产品设置应收账款台账,及时登记每一客户应收账款余额增减变动情况和信用额度使用情况
   C. 企业发生的各项坏账,应查明原因,明确责任,并在履行规定的审批程序后做出会计处理
   D. 企业注销的坏账应当进行备查登记,做到账销案存

3. 针对向虚构的客户发货并作为销售交易登记入账这类错误,注册会计师在实施控制测试时以下做法正确的有(　　)。
   A. 检查主营业务收入明细账中与销售分录相应的销货单,以确定销售是否履行赊销审批手续和发货审批手续
   B. 检查销售发票连续编号的完整性
   C. 检查发运凭证是否连续编号
   D. 观察是否寄发对账单,并检查客户回函档案

4. 注册会计师在设计细节测试程序时,针对被审计单位应收账款的完整性认定,应选择的程序有(　　)。
   A. 以应收账款明细账为起点,追查到发运凭证

B. 以销售发票为起点,追查到应收账款明细账

C. 以发运凭证为起点,追查到应收账款明细账

D. 既可以从应收账款明细账追查到原始凭证,也可以从原始凭证追查到应收账款明细账

9. 注册会计师向债务人函证应收账款余额,可以证明的认定有(　　)。

　　A. 存在　　　　　　　　　　　　B. 完整性

　　C. 计价和分摊　　　　　　　　　D. 权利和义务

5. 在证实登记入账的销售是否真实这一目标而进行的实质性程序时,注册会计师通常关心的不真实销售有(　　)。

　　A. 未曾发货却已登记入账　　　　B. 销售交易重复入账

　　C. 向虚构的客户发货并登记入账　D. 已经发货但未曾入账

6. 下列有关收款交易相关控制的说法中恰当的有(　　)。

　　A. 企业应将销售收入及时入账,不得账外设账,经主管人员审批后可坐支现金

　　B. 销售部门应当负责应收账款的催收,财会部门应当督促销售部门加紧催收

　　C. 企业应当定期与往来客户通过函证等方式核对应收账款、应收票据、预收款项等往来款项

　　D. 企业对于可能成为坏账的应收账款应当报告有关决策机构,由其进行审查,确定是否确认为坏账

7. 下列各项审计程序中,可以为营业收入的发生认定提供审计证据的有(　　)。

　　A. 以主营业务收入明细账中的会计分录为起点,检查相关原始凭证如订购单、销售单、发运凭证、发票等

　　B. 对应收账款余额实施函证

　　C. 存在销货退回的,检查相关手续是否符合规定,结合原始销售凭证检查其会计处理是否正确,结合存货项目审计关注其真实性

　　D. 实施实质性分析程序

8. 针对营业收入(　　)目标,注册会计师设计细节测试时应特别注意追查凭证的起点和测试方向,否则就属于严重的审计缺陷。

　　A. 准确性　　　　　　　　　　　B. 截止

　　C. 发生　　　　　　　　　　　　D. 完整性

□ 综合题

1. 甲公司是 ABC 会计师事务所的常年审计客户,A 注册会计师负责审计甲公司 201X 年度财务报表。

资料一

A 注册会计师在审计工作底稿中记录了甲公司销售与收款循环的内部控制,部分内容摘录如下。

(1)风险:向客户提供过长信用期而增加坏账损失风险。控制:客户的信用期由信用管理部门审核批准,如长期客户临时申请延长信用期,由销售部经理批准。

(2)风险:已记账的收入未发生或不准确;控制:财务人员将经批准的销售订单、客户签字确认

的发运凭单及发票所载信息相互核对无误后,编制记账凭证(附上述单据),经财务部经理审核后入账。

(3)风险:应收账款记录不准确;控制:每季度末,财务部向客户寄送对账单,如客户未及时回复,销售人员需要跟进,如客户回复表明差异超过该客户欠款余额的5%,则进行调查。

资料二

A注册会计师在审计工作底稿中记录了审计计划,部分内容摘要如下。

甲公司应收账款会计每月末向排名前10位的企业客户寄送对账单,并调查回函差异。因该控制仅涉及一小部分应收账款余额,A注册会计师拟不测试该控制,直接实施实质性程序。

资料三

A注册会计师在审计工作底稿中记录了实施的控制测试和实质性程序及其结果,部分内容摘录如下。

控制:产品送达后,甲公司要求客户的经办人员在发运凭单上签字。财务部将客户签字确认的发运凭单作为收入确认的依据之一。

控制测试和实质性程序及其结果:A注册会计师对控制的预期偏差率为零,从收入明细账中抽取25笔交易,检查发运凭单是否经客户签字确认。经检查,有2张发运凭单未经客户签字。销售人员解释,这2批货物在运抵客户时,客户的经办人员出差。由于以往未发生过客户拒绝签收的情况,经财务部经理批准后确认收入。A注册会计师对上述客户的应收账款实施函证,回函结果表明不存在差异。

要求:

(1)针对资料一第(1)至(3)项,不考虑其他条件,逐项指出资料一所列控制的设计是否存在缺陷。如认为存在缺陷,简要说明理由。

(2)针对资料二,假定不考虑其他条件,指出A注册会计师的审计计划的内容是否恰当。如不恰当,简要说明理由。

(3)针对资料三,假定控制的设计有效并得到执行,根据控制测试和实质性程序及其结果,指出资料三所列控制运行是否有效,如认为运行无效,简要说明理由,并说明该项控制活动主要影响哪些财务报表项目的哪些认定。

2.甲公司是ABC会计师事务所的常年审计客户,主要从事电气设备的生产和销售。A注册会计师负责审计甲公司2017年度财务报表,确定财务报表整体的重要性为300万元,实际执行的重要性为210万元。

资料一:

A注册会计师在审计工作底稿中记录了所了解的甲公司情况及其环境,部分内容摘录如下。

(1)受电池自爆事件影响,甲产品出现滞销。为恢复市场占有率,甲公司未因本年度成本大幅上涨而提高甲产品售价,销量逐步回升。

(2)乙产品于2017年11月停产。2017年末,某经销商采用交款提货方式购买最后一批乙产品。甲公司已收到货款300万元,并已开具发票和发运凭单。经销商在验收时发现该批产品质量不符合合同要求,双方尚未就解决方案达成一致意见。

(3)甲公司2017年中标成为某体育馆的丙设备供应商,合同约定丙设备在安装调试后验收。

2017年末，相关丙设备已运抵建设现场，并经客户签收。

（4）甲公司于2016年起从事丁电子设备安装工程，截至2017年末仅承揽一项业务，设备安装合同约定，工程建设期为18个月，工程总价为1500万元，如果工程提前3个月完工，并且安装质量符合设计要求，客户另付300万元奖励款，工程于2016年10月1日开工，于2017年12月末基本完工。经监理人员认定，工程质量未达到设计要求，还需进一步施工。

（5）甲公司从2016年11月起研发智能家电。2017年末，已完成市场调研、技术资料的收集和可行性研究。

资料二：

A注册会计师在审计工作底稿中记录了甲公司的财务数据，部分内容摘要如下。

金额单位：万元

项目	未审数 2017年	已审数 2016年
营业收入——甲产品	7200	7500
营业成本——甲产品	4900	5000
存货年末余额——乙产品	0	400
营业收入——体育馆丙设备	6000	0
营业成本——体育馆丙设备	4500	0
营业收入——丁电子设备安装	1500	300
营业成本——丁电子设备安装	1000	200
开发支出——智能家电	500	0
管理费用——智能家电研发	300	200

要求：分别针对资料一中的各事项，结合资料二，假定不考虑其他条件，逐项指出资料一所列事项是否可能表明存在重大错报风险。如果认为可能表明存在重大错报风险，简要说明理由，并说明该风险主要与哪些财务报表项目。

第九章

采购与付款循环审计

◎ **本章学习目标**

通过本章的学习，理解采购与付款循环的主要业务活动和所涉及的主要凭证和会计记录；理解并掌握采购与付款循环的内部控制及其测试的内容；理解采购环重大错报风险的识别与评估的内容；理解并掌握应付账款的实质性程序；了解固定资产的测试程序。

第一节 采购与付款循环特征

一、不同行业类型的采购和费用支出

企业的采购与付款循环包括购买商品、劳务和固定资产,以及企业在经营活动中为获取收入而发生的直接或间接的支出。部分支出可能与产品收入直接相关,部分支出可能会形成企业资产,而这些资产又形成了企业经营活动的基础。

一个企业的支出从性质、数量和发生频率上看是多种多样的。本章主要关注与购买货物和劳务以及应付账款的支付有关的控制活动以及重大交易。

除了经营用房产支出和人工费用支出,一些经常性交易发生的支出通常构成较为重要的交易,因而须由较正式的控制活动来预防或检查、纠正错误和舞弊,比如广告促销费用、研究开发费用和税费、电费、通讯费等其他与经营相关的费用。其他一些非经常性支出如与法律相关的费用或其他专业服务费用,发生频率较低,相应就没有太多较正式的控制活动。

不同的企业性质决定企业除了有一些共性的费用支出外,还会发生一些不同类型的支出。表9-1列示了不同企业通常会发生的一些支出情况,这些支出未包括经营用房产支出和人工费用支出在内。

表9-1 不同行业类型的采购和费用

行业类型	典型的采购和费用支出
贸易业	产品的选择和购买、产品的存储和运输、广告促销费用、售后服务费用
一般制造业	生产过程所需的设备支出、原材料、易耗品、配件的购买与存储支出,市场经济费用,把产成品运达顾客或零售商发生的运输费用,管理费用
专业服务业	律师、会计师、财务顾问的费用支出包括印刷、通讯、差旅费、电脑、车辆等办公设备的购置和租赁,书籍资料和研究设施的费用
金融服务业	建立专业化的安全的计算机信息网络和用户自动存取款设备的支出,给付储户的存款利息,支付其他银行的资金拆借利息、手续费、现金存放、现金运送和网络银行设施的安全维护费用,客户关系维护费用
建筑业	建材支出,建筑设备和器材的租金或购置费用,支付给分包商的费用;保险支出和安保成本;建筑保证金和通行许可审批方面的支出;交通费、通讯费等。当在外地施工时还会发生建筑工人的住宿费用

二、主要凭证与会计记录

采购与付款交易通常要经过请购——订货——验收——付款这样的程序,同销售与收款交易一样,在内部控制比较健全的企业,处理采购与付款交易通常也需要使用很多凭证与会计记录。典型的采购与付款循环所涉及的主要凭证与会计记录有以下几种。

(一)采购计划

企业以销售和生产计划为基础,考虑供需关系及市场计划变化等因素,制定采购计划,并经适当管理层审批后执行。

> **温馨提示**
>
> 经审批的采购计划有助于降低存货存在、应付账款存在或其他费用发生认定的重大错报风险。

(二)供应商清单

企业通过文件审核及实地考察等方式对合作的供应商进行认证,将通过认证[防止虚构供应商、虚构应付账款]的供应商信息进行手工或系统维护,并及时进行更新。

> **温馨提示**
>
> 供应商清单可以为存货存在、应付账款存在(其他费用发生)认定提供适当的证据。

(三)请购单

请购单是由产品制造、资产使用等部门的有关人员填写,送交采购部门,申请购买商品、劳务或其他资产的书面凭证。

(四)订购单

订购单是由采购部门填写,向另一企业购买订购单上所指定的商品、劳务或其他资产的书面凭证。

(五)验收单入库单

验收单是收到商品编制的凭据,列示通过质检的、从供应商处收到的商品的种类和数量等内容。验收单可以为采购交易的发生认定提供适当的审计证据。

入库单是由仓库管理员填写的验收合格品入库的凭证。

(六)卖方发票

卖方发票(供应商发票)是供应商开具的,交给买方以载明发运的货物或提供的劳务、应付款金额和付款条件等事项的凭证。

(七)付款凭单

付款凭单是采购方企业的应付凭单部门编制的,载明已收到的商品、资产或接受的劳务、应付款金额和付款日期的凭证。付款凭单是采购方企业内部记录和支付负债的授权证明文件。

(八)转账凭证

转账凭证是指记录转账交易的记账凭证,它是根据有关转账交易(即不涉及库存现金、银行存款收付的各项交易)的原始凭证编制的。

(九)付款凭证

付款凭证包括现金付款凭证和银行存款付款凭证,是指用来记录库存现金和银行存款支出交易的记账凭证。

(十)应付账款明细账

(十一)库存现金日记账和银行存款日记账

(十二)供应商对账单

供应商对账单是由供应商按月编制的,标明期初余额、本期购买、本期支付给供应商的款项和期末余额的凭证。供应商对账单是供应商对有关交易的陈述,如果不考虑买卖双方在收发货物上可能存在的时间差等因素,其期末余额通常应与采购方相应的应付账款期末余额一致。

三、主要业务活动

企业应将各项职能活动指派给不同的部门或职员来完成。这样,每个部门或职员都可以独立检查其他部门和职员工作的正确性。下面以采购商品为例,分别阐述采购与付款循环所涉及的主要业务活动及其适当的控制程序和相关的认定。

(一)制定采购计划

基于企业生产经营计划,生产、仓库等部门定期编制采购计划,经部门负责人等适当的管理人员审批后提交采购部门,具体安排商品及服务采购。

(二)供应商认证及信息维护

企业通常对供应商事先进行资质等审核、将通过审核的供应商信息录入系统,并及时对其信息变更进行更新。采购部门只能向通过审核的供应商进行采购。

(三)请购商品和劳务

仓库负责对需要购买的已列入存货清单的项目填写请购单,其他部门也可以对所需要购买的未列入存货清单的项目编制请购单。大多数企业对正常经营所需物资的购买均作一般授权,比如,仓库在现有库存达到再订购点时就可直接提出采购申请,其他部门也可为正常的维修工作和类似工作直接申请采购有关物品。但对资本支出和租赁合同,企业则通常要求作特别授权,只允许指定人员提出请购。请购单可由手工或计算机编制。由于企业内不少部门都可以填列请购单,可能不便事先编号,为加强控制,每张请购单必须经过对这类支出预算负责的主管人员签字批准。

请购单是证明有关采购交易的"发生"认定的凭据之一,也是采购交易轨迹的起点。

(四)编制订购单

采购部门在收到请购单后,只能对经过批准的请购单发出订购单。对每张订购单,采购部门应确定最佳的供应来源。对一些大额、重要的采购项目,应采取竞价方式来确定供应商,以保证供货的质量、及时性和成本的低廉。

订购单应正确填写所需要的商品品名、数量、价格、厂商名称和地址等,预先予以顺序编号并经过被授权的采购人员签名。其正联应送交供应商,副联则送至企业内部的验收部门、应付凭单部门和编制请购单的部门。随后,应独立检查订购单的处理,以确定是否确实收到商品并正确入账。这项检查与采购交易的"完整性"认定有关。

(五)验收商品

有效的订购单代表企业已授权验收部门接受供应商发运来的商品。验收部门首先应比较所收商品与订购单上的要求是否相符,如商品的品名、摘要、数量、到货时间等,然后再盘点商品并检查商品有无损坏。

验收后,验收部门应对已收货的每张订购单编制一式多联、预先按顺序编号的验收单,作为验收和检验商品的依据。验收人员将商品送交仓库或其他请购部门时,应取得经过签字的收据,或要求其在验收单的副联上签收,以确立他们对所采购的资产应负的保管责任。验收人员还应将其中的一联验收单送交应付凭单部门。

验收单是支持资产或费用以及与采购有关的负债的"存在或发生"认定的重要凭证。定期独立检查验收单的顺序以确定每笔采购交易都已编制凭单,则与采购交易的"完整性"认定有关。

(六)储存已验收的商品

将已验收商品的保管与采购的其他职责相分离,可减少未经授权的采购和盗用商品的风险。存放商品的仓储区应相对独立,限制无关人员接近。这些控制与商品的"存在"认定有关。

(七)编制付款凭单

记录采购交易之前,应付凭单部门应编制付款凭单。这项功能的控制包括以下几点。

一是,确定供应商发票的内容与相关的验收单、订购单的一致性。

二是,确定供应商发票计算的正确性。

三是,编制有预先顺序编号的付款凭单,并附上支持性凭证(如订购单、验收单和供应商发票等)。这些支持性凭证的种类,因交易对象的不同而不同。

四是,独立检查付款凭单计算的正确性。

五是,在付款凭单上填入应借记的资产或费用账户名称。

六是,由被授权人员在凭单上签字,以示批准照此凭单要求付款。所有未付凭单的副联应保存在未付凭单档案中,以待日后付款。经适当批准和有预先编号的凭单为记录采购交易提供了依据,因此,这些控制与"存在""发生""完整性""权利和义务"和"计价和分摊"等认定有关。

(八)确认与记录负债

正确确认已验收货物和已接受劳务的债务,要求准确、及时地记录负债。该记录对企业财务报表和实际现金支出具有重大影响。与应付账款确认和记录相关的部门一般有责任核查购置的财产,并在应付凭单登记簿或应付账款明细账中加以记录。在收到供应商发票时,应付账款部门应将发票上所记载的品名、规格、价格、数量、条件及运费与订购单上的有关资料核对,还应与验收单上的资料进行比较。

应付账款确认与记录的一项重要控制是要求记录现金支出的人员不得经手现金、有价证券和其他资产。恰当的凭证、记录与记账手续,对业绩的独立考核和应付账款职能而言是必不可少的控制。

在手工系统下,应将已批准的未付款凭单送达会计部门,据以编制有关记账凭证和登记有关账簿。会计主管应监督为采购交易而编制的记账凭证中账户分类的适当性;通过定期核对编制记账凭证的日期与凭单副联的日期,监督入账的及时性。而独立检查会计人员则应核对所记录的凭单总数与应付凭单部门送来的每日凭单汇总表是否一致,并定期独立检查应付账款总账余额与应付凭单部门未付款凭单档案中的总金额是否一致。

(九)付款

通常是由应付凭单部门负责确定未付凭单在到期日付款。企业有多种款项结算方式,以支票结算方式为例,编制和签署支票的有关控制包括以下几点。

一是,独立检查已签发支票的总额与所处理的付款凭单的总额的一致性。

二是,应由被授权的财务部门的人员负责签署支票。

三是,被授权签署支票的人员应确定每张支票都附有一张已经适当批准的未付款凭单,并确定支票收款人姓名和金额与凭单内容一致。

四是,支票一经签署就应在其凭单和支持性凭证上用加盖印戳或打洞等方式将其注销,以免重复付款。

五是,支票签署人不应签发无记名甚至空白的支票。

六是,支票应预先顺序编号,保证支出支票存根的完整性和作废支票处理的恰当性。

七是,应确保只有被授权的人员才能接近未经使用的空白支票。

(十)记录现金、银行存款支出

仍以支票结算方式为例,在手工系统下,会计部门应根据已签发的支票编制付款记账凭证,并据以登记银行存款日记账及其他相关账簿。以记录银行存款支出为例,有关控制包括:

会计主管应独立检查记入银行存款日记账和应付账款明细账的金额的一致性,以及与支票汇总记录的一致性;

通过定期比较银行存款日记账记录的日期与支票副本的日期,独立检查入账的及时性;

独立编制银行存款余额调节表。

例9-1·多选题

下列有关采购业务涉及的主要单据和会计记录的说法中,不恰当的有( )。

A.请购单是由生产、仓库等相关部门的有关人员填写,送交财务部门,是申请购买商品、劳务或其他资产的书面凭据

B.订购单是由采购部门填写,经适当的管理层审核后发送供应商,是向供应商购买订购单上所指定的商品和劳务的书面凭据

C.验收单是收到商品时所编制的凭据,只列示采购商品的金额

D.采购部门在收到请购单后,请购单无论是否经过批准,都可以发出订购单

【正确答案】ACD

【答案解析】选项A,请购单是由生产、仓库等相关部门的有关人员填写,送交采购部门,是申请购买商品、劳务或其他资产的书面凭据;选项C,验收单是收到商品时所编制的凭据,列示通过质量检验的、从供应商处收到的商品的种类和数量等内容;选项D,采购部门在收到请购单后,只能对经过恰当批准的请购单发出订购单。

例9-2·简答题

A注册会计师审计甲公司2021年度财务报表。甲公司将经批准的合格供应商信息录入信息系统形成供应商主文档,生产部员工在信息系统中填制连续编号的请购单时只能选择该主文档中的供应商。供应商的变动需由采购部经理批准,并由其在系统中更新供应商主文档。A注册会计师认为,该内部控制设计合理,拟予以信赖。

要求:指出A注册会计师处理是否恰当。如不恰当简要说明理由。

【正确答案】不恰当。对供应商信息修改的批准和录入是两项不相容职责/均由采购部经理执行,未设置适当的职责分离,该控制设计不合理,不应当信赖。

第二节 采购与付款循环的内部控制和控制测试

一、采购交易的内部控制

(一)内部控制目标、内部控制与审计测试的关系

表 9-2 列示了采购交易的内部控制目标、关键内部控制和审计测试的关系。

表 9-2 采购交易的控制目标、关键内部控制和测试一览表

内部控制目标	关键内部控制	常用的控制测试	常用的交易实质性程序
所记录的采购都确已收到商品或已接受劳务(存在)	请购单、订购单、验收单和卖方发票一应俱全,并附在付款凭单后 采购经适当级别批准 注销凭证以防止重复使用 对卖方发票、验收单、订购单和请购单作内部核查	查验付款凭单后是否附有完整的相关单据 检查批准采购的标记 检查注销凭证的标记 检查内部核查的标记	复核采购明细账、总账及应付账款明细账,注意是否有大额或不正常的金额 检查卖方发票、验收单、订购单和请购单的合理性和真实性 追查存货的采购至存货永续盘存记录 检查取得的固定资产
已发生的采购交易均已记录(完整性)	订购单均经事先连续编号并将已完成的采购登记入账 验收单均经事先连续编号并已登记入账 应付凭单经事先连续编号并已登记入账	检查订购单连续编号的完整性 检查验收单连续编号的完整性 检查应付凭单连续编号的完整性	从验收单追查至采购明细账 从卖方发票追查至采购明细账
所记录的采购交易估价正确(准确性、计价和分摊)	对计算准确性进行内部核查 采购价格和折扣的批准	检查内部核查的标记 检查批准采购价格和折扣的标记	将采购明细账中记录的交易卖方发票、验收单和其他证明文件比较 复算包括折扣和运费在内的卖方发票填写金额的准确性
采购交易的正确分类	采用适当的会计科目表分类的内部核查	检查工作手册和会计科目表 检查有关凭证上内部核查的标记	参照卖方发票,比较会计科目表上的分类
采购交易按正确的日期记录(截止)	要求收到商品或接受劳务后及时记录采购交易内部核查	检查工作手册并观察有无未记录的卖方发票存在 检查内部核查的标记	将验收单和卖方发票上的日期与采购明细账中的日期进行比较
采购交易被正确记入应付账款和存货等明细账中,并正确汇总(准确性、计价和分摊)	应付账款明细账内容的内部核查	检查内部核查的标记	通过加计采购明细账,追查过入采购总账和应付账款、存货明细账的数额是否正确,用以测试过账和汇总的正确性

(二)采购交易的内部控制

应付账款、固定资产等财务报表项目均属采购与付款循环。在正常的审计中,如果忽视采购与付款循环的控制测试及相应的交易实质性程序,仅仅依赖于对这些具体财务报表项目余额实施实质性程序,则可能不利于审计效率和审计质量的提高。如果被审计单位具有健全并且运行良好的相关内部控制,注册会计师把审计重点放在控制测试和交易的实质性程序上,则既可以降低审计风险,又可大大减少报表项目实质性程序的工作量,提高审计效率。

对每一项内部控制目标,也就是注册会计师实施相应控制测试和交易实质性程序所要达到的审计目标,审计时都需按前面有关章节已讨论过的逻辑过程处理。注册会计师必须了解被审计单位的内部控制,确定其存在哪些关键的内部控制。一旦注册会计师确认了每一目标的有效控制和薄弱环节,就要对每一目标的控制风险做出初步评估,通过制订计划确定对哪些控制实施控制测试。而对与这些目标有关的、旨在发现金额错误的交易实质性程序,则应根据对控制风险的初步评估和计划实施的控制测试加以确定。当注册会计师对每一项目标均制定了审计测试程序后,把这些审计测试程序综合起来即可构成一个能够有效执行的审计方案。

很显然,采购与付款循环的交易测试包括采购交易测试和付款交易测试两个部分。采购交易测试与本章前面讨论的八项主要业务活动中的前六项有关,即:请购商品、劳务,编制订购单,验收商品,储存已验收的商品,编制付款凭单,确认与记录债务。付款交易测试则关系到支付负债、记录现金、银行存款支出等业务活动。

在第八章第二节中,我们以每项内部控制目标为出发点,比较详细地讨论了销售交易相关的内部控制。鉴于采购交易与销售交易无论在控制目标还是在关键内部控制方面,就原理而言大同小异,并且表9-2也比较容易理解,因此,以下就采购交易内部控制的特殊之处予以说明。

1. 适当的职责分离

如前所述,适当的职责分离有助于防止各种有意或无意的错误。与销售和收款交易一样,采购与付款交易也需要适当的职责分离。企业应当建立采购与付款交易的岗位责任制,明确相关部门和岗位的职责、权限,确保办理采购与付款交易的不相容岗位相互分离、制约和监督。采购与付款交易不相容岗位至少包括:请购与审批;询价与确定供应商;采购合同的订立与审批;采购与验收;采购、验收与相关会计记录;付款审批与付款执行。这些都是对企业提出的、有关采购与付款交易相关职责适当分离的基本要求,以确保办理采购与付款交易的不相容岗位相互分离、制约和监督。

2. 内部核查程序

企业应当建立对采购与付款交易内部控制的监督检查制度。采购与付款交易内部控制监督检查的主要内容通常包括以下几点。

(1)采购与付款交易相关岗位及人员的设置情况。重点检查是否存在采购与付款交易不相容职务混岗的现象。

(2)采购与付款交易授权批准制度的执行情况。重点检查大宗采购与付款交易的授权批准手续是否健全,是否存在越权审批的行为。

(3)应付账款和预付账款的管理。重点审查应付账款和预付账款支付的正确性、时效性和合法性。

(4)有关单据、凭证和文件的使用和保管情况。重点检查凭证的登记、领用、传递、保管、注销手续是否健全,使用和保管制度是否存在漏洞。

3. 对表 9-2 有关内容的说明

(1)所记录的采购都确已收到商品或已接受劳务。

如果注册会计师对被审计单位在这个目标上的控制的感到满意,为查找不正确的、没有真实发生的交易而执行的测试程序就可大为减少。恰当的控制可以防止那些主要使管理层和员工而非被审计单位本身受益的交易,作为被审计单位的费用支出或资产入账。在有些情况下,不正确的交易是显而易见的。例如,员工未经批准就购置个人用品,或通过在付款凭单登记簿上虚记一笔采购而侵吞公款。但在另外一些情况下,交易的正确与否却很难评判,如支付被审计单位管理人员在俱乐部的个人会费、支付管理人员及其家属的度假费用等。如果发觉被审计单位对这些不正当的、站不住脚的交易的控制不充分,注册会计师在审计中就需对与这些交易有关的单据进行广泛、深入的检查。

(2)已发生的采购交易均已记录。

应付账款是因在正常的商业过程中接受商品和劳务而产生的尚未付款的负债。已经验收的商品和接受的劳务若未予以入账,将直接影响应付账款余额,从而抵计企业的负债。如果注册会计师确信被审计单位所有的采购交易均已准确、及时地登记入账,就可以从了解和测试其内部控制入手进行审计,从而大大减少对固定资产和应付账款等财务报表项目实施实质性程序的工作量,大大降低审计成本。

(3)所记录的采购交易估价正确。

由于许多资产、负债和费用项目的估价有赖于相关采购交易在采购明细账上的正确记录,因此,对这些报表项目实施实质性程序的范围,在很大程度上取决于注册会计师对被审计单位采购交易内部控制执行效果的评价。如认为采购交易内部控制执行良好,则注册会计师对这些报表项目计价准确性实施的实质性程序的数量,显然要比采购交易内部控制不健全或形同虚设的企业少得多。

当被审计单位对存货采用永续盘存制核算时,如果注册会计师确信其永续盘存记录是准确、及时的,存货项目的实质性程序就可予以简化。被审计单位对永续盘存记录中的采购环节的内部控制,一般应作为审计中对采购交易进行控制测试的对象之一,在审计中起着关键作用。如果这些控制能够有效地运行,并且永续盘存记录中又能反映出存货的数量和单位成本,还可以因此减少存货监盘和存货单位成本测试的工作量。

二、付款交易的内部控制

采购与付款循环包括采购和付款两个方面。在内部控制健全的企业,与采购相关的付款交易即支出交易同样有其内部控制目标和内部控制,注册会计师应针对每个主要的具体内部控制目标确定关键的内部控制,并对此实施相应的控制测试和交易的实质性程序。付款交易中的控制测试的性质取决于内部控制的性质,而付款交易的实质性程序的实施范围,在一定程度上取决于关键控制是否存在以及控制测试的结果。由于采购和付款交易同属一个交易循环,联系紧密,因此,对付款交易的部分测试可与测试采购交易一并实施。当然,另一些付款交易测试仍需单独实施。

对每个企业而言,由于性质、所处行业、规模以及内部控制健全程度等不同,而使得与付款交易相关的内部控制内容时能有所不同,但以下与付款交易相关的内部控制内容是通常应当共同遵循的。

企业应当按照《现金管理暂行条例》《支付结算办法》等有关货币资金内部会计控制的规定办理采购付款交易。

企业财会部门在办理付款交易时,应当对采购发票、结算凭证、验收证明等相关凭证的真实性、完整性、合法性及合规性进行严格审核。

企业应当建立预付账款和定金的授权批准制度,加强预付账款和定金的管理。

企业应当加强应付账款和应付票据的管理,由专人按照约定的付款日期、折扣条件等管理应付款项。已到期的应付款项需经有关授权人员审批后方可办理结算与支付。

企业应当建立退货管理制度,对退货条件、退货手续、货物出库、退货货款回收等做出明确规定,及时收回退货款。

企业应当定期与供应商核对应付账款、应付票据、预付款项等往来款项。如有不符,应查明原因,及时处理。

三、固定资产的内部控制

固定资产归属采购与付款循环,固定资产与一般的商品在内部控制和控制测试问题上固然有许多共性的地方,但固定资产还具有不少特殊性,有必要对其单独加以说明。

就许多从事制造业的被审计单位而言,固定资产在其资产总额中占有很大的比重,固定资产的购建会影响其现金流量,而固定资产的折旧、维修等费用则是影响其损益的重要因素。固定资产管理一旦失控,所造成的损失将远远超过一般的商品存货等流动资产。所以,为了确保固定资产的真实、完整、安全和有效利用,被审计单位应当建立和健全固定资产的内部控制。

(一)固定资产的预算制度

预算制度是固定资产内部控制中最重要的部分。通常,大中型企业应编制旨在预测与控制固定资产增减和合理运用资金的年度预算,小规模企业即使没有正规的预算,对固定资产的购建也要事先加以计划。

(二)授权批准制度

完善的授权批准制度包括:企业的资本性预算只有经过董事会等高层管理机构批准方可生效;所有固定资产的取得和处置均需经企业管理层书面认可。

(三)账簿记录制度

除固定资产总账外,被审计单位还需设置固定资产明细分类账和固定资产登记卡,按固定资产类别、使用部门和每项固定资产进行明细分类核算。固定资产的增减变化均应有充分的原始凭证。

(四)职责分工制度

对固定资产的取得、记录、保管、使用、维修、处置等,均应明确划分责任,由专门部门和专人负责。

(五)资本性支出和收益性支出的区分制度

企业应制定区分资本性支出和收益性支出的书面标准。通常需明确资本性支出的范围和最低金额,凡不属于资本性支出的范围、金额低于下限的任何支出,均应列作费用并抵减当期收益。

(六)固定资产的处置制度

固定资产的处置,包括投资转出、报废、出售等,均要有一定的申请报批程序。

(七)固定资产的定期盘点制度

对固定资产的定期盘点,是验证账面各项固定资产是真实存在、了解固定资产放置地点和使用状况以及发现是否存在未入账固定资产的必要手段。

(八)固定资产的维护保养制度

固定资产应有严密的维护保养制度,以防止其因各种自然和人为的因素而遭受损失,并应建立日常维护和定期检修制度,以延长其使用寿命。

严格地讲,固定资产的保险不属于企业固定资产的内部控制范围,但它作为一项针对企业重要资产的特别保障,往往对企业非常重要。

作为与固定资产密切相关的一个项目,在建工程项目有其特殊性。在建工程的内部控制通常包括以下内容。

1. 岗位分工与授权批准

(1)企业应当建立工程项目业务的岗位责任制,明确相关部门和岗位的职责、权限,确保办理工程项目业务的不相容岗位相互分离、制约和监督。工程项目业务不相容岗位一般包括:项目建议、可行性研究与项目决策;概预算编制与审核;项目实施与价款支付;竣工决算与竣工审计。

(2)企业应当对工程项目相关业务建立严格的授权批准制度,明确审批人的授权批准方式、权限、程序、责任及相关控制措施,规定经办人的职责范围和工作要求。审批人应当根据工程项目相关业务授权批准制度的规定,在授权范围内进行审批,不得超越审批权限。经办人应当在职责范围内,按照审批人的批准意见办理工程项目业务。对于审批人超越授权范围审批的工程项目业务,经办人有权拒绝办理,并及时向审批人的上级授权部门报告。

(3)企业应当制定工程项目业务流程,明确项目决策、概预算编制、价款支付、竣工决算等环节的控制要求,并设置相应的记录或凭证,如实记载各环节业务的开展情况,确保工程项目全过程得到有效控制。

2. 项目决策控制

企业应当建立工程项目决策环节的控制制度,对项目建议书和可行性研究报告的编制、项目决策程序等做出明确规定,确保项目决策科学、合理。

3. 概预算控制

企业应当建立工程项目概预算环节的控制制度,对概预算的编制、审核等做出明确规定,确保概预算编制科学、合理。

4. 价款支付控制

企业应当建立工程进度价款支付环节的控制制度,对价款支付的条件、方式以及会计核算程序做出明确规定,确保价款支付及时、正确。

5. 竣工决算控制

企业应当建立竣工决算环节的控制制度,对竣工清理、竣工决算、竣工审计、竣工验收等做出明确规定,确保竣工决算真实、完整、及时。

6. 监督检查

企业应当建立对工程项目内部控制的监督检查制度,明确监督检查机构或人员的职责权限,定期或不定期地进行检查。检查内容主要包括:

工程项目业务相关岗位及人员的设置情况;

工程项目业务授权批准制度的执行情况;

工程项目决策责任制的建立及执行情况;

概预算控制制度的执行情况;

各类款项支付制度的执行情况;

竣工决算制度的执行情况。

四、评估重大错报风险

在实施控制测试和实质性程序之前,注册会计师需要了解被审计单位采购与付款交易和相关余额的内部控制的设计、执行情况,评估认定层次的财务报表重大错报风险,并对被审计单位特殊的交易活动和可能影响财务报表真实反映的事项保持职业怀疑态度。这将影响到注册会计师决定采取何种适当的审计方法。

影响采购与付款交易和余额的重大错报风险可能包括以下几项。

1. 管理层错报费用支出的偏好和动因

被审计单位管理层可能为了完成预算,满足业绩考核要求,保证从银行获得额外的资金,吸引潜在投资者,误导股东,影响公司股价,或通过把私人费用计入公司进行个人盈利而错报支出。常见的方法可能有如下几种。

一是,把通常应当及时计入损益的费用资本化,然后通过资产的逐步摊销予以消化。这对增加当年的利润和留存收益都将产生影响。

二是,平滑利润。通过多计准备或少计负债和准备,把损益控制在被审计单位管理层希望的程度。

三是，利用特别目的实体把负债从资产负债表中剥离，或利用关联方间的费用定价优势制造虚假的收益增长趋势。

四是，通过复杂的税务安排推延或隐瞒所得税和增值税。

五是，被审计单位管理层把私人费用计入企业费用，把企业资金当作私人资金运作。

2. 费用支出的复杂性

被审计单位以复杂的交易安排购买一定期间的多种服务，管理层对于涉及的服务受益与付款安排所涉及的复杂性缺乏足够的了解。这可能导致费用支出分配或计提的错误。

3. 管理层凌驾于控制之上和员工舞弊的风险

通过与第三方串通，把私人费用计入企业费用支出，或有意无意地重复付款。

4. 采用不正确的费用支出截止期

将本期采购并收到的商品计入下一会计期间；或者将下一会计期间采购的商品提前计入本期；未及时计提尚未付款的已经购买的服务支出等。

5. 低估

在承受反映较高盈利水平和营运资本的压力下，被审计单位管理层可能试图低估准备和应付账款，包括低估对存货、应收账款应计提的减值以及对已售商品提供的担保（例如售后服务承诺）应计提的准备。

6. 不正确地记录外币交易

当被审计单位进口用于出售的商品时，可能由于采用不恰当的外币汇率而导致该项采购的记录出现差错。此外，还存在未能将诸如运费、保险费和关税等与存货相关的进口费用进行正确分摊的风险。

7. 舞弊和盗窃的固有风险

如果被审计单位经营大型零售业务，由于所采购商品和固定资产的数量及支付的款项庞大，交易复杂，容易造成商品发运错误，员工和客户发生舞弊和盗窃的风险较高。如果那些负责付款的会计人员有权接触应付账款主文档，并能够通过在应付账款主文档中擅自添加新的账户来虚构采购交易，风险也会增加。

8. 存货的采购成本没有按照适当的计量属性确认

结果可能导致存货成本和销售成本的核算不正确。

9. 存在未记录的权利和义务

这可能导致资产负债表分类错误以及财务报表附注不正确或披露不充分。

在计算机环境下，注册会计师既应当考虑常用的控制活动的有效性，也应当考虑特殊的控制活动对于采购与付款交易的适用性。其中最为重要的控制应着眼于计算机程序的更改和供应商主文档中重要数据的变动，因为这会对采购与付款、应付账款带来影响，也会影响对差错和例外事项的处理过程和结果。针对采购与付款的控制，需要关注以下几点。

遗失连续编号的验收单，这表明采购交易可能未予入账。

出现重复的验收单或发票。

供应商发票与订购单或验收单不符。

供应商名称及代码与供应商主文档信息中的名称及代码不符。

在处理供应商发票时出现计算错误。

采购或验收的商品的存货代码无效。

处理采购或付款的会计期间出现差错。

通过电子货币转账系统把货款转入供应商的银行账户,但该账户并非供应商支付文档指定的银行账户。

总之,当被审计单位管理层具有高估利润的动机时,注册会计师应当主要关注费用支出和应付账款的抵计。重大错报风险集中体现在遗漏交易,采用不正确的费用支出截止期,以及错误划分资本性支出和费用性支出。这些将对完整性、截止、发生、存在、准确性和分类认定产生影响。

如前所述,为评估重大错报风险,注册会计师应详细了解有关交易或付款的内部控制,这些控制主要是为预防、检查和纠正前面所认定的重大错报的固有风险而设置的。注册会计师可以通过审阅以前年度审计工作底稿、观察内部控制执行情况、询问管理层和员工、检查相关的文件和资料等方法加以了解。对相关文件和资料的检查可以提供审计证据,比如通过检查供应商对账表和银行对账单,能够发现差错并加以纠正。

在评估重大错报风险时,注册会计师之所以需要充分了解被审计单位对采购与付款交易的控制活动,目的在于使得计划实施的审计程序更加有效。也就是说,注册会计师必须对被审计单位的重大错报风险有一定认识,在此基础上设计并实施进一步审计程序,才能有效应对重大错报风险。

五、根据重大错报风险的评估结果设计进一步审计程序

假定评估应付账款为重要账户,相关认定包括存在/发生、完整性、准确性及截止的前提下,注册会计师计划的进一步审计程序总体示例如表9-3所示。

表9-3 进一步审计程序总体方案设计示例

重大错报风险描述	相关财务报表项目及认定	风险程度	是否信赖控制	进一步审计程序	拟从控制测试中获取的保证程度	拟从实质性程序中获取的保证程度
确认的负债及费用并未实际发生	应付账款/其他应付款:存在 销售费用/管理费用:发生	一般	是	综合性方案	高	低
不计提采购相关的负债或不计提尚未付款的已经购买的服务支出	应付账款/其他应付款:完整 销售费用/管理费用:完整	特别	是	综合性方案	高	中
采用不正确的费用支出截止期,例如将本期的支出延迟到下期确认	应付账款/其他应付款:存在/完整 销售费用/管理费用:截止	一般	否	实质性方案	无	高
发生的采购未能以正确的金额记录	应付账款/其他应付款:准确性 销售费用/管理费用:计价和分摊	一般	是	综合性方案	高	低

六、控制测试

(一)以内部控制目标为起点的控制测试

前面,我们提供了表 9-2"采购交易的控制目标、关键内部控制和测试一览表",以内部控制目标和相关认定为起点,列示了相应的关键内部控制和常用控制测试程序,并就采购交易、付款交易和固定资产的内部控制进行了讨论。由于表 9-2 列示的采购交易的常用控制测试程序比较清晰,无需逐一解释,因此,下面仅讨论在实施采购与付款交易的控制测试时应当注意的一些内容。另外,鉴于固定资产和在建工程项目有着不同于一般商品的特殊性,对其控制测试问题也分别单独加以阐述。

注册会计师应当通过控制测试获取支持将被审计单位的控制风险评价为中或低的证据。如果能够获取这些证据,注册会计师就可以接受较高的检查风险,并在很大程度上可以通过实施实质性分析程序获取进一步的审计证据,同时减少对采购与付款交易和相关余额实施细节测试的依赖。

考虑到采购与付款交易控制测试的重要性,注册会计师通常对这一循环采用属性抽样审计方法。在测试该循环中的大多数属性时,注册会计师通常选择相对较低的可容忍误差。另外,由于采购与付款循环中各财务报表项目所涉及的交易业务量和金额的大小往往相差悬殊,使得注册会计师在审计时常将其中大额的和不寻常的项目筛选出来,并加以测试。

注册会计师在实施控制测试时,应抽取请购单、订购单和商品验收单,检查请购单、订购单是否得到适当审批,验收单是否有相关人员的签名,订购单和验收单是否按顺序编号。

有些被审计单位的内部控制要求,应付账款记账员应定期汇总该期间生成的所有订购单并与请购单核对,编制采购信息报告。对此,注册会计师在实施控制测试时,应抽取采购信息报告,检查其是否已复核,如有不符,是否已经及时调查和处理。

对于编制付款凭单、确认与记录负债这两项主要业务活动,被审计单位的内部控制通常要求应付账款记账员将采购发票所载信息与验收单、订购单进行核对,核对相符应在发票上加盖"相符"印章。对此,注册会计师在实施控制测试时,应抽取订购单、验收单和采购发票,检查所载信息是否核对一致,发票上是否加盖了"相符"印章。

有些被审计单位内部控制要求,每月末,应付账款主管应编制应付账款账龄分析报告,其内容还包括应付账款总额与应付账款明细账合计数以及应付账款明细账与供应商对账单的核对情况。如有差异,应付账款主管应立即进行调查,如调查结果表明需调整账务记录,则应编制应付账款调节表和调整建议。对此,注册会计师在实施控制测试时,应抽取应付账款调节表,检查调节项目与有效的支持性文件是否相符,以及是否与应付账款明细账相符。

对于付款这项主要业务活动,有些被审计单位内部控制要求,由应付账款记账员负责编制付款凭证,并附相关单证,提交会计主管审批。在完成对付款凭证及相关单证的复核后,会计主管在付款凭证上签字,作为复核证据,并在所有单证上加盖"核销"印章。对此,注册会计师在实施控制测试时,应抽取付款凭证,检查其是否经由会计主管复核和审批,并检查款项支付是否得到适当人员的复核和审批。

固定资产的内部控制测试。结合前面固定资产内部控制的讨论内容和顺序,注册会计师在对被审计单位的固定资产实施控制测试时应注意以下几点。

一是,对于固定资产的预算制度,注册会计师应选取固定资产投资预算和投资可行性项目论证报告,检查是否编制预算并进行论证,以及是否经适当层次审批;对实际支出与预算之间的差异以及未列入预算的特殊事项,应检查其是否履行特别的审批手续。如果固定资产增减均能处于良好的经批准的预算控制之内,注册会计师即可适当减少针对固定资产增加、减少实施的实质性程序的样本量。

二是,对于固定资产的授权批准制度,注册会计师不仅应检查被审计单位固定资产授权批准制度本身是否完善,还应选取固定资产请购单及相关采购合同,检查是否得到适当审批和签署,关注授权批准制度是否得到切实执行。

三是,对于固定资产的账簿记录制度,注册会计师应当认识到,一套设置完善的固定资产明细分类账和登记卡,将为分析固定资产的取得和处置、复核折旧费用和修理支出的列支带来帮助。

四是,对于固定资产的职责分工制度,注册会计师应当认识到,明确的职责分工制度,有利于防止舞弊,降低注册会计师的审计风险。

五是,对于资本性支出和收益性支出的区分制度,注册会计师应当检查该制度是否遵循企业会计准则的要求,是否适应被审计单位的行业特点和经营规模,并抽查实际发生与固定资产相关的支出时是否按照该制度进行恰当的会计处理。

六是,对于固定资产的处置制度,注册会计师应当关注被审计单位是否建立了有关固定资产处置的分级申请报批程序;抽取固定资产盘点明细表,检查账实之间的差异是否经审批后及时处理;抽取固定资产报废单,检查报废是否经适当批准和处理;抽取固定资产内部调拨单,检查调入、调出是否已进行适当处理;抽取固定资产增减变动情况分析报告,检查是否经复核。

七是,对于固定资产的定期盘点制度,注册会计师应了解和评价企业固定资产盘点制度,并应注意查询盘盈、盘亏固定资产的处理情况。

八是,对于固定资产的保险情况,注册会计师应抽取固定资产保险单盘点表,检查是否已办理商业保险。

在建工程的内部控制测试。如果被审计单的在建工程项目比较重要,占其资产总额的比重较大,则对在建工程项目的内部控制测试,注册会计师应注意把握以下几点。

一是,对工程项目业务相关岗位及人员的设置情况,应重点检查是否存在不相容职务混岗的现象。

二是,对工程项目业务授权批准制度的执行情况,应重点检查重要业务的授权批准手续是否健全,是否存在越权审批行为。

三是,对工程项目决策责任制的建立及执行情况,应重点检查责任制度是否健全,奖惩措施是否落实到位。

四是,对概预算控制制度的执行情况,应重点检查概预算编制的依据是否真实,是否按规定对概预算进行审核。

五是,对各类款项支付制度的执行情况,应重点检查工程款、材料设备款及其他费用的支付是否符合相关法规、制度和合同的要求。

六是，对竣工决算制度的执行情况，应重点检查是否按规定办理竣工决算、实施决算审计。

(二)以风险为起点的控制测试

在审计实务中，注册会计师还可以以识别的重大错报风险为起点实施控制测试。表 9-4 列示了采购与付款交易相关的风险、旨在降低这些风险的计算机控制和人工控制以及相应的控制测试程序，供参考。

表 9-4 采购与付款交易的风险、控制和控制测试

风险	计算机控制	人工控制	控制测试
订购商品和劳务			
未经授权的供应商可能进入经批准的供应商主文档	程序设定只允许经授权的人员修改经批准的供应商主文档	只有采购部门高级员工才被授权在供应商主文档中增加新供应商信息	询问管理层并检查证明书这些控制完成情况的文件
可能向未经批准的供应商采购	处理之前，计算机自动与供应商主文档中每一份订购单比对。将不符事项记录于例外报告中	复核例外报告并解决问题。绕过控制的人工处理经恰当审批	检查复核例外报告的证据，以及批准僭越控制的人工处理的恰当签名
采购可能由未经授权的员工执行	访问控制只允许经授权的员工处理订购单，菜单层面的控制授权限定至单个员工	复核正式的授权级别并定期修订，采购人员有权在限额内进行采购或处理某些类型的支出。僭越控制的、人工接受的订购单，需经采购主管或高级管理层批准	询问、检查授权批准和授权越权的文件。检查订购单并确定其是否在授权批准的范围之内
订购的商品或劳务可能未被提供	计算机自动对所有发出的订购单事先编号，并与随后的采购入库通知单和供应商发票进行比对。比对不符的订购单被单独打印	长期未执行的订购单被记录于未执行订购单的文件上，并采取跟进行动	询问并检查文件，以证实对未执行的订购单的跟进情况
采购订购单的项目或数量可能不准确	计算机将订购单上的产品摘要和存货代码与存货主文档明细进行比对。当再订货数量超过存货主文档记录的再订货数量，或者现有的存货项目数量超过再订货水平时，生成订货例外报告	由采购部门复核例外报告，取消订购单或经经过恰当授权后处理	检查例外报告，证实问题已被适当处理
收到商品和劳务			
收到商品可能未被记录	当商品接收仓库索取订购单以核对货物时，计算机生成一份事先编号的采购入库通知单。定期打印未完成订购单	由采购部门复核和追踪来完成订购单报告。定期将报表余额调整至应付账款余额	检查打印文件并追踪未完成订购单。检查应付账款的调整，并重新执行这些程序，以获取其是否正确的证据

续表

风险	计算机控制	人工控制	控制测试
订购商品和劳务			
收到的商品可能不符合订购单的要求或可能已被损坏	收货人员将收到的商品情况、实际收货数量录入采购入库通知单,将采购入库通知单与订购单上的具体信息进行比对,并就比对不符商品的情况和数量生成例外报告	清点从供应商处收到的商品,将商品的情况、收货数量与订购单进行核对。检查货物的状况。复核例外报告并解决所有差异	询问、观察商品实物并与订购单进行核对。检查打印文件以获取复核和跟进的证据
记录采购和应付账款			
收到的商品可能未被计入采购	由计算机打印一份没有相应发票记录的采购入库通知单的完整清单。在一些计算机系统中,可能根据订购单上的采购价格在临时文档中生成一份预开单据,当实际收到供应商发票时,再按发票金额转账	由会计部门人员追踪遗失的发票	询问、检查例外报告和其他文件,以追踪商品已收到但发票未到、未作采购记录的情况
对发票已到,但商品或劳务尚未收到的可能作采购记录,或者可能重复作采购记录	由计算机比对订购单、采购入库通知单和发票,只有比对一致后,采购才能被记录至总分类账;对比对不符及重复的发票生成例外报告。在分批次处理系统中,由计算机控制各采购入库通知单金额的总额,并与相应的供应商发票金额比对,对出现的差异打印成例外报告	由会计部门人员追踪例外报告中提及的供应商发票与订购单或采购入库通知单比对不一致问题或重复问题	询问和检查例外报告,并追踪已收到但比对不符的发票
采购发票可能未被记录于正确的会计期间	由计算机将记录采购的上期和采购入库通知单上的日期进行比对,如果这些日期归属不同的会计期间,应生成打印文档	由会计人员输入必要的分录,确保对计入当期的负债的核算是恰当的	询问和检查打印文件并重新执行截止程序
记录的采购价格可能不正确	由计算机将供应商发票上的单价与订购单上单价进行比对,如有差异应生成例外报告	复核例外报告,并解决问题	询问和检查打印文件,以及解决差异的证据。通过对照发票价格与订购单上的价格,重新执行价格测试
供应商发票可能未被分配至正确的应付账款账户	由计算机将订购单和采购入库通知单上的代码与发票上的供应商名称和代码进行比对,并将其与应付账款账户明细核对	由会计部门人员追踪例外报告上供应商名称和代码比对不符的情况	询问和观察例外报告,以及解决例外情况的证据。重新执行分配费用支出的测试

续表

风险	计算机控制	人工控制	控制测试
订购商品和劳务			
发票可能未分配至个人客户的账户,或者在更新时使用了错误的应付账款文档	更新后,由计算机将应付账款期初余额合计数,加上本期购货,减去本期支付,得到应付账款期末余额合计数,与应付账款总分类的期末余额进行比对。每次更新前,由计算机检查日期和更新前的版本号。每次更新后,应付账款主文档会注明日期或顺序编号	由适当的会计人员执行连续运行总额调节。复核并重新揭底未分配采购发票的例外报告。利用外部文件标签和整理功能来标明使用哪一版本的主文档	检查连续运行控制总额的打印文件。询问对IT程序的一般控制,以确保应付账款主文档使用正确的版本
在记录或处理采购发票时可能出现错误	在处理运行过程中检查发票计算的准确性;检查商品数量,将数量乘以单价与发票总额核对,并计算得出应收的折扣	每月根据供应商对账单调整应付账款金额,编制汇款通知单并邮寄给供应商。询问处理供应商付款的人员是否与记录采购发票的人员职责分离。应付账款明细账合计数应调节与应付账款总分类账一致	询问、检查并重新执行应付账款总分类账的调节程序
购买的商品或劳务可能未被记录于正确的费用或资产账户	由计算机将订购单、采购入库通知单和发票上的账户代码与总分类账上的账户代码进行比对。定期(如按周或按月)打印采购交易中费用和资产的分配	复核交易打印文件的合理性	询问和检查打印文件,以获取经管理层复核的证据。询问对于发现的错误是否采取了改正措施
上述所有风险		由管理层根据关键业绩指标复核实际业绩。例如:实际采购、计划采购及月度趋势分析;实现的毛利率;应付账款的周转天数	检查用于证明已经识别和解决与关键业绩指标不符的实际业绩问题的文件。询问管理层针对这一问题采取的措施。行政机关执行复核和跟进程序
记录开具的支票和电子货币转账支付			
开具的支票和电子货币转账支付凭证可能未被记录	在开具支票过程中,由计算机生成事先顺序编号的支票。对空白支票实施接触控制,只有得到授权的员工才能接触。由支票支付系统打印所有开具的支票	如果支票是手工开具的,应控制尚未签发的事先顺序编号的支票表;由高级员工开具支票;按顺序检查支票编号;调节银行存款余额	询问并观察实物控制和接触控制。重新执行顺序检查和调节银行余额的程序
电子货币转账支付可能由未经授权的人员执行	只有得到授权、掌握密码的员工才能接触电子货币转账专用终端机	授权执行电子货币支付交易的人员,根据支付次数的多少,按月、按周或按日复核电子货币支付清单打印文件,以发现不正常或未经授权的支付	询问、观察实物控制和接触控制

续表

风险	计算机控制	人工控制	控制测试
订购商品和劳务			
可能向不正确的供应商银行账户进行电子货币转账支付	对于为处理电子货币转账支付而从银行下载的供应商的银行账户详细信息，实施严格的控制	只授权高级员工出于处理电子货币转账支付的目的，在银行记录中变更或增加供应商银行信息。详细信息由供应商书面提供，并在供应商文档中保存。依靠银行的安全控制对此进行监督	询问和检查经恰当授权签字的记录
开具的支票和电子货币转账支付凭证可能未被及时记录或分配到正确的应付账款账户	付款被自动记入相关应付账款或费用账户和银行存款账户。每一次开具支票后，及时调节相关总分类账的变动	定期进行银行存款调节。按月根据银行存款余额调节表对应付账款账户余额进行调节	检查并重新执行调节程序
可能就虚构或未经授权的采购开具支票和电子货币转账支付凭证	由计算机比对订购单、采购入库通知单和发票，以及经批准的供应商主文档上的供应商账户代码和名称，打印例外报告	如果支票由人工开具，由支票开具人员检查所有支持性文件，包括支票开具供应商的应付账款调节表和汇款通知。由管理层复核应付账款明细表以发现非正常的支付	询问和观察支票开具流程。检查例外报告并追踪问题的解决
可能重复开具支票和电子货币转账支付	由计算机将付款金额和应付账款余额进行比对，并就支付金额超过应付金额的情况生成例外报告	支持性凭证应该注明"已付讫"标记以防止重复支付。复核例外报告并检查例外事项的处理	检查例外报告，以确定任何付款额超过应付余额的情况是否已得到解决。检查已注明"已付讫"标记的凭据
开具支票和电子货币转账支付的金额可能不正确	由计算机比对订购单、采购入库通知单、发票以及在每一应付账款记录中的供应商账户代码和金额	如果支票由人工开具，由支票开具人员检查所有支持性文件，包括支票开具前供应商的应付账款调节表和汇款通知	询问和观察支票开具流程，并重新执行调节程序
上述所有风险		管理层的监控主要涉及以下方面：日常零用现金或现金支付清单应该反映分摊到应付账款、费用或资产总分类账户的金额，并就异常的金额对供应商进行询问；定期复核应付账款的账龄分析，追踪异常的金额或不熟悉的供应商名称；监控关键业绩指标	询问、观察管理层的复核程序以及对任何异常的事项的追踪。得闲执行复核和追踪程序

温馨提示

注册会计师在实际工作中,并不需要对该流程的所有控制点进行测试,而是应该针对识别的可能发生错报的环节,选择足以应对评估的重大错报风险的关键控制进行控制测试。

控制测试的具体方法则需要根据具体控制的性质确定。

一般常用的测试方法:询问,检查。

例9-3·单选题

注册会计师在测试乙公司与采购交易相关的内部控制时发现下列情况,其中最可能表明采购交易发生认定存在重大错报风险的是(　　)。

A. 订购单与验收单金额和数量不符

B. 缺失连续编号的验收单

C. 处理采购或付款的会计期间出现差错

D. 验收单重复

【正确答案】D

【答案解析】重复的验收单可能表明重复记录,所以最可能表明采购交易发生认定存在重大错报风险;选项A,可能表明采购交易的准确性存在重大错报风险;选项B可能表明采购交易未予入账,即完整性问题,而不是发生。选项C会计期间出现差错,可能表明采购交易截止认定存在重大错报风险。

例9-4·简答题

A注册会计师负责审计甲公司2015年度财务报表,审计工作底稿中与负债审计相关的部分内容摘录如下。

甲公司各部门使用的请购单未连续编号,请购单由部门经理批准,超过一定金额还需总经理批准。A注册会计师认为该项控制设计有效,实施了控制测试,结果满意。

要求:

指出A注册会计师做法是否恰当。如不恰当,简要说明理由。

【正确答案】恰当

第三节 采购与付款循环的实质性程序

一、采购与付款交易的实质性程序

采购与付款交易的主要重大错报风险通常是低估费用和应付账款,从而高估利润、粉饰财务状况。因此,实施实质性程序,如对收到的商品和付款实施截止测试,以获取交易是否已被计入正确的会计期间的证据就显得非常重要;该交易循环中的另一项重大错报风险是采购的商品、资产被错误分类,即对本应资本化的予以费用化,或对本应费用化的予以资本化。这都将影响利润和资产或负债。此外,对于付款交易,还应关注被审计单位是否存在未经授权或无效的付款,是否将应计入费用的付款有意无意地冲销了不相关的应付账款。

针对上述重大错报风险实施实质性审计程序的目标在于获取关于发生、完整性、准确性、截止、存在、权利和义务、计价和分摊、分类等多项认定的审计证据。

为实现上述审计目标,注册会计师应当通过识别管理层用于监控费用和应付账款的关键业绩指标,来识别重要类别的采购交易和应付账款余额;将有关资产或负债项目的期初余额与以前年度工作底稿核对相符;复核管理层对主要费用和负债项目(如采购支出、资产的修理和维护支出、应付账款项目)出现的异常情况采取的措施;并将期末余额或本期发生额与总分类账核对相符。在此基础上,对采购与付款交易实施的实质性程序通常包括以下两个方面。

(一)实质性分析程序

根据对被审计单位的经营活动、供应商的发展历程、贸易条件和行业惯例的了解,确定应付账款和费用支出的期望值。

根据本期应付账款余额组成与以前期间交易水平和预算的比较,定义采购和应付账款可接受的重大差异额。

识别需要进一步调查的差异并调查异常数据关系,如与周期趋势不符的费用支出。这类程序通常包括以下几点。

一是,观察月度(或每周)已记录采购总额趋势,与往年或预算相比较。任何异常波动都必须与管理层讨论,如果有必要的话还应作进一步的调查。

二是,将实际毛利与以前年度和预算相比较。如果被审计单位以不同的加价销售产品,就需要将相似利润水平的产品分组进行比较。任何重大的差异都需要进行调查。因为毛利可能由于销售额、销售成本的错误被歪曲,而销售成本的错误则又可能是受采购记录的错误所影响。

三是,计算记录在应付账款上的赊购天数,并将其与以前年度相比较。超出预期的变化可能由多种因素造成,包括未记录采购、虚构采购记录或截止问题。

四是,检查常规账户和付款。例如,租金、电话费和电费。这些费用是日常发生的,通常按月支付。通过检查可以确定已记录的所有费用及其月度变动情况。

五是,检查异常项目的采购。例如,大额采购,从不经常发生交易的供应商处采购,以及未通过采购账户而是通过其他途径计入存货和费用项目的采购。

六是,无效付款或金额不正确的付款,可以通过检查付款记录和付款趋势得以发现。例如,注册会计师通过查找金额偏大的异常项目并深入调查,可能发现重复付款或记入不恰当应付账款账户的付款。

通过询问管理层和员工,调查重大差异额是否表明存在重大错报风险,是否需要设计恰当的细节测试程序以识别和应对重大错报风险。

形成结论,即实质性分析程序是否能够提供充分、适当的审计证据,或需要对交易和余额实施细节测试以获取进一步的审计证据。

(二)采购与付款交易和相关余额的细节测试

当出现下列情形时,注册会计师通常应考虑对采购与付款交易和相关余额实施细节测试。重大错报风险评估为高,例如,存在非正常的交易,包括在期末发生对账户的非正常调整和缺乏支持性文件的关联方交易等;实质性分析程序显示出未预期的趋势;需要在财务报表中单独披露的金额或很可能存在错报的金额,例如,差旅费、修理和维护费、广告费、税费、咨询费等;对需要在纳税申报表中单独披露的事项进行分析;需要为有些项目单独出具审计报告,例如,被审计单位如果要向国外的特许权授予方支付特许权使用费,就可能存在这种需要。

1. 交易的细节测试

(1)注册会计师应从被审计单位业务流程层面的主要交易流中选取样本,检查其支持性证据。例如,从采购和付款记录中选取样本:

①检查支持性的订购单、商品验收单、发运凭证和发票,追踪至相关费用或资产账户以及应付账款账户;

②必要时,检查其他支持性文件,如交易合同条款;

③检查已用于付款的支票存根或电子货币转账付款证明以及相关的汇款通知。如果付款与发票对应,则检查相关供应商发票,并追踪付款至相关的应付账款或费用账户。

(2)对主要交易流实施截止测试。

采购交易的截止测试包括:

①选择已记录采购的样本,检查相关的商品验收单,保证交易已计入正确的会计期间;

②确定期末最后一份验收单的顺序号码并审查代码报告,以检测记录在本会计期间的验收单是否存在更大的顺序号码,或因采购交易被漏记或错计入下一会计期间而在本期遗漏的顺序号码。

付款交易的截止测试包括:

①确定期末最后签署的支票的号码,确保其后的支票支付未被当作本期的交易予以记录;

②追踪付款到期后的银行对账单,确定其在期后的合理期间内被支付;

③询问期末已签署但尚未寄出的支票,考虑该项支付是否应在本期冲回,计入下一会计期间。

寻找未记录的负债的截止测试主要包括:

①确定被审计单位期末用于识别未记录负债的程序,获取相关交易已记入应付账款的证据;

②复核供应商付款通知和供应商对账单;获取发票被遗失或未计入正确的会计期间的证据;询问并确定在资产债表日是否应增加一项应计负债;

③调查关于订购单、商品验收单和发票不符的例外报告,识别遗漏的交易或计入不恰当会计

期间的交易；

④复核截至审计外勤结束日记录在期后的付款,查找其是否在年底前发生的证据；

⑤询问审计外勤结束时仍未支付的应付账款；

⑥对于在建工程,检查承建方的证明或质量监督报告,以获取存在未记录负债的证据；

⑦复核资本预算和董事会会议纪要,获取是否存在承诺和或有负债的证据。

2. 余额的细节测试

(1)复核供应商的付款通知,与供应商对账,获取发票遗漏、未计入正确的会计期间的证据。询问并检查对收费存在争议的往来信函,确定在资产负债表日是否应增加一项应计负债。

(2)在特殊情况下,注册会计师需要决定是否应通过供应商来证实被审计单位期末的应付余额。这种情况通常在被审计单位对采购与付款交易的控制出现严重缺失,记录被毁损时才会发生,或在怀疑存在舞弊或会计记录在火灾或水灾中遗失时才会发生。

二、应付账款的实质性程序

应付账款是企业在正常经营过程中,因购买材料、商品和接受劳务供应等经营活动而应付给供应商的款项。注册会计师应结合赊购交易进行应付账款的审计。

(一)应付账款的审计目标

应付账款的审计目标一般包括：确定资产负债表中记录的应付账款是否存在；确定所有应当记录的应付账款是否均已记录；确定资产负债表中记录的应付账款是否为被审计单位应当履行的现时义务；确定应付账款是否以恰当的金额包括在财务报表中,与之相关的计价调整是否已恰当记录；确定应付账款是否已按照企业会计准则的规定在财务报表中做出恰当的列报。

(二)应付账款的实质性程序

1. 获取或编制应付账款明细表

(1)复核加计是否正确,并与报表数、总账数和明细账合计数核对是否相符。

(2)检查非记账本位币应付账款的折算汇率及折算是否正确。

(3)分析出现借方余额的项目,查明原因,必要时,建议作重分类调整。

(4)结合预付账款、其他应付款等往来项目的明细余额,调查有无同挂的项目、异常余额或与购货无关的其他款项(如关联方账户或雇员账户),如有,应做出记录,必要时建议作调整。

2. 根据被审计单位实际情况,选择以下方法对应付账款执行实质性分析程序

(1)将期末应付账款余额与期初余额进行比较,分析波动原因。

(2)分析长期挂账的应付账款,要求被审计单位做出解释,判断被审计单位是否缺乏偿债能力或利用应付账款隐瞒利润,并注意其是否可能无须支付。对确实无须支付的应付账款的会计处理是否正确,依据是否充分；关注账龄超过3年的大额应付账款在资产负债表日后是否偿付,检查偿付记录、单据及披露情况。

(3)计算应付账款与存货的比率,应付账款与流动负债的比率,并与以前年度相关比率对比分析,评价应付账款整体的合理性。

(4)分析存货和营业成本等项目的增减变动,判断应付账款增减变动的合理性。

3. 函证应付账款

获取适当的供应商相关清单,如本期采购量清单、所有现存供应商名单或应付账款明细账。询问该清单是否完整并考虑该清单是否应包括预期负债等附加项目。选取样本进行测试并执行如下程序。

(1)向债权人发送询证函。

(2)将询证函余额与已记录金额相比较,如存在差异,检查支持性文件,评价已记录金额是否适当。

(3)对未回复的函证实施替代程序:如检查至付款文件(如,现金支出、电汇凭证和支票复印件)、相关的采购文件(如,采购订单、验收单、发票和合同)或其他适当文件。

(4)如果认为回函不可靠,评价对评估的重大错报风险以及其他审计程序的性质、时间安排和范围的影响。

4. 检查应付账款是否计入了正确的会计期间,是否存在未入账的应付账款

(1)检查债务形成的相关原始凭证,如供应商发票、验收报告或入库单等,查找有无未及时入账的应付账款,确认应付账款期末余额的完整性。

(2)检查资产负债表日后应付账款明细账贷方发生额的相应凭证,关注其购货发票的日期,确认其入账时间是否合理。

(3)获取被审计单位与其供应商之间的对账单,并将对账单和被审计单位财务记录之间的差异进行调节(如在途款项、在途商品、付款折扣、未记录的负债等),查找有无未入账的应付账款,确定应付账款金额的准确性。

(4)针对资产负债表日后付款项目,检查银行对账单及有关付款凭证(如银行汇款通知、供应商收据等),询问被审计单位内部或外部的知情人员,查找有无未及时入账的应付账款。

(5)结合存货监盘程序,检查被审计单位在资产负债日前后的存货入库资料(验收报告或入库单),检查是否有大额货到单未到的情况,确认相关负债是否计入了正确的会计期间。

如果注册会计师通过这些审计程序发现某些未入账的应付账款,应将有关情况详细记入审计工作底稿,并根据其重要性确定是否需建议被审计单位进行相应的调整。

5. 寻找未入账负债的测试

获取期后收取、记录或支付的发票明细,包括获取支票登记簿/电汇报告/银行对账单(根据被审计单位情况不同)以及入账的发票和未入账的发票。从中选取项目(尽量接近审计报告日)进行测试并实施以下程序。

(1)检查支持性文件,如发票、采购合同/申请、收货文件以及接受劳务明细,以确定收到商品/接受劳务的日期及应在期末之前入账的日期。

(2)追踪已选取项目至应付账款明细账、货到票未到的暂估入账和/或预提费用明细表,并关注费用所计入的会计期间。调查并跟进所有已识别的差异。

(3)评价费用是否被记录于正确的会计期间,并相应确定是否存在期末未入账负债。

6. 检查应付账款长期挂账的原因并记录,对确实无需支付的应付款的会计处理是否正确

7. 检查应付关联方的款项

(1)了解交易的商业理由。

(2)检查证实交易的支持性文件(例如发票、合同、协议及入库和运输单据等相关文件)。

(3)检查被审计单位与关联方的对账记录或向关联方函证。

8. 检查应付账款是否已按照企业会计准则的规定在财务报表中做出恰当列报和披露

> **例 9-5·多选题**

为证实甲公司 2021 年末应付账款的完整性认定,下列审计程序中,能获得相关的审计证据的有( )。

A. 从 2022 年初的应付账款贷方记录的日期追查到验收单日期

B. 从 2021 年末的验收单追查到应付账款明细账

C. 从 2022 年初的验收单追查到应付账款明细账

D. 从 2021 年末应付账款的借方记录追查到银行付款凭证

【正确答案】ABD

【答案解析】选项 A 可以发现年前验收、年后入账的应付账款,与完整性相关;B 可以发现有验收单但没有在 2021 年入账的应付账款;选项 C 中应付账款本不应在 2021 年入账,故程序 C 至多可以发现 2021 年度应付账款的违反存在认定的错报;选项 D 可以发现 2021 年末尚未付款却提前销账的应付账款,与完整性认定相关。

> **例 9-6·单选题**

注册会计师通过实施以下( )审计程序,最可能帮助其证实被审计单位应付账款的存在认定。

A. 从应付账款明细账追查至购货合同、卖方发票和入库凭单

B. 检查与采购相关的文件以确定是否采用预先编号的采购单

C. 抽取购货合同、购货发票和入库单,追查至应付账款明细账

D. 选择零余额的供应商,以积极的方式函证零余额的应付账款

【正确答案】A

【答案解析】选项 A 为逆向追查,有助于证实存在性;选项 B(检查编号)、选项 C(正向追查)、选项 D(函证零余额)均为证实完整性的审计程序。

三、固定资产的实质性程序

固定资产是指同时具有下列两个特征的有形资产:为生产商品、提供劳务、出租或经营管理而持有的。使用寿命超过一个会计年度。这里的使用寿命是指企业使用固定资产的预计期间,或者该固定资产所能生产产品或提供劳务的数量。固定资产只有同时满足下列两个条件才能予以确

认:与该固定资产有关的经济利益很可能流入企业;该固定资产的成本能够可靠地计量。

固定资产折旧则是指在固定资产的使用寿命内,按照确定的方法对应计折旧额进行系统分摊。

由于固定资产在企业资产总额中一般都占有较大的比例,固定资产的安全、完整对企业的生产经营影响极大,注册会计师应对固定资产的审计给予高度重视。

固定资产审计的范围很广。固定资产科目余额反映企业所有固定资产的原价,累计折旧科目余额反映企业固定资产的累计折旧数额,固定资产减值准备科目余额反映企业对固定资产计提的减值准备数额,固定资产项目余额由固定资产科目余额扣除累计折旧科目余额和固定资产减值准备科目余额构成,这三项无疑属于固定资产的审计范围。除此之外,由于固定资产的增加包括购置、自行建造、投资者投入、融资租入、更新改造、以非现金资产抵偿债务方式取得或以应收债权换入、以非货币性资产交换方式换入、经批准无偿调入、接受捐赠和盘盈等多种途径,相应涉及货币资金、应付账款、预付款项、在建工程、股本、资本公积、长期应付款、递延所得税负债等项目;企业的固定资产又因出售、报废、投资转出、捐赠转出、抵债转出、以非货币性资产交换方式换出、无偿调出、毁损和盘亏等原因而减少,与固定资产清理、其他应收款、营业外收入和营业外支出等项目有关;另外,企业按月计提固定资产折旧,这又与制造费用、销售费用、管理费用等项目联系在一起。因此,在进行固定资产审计时,应当关注这些相关项目。广义的固定资产审计范围,自然也包括这些相关项目在内。

(一)固定资产的审计目标

固定资产的审计目标一般包括:确定资产负债表中记录的固定资产是否存在;确定所有应记录的固定资产是否均已记录;确定记录的固定资产是否由被审计单位拥有或控制;确定固定资产以恰当的金额包括在财务报表中,与之相关的计价或分摊已恰当记录;确定固定资产原价、累计折旧和固定资产减值准备是否已按照企业会计准则的规定在财务报表中做出恰当列报。

(二)固定资产——账面余额的实质性程序

1. 获取或编制固定资产和累计折旧分类汇总表

检查固定资产的分类是否正确并与总账数和明细账合计数核对是否相符,结合累计折旧、减值准备科目与报表数核对是否相符。

固定资产和累计折旧分类汇总表又称一览表或综合分析表,是审计固定资产和累计折旧的重要工作底稿,其参考格式如表 9-5 所示。

表 9-5 　固定资产和累计折旧分类汇总表

编制人:　　　　　　　　　　　　　　　　日期:　　　年　月　日
被审计单位:_____　　　　　　　　　　复核人:

固定资产类别	固定资产				累计折旧					
	期初余额	本期增加	本期减少	期末余额	折旧方法	折旧率	期初余额	本期增加	本期减少	期末余额
合计										

汇总表包括固定资产与累计折旧两部分,应按照固定资产类别分别填列。需要解释的是期初余额栏,注册会计师对其审计应分三种情况:一是在连续审计情况下,应注意与上期审计工作底稿中的固定资产和累计折旧的期末余额审定数核对相符。二是在变更会计师事务所时,后任注册会计师应查阅前任注册会计师有关工作底稿。三是如果被审计单位以往未经注册会计师审计,即在首次接受审计情况下,注册会计师应对期初余额进行较全面的审计,尤其是当被审计单位的固定资产数量多、价值高、占资产总额比重大时,最理想的方法是全面审计被审计单位设立以来"固定资产"和"累计折旧"账户中的所有重要的借贷记录。这样,既可核实期初余额的真实性,又可从中加深对被审计单位固定资产管理和会计核算工作的了解。

2. 对固定资产实施实质性分析程序

(1)基于对被审计单位及其环境的了解,通过进行以下比较,并考虑有关数据间关系的影响,建立有关数据的期望值:

①分类计算本期计提折旧额与固定资产原值的比率,并与上期比较;

②计算固定资产修理及维护费用占固定资产原值的比例,并进行本期各月、本期与以前各期的比较。

(2)确定可接受的差异额。

(3)将实际情况与期望值相比较,识别需要进一步调查的差异。

(4)如果其差额超过可接受的差异额,调查并获取充分的解释和恰当的佐证审计证据,如检查相关的凭证。

(5)评估实质性分析程序的测试结果。

3. 实地检查重要固定资产,确定其是否存在,关注是否存在已报废但仍未核销的固定资产

实施实地检查审计程序时,注册会计师可以以固定资产明细分类账为起点,进行实地追查,以证明会计记录中所列固定资产确实存在,并了解其目前的使用状况;也应考虑以实地为起点,追查至固定资产明细分类账,以获取实际存在的固定资产均已入账的证据。

当然,注册会计师实地检查的重点是本期新增加的重要固定资产,有时,观察范围也会扩展到以前期间增加的重要固定资产。观察范围的确定需要依据被审计单位内部控制的强弱、固定资产的重要性和注册会计师的经验来判断。如为首次接受审计,则应适当扩大检查范围。

4. 检查固定资产的所有权或控制权

对各类固定资产,注册会计师应获取、收集不同的证据以确定其是否确归被审计单位所有:对外购的机器设备等固定资产,通常经审核采购发票、采购合同等予以确定;对于房地产类固定资产,需查阅有关的合同、产权证明、财产税单、抵押借款的还款凭据、保险单等书面文件;对融资租入的固定资产,应验证有关融资租赁合同,证实其并非经营租赁;对汽车等运输设备,应验证有关运营证件等;对受留置权限制的固定资产,通常还应审核被审计单位的有关负债项目等予以证实。

5. 检查本期固定资产的增加

被审计单位如果不正确核算固定资产的增加,将对资产负债表和利润表产生长期的影响。因此,审计固定资产的增加,是固定资产实质性程序中的重要内容。固定资产的增加有多种途径,审计中应注意以下事项。

(1)询问管理层当年固定资产的增加情况,并与获取或编制的固定资产明细表进行核对。

(2)检查本年度增加固定资产的计价是否正确,手续是否齐备,会计处理是否正确。

①对于外购固定资产,通过核对采购合同、发票、保险单、发运凭证等资料,抽查测试其入账价值是否正确,授权批准手续是否齐备,会计处理是否正确;如果购买的是房屋建筑物,还应检查契税的会计处理是否正确;检查分期付款购买固定资产的入账价值及会计处理是否正确。

②对于在建工程转入的固定资产,应检查在建工程转入固定资产的时点是否符合会计准则的规定,入账价值与在建工程的相关记录是否核对相符,是否与竣工决算、验收和移交报告等一致;对已经达到预定可使用状态,但尚未办理竣工决算手续的固定资产,检查其是否已按估计价值入账,相关估价是否合理,并按规定计提折旧。

③对于投资者投入的固定资产,检查投资者投入的固定资产是否按投资各方确认的价值入账,并检查确认价值是否公允,交接手续是否齐全;涉及国有资产的,是否有评估报告并经国有资产管理部门评审备案或核准确认。

④对于更新改造增加的固定资产,检查通过更新改造而增加的固定资产,增加的原值是否符合资本化条件,是否真实,会计处理是否正确,重新确定的剩余折旧年限是否恰当。

⑤对于融资租赁增加的固定资产,获取融资租入固定资产的相关证明文件,检查融资租赁合同的主要内容,并结合长期应付款、未确认融资费用科目检查相关的会计处理是否正确。

⑥对于企业合并、债务重组和非货币性资产交换增加的固定资产,检查产权过户手续是否齐备,检查固定资产入账价值及确认的损益和负债是否符合规定。

⑦如果被审计单位为外商投资企业,检查其采购国产设备退还增值税的会计处理是否正确。

⑧对于通过其他途径增加的固定资产,应检查增加固定资产的原始凭证,核对其计价及会计处理是否正确,法律手续是否齐全。

(3)检查固定资产是否存在弃置费用,如果存在弃置费用,检查弃置费用的估计方法和弃置费用现值的计算是否合理,会计处理是否正确。

6. 检查本期固定资产的减少

固定资产的减少主要包括出售、向其他单位投资转出、向债权人抵债转出、报废、毁损、盘亏等。有的被审计单位在全面清查固定资产时,常常会出现固定资产账面上有实际上却并没有的现象,这可能是由于固定资产管理或使用部门不了解报废固定资产与会计核算两者间的关系,擅自报废固定资产而未及时通知财务部门作相应的会计核算所致,这样势必造成财务报表反映失真。审计固定资产减少的主要目的就在于查明业已减少的固定资产是否已作适当的会计处理。其审计要点如下。

(1)结合固定资产清理科目,抽查固定资产账面转销额是否正确。

(2)检查出售、盘亏、转让、报废或毁损的固定资产是否经授权批准,会计处理是否正确。

(3)检查因修理,更新改造而停止使用的固定资产的会计处理是否正确。

(4)检查投资转出固定资产的会计处理是否正确。

(5)检查债务重组或非货币性资产交换转出固定资产的会计处理是否正确。

(6)检查转出的投资性房地产账面价值及会计处理是否正确。

(7)检查其他减少固定资产的会计处理是否正确

7. 检查固定资产的后续支出,确定固定资产有关的后续支出是否满足资产确认条件;如不满足,该支出是否在该后续支出发生时计入当期损益。

8. 检查固定资产的租赁

企业在生产经营过程中,有时可能有闲置的固定资产供其他单位租用;有时由于生产经营的需要,又需租用固定资产。租赁一般分为经营租赁和融资租赁两种。

在经营租赁中,租入固定资产的企业按合同规定的时间,交付一定的租金,享有固定资产的使用权,而固定资产的所有权仍属出租单位。因此,租入固定资产的企业的固定资产价值并未因此而增加,企业对以经营性租赁方式租入的固定资产,不在"固定资产"账户内核算,只是另设备查簿进行登记。而租出固定资产的企业,仍继续提取折旧,同时取得租金收入。检查经营性租赁时,应查明以下几项。

(1)固定资产的租赁是否签订了合同、租约,手续是否完备,合同内容是否符合国家规定,是否经相关管理部门审批。

(2)租入的固定资产是否确属企业必须,或出租的固定资产是否确属企业多余、闲置不用的,双方是否认真履行合同,是否存在不正当交易。

(3)租金收取是否签有合同,有无多收、少收现象。

(4)租入固定资产有无久占不用、浪费损坏的现象;租出的固定资产有无长期不收租金、无人过问,是否有变相馈送、转让等情况。

(5)租入固定资产是否已登入备查簿。

(6)必要时,向出租人函证租赁合同及执行情况。

(7)租入固定资产改良支出的核算是否符合规定。

在融资租赁中,租入企业在租赁期间,对融资租入的固定资产应按企业自有固定资产一样管理,并计提折旧、进行维修。如果被审计单位的固定资产中融资租赁占有相当大的比例,应当复核租赁协议,确定租赁是否符合融资租赁的条件,结合长期应付款、未确认融资费用等科目检查相关的会计处理是否正确(资产的入账价值、折旧、相关负债)。在审计融资租赁固定资产时,除可参照经营租赁固定资产检查要点以外,还应补充实施以下审计程序。

(1)复核租赁的折现率是否合理。

(2)检查租赁相关税费、保险费、维修费等费用的会计处理是否符合企业会计准则的规定。

(3)检查融资租入固定资产的折旧方法是否合理。

(4)检查租赁付款情况。

(5)检查租入固定资产的成新程度;

(6)检查融资租入固定资产发生的固定资产后续支出,其会计处理是否遵循自有固定资产发生的后续支出的处理原则。

9. 获取暂时闲置固定资产的相关证明文件,并观察其实际状况,检查是否已按规定计提折旧,相关的会计处理是否正确

10. 获取已提足折旧仍继续使用固定资产的相关证明文件,并作相应记录

11. 获取持有待售固定资产的相关证明文件,并作相应记录,检查对其预计净残值调

整是否正确、会计处理是否正确

12. 检查固定资产保险情况,复核保险范围是否足够

13. 检查有无与关联方的固定资产购售活动,是否经适当授权,交易价格是否公允。对于合并范围内的购售活动,记录应予合并抵销的金额

14. 对应计入固定资产的借款费用,应根据企业会计准则的规定,结合长短期借款、应付债券或长期应付款的审计,检查借款费用(借款利息、折溢价摊销、汇兑差额、辅助费用)资本化的计算方法和资本化金额,以及会计处理是否正确

15. 检查购置固定资产时是否存在与资本性支出有关的财务承诺

16. 检查固定资产的抵押、担保情况

结合对银行借款等的检查,了解固定资产是否存在重大的抵押、担保情况。如存在,应取证,并作相应的记录,同时提请被审计单位作恰当披露。

17. 确定固定资产是否已按照企业会计准则的规定在财务报表中做出恰当列报

财务报表附注通常应说明固定资产的标准、分类、计价方法和折旧方法;融资租入固定资产的计价方法;固定资产的预计使用寿命和预计净残值;对固定资产所有权的限制及其金额(这一披露要求是指,企业因贷款或其他原因而以固定资产进行抵押、质押或担保的类别、金额、时间等情况);已承诺将为购买固定资产支付的金额;暂时闲置的固定资产账面价值(这一披露要求是指,企业应披露暂时闲置的固定资产账面价值,导致固定资产暂时闲置的原因,如开工不足、自然灾害或其他情况等);已提足折旧仍继续使用的固定资产账面价值;已报废和准备处置的固定资产账面价值。固定资产因使用磨损或其他原因而需报废时,企业应及时对其处置,如果其已处于处置状态而尚未转销时,企业应披露这些固定资产的账面价值。

如果被审计单位是上市公司,则通常应在其财务报表附注中按类别分项列示固定资产期初余额、本期增加额、本期减少额及期末余额;说明固定资产中存在的在建工程转入、出售、置换、抵押或担保等情况;披露通过融资租赁租入的固定资产每类租入资产的账面原值、累计折旧、账面净值;披露通过经营租赁租出的固定资产每类租出资产的账面价值。

(三)固定资产——累计折旧的实质性程序

固定资产可以长期参加生产经营而仍保持其原有实物形态,但其价值将随着固定资产的使用而逐渐转移到生产的产品中,或构成经营成本或费用。这部分在固定资产使用寿命内,按照确定的方法对应计折旧额进行的系统分摊就是固定资产的折旧。

在不考虑固定资产减值准备的前提下,影响折旧的因素有折旧的基数(一般指固定资产的账面原价)、固定资产的残余价值和使用寿命三个方面。在考虑固定资产减值准备的前提下,影响折旧的因素则包括折旧的基数、累计折旧、固定资产减值准备、固定资产预计净残值和固定资产尚可使用年限五个方面。在计算折旧时,对固定资产的残余价值和清理费用只能人为估计;对固定资产的使用寿命,由于固定资产的有形和无形损耗难以准确计算,因而也只能估计;同样,对固定资产减值准备的计提也带有估计的成分。因此,固定资产折旧主要取决于企业根据其固定资产特点制定的折旧政策,在一定程度上具有主观性。

累计折旧的实质性程序通常包括以下几点。

一是,获取或编制累计折旧分类汇总表,复核加计是否正确,并与总账数和明细账合计数核对是否相符。

二是,检查被审计单位制定的折旧政策和方法是否符合相关会计准则的规定,确定其所采用的折旧方法能否在固定资产预计使用寿命内合理分摊其成本,前后期是否一致,预计使用寿命和预计净残值是否合理。

三是,复核本期折旧费用的计提和分配。

(1)了解被审计单位的折旧政策是否符合规定,计提折旧的范围是否正确,确定的使用寿命、预计净残值和折旧方法是否合理;如采用加速折旧法,是否取得批准文件。

(2)检查被审计单位折旧政策前后期是否一致。如果折旧政策或者相关会计估计(例如使用寿命、预计净残值)有变更,变更理由是否合理;如果没有变更,是否存在需要提请被审计单位关注的对折旧政策或者会计估计产生重大影响的事项(例如重大技术更新或者设备使用环境的恶化等)。

(3)复核本期折旧费用的计提是否正确。

①已计提部分减值准备的固定资产,计提的折旧是否正确。按照《企业会计准则第4号——固定资产》的规定,已计提减值准备的固定资产的应计折旧额应当扣除已计提的固定资产减值准备累计金额,按照该固定资产的账面价值以及尚可使用寿命重新计算确定折旧率和折旧额。

②已全额计提减值准备的固定资产,是否已停止计提折旧。

③因更新改造而停止使用的固定资产是否已停止计提折旧,因大修理而停止使用的固定资产是否照提折旧。

④对按规定予以资本化的固定资产装修费用是否在两次装修期间与固定资产尚可使用年限两者中较短的期间内,采用合理的方法单独计提折旧,并在下次装修时将该项固定资产装修余额一次全部计入了当期营业外支出。

⑤对融资租入固定资产发生的、按规定可予以资本化的固定资产装修费用,是否在两次装修期间、剩余租赁期与固定资产尚可使用年限三者中较短的期间内,采用合理的方法单独计提折旧。

⑥对采用经营租赁方式租入的固定资产发生的改良支出,是否在剩余租赁期与租赁资产尚可使用年限两者中较短的期间内,采用合理的方法单独计提折旧。

⑦未使用、不需用和暂时闲置的固定资产是否按规定计提折旧。

⑧持有待售的固定资产折旧计提是否符合规定。

(4)检查折旧费用的分配方法是否合理,是否与上期一致;分配计入各项目的金额占本期全部折旧计提额的比例与上期比较是否有重大差异。

(5)注意固定资产增减变动时,有关折旧的会计处理是否符合规定,查明通过更新改造、接受捐赠或融资租入而增加的固定资产的折旧费用计算是否正确。

四是,将"累计折旧"账户贷方的本期计提折旧额与相应的成本费用中的折旧费用明细账户的借方相比较,以查明所计提折旧金额是否已全部摊入本期产品成本或费用。若存在差异,应追查原因,并考虑是否应建议作适当调整。

五是,检查累计折旧的减少是否合理、会计处理是否正确。

六是，确定累计折旧的披露是否恰当。

如果被审计单位是上市公司，通常应在其财务报表附注中按固定资产类别分项列示累计折旧期初余额、本期计提额、本期减少额及期末余额。

(四)固定资产——固定资产减值准备的实质性程序

固定资产的可收回金额低于其账面价值称为固定资产减值。这里的可收回金额应当根据固定资产的公允价值减去处置费用后的净额与资产预计未来现金流量的现值两者之间的较高者确定。这里的处置费用包括与固定资产处置有关的法律费用、相关税费、搬运费以及为使固定资产达到可销售状态所发生的直接费用等。

企业应当在资产负债表日判断固定资产是否存在可能发生减值的迹象。根据《企业会计准则第8号——资产减值》的规定，如存在下列迹象，表明固定资产可能发生了减值。

(1)固定资产的市价当期大幅度下跌，其跌幅明显高于因时间的推移或正常使用而预计的下跌。

(2)企业经营所处的经济技术或者法律等环境以及固定资产所处的市场在当期或者将在近期发生重大变化，从而对企业产生不利影响。

(3)市场利率或者其他市场投资回报率在当期已经提高，从而影响企业计算固定资产预计未来现金流量现值的折现率，导致固定资产可收回金额大幅度降低。

(4)有证据表明固定资产陈旧过时或者其实体已经损坏。

(5)固定资产已经或者将被闲置、终止使用或者计划提前处置。

(6)企业内部报告的证据表明固定资产的经济绩效已经低于或者将低于预期，如固定资产所创造的净现金流量或者实现的营业利润(或者损失)远远低于(或者高于)预计金额等。

(7)其他表明固定资产可能已经发生减值的迹象。

如果由于该固定资产存在上述迹象，导致其可收回金额低于账面价值的，应当将固定资产的账面金额减记至可收回金额，将减记的金额确认为固定资产减值损失，计入当期损益，同时计提相应的固定资产减值准备。

固定资产减值准备的实质性程序一般包括以下几点。

1.获取或编制固定资产减值准备明细表，复核加计是否正确，并与总账数和明细账合计数核对是否相符。

2.检查被审计单位计提固定资产减值准备的依据是否充分，会计处理是否正确。

3.获取闲置固定资产的清单，并观察其实际状况，识别是否存在减值迹象。

4.检查资产组的认定是否恰当，计提固定资产减值准备的依据是否充分，会计处理是否正确。

5.计算本期末固定资产减值准备占期末固定资产原值的比率，并与期初该比率比较，分析固定资产的质量状况。

6.检查被审计单位处置固定资产时原计提的减值准备是否同时结转，会计处理是否正确。

7.检查是否存在转回固定资产减值准备的情况。按照企业会计准则的规定，固定资产减值损失一经确认，在以后会计期间不得转回。

8.确定固定资产减值准备的披露是否恰当。

如果企业计提了固定资产减值准备,根据《企业会计准则第 8 号——资产减值》的规定,企业应当在财务报表附注中披露:当期确认的固定资产减值损失金额;企业计提的固定资产减值准备累计金额。如果发生重大固定资产减值损失,还应当说明导致重大固定资产减值损失的原因,固定资产可收回金额的确定方法,以及当期确认的重大固定资产减值损失的金额。

如果被审计单位是上市公司,其财务报表附注中通常还应分项列示计提的固定资产减值准备金额、增减变动情况以及计提的原因。

课后练习

□复习思考题

1. 采购与付款循环涉及哪些主要凭证与会计记录?
2. 采购与付款循环涉及哪些主要业务活动?
3. 固定资产内部控制包括哪些主要内容?
4. 影响采购与付款交易和余额的重大错报风险可能包括哪些?
5. 注册会计师如何查找是否存在未入账的应付账款?

□单项选择题

1. 针对被审计单位"新增供应商或供应商信息变更未经恰当的认证"的错报环节,注册会计师作出如下测试程序中可能不恰当的是( )。

    A. 询问复核人复核供应商数据变更请求的过程

    B. 抽样检查变更需求是否有相关文件支持及有复核人的复核确认

    C. 询问复核人复核采购计划的过程,检查采购计划是否经复核人恰当复核

    D. 检查系统中采购订单的生成逻辑,确认是否存在供应商代码匹配的要求

2. 针对被审计单位"订单未被录入系统或在系统中重复录入"的错报环节,注册会计师作出如下测试程序中可能不恰当的是( )。

    A. 检查系统例外报告的生成逻辑

    B. 询问复核人对例外报告的检查过程

    C. 确认发现的问题是否及时得到了跟进处理

    D. 抽样检查采购订单是否有对应的请购单及复核人签署确认

3. 注册会计师计算被审计单位 2019 年度的毛利率并与以前期间比较,最难发现下列( )项目中存在的错报。

    A. 营业收入

    B. 应收账款

    C. 营业成本

    D. 应付账款

4. 以下程序中,属于测试采购交易与付款交易内部控制"计价和分摊"目标的常用控制测试的是( )。

A. 检查付款凭单是否附有卖方发票

B. 检查卖方发票连续编号的完整性

C. 检查企业验收单是否有缺号

D. 审核采购价格和折扣的标志

5. 注册会计师在测试乙公司与采购交易相关的内部控制时发现下列情况,其中最可能表明采购交易发生认定存在重大错报风险的是( )。

   A. 订购单与验收单金额和数量不符

   B. 缺失连续编号的验收单

   C. 处理采购或付款的会计期间出现差错

   D. 验收单重复

6. 以下有关被审计单位针对采购与付款交易内部控制的说法中,不恰当的是( )。

   A. 付款需要由经授权的人员审批,审批人员在审批前需检查相关支持文件,并对其发现的例外事项进行跟进处理

   B. 通过对入库单的预先编号以及对例外情况的汇总处理,被审计单位可以应对存货和负债记录方面的高估风险

   C. 采购、验收与相关会计记录需职责分离

   D. 付款审批与付款执行需职责分离

7. 在( )情况下,如果被审计单位应付账款年末余额比上年末显著下降,注册会计师很可能得出应付账款完整性认定存在重大错报风险的结论。

   A. 原材料供不应求

   B. 供应商与被审计单位的结算由赊销变为现销

   C. 供应商缩短被审计单位享受的现金折扣天数

   D. 原材料供大于求

8. 当被审计单位管理层具有高估利润、粉饰财务状况的动机时,注册会计师主要关注的是被审计单位( )的重大错报风险。

   A. 低估负债,低估费用

   B. 高估费用,高估负债

   C. 低估费用,高估负债

   D. 高估费用,低估负债

9. 针对被审计单位"临近会计期末的采购未被记录在正确的会计期间"的重大错报风险,下列注册会计师所作的控制测试程序中,不恰当的是( )。

   A. 检查系统例外报告的生成逻辑

   B. 询问复核人对例外报告的检查过程,确认发现的问题是否及时得到了跟进处理

   C. 核对例外报告中的采购是否计提了相应负债,检查复核人的签署确认

   D. 检查系统入库单编号的连续性

□多项选择题

1. 下列有关采购与付款循环主要业务活动及其涉及的相关认定的说法,正确的有( )。

A. 请购单是证明有关采购交易的"发生"认定的凭据之一

B. 独立检查订购单的处理,以确定是否确实收到商品并正确入账,这项检查与采购交易的"准确性"认定有关

C. 定期独立检查验收单的顺序以确定每笔采购交易都已编制凭单,与采购交易的"完整性"认定有关

D. 将已验收商品的保管与采购的其他职责相分离,与商品的"存在"认定有关

2. 为证实被审计单位应付账款的发生和偿还记录是否完整,应实施适当的审计程序,以查找未入账的应付账款。以下各项审计程序中,可以实现上述审计目标的有(   )。

A. 结合存货监盘,检查被审计单位资产负债表日是否存在有材料入库凭证但未收到购货发票的业务

B. 抽查被审计单位本期应付账款明细账贷方发生额,核对相应的购货发票和验收单据,确认其入账时间是否正确

C. 检查被审计单位资产负债表日后收到的购货发票,确认其入账时间是否正确

D. 检查被审计单位资产负债表日后应付账款明细账借方发生额的相应凭证,确认入账时间是否正确

3. 当存在"确认的负债及费用并未实际发生"的重大错报风险时,下列财务报表项目及其认定中,与之相关的有(   )。

A. 应付账款:存在

B. 其他应付款:存在

C. 销售费用:发生

D. 应付账款:准确性、计价和分摊

4. 根据实际情况,注册会计师选择以下方法对应付账款执行审计,属于实质性分析程序的有(   )。

A. 将期末应付账款余额与期初余额进行比较,分析波动原因

B. 检查支持性文件,如相关发票、采购合同等至应付账款明细账

C. 计算应付账款与存货的比率,应付账款与流动负债的比率,并与以前年度相关比率对比分析,评价应付账款整体的合理性

D. 分析长期挂账的应付账款,要求被审计单位作出解释,判断被审计单位是否缺乏偿债能力或利用应付账款隐瞒利润;并注意其是否可能无需支付,对确定无需支付的应付账款的会计处理是否正确,依据是否充分

5. 企业采购部门的下列做法中,正确的有(   )。

A. 采购部门根据各部门填写的请购单直接采购货物并付款

B. 采购部门要求请购单应连续编号

C. 每张请购单必须有相关主管人员签字批准

D. 采购部门填写的订购单应连续编号

6. 被审计单位影响采购与付款交易和余额的重大错报风险可能包括(   )。

A. 低估负债或相关准备

B. 管理层错报负债费用支出的偏好和动因

C. 费用支出的复杂性

D. 舞弊和盗窃的固有风险

7. 记录采购交易之前,应付凭单部门应编制付款凭单。下列各项中,属于与之相关的内部控制的有(　　)。

A. 独立检查付款凭单计算的正确性

B. 由被授权人员在凭单上签字,以示批准照此凭单要求付款

C. 确定销售发票计算的正确性

D. 编制有预先顺序编号的付款凭单

8. 针对被审计单位下列内部控制:财务人员将原材料订购单、供应商发票和入库单核对一致后,编制记账凭证(附上述单据)并签字确认。注册会计师应作的控制测试不恰当的有(　　)。

A. 抽取若干记账凭证及附件,检查核对原材料订购单、供应商发票和入库单

B. 抽取若干记账凭证及附件,检查是否经财务人员签字

C. 抽取若干记账凭证及附件,检查核对原材料订购单、供应商发票和入库单,并检查是否经财务人员签字

D. 抽取若干记账凭证及附件,检查核对原材料订购单、供应商发票,并检查是否经财务人员签字

□综合题

甲公司是 ABC 会计师事务所的常年审计客户,主要从事日用消费品的生产和销售。A 注册会计师负责审计甲公司 2017 年度财务报表。2017 年度甲公司财务报表整体重要性为 200 万元。

资料一:

A 注册会计师在审计工作底稿中记录了所了解的甲公司情况及其环境,部分内容摘录如下:

(1)甲公司于 2017 年 3 月 1 日借入 2000 万元、年利率为 8% 的专门借款,用于已开工建设并预计于 2018 年末完工的新生产线。甲公司无其他带息债务。因甲公司与施工方对工程质量存在纠纷,该工程于 2017 年 5 月 1 日至 8 月 31 日中断。

(2)甲公司将于 2018 年 6 月关闭其下属分厂,并就辞退计划与员工协商一致,预计支付补偿金 900 万元。该计划于 2017 年 12 月经董事会批准,将于 2018 年开始实施。

(3)2017 年 12 月,甲公司聘请 XYZ 评估公司对其商誉减值准备进行了重新评估,根据评估结果冲回了资产减值准备 800 万元。

(4)与以前年度相比,甲公司 2017 年度固定资产未大幅变动,与折旧相关的会计政策和会计估计未发生变更。

(5)甲公司每年向母公司支付商标使用费 300 万元,2017 年母公司豁免了该项费用。

(6)2017 年度,甲公司主要原材料价格有所上涨。为稳定采购价格,甲公司适当增加部分新供应商,供应商数量由 2016 年末的 40 家增加到 2017 年末的 45 家。经审核批准后,所有新增供应商的信息被输入采购系统的供应商信息主文档。以前年度审计中对与供应商数据维护相关的控制测试未发现控制缺陷。

资料二：

A注册会计师在审计工作底稿中记录了所获取的甲公司的财务数据，部分内容摘录如下

金额单位：万元

项目	未审数	已审数
	2011年末余额	2010年末余额
存货——原材料	8400	7700
在建工程——借款利息	80	0
应付职工薪酬	240	220
折旧费用——生产设备	1200	1500
	2011年度发生额	2010年度发生额
管理费用——商标使用费	300	300
营业外收入——母公司豁免商标使用费	300	0

要求：

针对资料一，结合资料二，假定不考虑其他条件，指出是否可能表明存在重大错报风险。如果认为存在重大错报风险，简要说明理由，并说明该风险主要与哪些财务报表项目的哪些认定相关。

第十章

生产与存货循环审计

◎ **本章学习目标**

本章是审计实务循环的重要组成部分。通过本章的学习，了解存货与仓储循环的主要业务活动，以及所涉及的主要凭证和会计记录；理解并掌握存货与仓储循环的内部控制及其测试的内容；理解并掌握存货与仓储循环重大错报风险的识别与评估的内容；理解并掌握存货、应付职工薪酬的实质性测试的内容。

第一节 生产与存货循环业务特征

一、生产与存货循环涉及的主要凭证与会计记录

在内部控制比较健全的企业,处理生产和存货业务通常需要使用很多单据与会计记录。典型的生产与存货循环所涉及的主要单据与会计记录有以下几种(不同被审计单位的单据名称可能不同)。

(一)生产指令

生产指令又称"生产任务通知单"或"生产通知单",是企业下达制造产品等生产任务的书面文件,用以通知供应部门组织材料发放,生产车间组织产品制造,会计部门组织成本计算。广义的生产指令也包括用于指导产品加工的工艺规程,如机械加工企业的"路线图"等。

(二)领发料凭证

领发料凭证是企业为控制材料发出所采用的各种凭证,如材料发出汇总表、领料单、限额领料单、领料登记簿、退料单等。

(三)产量和工时记录

产量和工时记录是登记工人或生产班组在出动时间内完成产品数量、质量和生产这些产品所耗费工时数量的原始记录。产量和工时记录的内容与格式是多种多样的,在不同的生产企业中,甚至在同一企业的不同生产车间中,由于生产类型不同而采用不同格式的产量和工时记录。常见的产量和工时记录主要有工作通知单、工序进程单、工作班产量报告、产量通知单、产量明细表、废品通知单等。

(四)工薪汇总表及工薪费用分配表

工薪汇总表是为了反映企业全部工薪的结算情况,并据以进行工薪总分类核算和汇总整个企业工薪费用而编制的,它是企业进行工薪费用分配的依据。工薪费用分配表反映了各生产车间各产品应负担的生产工人工薪及福利费。

(五)材料费用分配表

材料费用分配表是用来汇总反映各生产车间各产品所耗费的材料费用的原始记录。

(六)制造费用分配汇总表

制造费用分配汇总表是用来汇总反映各生产车间各产品所应负担的制造费用的原始记录。

(七)成本计算单

成本计算单是用来归集某一成本计算对象所应承担的生产费用,计算该成本计算对象的,总成本和单位成本的记录。

(八)产成品入库单和出库单

产成品入库单是产品生产完成并经检验合格后从生产部门转入仓库的凭证。产成品出库单是根据经批准的销售单发出产成品的凭证。

(九)存货明细账

存货明细账是用来反映各种存货增减变动情况和期末库存数量及相关成本信息的会计记录。

(十)存货盘点指令、盘点表及盘点标签

一般制造型企业通常会定期对存货实物进行盘点,将实物盘点数量与账面数量进行核对,对差异进行分析调查,必要时作账务调整,以确保账实相符。在实施存货盘点之前,管理人员通常编制存货盘点指令,对存货盘点的时间、人员、流程及后续处理等方面做出安排。在盘点过程中,通常会使用盘点表记录盘点结果,使用盘点标签对已盘点存货及数量作出标识。

(十一)存货货龄分析表

很多制造型企业通过编制存货货龄分析表,识别流动较慢或滞销的存货,并根据市场情况和经营预测,确定是否需要计提存货跌价准备。这对于管理具有保质期的存货(如食物、药品、化妆品等)尤其重要。

温馨提示

教材以一般制造型企业为例,介绍生产与存货循环的主要业务活动和主要单据,在实务中,这些单据的具体名称可能因企业的不同而不同,要注重变通。

例如,常见的产量和工时记录可能包括工作通知单、工序进程单、计工单、工作班产量报告、产量通知单、产量明细表、产量统计记录表、废品通知单、生产统计报告等。

二、生产与存货循环涉及的主要业务活动

下面我们以一般制造型企业为例简要地介绍生产和存货循环通常涉及的主要业务活动及相关的内部控制。

生产与存货循环涉及的主要业务活动包括:计划和安排生产;发出原材料;生产产品;核算产品成本;产成品入库及储存;发出产成品;存货盘点;计提存货跌价准备等。

生产与存货循环的业务活动通常涉及以下部门:生产计划部门、仓储部门、生产部门、人事部

门、销售部门、会计部门等。

(一)计划和安排生产

生产计划部门的职责是根据客户订购单或者销售部门对销售预测和产品需求的分析来决定生产授权。如决定授权生产,即签发预先顺序编号的生产通知单。该部门通常应将发出的所有生产通知单顺序编号并加以记录控制。此外,通常该部门还需编制一份材料需求报告,列示所需要的材料和零件及其库存。

(二)发出原材料

仓储部门的责任是根据从生产部门收到的领料单发出原材料。领料单上必须列示所需的材料数量和种类,以及领料部门的名称。领料单可以一料一单,也可以多料一单,通常需一式三联。仓库管理人员发料并签署后,将其中一联连同材料交给领料部门(生产部门存根联),一联留在仓库登记材料明细账(仓库联),一联交会计部门进行材料收发核算和成本核算(财务联)。

(三)生产产品

生产部门在收到生产通知单及领取原材料后,便将生产任务分解到每一个生产工人,并将所领取的原材料交给生产工人,据以执行生产任务。生产工人在完成生产任务后,将完成的产品交生产部门统计人员查点,然后转交检验员验收并办理入库手续;或是将所完成的半成品移交下一个部门,作进一步加工。

(四)核算产品成本

为了正确核算并有效控制产品成本,必须建立健全成本会计制度,将生产控制和成本核算有机结合在一起。一方面,生产过程中的各种记录、生产通知单、领料单、计工单、产量统计记录表、生产统计报告、入库单等文件资料都要汇集到会计部门,由会计部门对其进行检查和核对,了解和控制生产过程中存货的实物流转;另一方面,会计部门要设置相应的会计账户,会同有关部门对生产过程中的成本进行核算和控制。成本会计制度可以非常简单,只是在期末记录存货余额,也可以是完善的标准成本制度,持续地记录所有材料处理、在产品和产成品,并形成对成本差异的分析报告。完善的成本会计制度应该提供原材料转为在产品,在产品转为产成品,以及按成本中心、分批次生产任务通知单或生产周期所消耗的材料、人工和间接费用的分配与归集的详细资料。

温馨提示

注册会计师的工作重点是识别和了解重大错报风险更高的领域的控制活动。如果多项控制活动能够实现同一目标,注册会计师不必了解与该目标相关的每项控制活动。审计并不要求了解与财务报表中每类重大交易、账户余额和披露或与其每项认定相关的所有控制活动。

(五)产成品入库及储存

产成品入库,须由仓储部门先行点验和检查,然后签收。签收后,将实际入库数量通知会计部门。据此,仓储部门确立了本身应承担的责任,并对验收部门的工作进行验证。除此之外,仓储部门还应根据产成品的品质特征分类存放,并填制标签。

(六)发出产成品

产成品的发出须由独立的发运部门进行。装运产成品时必须持有经有关部门核准的发运通知单,并据此编制出库单。出库单一般为一式四联,一联交仓储部门;一联由发运部门留存;一联送交客户;一联作为开具发票的依据。

(七)存货盘点

管理人员编制盘点指令,安排适当人员对存货实物(包括原材料、在产品和产成品等所有存货类别)进行定期盘点,将盘点结果与存货账面数量进行核对,调查差异并进行适当调整。

(八)计提存货跌价准备

财务部门根据存货货龄分析表信息及相关部门提供的有关存货状况的信息,结合存货盘点过程中对存货状况的检查结果,对出现损毁、滞销、跌价等降低存货价值的情况进行分析计算,计提存货跌价准备。

例 10-1·单选题

下列有关生产与存货循环涉及的主要凭证和会计记录的说法中,不恰当的是(　　)。

A. 工薪费用分配表反映了各生产车间各产品应负担的生产工人工薪及福利费

B. 产成品入库单是产品生产完成并经检验合格后从生产部门转入仓库的凭证

C. 在实施存货盘点之前,注册会计师通常编制存货盘点指令,对存货盘点的时间、人员、流程及后续处理等方面做出安排

D. 存货明细账是用来反映各种存货增减变动情况和期末库存数量及相关成本信息的会计记录

【正确答案】C

【答案解析】在实施存货盘点之前,管理人员通常编制存货盘点指令,对存货盘点的时间、人员、流程及后续处理等方面做出安排。

第二节　生产与存货循环内部控制和控制测试

一、生产与存货循环的内部控制

对生产与存货循环涉及的八个业务活动中可能存在的内部控制，下面进行举例说明。

对于计划和安排生产这项主要业务活动，有些被审计单位的内部控制要求，根据经审批的月度生产计划书，由生产计划经理签发预先按顺序编号的生产通知单。

对于发出原材料这项主要业务活动，有些被审计单位的内部控制要求如下。

一是，领料单应当经生产主管批准，仓库管理员凭经批准的领料单发料；领料单一式三联，分别作为生产部门存根联、仓库联和财务联。

二是，仓库管理员应把领料单编号、领用数量、规格等信息输入计算机系统，经仓储经理复核并以电子签名方式确认后，系统自动更新材料明细台账。

三是，对于生产产品和核算产品成本这两项主要业务活动，有些被审计单位的内部控制要求如下。

一是，生产成本记账员应根据原材料领料单财务联，编制原材料领用日报表，与计算机系统自动生成的生产记录日报表核对材料耗用和流转信息；由会计主管审核无误后，生成记账凭证并过账至生产成本及原材料明细账和总分类账。

二是，生产部门记录生产各环节所耗用工时数，包括人工工时数和机器工时数，并将工时信息输入生产记录日报表。

三是，每月末，由生产车间与仓库核对原材料和产成品的转出和转入记录，如有差异，仓库管理员应编制差异分析报告，经仓储经理和生产经理签字确认后交会计部门进行调整。

四是，每月末，由计算机系统对生产成本中各项组成部分进行归集，按照预设的分摊公式和方法，自动将当月发生的生产成本在完工产品和在产品之间按比例分配；同时，将完工产品成本在各不同产品类别之间分配，由此生成产品成本计算表和生产成本分配表；由生产成本记账员编制成生产成本结转凭证，经会计主管审核批准后进行账务处理。

对于产成品入库和储存这项主要业务活动，有些被审计单位的内部控制要求如下。

一是，产成品入库时，质量检验员应检查并签发预先按顺序编号的产成品验收单，由生产小组将产成品送交仓库，仓库管理员应检查产成品验收单并清点产成品数量，填写预先顺序编号的产成品入库单经质检经理、生产经理和仓储经理签字确认后，由仓库管理员将产成品入库单信息输入计算机系统，计算机系统自动更新产成品明细台账并与采购订购单编号核对。

二是，存货存放在安全的环境（如上锁、使用监控设备）中，只有经过授权的工作人员可以接触及处理存货。被审计单位所处的行业状况、法律环境与监管环境以及其他外部因素可能会对被计单位的经营活动乃至财务报表产生影响，注册会计师应当对这些外部因素进行了解。

对于发出产成品这项主要业务活动，在销售与收款流程循环中涉及了产成品出库这一环节，此外还有后续的结转销售成本环节。有些被审计单位可能设计以下内部控制要求。

一是，产成品出库时，由仓库管理员填写预先顺序编号的出库单，并将产成品出库单信息输入计算机系统,经仓储经理复核并以电子签名方式确认后,计算机系统自动更新产成品明细台账并与发运通知单编号核对。

二是,产成品装运发出前,由运输经理独立检查出库单、销售订购单和发运通知单,确定从仓库提取的商品附有经批准的销售订购单,并且,所提取商品的内容与销售订购单一致。

三是,每月末,生产成本记账员根据计算机系统内状态为"已处理"的订购单数量,编制销售成本结转凭证,结转相应的销售成本,经会计主管审核批准后进行账务处理。

对于盘点存货这项业务活动,有些被审计单位的内部控制要求如下。

一是,生产部和仓储部在盘点日前对所有存货进行清理和归整便于盘点顺利进行。

二是,每一组盘点人员中应包括仓储部门以外的其他部门人员,即不能由负责保管存货的人员单独负责盘点存货;安排不同的工作人员分别负责初盘和复盘。

三是,盘点表和盘点标签事先连续编号,发放给盘点人员时登记领用人员;盘点结束后回收并清点所有已使用和未使用的盘点表和盘点标签。

四是,为防止存货被遗漏或重复盘点,所有盘点过的存货贴盘点标签,注明存货品名、数量和盘点人员,完成盘点前检查现场确认所有存货均已贴上盘点标签。

五是,将不属于本单位的代其他方保管的存货单独堆放并作标识;将盘点期间需要领用的原材料或出库的产成品分开堆放并作标识。

六是,汇总盘点结果,与存货账面数量进行比较,调查分析差异原因,并对认定的盘盈和盘亏提出账务调整,经仓储经理、生产经理、财务经理和总经理复核批准后入账。

对于计提存货跌价准备这项业务活动,有些被审计单位的内部控制要求如下。

一是,定期编制存货货龄分析表,管理人员复核该分析表,确定是否有必要对滞销存货计提存货跌价准备,并计算存货可变现净值,据此计提存货跌价准备。

二是,生产部门和仓储部门每月上报残冷背次存货明细,采购部门和销售部门每月上报原材料和产成品最新价格信息,财务部门据此分析存货跌价风险并计提跌价准备,由财务经理和总经理复核批准并入账。

二、生产与存货循环存在的重大错报风险

(一)影响生产与存货循环交易和余额的风险因素

以一般制造类企业为例,影响生产与存货循环交易和余额的风险因素可能包括以下几点。

1. 交易的数量和复杂性

制造类企业交易的数量庞大,业务复杂,这就增加了错误和舞弊的风险。

2. 成本核算的复杂性

制造类企业的成本核算比较复杂。虽然原材料和直接人工等直接成本的归集和分配比较简单,但间接费用的分配可能较为复杂,并且,同一行业中的不同企业也可能采用不同的认定和计量基础。

3. 产品的多元化

这可能要求聘请专家来验证其质量、状况或价值。另外,计算库存存货数量的方法也可能是

不同的。例如,计量煤堆、筒仓里的谷物或糖、黄金或贵重宝石、化工品和药剂产品的存储量的方法都可能不一样。这并不是要求注册会计师每次清点存货都需要专家配合,如果存货容易辨认、存货数量容易清点,就无须专家帮助。

4. 某些存货项目的可变现净值难以确定

例如价格受全球经济供求关系影响的存货,由于其可变现净值难以确定,会影响存货采购价格和销售价格的确定,并将影响注册会计师对与存货计价和分摊认定有关的风险进行的评估。

5. 存货地点多将存货存放在很多地点,大型企业可能将存货存放在很多地点,并且可以在不同的地点之间配送存货,这将增加商品途中毁损或遗失的风险,或者导致存货在两个地点被重复列示,也可能产生转移定价的错误或舞弊。

6. 寄存的存货

有时候存货虽然还存放在企业,但可能已经不归企业所有。反之,企业的存货也可能被寄存在其他企业。

由于存货与企业各项经营活动的紧密联系,存货的重大错报风险往往与财务报表其他项目的重大错报风险紧密相关。例如,收入确认的错报风险往往与存货的错报风险共存,采购交易的错报风险与存货的错报风险共存,存货成本核算的错报风险与营业成本的错报风险共存,等等。

综上所述,一般制造型企业的存货的重大错报险通常包括:

存货实物可能不存在(存在认定)

属于被审评单位的存货可能未在账面反映(完整性认定);

存货的所有权可能不属于被审计单位(权利和义务认定);

存货的单位成本可能存在计算错误(计价和分摊认定/准确性认定);

存货的账面价值可能无法实现,即跌价损失准备的计提可能不充分(计价和分摊认定)。

(二)根据重大错报风险评估结果设计进一步审计程序

注册会计师基于生产与存货循环的重大错报风险评估结果,制定实施进一步审计程序的总体方案(包括综合性方案和实质性方案)(见表10-1),继而实施控制测试和实质性程序,以应对识别出的认定层次的重大错报风险。注册会计师通过控制测试和实质性程序获取的审计证据综合起来应足以应对识别出的认定层次的重大错报风险。

注册会计师根据重大错报风险的评估结果初步确定实施进一步审计程序的具体审计计划,因为风险评估和审计计划都是贯穿审计全过程的动态的活动,而且控制测试的结果可能导致注册会计师改变对内部控制的信赖程度,因此,具体审计计划并非一成不变,可能需要在审计过程中进行调整。

表 10-1　生产和存货循环的重大错报风险和进一步审计程序总体方案

重大错报风险描述	相关财务报表项目及认定	风险程度	是否信赖控制	进一步审计程序的总体方案	拟从控制测试中获取的保证程度	拟从实质性程序中获取的保证程度
存货实物可能不存在	存货:存在	特别	是	综合性	中	高
存货的单位成本可能存在计算错误	存货:计价和分摊 营业成本:准确性	一般	是	综合性	中	低
已销售产品的成本可能没有准确结转至营业成本	存货:计价和分摊 营业成本:准确性	一般	是	综合性	中	低
存货的账面价值可能无法实现	存货:计价和分摊	特别	否	实质性	无	高

三、生产与存货循环的控制测试

总体上看,生产与存货循环的内部控制主要包括存货数量的内部控制和存货单价的内部控制两方面。由于生产与存货循环与其他业务循环的紧密联系,生产与存货循环中某些审计程序,特别是对存货余额的审计程序,与其他相关业务循环的审计程序同时进行将更为有效。例如,原材料的采购和记录是作为采购与付款循环的一部分进行测试的,人工成本(包括直接人工成本和制造费用中的人工费用)是作为工薪循环的一部分进行测试的。因此,在对生产与存货循环的内部控制实施测试时,要考虑其他业务循环的控制测试是否与本循环相关,避免重复测试。

风险评估和风险应对是整个审计过程的核心,因此,注册会计师通常以识别的重大错报风险为起点,选取拟测试的控制并实施控制测试。表 10-2 列示了通常情况下注册会计师对生产和存货循环实施的控制测试。

表 10-2　生产与存货循环的风险、存在的控制及控制测试程序

可能发生错报的环节	相关财务报表项目及认定	存在的内部控制（自动）	存在的内部控制（人工）	内部控制测试程序
发出原材料				
原材料的发出可能未经授权	生产成本：发生		所有领料单由生产主管审核签字批准，仓库管理员凭经批准的领料单发出原材料。	选取领料单，了解生产主管如何执行相关审核，检查是否有生产主管的签字授权。
发出的原材料可能未正确记入相应产品的生产成本中	生产成本：准确性	领料单信息输入系统时须输入对应的生产任务单编号和所生产的产品代码，每月末系统自动归集也成材料成本明细表	生产主管每月末将其生产任务单及相关领料单存根联与材料成本明细表进行核对，调查差异并处理。	检查生产主管核对材成本明细表的记录，并询问其核对过程及结果
记录人工成本				
生产工人的人工成本可能未得到准确反映	生产成本：准确性	所有员工有专属员工代码和部门代码，员工的考勤记录记入相应员工代码。	人事部每月编制工薪费用分配表，按员工所属部门将工薪费用分配至生产成本、制造费用、管理费用和销售费用，经财务经理复核后入账。	检查系统中员工的部门代码设置是否与其实际职责相符。询问并检查财务经理复核工资费用分配表的过程和记录。
记录制造费用				
发生的制造费用可能没有得到完整归集	制造费用：完整性	系统根据输入的成本和费用代码自动识别制造费用并进行归集。	成本会计每月复核系统生成的制造费用明细表并调查异常波动。必要时由财务经理批准进行调整。	检查系统的自动归集设置是否符合有关成本和费用的性质，是否合理。询问并检查成本会计复核制造费用明细表的过程和记录，检查财务经理对调整制造费用的分录的批准记录。
计算产品成本				
生产成本和制造费用在不同产品之间、在产品和产成品之间的分配可能不正确	存货：计价和分摊 营业成本：准确性		成本会计执行产品成本核算日常成本核算，财务经理每月末审核产品成本计算表及相关资料（原材料成本核算表、工薪费用分配表、制造费用分配表等），并调查异常项目。	询问财务经理如何执行复核及调查。选取产品成本计算表及相关资料，检查财务经理的复核记录
产成品入库				

续表

可能发生错报的环节	相关财务报表项目及认定	存在的内部控制（自动）	存在的内部控制（人工）	内部控制测试程序
已完工产品的生产成本可能没有转移到产成品中	存货：计价和分摊	系统根据当月输入的产成品入库单和出库单信息自动生成产成品收（入库）发（出库）存（余额）报表。	成本会计将产成品收发存报表中的产品入库数量与当月成本计算表中结转的产成品成本对应的数量进行核对。	询问和检查成本会计将产成品收发存报表与成本计算表进行核对的过程和记录。
发出产成品				
销售发出的产成品的成本可能没有准确转入营业成本	存货：计价和分摊 营业成本：准确性	系统根据确认的营业收入所对应的售出产品自动结转营业成本。	财务经理和总经理每月对毛利率进行比较分析，对异常波动进行调查和处理	检查系统设置的自动结转功能是否正常运行，成本结转方式是否符合公司成本核算政策。 询问和检查财务经理和总经理进行毛利率分析的过程和记录，并对异常波动的调查和处理结果进行核实。
盘点存货				
存货可能被盗或因材料领用/产品销售未入账而出现账实不符	存货：存在		仓库保管员每月末盘点存货并与仓库台账核对并调节一致；成本会计监督其盘点与核对，并抽查部分存货进行复盘。 每年末盘点所有存货，并根据盘点结果分析盘盈盘亏并进行账面调整。	
计提存货跌价准备：				
可能存在残冷背次的存货，影响存货的价值	存货：计价和分摊 资产减值损失：完整性	系统根据存货入库日期自动统计货龄，每月末生成存货货龄分析表。	财务部根据系统生成的存货货龄分析表，结合生产和仓储部门上报的存货损毁情况及存货盘点中对存货状况的检查结果，计提货减值准备，据总经理审核批准后入账。	询问财务经理识别减值风险并确定减值准备的过程，检查总经理的复核批准记录。

在上述控制测试中，如果人工控制在执行时依赖于信息系统生成的报告，注册会计师还应当针对系统生成报告的准确性执行测试，例如与计提存货跌价准备相关的管理层控制中使用了系统生成的存货货龄分析表，其准确性影响管理层控制的有效性，因此，注册会计师需要同时测试存货货龄分析表的准确性。

有些被审计单位采用信息系统执行全程自动化成本核算。在这种情况下,注册会计师通常需要对信息系统中的成本核算流程和参数设置进行了解和测试(可能需要利用信息技术专家的工作),并测试相关信息系统一般控制的运行有效性。

温馨提示

表10-2列示的是生产与存货循环一些较为常见的内部控制和相应的控制测试程序,目的在于帮助注册会计师根据具体情况设计能够实现审计目标的控制测试。该表既未包含生产与存货循环所有的内部控制和控制测试,也并不意味着审计实务应当按此执行。一方面,被审计单位所处行业不同、规模不一、内部控制制度的设计和执行方式不同,以前期间接受审计的情况也各不相同;另一方面,受审计时间、审计成本的限制,注册会计师除了确保审计质量、审计效果外,还需要提高审计效率,尽可能地消除重复的测试程序,保证检查某一凭证时能够一次完成对该凭证的全部审计测试程序,并按最有效的顺序实施审计测试。因此,在审计实务工作中,注册会计师需要从实际出发,设计适合被审计单位具体情况的实用高效的控制测试计划。

例10-2·多选题

针对一般制造类企业,影响生产与存货循环交易和余额的风险因素可能包括(   )。

A. 成本核算的复杂性
B. 交易的数量和复杂性
C. 产品的多元化
D. 某些存货项目的可变现净值难以确定

【正确答案】ABCD

【答案解析】针对制造类企业,影响生产与存货循环交易和余额的重大错报风险的因素可能包括:(1)交易的数量和复杂性;(2)成本核算的复杂性;(3)产品的多元化;(4)某些存货项目的可变现净值难以确定;(5)将存货存放在很多地点;(6)寄存的存货。

第三节 生产与存货循环的实质性程序

一、生产与存货交易的实质性程序

不同来源存货在计价和分摊方面的性质是不同的。比如,将在产品和产成品与外购商品进行比较,外购商品计量的准确性取决于采购成本和其达到销售状态所需的进一步成本,而在产品、产成品计量的准确性则更多地依赖于复杂的生产成本,包括耗用的原材料、人工成本和间接可变费用的分配,这些将影响存货余额的计价和分摊。审计生产与存货交易和余额时另一个考虑就是其与采购、销售收入及销售成本间的相互关系,因为就存货认定取得的证据也同时为其对应项目的认定提供了证据。例如,通过存货监盘和对已收存货的截止测试取得的,与外购商品或原材料存货的完整性和存在认定相关的证据,自动为同一期间原材料和商品采购的完整性和发生提供了保证。类似地,销售收入的截止测试也为期末之前的销售成本已经从期末存货中扣除并正确计入销售成本提供了证据。

因此,这种审计程序为销售收入和销售成本的完整性、截止、发生、准确性和分摊认定,以及产成品存货的完整性、截止和存弃认定同时提供了证据。

结合存货容易被盗和变质、毁损等不同于其他财务报表项目的特性,生产与存货交易的重大错报风险通常是影响存货存在、完整性、权利和义务、计价和分摊等认定的存货的高估风险。相应地,注册会计师针对上述重大错报风险应实施实质性审计程序的目标在于获取关于存货存在、完整性、权利和义务、计价和分摊等多项认定的审计证据。

为实现上述审计目标,注册会计师应当识别管理层用于监控生产与存货交易和余额的关键性的业绩指标;确定影响被审计单位核心业务的重要的内部、外部经营风险,并考虑其对生产与存货流程可能产生的影响;将有关存货项目的期初余额与以前年度工作底稿核对相符;复核制造费用和销售成本总分类账中的异常情况,以及原材料、在产品和产成品等余额的变动情况,调查异常的会计处理;并将有关存货项目的期末余额与总分类账核对相符。在此基础上,对生产与存货交易实施实质性程序。

(一)实质性分析程序

根据对被审计单位的经营活动、供应商的发展历程、贸易条件、行业惯例和行业现状的了解,确定营业收入、营业成本、毛利以及存货周转和费用支出项目的期望值。

根据本期存货余额组成、存货采购、生产水平与以前期间和预算的比较,定义营业收入、营业成本和存货可接受的重大差异额。

比较存货余额和预期周转率。

计算实际数和预计数之间的差异,并同管理层使用的关键业绩指标进行比较。

通过询问管理层和员工,调查实质性分析程序得出的重大差异额是否表明存在重大错报风险,是否需要设计恰当的细节测试程序以识别和应对重大错报风险。

形成结论,即实质性分析程序是否能够提供充分、适当的审计证据,或需要对交易和余额实施细节测试以获取进一步的审计证据。

实施实质性分析程序的目的在于获取支持相关审计目标的证据。因此,注册会计师在具体实施上述分析程序时还应当注意以下几个方面。

一是,使用计算机辅助审计方法下载被审计单位存货主文档和总分类账户以便计算财务指标和经营指标,并将计算结果与期望值进行比较。例如,注册会计师利用所掌握的、适用于被审计单位的销售毛利率知识,判断各类产品的销售毛利率是否符合期望值,存货周转率或者周转能力是否随着重要存货项目的变化而变化。

二是,按区域分析被审计单位各月存货变动情况,并考虑存货变动情况是否与季节性变动和经济因素变动一致。

三是,对周转缓慢或者长时间没有周转(如超过半年)以及出现负余额的存货项目单独摘录并列表。

四是，由于可能隐含着重要的潜在趋势，注册会计师应当注意不要过分依赖计算的平均值。各个存货项目的潜在重大错报风险可能并不一致，实质性分析程序应该用来查明单项存货或分类别存货的一些指标关系。

(二)生产与存货交易和相关余额的细节测试

1. 交易的细节测试

(1)注册会计师应从被审计单位存货业务流程层面的主要交易流中选取样本，检查其支持性证据。例如，从存货采购、完工产品的转移、销售和销售退回记录中选取样本。

①检查支持性的供应商文件、生产成本分配表、完工产品报告、销售和销售退回文件；

②从供应商文件、生产成本分配表、完工产品报告、销售和销售退回文件中选取一个样本，追踪至存货总分类账户的相关分录

③重新计算样本所涉及金额，检查交易经授权批准而发生的证据。

(2)对期末前后发生的诸如采购、销售退回、销售、产品存货转移等主要交易流，实施截止测试。

确认本期末存货收发记录的最后一个顺序号码，并详细检查随后的记录，以检测在本会计期间的存货收发记录中是否存在更大的顺序号码，或因存货收发交易被漏记或错计入下一会计期间而在本期遗漏的顺序号码。

2. 存货余额的细节测试

存货余额的细节测试内容很多，比如，观察被审计单位存货的实地盘存；通过询问确定现有存货是否存在寄存情形，或者被审计单位存货在盘点日是否被寄存在他人处；获取最终的存货盘点表，并对存货的完整性、存在和计量进行测试；检查、计算、询问和函证存货价格；检查存货的抵押合同和寄存合同；检查、计算、询问和函证存货的可变现净值等。这些将在下面单独讨论。

二、存货的实质性程序

(一)存货审计概述

《企业会计准则第1号——存货》规定，存货是指企业在日常活动中持有以备出售的产成品或商品、处在生产过程中的在产品、在生产过程或提供劳务过程中耗用的材料和物料等。在通常情况下，存货对企业经营特点的反映能力强于其他资产项目。存货对于生产制造业、贸易行业一般十分重要。通常，存货的重大错报对于财务状况和经营成果都会产生直接的影。审计中许多复杂和重大的问题都与存货有关。存货、产品生产和销售成本构成了会计、审计乃至企业管理中最为普遍、重要和复杂的问题。

存货审计，尤其是对年末存货余额的测试，通常是审计中最复杂也最费时的部分。对存货存在和存货价值的评估常常十分困难。导致存货审计复杂的主要原因包括以下几点。

一是，存货通常是资产负债表中的一个主要项目，而且通常是构成营运资本的最大项目。

二是，存货存放于不同的地点，这使得对它的实物控制和盘点都很困难。企业必须将存货置

放于便于产品生产和销售的地方,但是这种分散也带来了审计的困难。

三是,存货项目的多样性也给审计带来了困难。例如,化学制品、宝石、电子元件以及其他的局科技产品。

四是,存货本身的陈旧以及存货成本的分配也使得存货的估价存在困难。

五是,不同企业采用的存货计价方法存在多样性。

正是由于存货对于企业的重要性、存货问题的复杂性以及存货与其他项目密切的关联度,要求注册会计师对存货项目的审计应当予以特别的关注。相应地,要求实施存货项目审计的注册会计师应具备较高的专业.素质和相关业务知识,分配较多的审计工时,运用多种有针对性的审计程序。

(二)存货监盘

1. 存货监盘的作用

如果存货对财务报表是重要的,注册会计师应当实施下列审计程序,对存货的存在和状况获取充分、适当的审计证据:

在存货盘点现场实施监盘(除非不可);

对期末存货记录实施审计程序,以确定其是否准确反映实际的存货盘点结果。

在存货盘点现场实施监盘时,注册会计师应当实施下列审计程序:评价管理层用以记录和控制存货盘点结果的指令和程序;观察管理层制订的盘点程序的执行情况;检查存货;执行抽盘。

温馨提示

★存货监盘的相关程序可以用作控制测试或者实质性程序。注册会计师可以根据风险评估结果、审计方案和实施的特定程序作出判断。例如,如果只有少数项目构成了存货的主要部分,注册会计师可能选择将存货监盘用作实质性程序。

★需要说明的是,尽管实施存货监盘,获取有关期末存货数量和状况的充分、适当的审计证据是注册会计师的责任,但这并不能取代被审计单位管理层定期盘点存货、合理确定存货的数量和状况的责任。事实上,管理层通常制定程序,财存货每年至少进行一次实物盘点,以作为编制财务报表的基础,并用以确定被审计单位永续盘存制的可靠性(如适用)。

★注册会计师监盘存货的目的在于获取有关存货数量和状况的审计证据。因此,存货监盘针对的主要是存货的存在认定,对存货的完整性认定及计价和分摊认定,也能提供部分审计证据。此外,注册会计师还可能在存货监盘中获取有关存货所有权的部分审计证据。例如,如果注册会计师在监盘中注意到某些存货已经被法院查封,需要考虑被审计单位对这些存货的所有权是否受到了限制。但如《中国注册会计师审计准则第1311号——对存货、诉讼和索赔、分部信息等特定项目获取审计证据的具体考虑〉应用指南》第6段所述,存货监盘本身并不足以供注册会计师确定存货的所有权,注册会计师可能需要执行其他实质性审计程序以应对所有权认定的相关风险。

2. 存货监盘的计划

(1)制定存货监盘计划的基本要求。

注册会计师应当根据被审计单位存货的特点、盘存制度和存货内部控制的有效性等情况,在评价被审计单位管理层制定的存货盘点程序的基础上,编制存货监盘计划,对存货监盘做出合理安排。

(2)制定存货监盘计划应考虑的相关事项。

在编制存货监盘计划时,注册会计师需要考虑以下事项。

第一,与存货相关的重大错报风险

存货通常具有较高水平的重大错报风险,影响重大错报风险的因素具体包括:存货的数量和种类、成本归集的难易程度、陈旧过时的速度或易损坏程度、遭受失窃的难易程度。由于制造过程和成本归集制度的差异,制造企业的存货与其他企业(如批发企业)的存货相比往往具有更高的重大错报风险,对于注册会计师的审计工作而言则更具复杂性。外部因素也会对重大错报风险产生影响。例如,技术进步可能导致某些产品过时,从而导致存货价值更容易发生高估。

第二,与存货相关的内部控制的性质

在制定存货监盘计划时,注册会计师应当了解被审计单位与存货相关的内部控制,并根据内部控制的完善程度确定进一步审计程序的性质、时间安排和范围。与存货相关的内部控制涉及被审计单位供、产、销各个环节,包括采购、验收、仓储、领用、加工、装运出库等方面。需要说明的是,与存货内部控制相关的措施有很多,其有效程度也存在差异。

被审计单位与存货实地盘点相关的内部控制通常包括:制定合理的存货盘点计划,确定合理的存货盘点程序,配备相应的监督人员,对存货进行独立的内部验证,将盘点结果与永续存货记录进行独立的调节,对盘点表和盘点标签进行充分控制。

第三,对存货盘点是否制定了适当的程序,并下达了正确的指令

注册会计师一般需要复核或与管理层讨论其存货盘点程序。在复核或与管理层讨论其存货盘点程序时,注册会计师应当考虑下列主要因素,以评价其能否合理地确定存货的数量和状况:盘点的时间安排;存货盘点范围和场所的确定;盘点人员的分工及胜任能力;盘点前的会议及任务布置;存货的整理和排列,对毁损、陈旧、过时、残次及所有权不属于被审计单位的存货的区分;存货的计量工具和计量方法;在产品完工程度的确定方法;存放在外单位的存货的盘点安排;存货收发截止的控制;盘点期间存货移动的控制;盘点表单的设计、使用与控制;盘点结果的汇总以及盘盈或盘亏的分析、调查与处理。

如果认为被审计单位的存货盘点程序存在缺陷,注册会计师应当提请被审计单位调整。

第四,存货盘点的时间安排

如果存货盘点在财务报表日以外的其他日期进行,注册会计师除实施存货监盘机关审计程序外,还应当实施其他审计程序,以获取审计证据,确定存货盘点日与财务报表日之间的存货变动是否已得到恰当的记录。

第五,被审计单位是否一贯采用永续盘存制

存货数量的盘存制度一般为实地盘存制和永续盘存制。存货盘存制度不同,注册会计师需要做出的存货监盘安排也不同。如果被审计单位通过实地盘存制确定数量,则注册会计师要参加此种盘点。如果被审计单位采用永续盘存制,注册会计师应在年度中一次或多次参加重点。

第六,存货的存放地点(包括不同存放地点的存货的重要性和重大错报风险),以确定适当的

监盘地点

如果被审计单位的存货存放在多个地点,注册会计师可以要求被审计单位提供一份完整的存货存放地点清单(包括期末库存量为零的仓库、租赁的仓库,以及第三方代被审计单位保管存货的仓库等),并考虑其完整性。

在获取完整的存货存放地点清单的基础上,注册会计师可以根据不同地点所存放存货的重要性以及对各个地点与存货相关的重大错报风险的评估结果(例如,注册会计师在以往审计中可能注意到某些地点存在存货相关的错报,因此,在本期审计时对其予以特别关注),选择适当的地点进行监盘,并记录选择这些地点的原因。

如果识别出由于舞弊导致的影响存货数量的重大错报风险,注册会计师在检查被审计单位存货记录的基础上,可能决定在不预先通知的情况下对特定存放地点的存货实施监盘,或在同一天对所有存放地点的存货实施监盘。

同时,在连续审计中,注册会计师可以考虑在不同期间的审计中变更所选择实施监盘的地点。

第七,是否需要专家协助。注册会计师可能不具备其他专业领域专长与技能

在确定资产数量或资产实物状况(如矿石堆),或在收集特殊类别存货(如艺术品、稀有玉石、房地产、电子器件、工程设计等)的审计证据时,注册会计师可以考虑利用专家的工作。

当在产品存货金额较大时,可能面临如何评估在产品完工程度问题。注册会计师可以了解被审计单位的盘点程序,如果有关在产品的完工程度未被明确列出,注册会计师应当考虑采用其他有助于确定完工程度的措施,如获取零部件明细清单、标准成本表以及作业成本表,与工厂的有关人员进行讨论等,并运用职业判断。注册会计师也可以根据存货生产过程的复杂程度利用专家的工作。

(3)存货监盘计划的主要内容

一是存货监盘的目标、范围及时间安排。

存货监盘的主要目标包括获取被审计单位资产负债表日有关存货数量和状况以及有关管理层存货盘点程序可靠性的审计证据,检查存货的数量是否真实完整,是否归属被审计单位,存货有无毁损、陈旧、过时、残次和短缺等状况。

存货监盘范围的大小取决于存货的内容、性质以及与存货相关的内部控制的完善程度和重大错报风险的评估结果。

存货监盘的时间,包括实地察看盘点现场的时间、观察存货盘点的时间和对已盘点存货实施检查的时间等,应当与被审计单位实施存货盘点的时间相协调。

二是存货监盘的要点及关注事项。

存货监盘的要点主要包括注册会计师实施存货监盘程序的方法、步骤,各个环节应注意的问题以及所要解决的问题。注册会计师需要重点关注的事项包括盘点期间的存货移动、存货的状况、存货的截止确认、存货的各个存放地点及金额等。

三是参加存货监盘人员的分工。

注册会计师应当根据被审计单位参加存货盘点人员分工、分组情况、存货监盘工作量的大小和人员素质情况,确定参加存货监盘的人员组成以及各组成人员的职责和具体的分工情况,并加强督导。

四是检查存货的范围。

注册会计师应当根据对被审计单位存货盘点和对被审计单位内部控制的评价结果确定检查存货的范围。在实施观察程序后,如果认为被审计单位内部控制设计良好且得到有效实施,存货盘点组织良好,可以相应缩小实施检查程序的范围。

3. 存货监盘程序

在存货盘点现场实施监盘时,注册会计师应当实施下列审计程序。

(1)评价管理层用以记录和控制存货盘点结果的指令和程序。注册会计师需要考虑这些指令和程序是否包括下列方面:

①适当控制活动的运用,例如,收集已使用的存货盘点记录,清点未使用的存货盘点表单,实施盘点和复盘程序;

②准确认定在产品的完工程度,流动缓慢(呆滞)、过时或毁损的存货项目,以及第三方拥存的存货(如寄存货物);

③在适用的情况下用于估计存货数量的方法,如可能需要估计煤堆的重量;

④对存货在不同存放地点之间的移动以及截止日前后期间出入库的控制。

(2)观察管理层制定的盘点程序(如对盘点时及其前后的存货移动的控制程序)的执行情况

这有助于注册会计师获取有关管理层指令和程序是否得到适当设计和执行的审计证据。尽管盘点存货时最好能保持存货不发生移动,但在某些情况下存货的移动是难以避免的。如果在盘点过程中被审计单位的生产经营仍将持续进行,注册会计师应通过实施必要的检查程序,确定被审计单位是否已经对此设置了相应的控制程序,确保在适当的期间内对存货做出了准确记录。

此外,注册会计师可以获取有关截止性信息(如存货移动的具体情况)的复印件,有助于日后对存货移动的会计处理实施审计程序。具体来说,注册会计师一般应当获取盘点日前后存货收发及移动的凭证,检查库存记录与会计记录期末截止是否正确。注册会计师在对期末存货进行截止测试时,通常应当关注以下几点。

一是,所有在截止日期以前入库的存货项目是否均已包括在盘点范围内,并已反映在截止日以前的会计记录中。任何截止日期以后入库的存货项目是否均未包括在盘点范围内,也未反映在截止日以前的会计记录中。

二是,所有截止日以前装运出库的存货商品是否均未包括在盘点范围内,且未包括在截止日的存货账面余额中;所有已记录为购货但尚未入库的存货是否均已包括在盘点范围内,并已反映在会计记录中。

在途存货和被审计单位直接向顾客发运存货是否均已得到了适当的会计处理。

注册会计师通常可观察存货的验收入库地点和装运出库地点以执行截止测试。在存货入库和装运过程中采用连续编号的凭证时,注册会计师应当关注截止日期前的最后编号。如果被审计单位没有使用连续编号的凭证,注册会计师应当列出截止日期以前的最后几笔装运和入库记录。如果被审计单位使用运货车厢或拖车进行存储、运输或验收入库,注册会计师应当详细列出存货场地上满载和空载的车厢或拖车,并记录各自的存货状况。

(3)检查存货

在存货监盘过程中检查存货,虽然不一定确定存货的所有权,但有助于确定存货的存在,以及识别过时、毁损或陈旧的存货。注册会计师应当把所有过时、毁损或陈旧存货的详细情况记录下来,这既便于进一步追查这些存货的处置情况,又能为测试被审计单位存货跌价资金准备计提的准确性提供证据。

(4)执行抽盘。

在对存货盘点结果进行测试时,注册会计师可以从存货盘点记录中选取项目追查至存货实物,以及从存货实物中选取项目追查至盘点记录,以获取有关盘点记录准确性和完整性的审计证据。需要说明的是,注册会计师应尽可能避免让被审计单位事先了解将抽盘的存货项目。除记录注册会计师对存货盘点结果进行的测试情况外,获取管理层完成的存货盘点记录的复印件也有助于注册会计师日后实施审计程序,以确定被审计单位的期末存货记录是否准确地反映了存货的实际盘点结果。

注册会计师在实施抽盘程序时发现差异,很可能表明被审计单位的存货盘点在准确性或完整性方面存在错误。由于检查的内容通常仅仅是已盘点存货中的一部分,所以在检查中发现的错误很可能意味着被审计单位的存货盘点还存在着其他错误。一方面,注册会计师应当查明原因,并及时提请被审计单位更正;另一方面,注册会计师应当考虑错误的潜在范围和重大程度,在可能的情况下,扩大检查范围以减少错误的发生。注册会计师还可要求被审计单位重新盘点。重新盘点的范围可限于某一特殊领域的存货或特定盘点小组。

(5)需要特别关注的情况。

①存货盘点范围。

在被审计单位盘点存货前,注册会计师应当观察盘点现场,确定应纳入盘点范围的存货是否已经适当整理和排列,并附有盘点标识,防止遗漏或重复盘点。对未纳入盘点范围的存货,注册会计师应当查明未纳入的原因。

对所有权不属于被审计单位的存货,注册会计师应当取得其规格、数量等有关资料,确定是否已单独存放、标明,且未被纳入盘点范围。在存货监盘过程中,注册会计师应当根据取得的所有权不属于被审计单位的存货的有关资料,观察这些存货的实际存放情况,确保其未被纳入盘点范围。即使在被审计单位声明不存在受托代存存货的情形下,注册会计师在存货监盘时也应当关注是否存在某些存货不属于被审计单位的迹象,以避免盘点范围不当。

②对特殊类型存货的监盘。

对某些特殊类型的存货而言,被审计单位通常使用的盘点方法和控制程序并不完全适用。这些存货通常或者没有标签,或者其数量难以估计,或者其质量难以确定,或者盘点人员无法对其移动实施控制。在这些情况下,注册会计师需要运用职业判断,根据存货的实际情况,设计恰当的审计程序,对存货的数量和状况获取审计证据。

表 10-3　特殊类型存货的监盘程序

存货类型	盘点方法与潜在问题	可供实施的审计程序
木材、钢筋盘条、管子	通常无标签，但在盘点时会做上标记或用粉笔标识。 难以确定存货的数量或等级。	检查标记或标识。 利用专家或被审计单位内部有经验人员的工作。
堆积型存货（如糖、煤、钢废料）	通常既无标签也不做标记。在估计存货数量时存在困难。	运用工程估测、几何计算、高空勘测，并依赖详细的存货记录。
使用磅秤测量的存货	在估计存货数量时存在困难。	在监盘前和监盘过程中均应检验磅秤的精准度，并留意磅秤的位置移动与重新调校程序。 将检查和重新称量程序相结合。 检查称量尺度的换算问题。
散装物品（如贮窖存货，使用桶、箱、罐、槽等容器储存的液体、气体、谷类粮食、流体存货等）	在盘点时通常难以识别和确定。在估计存货数量时存在困难。在确定存货质量时存在困难。	使用容器进行监盘或通过预先编号的清单列表加以确定。使用浸蘸、测量棒、工程报告以及依赖永续存货记录。选择样品进行化验与分析，或利用专家的工作。
贵金属、石器、艺术品与收藏品	在存货辨认与质量确定方面存在困难。	选择样品进行化验与分析，或利用专家的工作。
生产纸浆用木材、牲畜	在存货辨认与数量确定方面存在困难。可能无法对此类存货的移动实施控制。	通过高空摄影以确定其存在，对不同时点的数量进行比较，并依赖永续存货记录。

(6) 存货监盘结束时的工作。

在被审计单位存货盘点结束前，注册会计师应当做以下几件事。

首先再次观察盘点现场，以确定所有应纳入盘点范围的存货是否均已盘点。

其次取得并检查已填用、作废及未使用盘点表单的号码记录，确定其是否连续编号，查明已发放的表单是否均已收回，并与存货盘点的汇总记录进行核对。注册会计师应当根据自己在存货监盘过程中获取的信息对被审计单位最终的存货盘点结果汇总记录进行复核，并评估其是否正确地反映了实际盘点结果。

如果存货盘点日不是资产负债表日，注册会计师应当实施适当的审计程序，确定盘点日与资产负债表日之间存货的变动是否已得到恰当的记录。

无论管理层通过年度实地盘点还是采用永续盘存制确定存货数量，由于实际原因，存货的实地盘点均有可能在财务报表日以外的某一天或某几天进行。无论哪种情况，针对存货变动的控制的设计、执行和维护的有效性，决定了在财务报表日以外的某一天或某几天执行的盘点程序是否符合审计目的。《中国注册会计师审计准则第 1231 号——针对评估的重大错报风险采取的应对措施》对在期中实施实质性程序作出了规定。

如果被审计单位采用永续盘存制，管理层可能执行实地盘点或其他测试方法，确定永续盘存记录中的存货数量信息的可靠性。在某些情况下，管理层或注册会计师可能识别出永续盘存记录和现有实际存货数量之间的差异，这可能表明对存货变动的控制没有有效运行。

当设计审计程序以获取关于盘点日的存货总量与期末存货记录之间的变动是否已被适当记

录的审计证据时,注册会计师考虑的相关事项包括:对永续盘存记录的调整是否适当;被审计单位永续盘存记录的可靠性;从盘点获取的数据与永续盘存记录存在重大差异的原因。

4. 特殊情况的处理

(1)在存货盘点现场实施存货监盘不可行。

如果在存货盘点现场实施存货监盘不可行,注册会计师应当实施替代审计程序(如检查盘点日后出售盘点日之前取得或购买的特定存货的文件记录),以获取有关存货的存在和状况的充分、适当的审计证据。

但在其他一些情况下,如果不能实施替代审计程序,或者实施替代审计程序可能无法获取有关存货的存在和状况的充分、适当的审计证据,注册会计师需要按照审计准则的规定发表非无保留意见。

(2)因不可预见的情况导致无法在存货盘点现场实施监盘。

有时,由于不可预见情况而可能导致无法在预定日期实施存货监盘,两种比较典型的情况包括:一是注册会计师无法亲临现场,即由于不可抗力导致其无法到达存货存放地实施存货监盘;二是气候因素,即由于恶劣的天气导致注册会计师无法实施存货监盘程序,或由于恶劣的天气无法观察存货,如木材被积雪覆盖。

如果由于不可预见的情况无法在存货盘点现场实施监盘,注册会计师应当另择日期实施监盘,并对间隔期内发生的交易实施审计程序。

(3)由第三方保管或控制的存货。

如果由第三方保管或控制的存货对财务报表是重要的,注册会计师应当实施下列一项或两项审计程序,以获取有关该存货存在和状况的充分、适当的审计证据:向持有被审计单位存货的第三方函证存货的数量和状况。实施检查或其他适合具体情况的审计程序。根据具体情况(如获取的信息使注册会计师对第三方的诚信和客观性产生疑虑),注册会计师可能认为实施其他审计程序是适当的。其他审计程序可以作为函证的替代程序,也可以作为追加的审计程序。

例 10-3·简答题

审计项目组实施存货监盘的部分事项如下。

(1)审计工作底稿中记录:存货监盘目标为获取有关甲公司资产负债表日存货数量的审计证据。

(2)审计项目组获取了盘点日前后存货收发及移动的凭证,以确定甲公司是否将盘点日前入库的存货、盘点日后出库的存货以及已确认为销售但尚未出库的存货包括在盘点范围内。

(3)在执行抽盘时,A注册会计师从存货盘点记录中选取项目追查至存货实物,从存货实物中选取项目追查至盘点记录,以获取有关盘点记录准确性和完整性的审计证据。

要求:逐项指出上述做法是否适当。如认为不当,简要说明理由。

【正确答案】

(1)不恰当。存货监盘的主要目标包括获取被审计单位资产负债表日有关存货数量和状况以及有关管理层存货盘点程序可靠性的审计证据,检查存货的数量是否真实完整,是否归属被审计单位,存货有无毁损、陈旧、过时、残次和短缺等状况。

(2)不恰当。已确认为销售但尚未出库的存货不应包括在盘点范围内。

(3)恰当

(三)存货计价测试

存货监盘程序主要是对存货的数量进行测试。为验证财务报表上存货余额的真实性,还应当对存货的计价进行审计。存货计价测试包括两个方面,一是,被审计单位所使用的存货单位成本是否正确,二是,是否恰当计提了存货跌价损失准备。

在对存货的计价实施细节测试之前,注册会计师通常先要了解被审计单位本年度的存货计价方法与以前年度是否保持一致。如发生变化,变化的理由是否合理,是否经过适当的审批。

1. 存货单位成本测试。

针对原材料的单位成本,注册会计师通常基于企业的原材料计价方法(如先进先出法,加权平均法等)5结合原材料的历史购买成本,测试其账面成本是否准确,测试程序包括核对原材料采购的相关凭证(主要是与价格相关的凭证,如合同、采购订单、发票等)以及验证原材料计价方法的运用是否正确。

针对产成品和在产品的单位成本,注册会计师需要对成本核算过程实施测试,包括直接材料成本测试、直接人工成本测试、制造费用测试和生产成本在当期完工产品与在产品之间分配的测试四项内容,具体如下。

(1)直接材料成本测试。

对采用定额单耗的企业,可选择某一成本报告期若干种具有代表性的产品成本计算单,获取样本的生产指令或产量统计记录及其直接衬料单位消耗定额,根据材料明细账或采购业务测试工作底稿中各该直接材料的单位实际成本,计算直接材料的总消耗量和总成本,与该样本成本计算单中的直接材料成本核对。

对未采用定额单耗的企业,可获取材料费用分配汇总表、材料发出汇总表(或领料单)、材料明细账(或采购业务测试工作底稿)中各该直接材料的单位成本,作如下检查:成本计算单中直接材料成本与材料费用分配汇总表中该产品负担的直接材料费用是否相符,分配标准是否合理;将抽取的材料发Bi汇总表或领料单中若干种直接材料的发出总量和各该种材料的实际单位成本之积,与材料费用分配汇总表中各该种材料费用进行比较。

对采用标准成本法的企业,获取样本的生产指令或产量统计记录、直接材料单位标准用量、直接材料标准单价及发出材料汇总表或领料单,检查下列事项:根据生产量、直接材料单位标准用量和标准单价计算的标准成本与成本计算单中的直接材料成本核对是否相符;直接材料成本差异的计算与账务处理是否正确。

(2)直接人工成本测试。

对采用计时工资制的企业,获取样本的实际工时统计记录、员工分类表和员工工薪手册(工资率)及人工费用分配汇总表,作如下检查:成本计算单中直接人工成本与人工费用分配汇总表中该样本的直接人工费用核对是否相符;样本的实际工时统计记录与人工费用分配汇总表中该样本的实际工时核对是否相符;抽取生产部门若干天的工时台账与实际工时统计记录核对是否相符;当没有实际工时统计记录时,则可根据员工分类表及员工工薪手册中的工资率,计算复核人工费用分配汇总表中该样本的直接人工费用是否合理。

对采用计件工资制的企业,获取样本的产量统计报告、个人(小组)产量记录和经批准的单位工薪标准或计件工资制度,检查下列事项:根据样本的统计产量和单位工薪标准计算的人工费用与成本计算单中直接人工成本核对是否相符;抽取若干个直接人工(小组)的产量记录,检查是否被汇总计入产量统计报告。

对采用标准成本法的企业,获取样本的生产指令或产量统计报告、工时统计报告和经批准的单位标准工时、标准工时工资率、直接人工的工薪汇总表等资料,检查下列事项:根据产量和单位标准工时计算的标准工时总量与标准工时工资率之积同成本计算单中直接人工成本核对是否相符;直接人工成本差异的计算与账务处理是否正确,并注意直接人工的标准成本在当年内有无重大变更。

(3)制造费用测试。

获取样本的制造费用分配汇总表、按项目分列的制造费用明细账与制造费用分配标准有关的统计报告及其相关原始记录,作如下检查:制造费用分配汇总表中,样本分担的制造费用与成本计算单中的制造费用核对是否相符;制造费用分配汇总表中的合计数与样本所属成本报告期的制造费用明细账总计数核对是否相符;制造费用分配汇总表选择的分配标准(机器工时数、直接人工工资、直接人工工时数、产量等)与相关的统计报告或原始记录核对是否相符,并对费用分配标准的合理性作出评估;如果企业采用预计费用分配率分配制造费用,则应针对制造费用分配过多或过少的差额,检查其是否作了适当的账务处理;如果企业采用标准成本法,则应检查样本中标准制造费用的确定是否合理,计入成本计算单的数额是否正确,制造费用差异的计算与账务处理是否正确,并注意标准制造费用在当年度内有无重大变更。

(4)生产成本在当期完工产品与在产品之间分配的测试。

检查成本计算单中在产品数量与生产统计报告或在产品盘存表中的数量是否一致;检查在产品约当产量计算或其他分配标准是否合理;计算复核样本的总成本和单位成本。

2. 存货跌价损失准备的测试。

注册会计师在测试存货跌价损失准备时,需要从以下两个方面进行测试。

(1)识别需要计提跌价损失准备的存货项目。

注册会计师可以通过询问管理层和相关部门(生产、仓储、财务、销售等)员工,了解被审计单位如何收集有关滞销、过时、陈旧、毁损、残次存货的信息并为之计提必要的跌价损失准备。如被审计单位编制存货货龄分析表,则可以通过审阅分析表识别滞销或陈旧的存货。此外,注册会计师还要结合存货监盘过程中检查存货状况而获取的信息,以判断被审计单位的存货跌价损失准备计算表是否有遗漏。

(2)检查可变现净值的计量是否合理。

在存货计价审计中,由于被审计单位对期末存货采用成本与可变现净值孰低的方法计价,所以注册会计师应充分关注其对存货可变现净值的确定及存货跌价准备的计提。

可变现净值是指企业在日常活动中,存货的估计售价减去至完工时估计将要发生的成本、估计的销售费用以及相关税费后的金额。企业确定存货的可变现净值,应当以取得的确凿证据为基础,并且考虑持有存货的目的以及资产负债表日后事项的影响等因素。

例 10-4·多选题

注册会计师识别需要计提存货跌价准备时实施的程序包括(　　)。

A. 充分关注被审计单位对存货可变现净值的确定及存货跌价准备的计提

B. 询问管理层或相关员工,了解被审计单位如何收集有关滞销、过时、陈旧、毁损、残次存货的信息并计提的跌价损失准备

C. 审阅分析账龄分析表识别滞销或陈旧的存货

D. 结合存货监盘过程中检查存货状况而获取的信息,以判断被审计单位的存货跌价损失准备计算表是否正确

【正确答案】BCD

【答案解析】选项 A 是"检查可变现净值的计量是否合理"的审计程序。

三、应付职工薪酬的实质性程序

职工薪酬是企业支付给员工的劳动报酬,其主要核算方式有计时制和计件制两种。职工薪酬可能采用现金的形式支付,因而相对于其他业务更容易发生错误或舞弊行为,如虚报冒领、重复支付和贪污等。同时,职工薪酬有时是构成企业成本费用的重要项目,所以在审计中便显得十分重要。

随着经营管理水平的提高和技术手段的发展,职工薪酬业务中进行舞弊及掩饰的可能性已有减少,因为有效的职工薪酬内部控制可以及时揭露错误和舞弊;使用计算机编制职工薪酬表和使用工薪卡,提高了职工薪酬计算的准确性;通过有关机构,如税务部门、社会保障机构的复核,可相应防止职工薪酬计算的错误。

然而,在一般企业中,职工薪酬费用在成本费用中所占比重较大。如果职工薪酬的计算错误,就会影响到成本费用和利润的正确性。所以,注册会计师仍应重视对职工薪酬业务的审计。职工薪酬业务的审计,主要涉及应付职工薪酬项目。

(一)应付职工薪酬的审计目标

应付职工薪酬的审计目标一般包括:确定资产负债表中记录的应付职工薪酬是否存在;所有应当记录的应付职工薪酬是否均已记录;确定记录的应付职工薪酬是否为被审计单位应当履行的现时义务;确定应付职工薪酬是否以恰当的金额包括在财务报表中,与之相关的计价调整是否已恰当记录。确定应付职工薪酬是否已按照企业会计准则的规定在财务报表中作出恰当列报。

(二)应付职工薪酬的实质性程序

1. 获取或编制应付职工薪酬明细表,复核加计是否正确,并与报表数、总账数和明细账合计数核对是否相符

2. 实施实质性分析程序

(1)针对已识别需要运用分析程序的有关项目,并基于对被审计单位及其环境的了解,通过进行以下比较,同时考虑有关数据间关系的影响,以建立有关数据的期望值:

①比较被审计单位员工人数的变动情况,检查被审计单位各部门各月工资费用的发生额是否有异常波动,若有,则查明波动原因是否合理;

②比较本期与上期工资费用总额,要求被审计单位解释其增减变动原因,或取得公司管理当局关于员工工资标准的决议;

③结合员工社保缴纳情况,明确被审计单位员工范围,检查是否与关联公司员工工资混淆列支;

④核对下列相互独立部门的相关数据:工资部门记录的工资支出与出纳记录的工资支付数;工资部门记录的工时与生产部门记录的工时。

⑤比较本期应付职工薪酬余额与上期应付职工薪酬余额,是否有异常变动。

(2)确定可接受的差异额。

(3)将实际的情况与期望值相比较,识别需要进一步调查的差异。

(4)如果其差额超过可接受的差异额,调查并获取充分的解释和恰当的佐证审计证据(如通过检查相关的凭证)。

(5)评估分析程序的测试结果。

3. 检查工资、奖金、津贴和补贴

(1)计提是否正确,依据是否充分,将执行的工资标准与有关规定核对,并对工资总额进行测试;被审计单位如果实行工效挂钩的,应取得有关主管部门确认的效益工资发放额认定证明,结合有关合同文件和实际完成的指标,检查其计提额是否正确,是否应作纳税调整;

(2)检查分配方法与上年是否一致,除因解除与职工的劳动关系给予的补偿直接计入管理费用外,被审计单位是否根据职工提供服务的受益对象,分别下列情况进行处理:

①应由生产产品、提供劳务负担的职工薪酬,计入产品成本或劳务成本;

②应由在建工程、无形资产负担的职工薪酬,计入建造固定资产或无形资产;

③作为外商投资企业,按规定从净利润中提取的职工奖励及福利基金,是否相应计入"利润分配——提取的职工奖励及福利基金"科目;

④其他职工薪酬,计入当期损益;

(3)检查发放金额是否正确,代扣的款项及其金额是否正确;

(4)检查是否存在属于拖欠性质的职工薪酬,并了解拖欠的原因。

4. 检查社会保险费(包括医疗、养老、失业、工伤、生育保险费)、住房公积金、工会经费和职工教育经费等计提(分配)和支付(或使用)的会计处理是否正确,依据是否充分

5. 检查辞退福利下列项目

(1)对于职工没有选择权的辞退计划,检查按辞退职工数量、辞退补偿标准计提辞退福利负债金额是否正确。

(2)对于自愿接受裁减的建议,检查按接受裁减建议的预计职工数量、辞退补偿标准(该标准确定)等计提辞退福利负债金额是否正确。

(3)检查实质性辞退工作在一年内完成,但付款时间超过一年的辞退福利,是否按折现后的金额计量,折现率的选择是否合理。

(4)检查计提辞退福利负债的会计处理是否正确,是否将计提金额计入当期管理费用。

(5)检查辞退福利支付凭证是否真实正确。

6. 检查非货币性福利

(1)检查以自产产品发放给职工的非货币性福利,检查是否根据受益对象,按照该产品的公允价值,计入相关资产成本或当期损益,同时确认应付职工薪酬;对于难以认定受益对象的非货币性福利,是否直接计入当期损益和应付职工薪酬;

(2)检查无偿向职工提供住房的非货币性福利,是否根据受益对象,将该住房每期应计提的折旧计入相关资产成本或当期损益,同时确认应付职工薪酬。对于难以认定受益对象的非货币性福利,是否直接计入当期损益和应付职工薪酬;

(3)检查租赁住房等资产供职工无偿使用的非货币性福利,是否根据受益对象,将每期应付的租金计入相关资产成本或当期损益,并确认应付职工薪酬。对于难以认定受益对象的非货币性福利,是否直接计入当期损益和应付职工薪酬。

7. 检查以现金与职工结算的股份支付

(1)检查授予后立即可行权以现金结算的股份支付,是否在授予日以承担负债的公允价值计入相关成本或费用。

(2)检查完成等待期内的服务或达到规定业绩条件以后才可行权以现金结算的股份支付,在等待期内的每个资产负债表日,是否以可行权情况的最佳估计为基础,按照承担负债的公允价值金额,将当期取得的服务计入成本或费用。在资产负债表日,后续信息表明当期承担债务的公允价值与以前估计不同的,是否进行调整,并在可行权日,调整至实际可行权水平。

(3)检查可行权日之后,以现金结算的股份支付当期公允价值的变动金额,是否借记或贷记"公允价值变动损益"。

(4)检查在可行权日,实际以现金结算的股份支付金额是否正确,会计处理是否恰当。

8. 检查应付职工薪酬的期后付款情况,并关注在资产负债表日至财务报表批准报出日之间,是否有确凿证据表明需要调整资产负债表日原确认的应付职工薪酬事项

9. 检查应付职工薪酬是否已按照企业会计准则的规定在财务报表中作出恰当的列报

(1)检查是否在附注中披露与职工薪酬有关的下列信息:

①应当支付给职工的工资、奖金、津贴和补贴,及其期末应付未付金额;

②应当为职工缴纳的医疗、养老、失业、工伤和生育等社会保险费,及其期末应付未付金额;

③应当为职工缴存的住房公积金,及其期末应付未付金额;

④为职工提供的非货币性福利,及其计算依据;
⑤应当支付的因解除劳动关系给予的补偿,及其期末应付未付金额;
⑥其他职工薪酬。

(2)检查因自愿接受裁减建议的职工数量、补偿标准等不确定而产生的预计负债(应付职工薪酬),是否按照《企业会计准则第13号——或有事项》进行披露。

四、营业成本的实质性程序

营业成本是指企业从事对外销售商品、提供劳务等主营业务活动和销售材料、出租固定资产、出租无形资产、出租包装物等其他经营活动所发生的实际成本。以制造业的产成品销售为例,它是由期初库存产品成本加上本期入库产品成本,再减去期末库存产品成本求得的。

(一)营业成本的审计目标

营业成本的审计目标一般包括:确定记录的营业成本是否已发生,且与被审计单位有关;确定营业成本记录是否完整;确定与营业成本有关的金额及其他数据是否已恰当记录;确定营业成本是否已记录于正确的会计期间;确定营业成本的内容是否正确;确定营业成本与营业收入是否配比;确定营业成本的披露是否恰当。

(二)营业成本——主营业务成本的实质性审计程序

1. 获取或编制主营业务成本明细表,复核加计是否正确,并与总账数和明细账合计数核对是否相符,结合其他业务成本科目与营业成本报表数核对是否相符。

2. 复核主营业务成本明细表的正确性,编制生产成本与主营业务成本倒轧表(如表10-4所示),并与库存商品等相关科目勾稽。

表10-4 生产成本及主营业务成本倒轧表

索引号	项目	未审数	调整或重分类分录	审定数
	原材料期初余额			
	加:本期购进			
	减:原材料期末余额			
	其他发出额			
	直接材料成本			
	加:直接人工成本			
	制造费用			
	生产成本			
	加:在产品期初余额(半成品期初余额)			
	加:其他余额(直接购买库存商品额)			
	减:在产品期初余额(半成品期初余额)			

续表

索引号	项目	未审数	调整或重分类分录	审定数
	产品生产成本			
	加:产成品期初余额			
	减:产成品期末余额			
	加:进项税额转出			
	主营业务成本			
审计				
结论				

3.检查主营业务成本的内容和计算方法是否符合会计准则规定,前后期是否一致。

4.必要时,实施实质性分析程序。

(1)针对已识别需要运用分析程序的有关项目,注册会计师基于对被审计单位及其环境的了解,通过进行以下比较,并考虑有关数据间关系的影响,以建立注册会计师有关数据的期望值:比较当年度与以前年度不同品种产品的主营业务成本和毛利率,并查明异常情况的原因;比较当年度与以前年度各月主营业务成本的波动趋势,并查明异常情况的原因;比较被审计单位与同行业的毛利率,并查明异常情况的原因;比较当年度及以前年度主要产品的单位产品成本,并查明异常情况的原因。

(2)确定可接受的差异额;

(3)将实际的情况与期望值相比较,识别需要进一步调查的差异;

(4)如果其差额超过可接受的差异额,调查并获取充分的解释和恰当的佐证审计证据。(例如:通过检查相关的凭证);

(5)评估分析程序的测试结果。

5.抽取若干月份的主营业务成本结转明细清单,结合生产成本的审计,检查销售成本结转数额的正确性,比较计入主营业务成本的商品品种、规格、数量与计入主营业务收入的口径是否一致;是否符合配比原则。

6.针对主营业务成本中重大调整事项(如销售退回)、非常规项目,检查相关原始凭证,评价真实性和合理性,检查其会计处理是否正确。

7.在采用计划成本、定额成本、标准成本或售价核算存货的条件下,应检查产品成本差异或商品进销差价的计算、分配和会计处理是否正确。

8.结合期间费用的审计,判断被审计单位是否通过将应计入生产成本的支出计入期间费用,或将应计入期间费用的支出计入生产成本等手段调节生产成本,从而调节主营业务成本。

9.检查检查营业成本是否已按照企业会计准则的规定在财务报表中作出恰当列报。

(三)营业成本——其他业务成本的实质性程序

1.获取或编制其他业务成本明细表,复核加计是否正确,并与总账数和明细账合计数核对是否相符,结合主营业务成本科目与营业成本报表数核对是否相符。

2. 复核其他业务成本明细表的正确性,并与相关科目交叉核对。

3. 检查其他业务成本是否有相应的收入,并与上期其他业务收入、其他业务成本比较,检查是否有重大波动,如有,应查明原因。

4. 检查其他业务成本内容是否真实,计算是否正确,配比是否恰当,并选择要抽查原始凭证予以核实。

5. 对异常项目,应追查入账依据及有关法律文件是否充分。

6. 检查除主营业务活动以外的其他经营活动发生的相关税费是否计入本科目。

7. 检查其他业务成本是否已按照企业会计准则的规定在财务报表中作出恰当列报。

五、其他账户的实质性程序

存货审计在整个财务报表审计中占有十分重要的地位。对存货进行审计,需要达到的审计目标是:确定资产负债表中记录的存货是否存在;确定所有应当记录的存货是否均已记录;确定记录的存货是否由被审计单位拥有或控制;确定存货是否以恰当的金额包括在财务报表中,与之相关的计价调整是否已恰当记录;确定存货已按照企业会计准则的规定在财务报表中作出恰当列报。

为实现以上审计目标,注册会计师需要实施相应的审计程序。在前面几节中,我们已经介绍了存货监盘、存货计价测试等审计程序,然而仅仅实施这些审计程序尚难以到存货的全部审计目标。下面,我们在前面几节的基础上,介绍除生产成本、制造费用、劳务成本和营业成本以外的各种具体存货相关账户的实质性程序。

(一)材料采购或在途物资的实质性程序

1. 获取或编制材料采购(在途物资)明细表,复核加计是否正确,与总账数、明细账合计数核对是否相符。

2. 检查材料采购或在途物资。

(1)对大额材料采购或在途物资,追查至相关的购货合同及购货发票,复核采购成本的正确性,并抽查期后入库情况,必要时发函询证;

(2)检查期末材料采购或在途物资,核对有关凭证,查看是否存在不属于材料采购(在途物资)核算的交易或事项;

(3)检查月末转入原材料等科目的会计处理是否正确。

3. 检查材料采购是否存在长期挂账事项,如有,应查明原因,必要时提出调整建议。

4. 查阅资产负债表日前后若干天材料采购(在途物资)增减变动的有关账簿记录和收料报告单等资料,检查有无跨期现象,如有,则应作出记录,必要时作调整。

5. 如采用计划成本核算,审核材料采购账项有关材料成本差异发生额的计算是否正确。

6. 检查材料采购(在途物资)的披露是否恰当。

(二)原材料的实质性程序

1. 获取或编制原材料明细表,复核加计是否正确,并与总账数、明细账合计数核对是否相符。

2. 必要时,实施实质性分析程序。

(1)针对已识别需要运用分析程序的有关项目,并基于对被审计单位及其环境的了解,通过进行以下比较,同时考虑有关数据间关系的影响,以建立注册会计师有关数据的期望值:比较当年度及以前年度原材料成本占生产成本百分比的变动,并对异常情况作出解释;比较原材料的实际用量与预算用量的差异,并分析其合理性;核对仓库记录的原材料领用量与生产部门记录的原材料领用量是否相符,并对异常情况作出解释;根据标准单耗指标,将原材料收发存情况与投入产出结合比较,以分析本期原材料领用、消耗、结存的合理性。

(2)确定可接受的差异额。

(3)将实际的情况与期望值相比较,识别需要进一步调查的差异。

(4)如果其差额超过可接受的差异额,调查并获取充分的解释和恰当的佐证审计证据,例如:通过检查相关的凭证。

(5)评估分析程序的测试结果。

3. 实施存货监盘程序。选取代表性样本,抽查原材料明细账的数量与盘点记录的原材料数量是否一致,以确定原材料明细账的数量的准确性和完整性。

(1)从原材料明细账中选取具有代表性的样本,与盘点报告(记录)的数量核对。

(2)从盘点报告(记录)中抽取有代表性的样本,与原材料明细账的数量核对。

4. 原材料计价方法的测试。

(1)检查原材料的计价方法前后期是否一致。

(2)检查原材料的入账基础和计价方法是否正确,自原材料明细表中选取适量品种:以实际成本计价时,将其单位成本与购货发票核对,并确认原材料成本中不包含增值税;以计划成本计价时,将其单位成本与材料成本差异明细账及购货发票核对。同时关注被审计单位计划成本制定的合理性;检查进口原材料的外币折算是否正确,检查相关的关税、增值税及消费税的会计处理是否正确。

(3)检查原材料发出计价的方法是否正确了解被审计单位原材料发出的计价方法,前后期是否一致,并抽取主要材料复核其计算是否正确;若原材料以计划成本计价,还应检查材料成本差异的发生和结转的金额是否正确。编制本期发出材料汇总表,与相关科目勾稽核对,并复核若干月发出材料汇总表的正确性。

(4)结合期末市场采购价,分析主要原材料期末结存单价是否合理。

(5)结合原材料的盘点检查,期末有无料到单未到情况,如有,应查明是否已暂估入账,其暂估价是否合理。

5. 对于通过非货币性资产交换、债务重组、企业合并以及接受捐赠等取得的原材料,检查其入账的有关依据是否真实、完备,入账价值和会计处理是否符合相关规定。

6. 检查投资者投入的原材料是否按照投资合同或协议约定的价值入账,并检查约定的价值是否公允、交接手续是否齐全。

7. 检查与关联方的购销业务是否正常,关注交易价格、交易金额的真实性及合理性,检查对合并范围内购货记录应予合并抵销的数据是否正确。

8. 审核有无长期挂账的原材料,如有,应查明原因,必要时作调整。

9. 截止测试。

(1) 原材料入库的截止测试：在原材料明细账的借方发生额中选取资产负债表日前后若干天的凭证，并与入库记录（如入库单，或购货发票，或运输单据）核对，以确定原材料入库被记录在正确的会计期间；在入库记录（如入库单或购货发票或运输单据）选取资产负债表日前后张、金额以上的凭据，与原材料明细账的借方发生额进行核对，以确定原材料入库被记录在正确的会计期间。

(2) 原材料出库截止测试：在原材料明细账的贷方发生额中选取有资产负债表日前后若干天的凭证，并与出库记录（如出库单，或销货发票，或运输单据）核对，以确定原材料出库被记录在正确的会计期间；在出库记录（如出库单，或销货发票，或运输单据）中选取资产负债表日前后若干天的凭据，与原材料明细账的贷方发生额进行核对，以确定原材料出库被记录在正确的会计期间。

10. 结合银行借款等科目，了解是否有用于债务担保的原材料，如有，则应取证并作相应的记录，同时提请被审计单位作恰当披露。

11. 检查原材料的披露是否恰当。

(三) 材料成本差异的实质性程序

1. 获取或编制材料成本差异的明细表，复核加计是否正确，并与总账数、明细账合计数核对是否相符。

2. 对本期内各月的材料成本差异率进行分析，并与上期进行比较，检查是否有异常波动，计算方法是否前后期一致，注意是否存在调节成本的现象。

3. 结合以计划成本计价的原材料、包装物等的入账基础测试，比较计划成本与供货商发票或其他实际成本资料，检查材料成本差异的发生额是否正确。

4. 抽查若干月发出材料汇总表，检查材料成本差异是否按月分摊，使用的差异率是否为当月实际差异率，差异的分配是否正确，分配方法前后期是否一致。

5. 确定材料成本差异的披露是否恰当。

(四) 库存商品的实质性程序

1. 获取或编制库存商品明细表，复核加计正确，并与总账数、明细账合计数核对相符；同时抽查明细账与仓库台账、卡片记录，检查是否相符。

2. 必要时，实施实质性分析程序。

(1) 针对已识别需要运用分析程序的有关项目，并基于对被审计单位及其环境的了解，同时通过进行以下比较，并考虑有关数据间关系的影响，以建立注册会计师有关数据的期望值。

按品种分析库存商品各月单位成本的变动趋势，以评价是否有调节生产成本或销售成本的因素；

比较前后各期的主要库存商品的毛利率（按月、按生产线、按地区等）、库存商品周转率和库存商品账龄等，评价其合理性并对异常波动作出解释、查明异常情况的原因；

比较库存商品库存量与生产量及库存能力的差异，并分析其合理性；

核对仓库记录的库存商品入库量与生产部门记录的库存商品生产量是否一致，并对差异作出解释；

核对发票记录的数量是否与发货量、订货量、主营业务成本记录的销售量是否一致,并对差异作出解释;

比较库存商品销售量与生产量或采购量的差异,并分析其合理性;

比较库存商品销售量和平均单位成本之积与账面库存商品销售成本的差异,并分析其合理性;

(2)确定可接受的差异额。

(3)将实际的情况与期望值相比较,识别需要进一步调查的差异。

(4)如果其差额超过可接受的差异额,调查并获取充分的解释和恰当的佐证审计证据,例如:通过检查相关的凭证。

(5)评估分析程序的测试结果。

3.执行存货监盘程序。选取代表性样本,抽查库存商品明细账的数量与盘点记录的库存商品数量是否一致,以确定库存商品明细账的数量的准确性和完整性。

(1)从库存商品明细账中选取具有代表性的样本,与盘点报告(记录)的数量核对。

(2)从盘点报告(记录)中抽取有代表性的样本,与库存商品明细账的数量核对。

4.库存商品测试计价方法的测试。

(1)检查库存商品的计价方法是否前后期一致。

(2)检查库存商品的入账基础和计价方法是否正确,自库存商品明细表中选取适量品种:

①自制库存商品:

以实际成本计价时,将其单位成本与成本计算单核对;

以计划成本计价时,将其单位成本与相关成本差异明细账及成本计算单核对;

②外购库存商品:

以实际成本计价时,将其单位成本与购货发票核对;

以计划成本计价时,将其单位成本与相关成本差异明细账及购货发票核对;

抽查库存商品入库单,核对库存商品的品种、数量与入账记录是否一致;并将入库库存商品的实际成本与相关科目(如生产成本)的结转额核对并作交叉索引;

(3)检查外购库存商品的发出计价是否正确:

了解被审计单位对库存商品发出的计价方法,并抽取主要库存商品,检查其计算是否正确;若库存商品以计划成本计价,还应检查产品成本差异的发生和结转金额是否正确。

编制本期库存商品发出汇总表,与相关科目勾稽核对,并复核月库存商品发出汇总表的正确性。

(4)结合库存商品的盘点,检查期末有无库存商品已到而相关单据未到的情况,如有,应查明是否暂估入账,其暂估价是否合理。

5.对于通过非货币性资产交换、债务重组、企业合并以及接受捐赠取得的库存商品,检查其入账的有关依据是否真实、完备,入账价值和会计处理是否符合相关规定。

6.检查投资者投入的库存商品是否按照投资合同或协议约定的价值入账,并同时检查约定的价值是否公允,交接手续是否齐全。

7.检查与关联方的商品购销交易是否正常,关注交易价格、交易金额的真实性与合理性,对合并范围内购货记录应予合并抵销的数据是否抵消。

8. 审阅库存商品明细账,检查有无长期挂账的库存商品,如有,应查明原因,必要时提出调整建议。

9. 截止测试。

(1)库存商品入库的截止测试。

在库存商品明细账的借方发生额中选取资产负债表日前后若干天的凭证,并与入库记录(如入库单,或购货发票,或运输单据)核对,以确定库存商品入库被记录在正确的会计期间。

在入库记录(如入库单,或购货发票,或运输单据)选取资产负债表日前后若干天的凭证,与库存商品明细账的借方发生额进行核对,以确定库存商品入库被记录在正确的会计期间。

(2)库存商品出库截止测试。

在库存商品明细账的贷方发生额中选取有资产负债表日前后若干天的凭证,并与出库记录(如出库单,或销货发票,或运输单据)核对,以确定库存商品出库被记录在正确的会计期间。

在出库记录(如出库单,或销货发票,或运输单据)中选取资产负债表日前后若干天的凭证,与库存商品明细账的贷方发生额进行核对,以确定库存商品出库被记录在正确的会计期间。

10. 结合长、短期借款等项目,了解是否有用于债务担保的库存商品,如有,应取证并作相应记录,同时提请被审计单位作恰当披露。

11. 检查库存商品的披露是否恰当。

(五)发出商品的实质性程序

1. 获取或编制发出商品明细表,复核加计是否正确,并与总账数、明细账合计数核对是否相符。

2. 检查发出商品有关的合同、协议和凭证,分析交易实质,检查其会计处理是否正确。

3. 检查发出商品品种、数量和金额与库存商品的结转额核对一致,并作交叉索引。

4. 了解被审计单位对发出商品的结转的计价方法,并抽取主要发出商品检查其计算是否正确;若发出商品以计划成本计价,还应检查产品成本差异发生和结转金额是否正确。

5. 编制本期发出商品发出汇总表,与相关科目勾稽核对,并抽查复核月度发出商品发出汇总表的正确性。

6. 必要时,对发出商品的期末余额应函询核实。

7. 检查发出商品退回的会计处理是否正确。

8. 查阅资产负债表日前后天发出商品增减变动的有关账簿记录和有关的合同、协议和凭证、出库单、货运单等资料,检查有无跨期现象,如有,则应作出记录,必要时建议作审计调整。

9. 审核有无长期挂账的发出商品,如有,应查明原因,必要时提出调整建议。

10. 检查发出商品的披露是否恰当。

(六)商品进销差价的实质性程序

1. 获取或编制商品进销差价明细表,复核加计是否正确,并与总账数、明细账合计数核对是否相符。

2. 对本期内每月商品进销差价率进行分析,检查是否存在异常波动,计算方法前后期是否一致,注意是否存在调节成本的现象。

3. 结合以售价核算的库存商品入账基础的测试,检查商品进销差价的发生额是否正确。

4. 抽查月度商品发出汇总表,检查商品进销差价是否按月分摊,使用的差价率是否系当月实际差价率,并注意分配方法前后期是否一致。

5. 检查库存商品发生盈余或损失时。商品进销差价及增值税进项税的会计处理方法是否正确。

6. 检查被审计单位是否在年度终了对商品进销差价进行核实调整。

7. 检查商品进销差价的披露是否恰当。

(七)委托加工物资的实质性程序

1. 获取或编制委托加工物资明细表,复核加计是否正确,并与总账数、明细账合计数核对是否相符。

2. 抽查一定数量的委托加工业务合同,检查有关发料、加工费、运费结算的凭证,核对成本计算是否正确,会计处理是否及时、正确。

3. 抽查加工完成物资的验收入库手续是否齐全,会计处理是否正确;需要缴纳消费税的委托加工物资,由受托方代收代缴消费税的会计处理是否正确。

4. 编制本期委托加工物资发出汇总表,与相关科目勾稽核对,并抽查复核月度委托加工物资发出汇总表的正确性。

5. 对期末结存的委托加工物资,应现场察看或函询核实。

6. 审核有无长期挂账的委托加工物资,如有,应查明原因,必要时提出调整建议。

7. 查阅资产负债表日前后若干天委托加工物资增减变动的有关账簿记录和有关的合同、协议和凭证、出库单、入库单、货运单、验收单等资料,检查有无跨期现象,如有,则应作出记录,必要时提出调整建议

8. 确定委托加工物资的披露是否恰当。

(八)周转材料的实质性程序

1. 获取或编制周转材料(低值易耗品、包装物)的明细表,复核加计是否正确,并与总账数、明细账合计数核对是否相符;同时抽查明细账与仓库台账、卡片记录检查是否相符。

2. 检查周转材料(低值易耗品、包装物)的入库和领用的手续是否齐全,会计处理是否正确。

3. 执行存货监盘程序。选取代表性样本,抽查周转材料(低值易耗品、包装物)明细(低值易耗品、包装物)数量是否一致,以确定周转材料(低账的数量与盘点记录的周转材料值易耗品、包装物)明细账的数量的准确性和完整性。

(1)从周转材料(低值易耗品、包装物)明细账中选取具有代表性的样本,与盘点报告(记录)的数量核对。

(2)从盘点报告(记录)中抽取有代表性的样本,与周转材料(低值易耗品、包装物)明细账的数量核对。

4. 检查周转材料(低值易耗品、包装物)与固定资产的划分是否符合规定。

5. 检查周转材料的计价方法是否正确,前后期是否一致;自周转材料明细表中选取适量品种。

(1)以实际成本计价时,将其单位成本与购货发票核对。

(2)以计划成本计价时,将其单位成本与被审计单位制定的计划成本核对,同时关注被审计单位计划成本制定的合理性。

(3)检查进口周转材料(低值易耗品、包装物)的外币折算是否正确,检查相关的关税、增值税及消费税的会计处理是否正确。

(4)检查周转材料(低值易耗品、包装物)摊销方法是否正确,前后期是否一致(例如,包装物和低值易耗品,应当采用一次转销法或者五五摊销法进行摊销;钢模板、木模板、脚手架和其他周转材料,可以采用一次转销法或者五五摊销法进行摊销)。验证发出周转材料(低值易耗品、包装物)汇总表的正确性。

(5)结合周转材料(低值易耗品、包装物)的盘点,检查期末有无料到单未到情况,如有,应查明是否已暂估入账,其暂估价是否合理。

6. 编制本期周转材料发出汇总表,与相关科目勾稽核对,并抽查月度周转材料发出汇总表的正确性。

7. 审核有无长期挂账的周转材料(低值易耗品、包装物)事项,如有,应查明原因,必要时提出调整建议。

8. 截止测试。

(1)周转材料(低值易耗品、包装物)入库的截止测试。

①在周转材料(低值易耗品、包装物)明细账的借方发生额中选取资产负债表日前后若干天的凭证,并与入库记录(如入库单或购货发票或运输单据)核对,以确定周转材料(低值易耗品、包装物)入库被记录在正确的会计期间;

②在入库记录(如入库单,或购货发票,或运输单据)中选取有资产负债表日前后若干天的凭证,与周转材料(低值易耗品、包装物)明细账的借方发生额进行核对,以确定周转材料(低值易耗品、包装物)入库被记录在正确的会计期间;

(2)周转材料(低值易耗品、包装物)出库截止测试。

①在周转材料(低值易耗品、包装物)明细账的贷方发生额中选取有资产负债表日前后若干天的证据,并与出库记录(如出库单,或销货发票,或运输单据)核对,以确定周转材料(低值易耗品、包装物)出库被记录在正确的会计期间;

②在出库记录(如出库单,或销货发票,或运输单据)中选取资产负债表日前后若干天的凭据,与周转材料(低值易耗品、包装物)明细账的贷方发生额进行核对,以确定周转材料(低值易耗品、包装物)出库被记录在正确的会计期间。

9. 检查与关联方的购销交易是否正常,关注交易价格、交易金额的真实性与合理性,检查对合并范围内购货记录应予合并抵销的金额是否抵销。

10. 检查出租、出借周转材料的会计处理是否正确。

11. 检查被审计单位是否存在周转材料押金,若有,结合相关科目的审计查明周转材料押金的收取情况是否合理,有无合同,是否存在逾期周转材料押金,相应税金处理是否正确,必要时提出调整建议。

12. 结合长、短期借款等项目，了解是否有用于债务担保的周转材料，如有，则应取证并作相应的记录，同时提请被审计单位作恰当披露。

13. 检查周转材料的披露是否恰当。

（九）存货跌价准备的实质性程序

1. 获取或编制存货跌价准备明细表，复核加计是否正确，并与总账数和明细账合计数核对是否相符。

2. 检查存货跌价准备计提和存货损失转销的批准程序，取得书面报告、销售合同或劳务合同等证明文件。

3. 检查分析存货是否存在减值迹象以判断被审计单位计提存货跌价准备的合理性：

（1）将存货余额与现有的订单、资产负债表日后各期的销售额和下一年度的预测销售额进行比较，以评估存货滞销和跌价的可能性；

（2）比较当年度及以前年度存货跌价准备占存货余额的比例，并查明异常情况的原因；

（3）结合存货监盘，对存货的外观形态进行检视，以了解其物理形态是否正常；检查期末结存库存商品和在产品针对型号陈旧、产量下降、生产成本或售价波动、技术或市场需求的变化情形，以及期后销售情况考虑是否需进一步计提准备：

对于残次、冷背、呆滞的存货查看永续盘存记录，销售分析等资料，分析当年实际使用情况，确定是否已合理计提跌价准备；

将上年度残次、冷背、呆滞存货清单与当年存货清单进行比较，确定是否需补提跌价准备。

4. 根据成本与可变现净值孰低的计价方法，评价存货跌价准备所依据的资料、假设及计提方法，考虑是否有确凿证据为基础计算确定存货的可变现净值，检查其合理性及方法是否前后一致。

5. 考虑不同存货的可变现净值的确定原则，复核其可变现净值计算正确性（即充足但不过度）。

（1）对于用于生产而持有的原材料检查是否以所生产的产成品的估计售价减去至完工时估计将要发生的成本、估计的销售费用和相关税费后的金额作为其可变现净值的确定基础。

（2）库存商品和用于出售而持有的原材料等直接用于出售的存货检查是否以该存货的估计售价减去估计的销售费用和相关税费后的金额作为其可变现净值的确定基础。

（3）检查为执行销售合同而持有的库存商品等存货，是否以合同价格作为其可变现净值的确定基础；如果被审计单位持有库存商品的数量多于销售合同订购数量，超出部分的库存商品可变现净值是否以一般销售价格为计量基础。

6. 对从合并范围内部购入存货计提的跌价准备，关注其在合并时是否已作抵销。

7. 检查债务重组、非货币性资产交换和企业合并等涉及存货跌价准备的会计处理是否正确。

8. 若被审计单位为建造承包商，对其执行中的建造合同，应检查预计总成本是否超过合同总收入，如果超过，跌价准备计提是否合理，会计处理是否正确。

9. 如果被审计单位出售或核销已经计提跌价准备的存货，应检查相应的跌价准备的会计处理是否正确。

10. 已计提跌价准备的存货价值又得以恢复的，检查是否在原已计提的跌价准备的范围内转回，依据是否充分，并记录转回金额。

11. 检查存货跌价准备的计算和会计处理是否正确,本期计提或转销是否与有关损益科目金额核对一致。

12. 抽查计提存货跌价准备的项目,其期后售价是否低于原始成本。

13. 检查被审计单位是否于期末对存货进行了检查分析,存货跌价准备的计算和会计处理是否正确。

14. 确定存货跌价准备的披露是否恰当。

按照《企业会计准则第1号——存货》的规定,企业应当在财务报表附注中披露存货可变现净值的确定依据、存货跌价准备的计提方法、当期计提的存货跌价准备的金额、当期转回的存货跌价准备的金额以及计提和转销的有关情况。

课后练习

□复习思考题

1. 生产与存货循环涉及哪些主要凭证与会计记录?
2. 生产与存货循环涉及哪些主要业务活动?
3. 影响生产与存货循环和余额的重大错报风险主要包括哪些?
4. 生产与存货交易的实质性程序包括哪些?
5. 注册会计师对存货监盘应实施哪些程序?

□单项选择题

1. 下列有关存货监盘与相关认定的说法中不恰当的是( )。
   A. 针对的主要是存货的存在认定
   B. 对存货的完整性认定,能提供部分审计证据
   C. 对存货的准确性、计价和分摊认定,能提供部分审计证据
   D. 针对权利和义务认定,能够提供充分、适当的审计证据

2. 针对存货监盘中确定适当的监盘地点的说法中,不恰当的是( )。
   A. 如果被审计单位的存货存放在多个地点,注册会计师可以要求被审计单位提供一份完整的存货存放地点清单,并考虑其完整性
   B. 在获取完整的存货存放地点清单的基础上,注册会计师可以根据不同地点所存放存货的重要性以及对各个地点与存货相关的重大错报风险的评估结果,选择适当的地点进行监盘,并记录选择这些地点的原因
   C. 如果识别出由于舞弊导致的影响存货数量的重大错报风险,注册会计师在检查被审计单位存货记录的基础上,可能决定在不预先通知的情况下对特定存放地点的存货实施监盘,或在同一天对所有存放地点的存货实施监盘
   D. 获取的完整的存货存放地点清单,无需包括期末存货量为零的仓库

3. 下列不属于存货监盘目标的是( )。
   A. 获取被审计单位资产负债表日有关存货数量和状况以及有关管理层存货盘点程序可靠

性的审计证据

　　B. 对存货进行计价测试

　　C. 检查存货的数量是否真实完整

　　D. 检查存货有无毁损、陈旧、过时、残次和短缺等状况

4. 注册会计师在被审计单位盘点工作即将结束前,不应当实施的审计程序是(　　)。

　　A. 再次观察盘点现场,以确定所有应纳入盘点范围的存货是否均已盘点

　　B. 取得并检查已填用、作废及未使用盘点表单的号码记录,确定其是否连续编号,查明已发放的表单是否均已收回

　　C. 将各项存货的盘点表单与存货盘点结果汇总记录进行核对

　　D. 注册会计师应当观察盘点现场,确定应纳入盘点范围的存货是否已经适当整理和排列,并附有盘点标识,防止遗漏或重复盘点

5. 以下有关因不可预见的情况导致无法在存货盘点现场实施监盘的说法中,不恰当的是(　　)。

　　A. 如由于不可抗力导致注册会计师无法到达存货存放地实施存货监盘

　　B. 如恶劣的天气导致注册会计师无法实施存货监盘程序,或由于恶劣的天气无法观察存货

　　C. 如果由于不可预见的情况无法在存货盘点现场实施监盘,应视为仅通过实质性程序无法应对的重大错报风险的情形来处理

　　D. 如果由于不可预见的情况无法在存货盘点现场实施监盘,注册会计师应当另择日期实施监盘,并对间隔期内发生的交易实施审计程序

6. 被审计单位的债权人拒绝对其控制的被审计单位用作质押的重要存货实施现场监盘,注册会计师在对该债权人的诚信和客观性存有疑虑的情况下,应实施下列(　　)程序。

　　A. 向该债权人函证存货的数量和状况

　　B. 测试存货盘点与保管的内部控制

　　C. 安排其他注册会计师实施现场监盘

□**多项选择题**

1. 在存货盘点现场实施监盘时,注册会计师应当实施的审计程序包括(　　)。

A. 评价管理层用以记录和控制存货盘点结果的指令和程序

B. 观察管理层制定的盘点程序的执行情况

C. 在存货监盘过程中检查存货

D. 在对存货盘点结果进行测试时,注册会计师可以从存货盘点记录中选取项目追查至存货实物,以及从存货实物中选取项目追查至盘点记录

　　2. 存货的审计目标一般可以证实的有(　　)。

　　　A. 账面存货余额对应的实物是否真实存在

　　　B. 属于被审计单位的存货是否均已入账

　　　C. 存货是否属于被审计单位

　　　D. 存货单位成本的计量是否准确

　　3. 注册会计师制定存货监盘计划时,下列说法中正确的有(　　)。

　　　A. 对无法在存货盘点现场实施存货监盘的存货,注册会计师应当实施替代审计程序,以获

取有关存货的存在和状况的充分、适当的审计证据

B. 如果被审计单位通过实地盘存制确定存货数量,则注册会计师无需参加此种盘点

C. 如果被审计单位采用永续盘存制,注册会计师无需在年度中参加盘点

D. 如果存货盘点在财务报表日以外的其他日期进行,注册会计师除实施存货监盘相关审计程序外,还应当实施其他审计程序,以获取审计证据,确定存货盘点日与财务报表日之间的存货变动是否已得到恰当的记录

4. 下列关于存货监盘的说法中,正确的包括(　　)。

A. 存货监盘可以用于控制测试,也可以用于实质性程序

B. 在确定资产数量或资产实物状况,或在收集特殊类别存货的审计证据时,注册会计师可以考虑利用专家的工作

C. 特殊情况下,注册会计师可能决定在不预先通知的情况下对特定存放地点的存货实施监盘

D. 存货监盘的时间,应当与被审计单位实施存货盘点的时间相协调

5. 针对注册会计师在对期末存货进行截止测试时的说法中恰当的有(　　)。

A. 注册会计师通常可观察存货的验收入库地点和装运出库地点以执行截止测试

B. 在存货入库和装运过程中采用连续编号的凭证时,注册会计师应当关注截止日期前的最后编号

C. 如果被审计单位没有使用连续编号的凭证,注册会计师应当列出截止日期以前的最后几笔装运和入库记录

D. 在存货入库和装运过程中采用连续编号的凭证时,注册会计师应当关注盘点日前的最后编号

6. 以下有关存货计价的说法中,恰当的有(　　)。

A. 为验证财务报表上存货余额的真实性,应当对存货的计价进行审计

B. 在对存货的计价实施细节测试之前,注册会计师通常先要了解被审计单位本年度的存货计价方法与以前年度是否保持一致。如发生变化,变化的理由是否合理,是否经过适当的审批

C. 存货计价测试包括测试被审计单位所使用的存货单位成本是否正确、是否恰当计提了存货跌价损失准备

D. 注册会计师可以通过询问管理层和相关部门员工,了解被审计单位如何收集有关滞销、过时、陈旧、毁损、残次存货的信息并为之计提必要的跌价损失准备

□综合题

甲公司是 ABC 会计师事务所的常年审计客户,主要从事 a、b、c、d 四类石化产品的生产和销售。A 注册会计师负责审计甲公司 2017 年度财务报表,按照税前利润的 5% 确定财务报表整体的重要性为 60 万元。

资料一:

A 注册会计师在审计工作底稿中记录了所了解的甲公司情况及其环境,部分内容摘录如下:

(1) 甲公司利用 ERP 系统核算生产成本。在以前年度,利用 ERP 系统之外的 G 软件手工输

入相关数据后进行存货账龄的统计和分析。2017年,信息技术部门在ERP系统中开发了存货账龄分析子模块,于每月末自动生成存货账龄报告。甲公司会计政策规定,应当结合存货账龄等因素确定存货期末可变现净值,计提存货跌价准备。

(2)甲公司委托第三方加工生产a产品。自2017年2月起,新增乙公司为委托加工方。甲公司支付给乙公司的单位产品委托加工费较其他加工方高20%。管理层解释,由于乙公司加工的产品质量较高,因此委托乙公司加工a产品并向其支付较高的委托加工费。A注册会计师发现,2017年a产品的退货大部分由乙公司加工。

(3)b产品5月至8月的直接人工成本总额较其他月份有明显增加,单位人工成本没有明显变化,销售部、生产部和人力资源部经理均解释由于b产品有季节性生产的特点,需要雇用大量临时工。这与A注册会计师在以前年度了解的情况一致。

(4)为方便安排盘点人员,甲公司将a和b产品的年度盘点时间确定为2017年12月31日,将c产品的年度盘点时间确定为2017年12月20日。自2017年12月25日起,由新入职的存货管理员负责管理c产品并在ERP系统中记录其数量变动。

(5)因产品更新换代,甲公司自2017年7月起停止生产d产品,并降价消化库存。

(6)甲公司租用戊公司独立仓库储存部分产成品。2017年12月31日,该部分产成品的账面价值为1000万元。甲公司与戊公司在年末对账时发现300万元的差异,戊公司解释,该差异是由于甲公司客户于2017年12月30日已提货,而相关单据尚未传至甲公司所致。

资料二:

A注册会计师在审计工作底稿中记录了甲公司的财务数据,部分内容摘要如下:

金额单位:万元

项目	未审数	已审数
	2017年	2016年
营业收入——d产品	1350	4500
营业成本——d产品	1500	4000
存货——d产品	800	2400
存货跌价准备——d产品	10	20

要求:

针对资料一(1)—(6)项,假定不考虑其他条件,逐项指出资料一所列事项是否可能表明存在重大错报风险。如果认为存在重大错报风险,简要说明理由,并说明该风险主要与哪些财务报表项目的哪些认定相关。

第十一章

筹资与投资循环审计

◎ **本章学习目标**

了解筹资与投资循环的主要业务活动和所涉及的主要凭证和会计记录;理解并掌握筹资与投资业务内部控制及其测试的内容;理解并掌握筹资与投资环重大错报风险的识别与评估的内容;理解并掌握短期借款、长期借款、实收资本、长期股权投资等的实质性测试程序。

第一节 筹资与投资循环业务特征

一、筹资与投资循环的特点

筹资与投资循环由筹资业务和投资业务的交易事项构成。企业投资必须充分考虑企业筹资的能力,而企业筹资必须以投资需要为依据。注册会计师应当考虑筹资与投资循环的业务。其业务的特点如下。

一是,交易金额大且发生频率低

与其他循环相比,企业每年投资与筹资循环涉及的交易数量较少,而每笔交易的金额通常较大。这就决定了对该循环涉及的财务报表项目审计,更可能采用实质性方案。

二是,交易程序约束条件多

筹资业务在遵守国家法律、法规和相关契约的规定下进行。例如,债务契约可能限定借款人向股东分配利润,或规定借款单位的流动比率和速动比率不能低于某一水平。注册会计师了解被审计单位的筹资业务,可能对评估财务报表舞弊的风险、从性质角度考虑审计重要性、评估持续经营假设的适用性等有重要影响。

三是,对会计处理要求较高

对于筹资与投资业务,漏记或不恰当地对一笔业务进行会计处理,将会导致重大错误,从而对企业财务报表的公允反映产生较大的影响。

二、筹资与投资业务所涉及的主要凭证与会计记录

(一)筹资业务的凭证和会计记录

1. 公司债券或股本凭证

公司依据法定程序发行、约定在一定期限内还本付息的有价证券以及公司签发的证明股东所持股份的凭证。

2. 债券契约

载明债券持有人与发行企业双方所拥有的权利与义务的法律性文件,其内容包括:债券发行的标准;债券的明确表述;利息或利息率;受托管理人证书;登记和背书;如系抵押债券,其所担保的财产;债券发生拖欠情况如何处理,以及对偿债基金、利息支付、本金返还等的处理。

3. 股东名册

发行记名股票的公司记载股东的凭证,内容包括:股东的姓名或者名称及住所;股东所持股份数;股东所持股票的编号;股东取得其股份的日期。发行无记名股票的,公司应当记载其股票数量、编号及发行日期。

4. 公司债券存根簿

发行记名公司债券时记载债券持有人的凭证,内容包括:债券持有人的名称及住所;债券持有

人取得债券的日期及债券的编号;债券总额、债券的票面金额、债券的利率、债券还本付息的期限和方式;债券的发行日期。发行无记名债券的应当在公司的债券存根簿上记载债券总额、利率、偿还期限和方式、发行日期和债券编号。

5. 承销或包销协议

公司向社会公开发行股票或债券时,应当由依法设立的证券经营机构承销或包销,公司应与其签订承销或包销协议。

6. 借款合同或协议

公司向银行或其他金融机构借入款项时与其签订的合同或协议。

(二)投资业务的凭证和会计记录

1. 债券与股票投资凭证

载明债券持有人与发行企业双方所拥有的权利与义务的法律性文件,其内容一般包括:债券发行的标准;债券的明确表述;利息或利息率;受托管理人证书;登记和背书。

买入凭证记载股票投资购买业务,包括购买股票数量、被投资公司、股票买价、交易成本、购买日期、结算日期、结算日应付金额合计。卖出凭证记载股票投资卖出业务,包括卖出股票数量、被投资公司、股票卖价、交易成本、卖出日期、结算日期、结算日金额合计。

2. 股票证书

载明股东所有权的证据,记录所有者持有被投资公司所有股票数量。如果被投资公司发行了多种类型的股票,也反映股票的类型,如普通股、优先股。

3. 股利收取凭证

向所有股东分发股利的文件,标明股东、股利数额、每股股利、被审计单位在交易最终日期持有的总股利金额。

4. 长期股权投资协议

5. 有关会计科目的明细账和总账

主要包括对被投资单位所持有的投资,记录所有的详细信息,所获得或收取的投资收益。总分类账中的投资账户记录初始购买成本和之后的账面价值;由投资单位保存,以用来记录所有的非现金性投资交易,如期末的市场对市场调整、公允价值的反映,以及记录与处置投资相关的损益。

三、筹资与投资所涉及的主要业务活动

(一)筹资所涉及的主要业务业务

随着资本市场的发展,企业筹资渠道日益增多,如发行债券与股票、借款等。企业筹资业务由取得和偿还资金有关的交易组成。筹资业务的主要业务有以下几项。

1. 审批授权

企业通过借款筹集资金需经管理层的审批,其中债券的发行每次均要由董事会授权;企业发

行股票必须依据国家相关法规或企业章程的规定,报经企业最高权力机构(如董事会)及国家有关管理部门批准。

2. 签订合同或协议

向银行或其他金融机构融资须签订借款合同,发行债券须签订债券契约和债券承销或包销合同。

3. 取得资金

企业实际取得银行或金融机构划入的款项或债券、股票的融入资金。

4. 计算利息或股利

企业应按有关合同或协议的规定,及时计算利息或股利。

5. 偿还本息或发放股利

银行借款或发行债券应按有关合同或协议的规定偿还本息,对融入的股本根据股东大会的决定发放股利。

(二)投资所涉及的主要业务

为了保持资产的流动性和盈利性,企业将资产投放于证券或其他企业的业务即为投资业务。投资业务的主要业务有以下几项。

1. 投资交易的审批授权

由管理层对所有投资交易的性质和金额进行审批授权。审批的内容主要包括:投资的理由是否恰当;投资行为与企业的战略目标是否一致;投资收益的估算是否合理;影响投资的其他因素是否被重新考虑等。

2. 有价证券的收取和保存

企业所收到的凭证和有价证券应当保存在其经纪人处或由企业的银行保存在保管箱里。注册会计师应当对这些凭证和有价证券的真实性以及管理层伪造或修改这些凭证和有价证券的风险保持警惕。如果注册会计师怀疑可能存在上述情况,则应当向被投资企业询证以确定投资企业是否对被审计单位真正投资。

3. 投资收益的取得以及转让或收回

企业收到股利和利息支票时应当予以记录并追查至银行存款单。如果企业发生了大量的投资业务,企业应当设立单独的银行账户,所有的投资收益都应当存入该账户。如果企业的经纪人安全保管着其上市股票凭证,应当由经纪人直接收取股利并存入企业的银行账户。企业应当针对相关银行账户定期编制调节表。对于购买证券形式的投资,企业可以通过转让证券实现投资的收回。对于单独投资或与其他单位联合经营形成的投资,只有在转让股权、合资或联营期满,或由于特殊原因提前解散时才能收回投资。

第二节 筹资与投资循环的内部控制和控制测试

一、筹资交易的控制目标、内部控制和审计测试的关系

表11-1 筹资交易的控制目标、内部控制和测试一览表

内部控制目标	关键内部控制	常用控制测试	交易实质性程序
记录的筹资交易均系真实发生的交易（存在或发生）	①借款经过授权审批。②签订借款合同或协议等相关法律文件	索取借款的授权批准文件，检查审批手续是否齐全。检查借款合同或协议。	检查支持借款记录的原始凭证"逆查"多记
筹资交易均已记录（完整性）	①负责借款业务的信贷管理员根据综合授信协议或借款合同，逐笔登记借款备查簿，并定期与信贷记账员的借款明细账核对。②定期与债权人核对账目	询问借款业务的职责分工情况及内部对账情况。检查被审计单位是否定期与债权人核对账目。	检查董事会会议记录、借款合同、银行询证函等，确定有无未入账的交易"顺查"少记、漏记
筹资交易均已以恰当的金额记入恰当的期间（准确性、计价与分摊）	①负责借款业务的信贷管理员根据综合授信协议或借款合同，逐笔登记借款备查簿，并定期与信贷记账员的借款明细账核对。②定期与债权人核对账目。③会计主管复核	询问借款业务的职责分工情况及内部对账情况。检查被审计单位是否定期与债权人核对账目。检查会计主管复核印记。	将借款记录与所附的原始凭证进行细节比对
筹资交易均已记入恰当的账户（分类）	①使用会计科目核算说明。②会计主管复核	询问会计科目表的使用情况。检查会计主管复核印记。	将借款记录与所附的原始凭证进行细节比对
资产和所有者权益在资产负债表上的披露正确（列报）	筹资业务明细账与总账的登记职务分离。筹资披露符合会计准则和会计制度的要求。	观察职务是否分离	确定借款和所有者权益的披露是否恰当，注意一年内到期的借款是否列入流动负债。

表11-2 投资交易的控制目标、内部控制和测试一览表

内部控制目标	关键内部控制	常用控制测试	交易实质性程序
记录的投资交易均系真实发生的交易（存在或发生）	投资经过授权审批	索取投资授权批准文件，检查审批手续是否齐全。	检查与投资有关的原始凭证，包括投资授权文件、被投资单位出具的股权或债权证明、投资付款记录和相关有价证券等。

续表

内部控制目标	关键内部控制	常用控制测试	交易实质性程序
投资交易均已记录（完整性）	投资管理员根据交易流水单,对每笔投资交易记录进行核对、存档,并在交易结束后一个工作日内将交易凭证交投资记账员。投资记账员编制转账凭证,并附相关单据,提交会计主管复核。复核无误后进行账务处理。对所投资的有价证券或金融资产定期盘点,并与账面记录相核对。定期与被投资单位或交易对方核对账目。	询问投资业务的职责分工情况及内部对账情况。检查被审计单位是否定期与交易对方或被投资方核对账目。	检查董事会会议记录、投资合同、交易对方提供的对账单、盘点报告等,确定有无未入账的交易。
投资交易均已以恰当的金额记入恰当的期间	①定期与被投资单位或交易对方核对账目。②会计主管复核。	检查被审计单位是否定期与债权人核对账目。检查会计主管复核印记。	将借款记录与所附的原始凭证进行细节比对。
投资交易均已记入恰当的账户	①使用会计科目核算说明。②会计主管复核。	询问会计科目表的使用情况。检查会计主管复核印记。	将投资记录与所附的原始凭证进行细节比对。

二、筹资与投资业务的内部控制

(一)筹资业务的内部控制

筹资业务主要由借款交易和股东权益交易组成。无论是否依赖内部控制,注册会计师均应对筹资业务的内部控制获得足够的了解,以识别错报的类型、方式及发生的可能性。一般来讲,筹资业务内部控制的要点如下:

1. 授权审批控制

企业应当对筹资业务建立严格的授权批准制度,明确授权批准方式、程序和相关控制措施,规定审批人的权限、责任以及经办人的职责范围和工作要求。重大的筹资业务,由董事会作出决议并经股东大会批准。小规模的筹资业务,可由财务部门负责人根据授权作出决定。

2. 职责分离控制

企业应当建立筹资业务的岗位责任制,明确有关部门和岗位的职责、权限,确保办理筹资业务的不相容岗位相互分离、制约和监督。同一部门或个人不得办理筹资业务的全过程。筹资业务的不相容岗位至少包括:筹资方案的拟订与决策;筹资合同或协议的审批与订立;与筹资有关的各种款项偿付的审批与执行;筹资业务的执行与相关会计记录。企业应当设置必要的内部控制,保证不相容职位的职责分离。

3. 筹资执行控制

企业对筹资业务执行的控制应包括以下几点。

(1)对筹资合同或协议的相关控制。企业应当建立筹资决策执行环节的控制制度,对筹资合同协议的订立与审核、资产的收取等作出明确规定。企业应当根据经批准的筹资方案,按照规定程序与筹资对象,与中介机构订立筹资合同或协议。企业相关部门或人员应当对筹资合同或协议的合法性、合理性、完整性进行审核,审核情况和意见应有完整的书面记录。筹资合同或协议的订立应当符合《中华人民共和国合同法》及其他相关法律法规的规定,并经企业有关授权人员批准。重大筹资合同或协议的订立,应当征询法律顾问或专家的意见。企业筹资通过证券经营机构承销或包销企业债券或股票的,应当选择具备规定资质和资信良好的证券经营机构,并与该机构签订正式的承销或包销合同或协议。企业变更筹资合同或协议,应当按照原审批程序进行。企业应当按照筹资合同或协议的约定及时足额取得相关资产。企业取得货币性资产,应当按实有数额及时入账。企业取得非货币性资产,应当根据合理确定的价值及时进行会计记录,并办理有关财产转移手续。对需要进行评估的资产,应当聘请有资质的中介机构及时进行评估。

(2)对资产取得及筹资费用的相关控制。企业应当加强对筹资费用的计算、核对工作,确保筹资费用符合筹资合同或协议的规定。企业应当结合偿债能力、资金结构等,保持合理的现金流量,确保及时、足额偿还到期本金、利息或已宣告发放的现金股利等。

(3)对筹集资金的使用控制。企业应当按照筹资方案所规定的用途使用对外筹集的资金。由于市场环境变化等特殊情况导致确需改变资金用途的,应当履行审批手续,并对审批过程进行完整的书面记录。严禁擅自改变资金用途。企业应建立持续符合筹资合同协议条款的控制制度,其中应包括预算不符合条款要求的预警和调整制度。国家法律、行政法规或者监管协议规定应当披露的筹资业务,企业应及时予以公告和披露。

(5)对筹资偿付的控制。企业应当建立筹资业务偿付环节的控制制度,对支付偿还本金、利息、租金、股利(利润)等步骤、偿付形式等作出计划和预算安排,并正确计算、核对,确保各项款项偿付符合筹资合同或协议的规定。

4. 相关记录的控制

企业对筹资业务的相关记录控制主要包括对筹资登记簿以及相关会计记录的控制。债券和股票都应设立相应的筹资登记簿,详细登记核准已发行的债券和股票的有关事项。企业必须保证及时按照正确金额、合理方法,在适当的账户和合理的会计期间对筹资业务予以正确记录。

(二)投资业务的内部控制

一般来讲,投资业务的内部控制主要包括下列内容。

1. 职责分工控制

这是指合法的投资业务,应在业务的授权、业务的执行、业务的会计记录以及投资资产的保管等方面都有明确的分工,不得由一人同时负责上述任何两项工作。

2. 资产保管控制

企业对投资资产(指股票和债券资产)一般有两种保管方式:一种方式是由独立的专门机构保管,如在企业拥有较大的投资资产的情况下,委托银行、证券公司、信托投资公司等机构进行保管。这些机构拥有专门的保存和防护措施,可以防止各种证券及单据的失窃或毁损,并且由于它与投资业务的会计记录工作完全分离,可以大大降低舞弊的可能性。另一种方式是由企业自行保管,在这种方式下,必须建立严格的联合控制制度,即要由两名以上人员共同控制,不得一人单独接触证券。对于任何证券的存入或取出,都要将证券名称、数量、价值及存取的日期、数量等详细记录于证券登记簿内,并由所有在场的经手人员签名。

3. 会计核算控制

企业的投资资产无论是自行保管还是由他人保管,都要进行完整的会计记录,并对其增减变动及投资收益进行相关会计核算。具体而言,应对每一种股票或债券分别设立明细分类账,并详细记录其名称、面值、证书编号、数量、取得日期、经纪人(证券商)名称、购入成本、收取的股息或利息等;对于联营投资类的其他投资,也应设置明细分类账,核算其他投资的投出及其投资收益和投资收回等业务,并对投资的形式(如流动资产、投资性房地产、无形资产)、投向(即接受投资单位)、投资的计价以及投资收益等做出详细的记录。

4. 记名登记控制

除无记名证券外,企业在购入股票或债券时应在购入的当日尽快登记于企业名下,切忌登记于经办人员名下,防止发生冒名转移并借其他名义牟取私利的舞弊行为。

三、筹资与投资循环业务存在的重大错报风险

(一)筹资活动存在的重大错报风险

未经授权或批准进行非法筹资。

借款费用的会计处理出现错误,混淆两类支出的界限。

投资者认缴的资本未在规定的期限内到位。

筹集的资金未按规定用途使用,借款抵押和担保未予充分披露。

温馨提示

注册会计师应当通过询问、检查文件记录或观察程序等获取审计证据以支持其对重大错报风险的评估。在识别对财务报表特定账户余额的影响的基础上,注册会计师应当实施适当的审计程序以发现并纠正任何剩余重大错报风险。注册会计师不应低估衍生金融工具交易的复杂性,以及潜在的重大错报风险。在常见的衍生金融工具之外,注册会计师可能遇到嵌入式衍生金融工具,非常难以识别。与此类衍生金融工具相关的公允价值的计算与处理更加复杂,注册会计师可能需要利用专家的工作。

(二)投资循环常见的重大错报风险

管理层存在错误表述投资业务或衍生金融工具业务的偏见和动机,在报表中制及收益,以调节当期利润。

混淆成本法和权益法两类核算方法。

投资者提前抽逃资本。

混淆投资成本收回和投资收益的确认。

把投资活动隐藏在往来账户中,隐匿或转移投资收益。

温馨提示

注册会计师应当在了解被审计单位的基础上考虑筹资活动的重大错报风险,并对被审计单位筹资业务中可能出现的特别风险保持警惕。考虑到严格的监管环境和董事会通常针对筹资活动设计较严格的内部控制,除非注册会计师对管理层的诚信产生疑虑,否则重大错报风险一般应评估为低水平。然而,注册会计师应当关注,《企业会计准则》以及监管法规对借款和权益的披露要求,可能引起完整性、计价和分摊、列报认定的潜在重大错报的可能。尽管账户余额发生错报的可能性不大,仍然可能存在权利和义务被忽略或发生错报的可能,例如,如果一个集团公司用资产为另一个集团公司作抵押或担保的情况。

四、筹资与投资业务的控制测试程序

(一)筹资业务的控制测试程序

1. 了解筹资业务的内部控制

注册会计师应针对内部控制的要点,通过询问相关人员、观察相关人员的业务、审阅和检查筹资业务内部控制的文件和记录等方法对筹资业务的内部控制要点加以了解。

2. 测试筹资业务的内部控制

注册会计师在了解企业筹资业务的内部控制后,如果准备信赖相关内部控制,应运用一定的方法进行内部控制测试。其控制测试方法通常包括如下内容。

(1)取得筹资业务相关的法律性文件,检查其发行及偿还是否经董事会授权、是否履行了适当的审批手续、是否符合法律的规定。

(2)检查筹资业务的收入是否立即存入银行。

(3)取得相关契约,检查企业是否根据契约的规定支付利息与股利。

(4)检查筹资业务入账的会计处理是否正确。

(二)投资业务的内部控制程序

1. 了解投资业务的内部控制

注册会计师应了解企业投资业务的相关内控,以确定下列事项:

(1)投资项目是否经授权批准,投资金额是否及时入账;

(2)是否与被投资单位签订投资合同、协议,是否获得被投资单位出具的投资证明;

(3)投资的核算方法是否符合有关财务会计制度的规定,相关的投资收益会计处理是否正确,手续是否齐全;

(4)有价证券的买卖是否经恰当授权,是否妥善保管并定期盘点核对。

2. 测试投资业务的内部控制

投资的控制测试一般包括如下内容：

(1)检查控制执行留下的轨迹。注册会计师应抽取投资业务的会计记录和原始凭证，确定各项控制程序运行情况。

(2)审阅内部盘点报告。注册会计师应审阅内部审计人员或其他授权人员对投资资产进行定期盘点的报告。应审阅其盘点方法是否恰当、盘点结果与会计记录相核对情况以及出现差异的处理是否合规。如果各期盘核报告的结果未发现账实之间存在差异(或差异不大)，说明投资资产的内部控制得到了有效执行。

(3)分析企业投资业务管理报告。对于企业的长期投资，注册会计师应对照有关投资方面的文件和凭据，分析企业的投资业务管理报告。在做出长期投资决策之前，企业最高管理层(如董事会)需要对投资进行可行性研究和论证，并形成一定的纪要。投资业务一经执行，又会形成一系列的投资凭据或文件，如证券投资的各类证券，联营投资中的投资协议、合同及章程等。负责投资业务的财务经理须定期向企业最高管理层报告有关投资业务的开展情况(包括投资业务内容和投资收益实现情况及未来发展预测)，即提交投资业务管理报告书，供最高管理层投资决策和控制。注册会计师应认真分析这些投资管理报告的具体内容，并对照前述有关文件和凭据资料，判断企业长期投资业务的管理情况。

第三节 筹资与投资循环实质性程序

一、筹资与投资交易的实质性程序

(一)筹资业务的实质性程序

注册会计师可能决定对应付利息和股利的计算主要实施实质性分析程序，而对新股和债券的发行、股票回购、可赎回优先股及可赎回债券的赎回、期间内贷款的偿还情况以及所欠余额和权利与义务实施有限的细节测试程序。

1. 筹资业务的实质性分析程序

实质性分析程序包括与上年度或预算的比较、比率分析、财务与非财务信息的比较等，是在注册会计师对企业业务进行了解的基础上实施的。

筹资业务是实质性分析程序一般包含以下几个步骤。

(1)建立预测或预期。主要采用资本绩效和财务管理有关的比率。资本绩效和财务管理比率可能在行业基础上并不具有可比性，但对企业不同时间内经营业绩的比较可能是更好的办法。

(2)计算真实数据与预期之间的差异。计算差异包括各种比率的计算，包括管理层用来监控企业的关键业绩指标。将计算结果与上期结果、预算数以及与客户的历史记录相比较。对管理层所使用关键业绩指标的计算，以及对发现问题时相关纠正措施的询问程序，可以提供管理层监控程序运行是否有效的证据。管理层使用的关键业绩指标可能包括：

①资本绩效,如股东权益回报率、每股收益、市盈率、资本税前收益、税后收益留存率等。

②财务管理,如平均利率(包括税前和税后)、总资本利息率和股利率、财务杠杆等。

③调查重大差异并运用判断。注册会计师应当根据前述预期值来进行比率分析。任何未预期的波动都应当与管理层进行讨论,并在必要时进一步调查。

(4)确定重大差异或临界值。注册会计师应当通过询问程序确定管理层用来作为关键业绩指标的比率或基准数据是否表明存在重大错报风险,并考虑影响盈利能力、现金流量、业务持续性和管理层监控程序的趋势。

(5)记录得出结论的基础。注册会计师应当就所收集到的审计证据能否支持所选择的认定或审计目标得出结论。

2. 筹资业务的细节测试

(1)测试登记入账的筹资业务的真实性。这一测试所要达到的一般审计目标是真实性(与"存在"认定有关)。为了达到这一目的,注册会计师通常实施下列实质性程序:

①将短期借款、长期借款、实收资本等账户与其发行相关的原始凭证进行核对,索取相应的授权文件、借款合同或者协议等。

②将短期借款、长期借款、实收资本等账户与其收入现金的收据、汇款通知单及相关的银行对账单、验资报告进行核对,以确定筹资业务是否实际发生。

③将短期借款、长期借款、实收资本等账户与其偿还本金支票进行核对,以确定偿还业务是否发生。

④审查应计利息和应付股利账户,并追查至债券利息和现金股利的支票存根、董事会和股东大会有关股利分配的决议,以确定所支付的利息和现金股利是否正确。

(2)测试已发生的筹资业务是否均已登记入账。这一测试所要达到的一般审计目标是完整性(与"完整性"认定有关)。为了达到这一目的,注册会计师通常实施下列实质性程序:从收入现金的收据、汇款通知单、送款登记簿及相关的银行对账单、验资报告等原始凭证追查至相关账簿,来测试已发生的筹资业务是否均已登记入账,并特别关注是否存在低估负债的情况。

(3)测试登记已入账的筹资业务估价是否准确。这一测试所要达到的一般审计目标是估价(与"计价和分摊"认定有关)。为了达到这一目的,注册会计师通常实施下列实质性程序。

①将已入账的筹资额与筹资合同、协议、验资报告中确定的金额、收款凭证中的金额进行核对。

②根据借款合同复核借款利息。

③复核债券溢价折价的摊销和利息费用的计算。

④复核应付股利的计算。

(4)测试登记入账的筹资业务分类是否正确。这一测试所要达到的一般审计目标是分类性(与"分类"认定有关)。注册会计师通常可通过真实性测试、完整性测试、估价测试时对相关凭证和账户的细节测试工作来确定登记入账的筹资业务是否分类正确。

(5)测试筹资业务的记录是否及时。

注册会计师通常将支票存根、银行对账单中的首付款日期与相关明细账中的日期进行比较,以确定筹资业务的记录是否及时。

(6)测试筹资业务是否已正确计入明细账并准确地汇总。

常用的测试程序有：

①加计短期借款与长期借款的明细账；

②追查相关总账的金额，并与对应的明细账核对。

(二)投资业务的实质性程序

1. 投资业务的实质性分析程序

实质性分析程序的有效性取决于企业的权益性投资和债权性投资交易及其余额的重要性。如果会计期间内投资交易的买入和卖出业务较少，注册会计师可以通过细节测试有效地获取充分适当的审计证据。然而，如果投资交易业务频繁和重要，注册会计师可以考虑通过比较投资和投资收益本期数、前期数和预期数等实质性分析程序来获取充分适当的审计证据。

如果被审计单位持有不同类型的投资业务，如各种类型的上市性投资、债券和贷款，企业应当对持有的投资组合制定政策，管理层可能使用关键业绩指标来进行管理。注册会计师应当重新计算相关比率以测试管理层所使用的关键业绩指标的有效性。如果该指标不能符合预期，注册会计师应当询问管理层所采取的行动。任何偏差或未预期的趋势都应当同管理层讨论，因为它们可能表明存在潜在的错误或舞弊。

由于影响衍生金融工具价值的各种因素之间复杂的相互作用往往掩盖了可能出现的异常趋势，实质性分析程序通常不能提供衍生金融工具相关认定的充分证据。注册会计师通常使用细节测试程序来证实期末衍生金融工具的完整性和估价认定。

2. 投资业务的细节测试

(1)测试登记入账的投资业务的真实性。这一测试所要达到的一半审计目标是真实性(与"存在"认定有关)。为了达到这一目的，注册会计师通常实施下列实质性程序。

①核对相关账户、原始凭证，索取相应的授权文件、投资合同、被审计单位的出资证明等。

②核对相关投资账户、被投资单位开具的收据、汇款通知单及相关的银行对账单、验资报告等。

③核对投资收益账户、收款通知单、银行进账单及相关银行对账单、被投资单位的股利分配公告等。

(2)测试已发生的投资业务是否均已登记入账。这一测试所要达到的一般审计目标是完整性(与"完整性"认定有关)。注册会计师通常通过检查年度内投资增减变动的原始凭证、投资合同或协议等，与相关账户核对，以确定以发生的投资业务是否均已登记入账。

(3)测试登记已投资入账的业务估价是否准确。这一测试所要达到的一般审计目标是估计(与"估计"认定有关)。为了达到这一目的，注册会计师通常实施下列实质性程序。

①将已入账的投资额与投资合同、出出资证明、付款凭证中的金额进行核对。

②核算投资减值准备的计提是否合理。正确。

③复核债券投资折价或溢价的摊销和利息收入的计算。

④根据投资合同、出资证明等复核长期股权投资的核算方法是否合理，投资收益的计算是否

合理、正确。

(4)测试登记投资入账的业务分类是否正确。这一测试所要达到的一般审计目标是分类(与"分类"认定有关)。为了达到这一目的,注册会计师通常实施下列实质性程序:注册会计师通常可通过真实性测试、完整性测试、估价测试时对相关凭证和账户的细节测试工作来确定登记入账的投资业务是否分类正确。

(5)测试投资业务的记录是否及时。

注册会计师通常将记录投资业务增减原始凭证中的日期与相关明细账中的日期进行比较,以确定投资业务的记录是否及时。

(6)测试投资业务是否已正确计入明细账并准确地汇总。

常用的测试程序有以下几点。

①加计投资业务的相关明细账。

②追查投资业务相关总账的金额,并与对应的明细账核对。

二、长期股权投资的实质性程序

(一)长期股权投资的审计目标

长期股权投资的审计目标一般包括:

确定资产负债表中列示的长期股权投资是否存在;

确定所有应当列示的长期股权投资是否均已列示;

确定列示的长期股权投资是否由被审计单位拥有或控制;

确定长期股权投资是否以恰当的金额包括在财务报表中,与之相关的计价调整是否已恰当记录;

确定长期股权投资是否已按照企业会计准则的规定在财务报表中作出恰当列报。

(二)长期股权投资的实质性程序

1. 获取或编制长期股权投资明细表

复核加计是否正确,并与总账数和明细账合计数核对是否相符;结合长期股权投资减值准备科目与报表数核对是否相符。

2. 确定长期股权投资是否存在,并归被审计单位所有

根据管理层的意图和能力,分类是否正确;针对各分类其计价方法、期末余额是否正确;

3. 确定长期股权投资增减变动的记录是否完整

(1)检查本期增加的长期股权投资,追查至原始凭证及相关的文件或决议及被投资单位验资报告或财务资料等,确认长期股权投资是否符合投资合同、协议的规定,会计处理是否正确(根据企业合并形成、企业合并以外其他方式取得的长期股权投资分别确定初始投资成本)。

(2)检查本期减少的长期股权投资,追查至原始凭证,确认长期股权投资的处理有合理的理由及授权批准手续,会计处理是否正确。

4. 期末对长期股权投资进行逐项检查,以确定长期股权投资是否已经发生减值

(1)核对长期股权投资减值准备本期与以前年度计提方法是否一致,如有差异,查明政策调整的原因,并确定政策改变对本期损益的影响,提请被审计单位做适当披露。

(2)对长期股权投资进行逐项检查,根据被投资单位经营政策、法律环境、市场需求、行业及盈利能力等的各种变化判断长期股权投资是否存在减值迹象。当长期股权投资可收回金额低于账面价值时,应将可收回金额低于账面价值的差额作为长期股权投资减值准备予以计提,并应与被审计单位已计提数相核对,如有差异,查明原因。

(3)将本期减值准备计提金额与利润表资产减值损失中的相应数字进行核对。

(4)长期股权投资减值准备按单项资产计提,计提依据是否充分,是否得到适当批准。

5. 检查通过发行权益性证券、投资者投入、企业合并等方式取得的长期股权投资的会计处理是否正确

6. 对于长期股权投资分类发生变化的,检查其核算是否正确

7. 结合银行借款等的检查,了解长期股权投资是否存在质押、担保情况

如有,则应详细记录,并提请被审计单位进行充分披露。

8. 与被审计单位人员讨论确定是否存在被投资单位由于所在国家和地区及其他方面的影响,其向被审计单位转移资金的能力受到限制的情况

如存在,应详细记录受限情况,并提请被审计单位充分披露。

9. 根据评估的舞弊风险等因素增加的审计程序。

10. 检查长期股权投资的列报是否恰当

子公司、合营企业和联营企业清单,包括企业名称、注册地、业务性质、投资企业的持股比例和表决权比例;合营企业和联营企业当期的主要财务信息,包括资产、负债、收入、费用等的合计金额;被投资单位向投资企业转移资金的能力受到严格限制的情况;当期及累计未确认的投资损失金额;与对子公司、合营企业及联营企业投资相关的或有负债。

三、长期借款的实质性程序

(一)长期借款的审计目标

长期借款的审计目标一般包括:

确定资产负债表中列示的长期借款是否存在;

确定所有应当列示的长期借款是否均已列示;

确定列示的长期借款是否为被审计单位应当履行的现时义务;

确定长期借款是否以恰当的金额列示在财务报表中,与之相关的计价调整是否已恰当记录;

确定长期借款是否已按照企业会计准则的规定在财务报表中做出恰当列报。

(二)长期借款的实质性程序

长期借款同短期借款一样,都是企业向银行或其他金融机构借入的款项,因此,长期借款的实质性程序同短期借款的实质性程序较为相似。

长期借款的实质性程序通常包括以下几项。

①获取或编制长期借款明细表,复核其加计数是否正确,并与明细账和总账核对相符。

②了解金融机构对被审计单位的授信情况以及被审计单位的信用等级评估情况,了解被审计单位获得短期借款和长期借款的抵押和担保情况,评估被审计单位的信誉和融资能力。

③对年度内增加的长期借款,应检查借款合同和授权批准,了解借款数额、借款条件、借款日期、还款期限、借款利率,并与相关会计记录相核对。

④检查长期借款的使用是否符合借款合同的规定,重点检查长期借款使用的合理性。

⑤向银行或其他债权人函证重大的长期借款。

⑥对年度内减少的长期借款,注册会计师应检查相关记录和原始凭证,核实还款数额。

⑦检查年末有无到期未偿还的借款,逾期借款是否办理了延期手续,分析计算逾期借款的金额、比率和期限,判断被审计单位的资信程度和偿债能力。

⑧计算短期借款、长期借款在各个月份的平均余额,选取适用的利率匡算利息支出总额,并与财务费用的相关记录核对,判断被审计单位是否高估或低估利息支出,必要时进行适当调整。

⑨检查非记账本位币折合记账本位币时采用的折算汇率,折算差额是否按规定进行会计处理。

⑩检查借款费用的会计处理是否正确。借款费用,指企业因借款而发生的利息及其他相关成本,包括折价或溢价的摊销、辅助费用以及因外币借款而发生的汇兑差额。按照《企业会计准则第17号——借款费用》的规定,企业发生的借款费用,可直接归属于符合资本化条件的资产的购建或生产的,应当予以资本化,计入相关资产成本;其他借款费用,应当在发生时根据其发生额确认费用,计入当期损益。

⑪检查企业抵押长期借款的抵押资产的所有权是否属于企业,其价值和实际状况是否与抵押契约中的规定相一致。

⑫检查企业重大的资产租赁合同,判断被审计单位是否存在资产负债表外融资的现象。

⑬检查长期借款是否已在资产负债表中充分披露。

长期借款在资产负债表中列示于长期负债类下,该项目应根据"长期借款"科目的期末余额扣减将于一年内到期的长期借款后的数额填列,该项扣除数应当填列在流动负债类下的"一年内到期的长期负债"项目单独反映。注册会计师应根据审计结果确定被审计单位长期借款在资产负债表中的列示是否恰当,并注意长期借款的抵押和担保是否已在财务报表附注中作了充分的说明。

四、其他账户的实质性程序

(一)短期借款的实质性程序

1. 短期借款的审计目标

短期借款的审计目标一般包括:

(1)确定资产负债表中列示的短期借款是否存在;

(2)确定所有应当列示的短期借款是否均已列示;

(3) 确定列示的短期借款是否为被审计单位应当履行的现时义务;

(4) 确定短期借款是否以恰当的金额列示在财务报表中,与之相关的计价调整是否已恰当记录;

(5) 确定短期借款是否已按照企业会计准则的规定在财务报表中做出恰当列报。

2. 短期借款的实质性程序

短期借款的实质性程序通常包括以下几点。

(1) 获取或编制短期借款明细表。注册会计师应首先获取或编制短期借款明细表,复核其加计数是否正确,并与明细账和总账核对相符。

(2) 函证短期借款的实有数。注册会计师应当对银行借款及与金融机构往来的其他重要信息实施函证程序,除非有充分证据表明某一借款及金融机构往来的其他重要信息对财务报表不重要且与之相关的重大错报风险很低。

如果不对某一借款及与金融机构往来的其他重要信息实施函证程序,注册会计师应当在审计工作底稿中说明理由。

(3) 检查短期借款的增加。对年度内增加的短期借款,注册会计师应检查借款合同和授权批准,了解借款数额、借款条件、借款日期、还款期限、借款利率,并与相关会计记录相核对。

(4) 检查短期借款的减少。对年度内减少的短期借款,注册会计师应检查相关记录和原始凭证,核实还款数额。

(5) 检查有无到期未偿还的短期借款。注册会计师应检查相关记录和原始凭证,检查被审计单位有无到期未偿还的短期借款,如有,则应查明是否已向银行提出申请并经同意后办理延期手续。

(6) 复核短期借款利息。注册会计师应根据短期借款的利率和期限,复核被审计单位短期借款的利息计算是否正确,有无多算或少算利息的情况,如有未计利息和多计利息,应做出记录,必要时进行调整。

(7) 检查外币借款的折算。如果被审计单位有外币短期借款,注册会计师应检查外币短期借款的增减变动是否按业务发生时的市场汇率或期初市场汇率折合为记账本位币金额;期末是否按市场汇率将外币短期借款余额折合为记账本位币金额;折算差额是否按规定进行会计处理;折算方法是否前后期一致。

(8) 检查短期借款在资产负债表中的列报是否恰当。企业的短期借款在资产负债表中通常设"短期借款"项目单独列示,对于因抵押而取得的短期借款,应在资产负债表附注中揭示,注册会计师应注意被审计单位对短期借款项目的披露是否充分。

(二) 实收资本的实质性程序

1. 实收资本的审计目标

(1) 确定实收资本筹集、核算的合法性。

(2) 确定实收资本的真实性。

(3) 企业所有权和资本分类的正确性。

(4)资本计价的正确性。确认现金以外的有形或无形资产投资的入账价值,与合同、协议规定的价值及资产评估确认价值是否一致等。

2.实收资本的实质性程序

(1)编制或取得实收资本明细表 实收资本审计架构。

(2)审查实收资本的存在性。

取得实收资本投入有关的记录及文件等,应注意原始凭证所反映的内容。投入货币资金是否确实存入企业开户银行;对原材料和设备等实物资产应审核购货发票、对融资租入固定资产审核其租赁合同,对房地产等固定资产应审核其所有权或使用权证明文件;对投入的无形资产应审查是否办理了法律手续.有无合法的证明文件。

(3)审查实收资本记录的完整性。

将实收资本明细表与有关原始文件的记录进行核对。查明其是否一致。以确定实收资本的记录是否完整。如果不相一致,应查明原因。

(4)审查实收资本业务是否作了充分揭示。

(5)审查实收资本业务的合法性。

审阅账册、凭证。查明注册资本是否符合《公司法》等法律要求;投入资本是否按时全部到位,有无违约情况;无形资产投入比例是否符合规定;非货币性资产投入时,资产评估是否合规、合法;有外商投资时,应索取商检报告,以确定投资业务的合法性;审查减资的合法性。查明有无抽逃资本等违法行为。

(6)审查实收资本分类的合理性。

审查实收资本账户及有关原始文件、凭证.查明企业是否根据不同的投资主体在"股本"明细科目中核算。有无错记、漏记和作弊行为,特别查明普通股与优先股是否分开记录;投入资本与借入资金的划分是否合理.有无将两者混淆记录的情况。

(7)审查资本业务账务处理的准确性。

审查投资者投入资本或股东入股的资产计价是否准确、合理。有无高估或低估资产价值;审查股份制企业改造时,资本业务处理是否准确:吸收外币投资时,审查投资的币种、汇率及折算差额的准确性;企业减资时。查明减资业务处理准确性;核对实收资本明细账与总账余额、报表的一致性。

(三)资本公积的实质性程序

1. 资本公积的审计目标

(1)确定资产负债表中记录的资本公积是存在的。

(2)确定资本公积的增减变动是否符合法律,法规和合同,章程的规定,记录是否完整。

(3)确定资本公积的年末余额是否正确。

(4)确定资本公积在会计报表上的披露是否恰当。

2. 资本公积的实质性程序

(1)获取或编制资本公积明细表,复核加计是否正确,并与报表数、总账数和明细账合计数核对是否相符。

(2)首次接受委托的单位,应对期初的资本公积进行追溯查验,检查原始发生的依据是否充分。

(3)收集与资本公积变动有关的股东(大)会决议、董事会会议纪要、资产评估报告等文件资料,更新永久性档案。

(4)根据资本公积明细账,对"资本(股本)溢价"的发生额逐项审查至原始凭证:

①对股本溢价,应取得董事会会议纪要、股东(大)会决议、有关合同、政府批文,追查至银行收款等原始凭证,结合相关科目的审计,检查会计处理是否正确,注意发行股票溢价收入的计算是否已扣除股票发行费用;

②对资本公积转增资本的,应取得股东(大)会决议、董事会会议纪要、有关批文等,检查资本公积转增资本是否符合有关规定,会计处理是否正确;

③若有同一控制下企业合并,应结合长期股权投资科目,检查被审计单位(合并方)取得的被合并方所有者权益账面价值的份额与支付的合并对价账面价值的差额计算是否正确,是否依次调整本科目、盈余公积和未分配利润;

④股份有限公司回购本公司股票进行减资的,检查其是否按注销的股票面值总额和所注销的库存股的账面余额,冲减资本公积;

⑤检查与发行权益性证券直接相关的手续费、佣金等交易费用的会计处理是否正确,是否将与发行权益性证券间接相关的手续费计入本账户,若有,判断是否需要被审计单位调整。

(5)根据资本公积明细账,对"其他资本公积"的发生额逐项审查至原始凭证:

①检查以权益法核算的被投资单位除净损益以外所有者权益的变动,被审计单位是否已按其享有的份额入账,会计处理是否正确;处置该项投资时,应注意是否已转销与其相关的资本公积;

②以自用房地产或存货转换为采用公允价值模式计量的投资性房地产,转换日的公允价值大于原账面价值的,检查其差额是否计入资本公积。处置该项投资性房地产时,原计入资本公积的部分是否已转销;

③将持有至到期投资重分类为可供出售金融资产,或将可供出售金融资产重分类为持有至到期投资的,是否按相关规定调整资本公积,检查可供出售金融资产的后续计量是否相应调整资本公积;

④以权益结算的股权支付,取得相关资料,检查在权益工具授予日和行权日的会计处理是否正确;

⑤对于在资产负债表日,满足运用套期会计方法条件的现金流量套期和境外经营净投资套期产生的利得和损失,是否进行了正确的会计处理。

⑥检查资本公积各项目,考虑对所得税的影响。

⑦记录资本公积中不能转增资本的项目。

⑧根据评估的舞弊风险等因素增加的审计程序。

⑨检查资本公积是否已按照企业会计准则的规定在财务报表中作出恰当列报。

(四)投资收益审计

1. 投资收益的审计目标

(1)确定利润表中列示的投资收益是否已真实赚取,且与被审计单位有关。

(2)确定所有应当列示的投资收益是否均已列示。

(3)确定与投资收益有关的金额及其他数据是否已恰当记录。

(4)确定投资收益是否已反映于正确的会计期间。

(5)确定投资收益是否已记录于恰当的账户。

(6)确定投资收益是否已按照企业会计准则的规定在财务报表中作出恰当的列报。

2. 投资收益的实质性程序

(1)获取或编制投资收益分类明细表,复核加计正确,并与总账数和明细账合计数核对相符,与报表数核对相符。

(2)与以前年度投资收益比较,结合投资本期的变动情况,分析本期投资收益是否存在异常现象。如有,应查明原因,并做出适当的调整。

(3)与长期股权投资、交易性金融资产、交易性金融负债、可供出售金融资产、持有至到期投资等相关项目的审计结合,验证确定投资收益的记录是否正确,确定投资收益被计入正确的会计期间。

(4)确定投资收益已恰当列报。检查投资协议等文件,确定国外的投资收益汇回是否存在重大限制,若存在重大限制,应说明原因,并做出恰当披露。

课后练习

□ 复习思考题

1. 筹资与投资的内部控制及其测试主要包括哪些内容?
2. 短期借款和长期借款的实质性程序有哪些?
3. 如何进行实收资本和资本公积的实质性程序?
4. 长期股权投资的实质性程序有哪些?

□ 单项选择题

1. 注册会计师在了解W公司筹资与投资循环内部控制后,准备对W公司投资业务的内部控制进行测试,以验证所有投资账面余额均是存在的,执行的主要程序有( )。

    A. 获取或编制投资明细表,复核加计并与合计数核对相符

    B. 索取投资的授权批准文件,检查权限是否恰当,手续是否齐全

    C. 向被投资单位函证投资金额、持股比例及发放股利情况

    D. 检查年度内投资增减变动的原始凭证

2. 为确保被审计单位投资业务的增减变动及其收益均已登记入账,注册会计师最希望被审计单位实施( )的控制措施。

A. 投资业务的会计记录、与授权、执行、保管等方面有明确的职责分工

B. 由内部审计人员定期盘点证券投资资产

C. 对投资业务采用符合会计制度规定的核算方法

D. 投资明细账与总账的登记职务别离

3. 被审计单位为了到达其对投资业务的完整性控制目标,最好应规定并依据以下控制措施中的(   )。

A. 明确投资业务的授权、执行、记录、保管等职责分工

B. 与被投资单位签订合同、协议,并获取其出具的投资证明

C. 将记录投资明细账与记录总账的职务实施严格的别离

D. 由内部审计人员或其他独立人员定期盘点证券投资资产

4. 关于筹资与投资循环的审计以下哪些说法不正确(   )。

A. 审计年度内筹资与投资循环的交易数量较少,所以,漏计或不恰当地对每笔业务进行会计处理对财务报表影响不大

B. 审计年度内筹资与投资循环每笔交易的金额通常较大

C. 漏计或不恰当地对每笔业务进行会计处理将导致重大错误,从而对企业财务报表的公允反映产生较大的影响

D. 筹资与投资循环交易必须遵守国家法律、法规和相关契约的规定

5. 注册会计师在对应付债券业务进行实质性程序,往往要检查债券交易的原始凭证,其检查的内容不包括(   )。

A. 检查用以归还债券的支票存根,并检查利息费用的计算

B. 检查发行债券所收入现金的收据、汇款通知单、送款登记簿、银行对账单

C. 检查企业现有债券副本,确定其内容是否与相关的会计记录一致

D. 检查是否已在财务报表附注中对债券的类别作了充分的说明

6. 为了证实 Q 公司是否存在高估利润的情况,在注册会计师所列的关于财务费用的以下各项审计目标中,(   )不属主要审计目标。

A. 确定所记录的财务费用是否为被审计期间发生的

B. 确定所记录的财务费用是否完整

C. 确定财务费用的计算是否正确

D. 确定财务费用的披露是否恰当

7. A 注册会计师拟对 H 公司与借款活动相关的内部控制进行测试,以下程序中不属于控制测试程序的是(   )。

A. 索取借款的授权批准文件,检查批准的权限是否恰当、手续是否齐全

B. 观察借款业务的职责分工,并将职责分工的有关情况记录于审计工作底稿中

C. 计算短期借款、长期借款在各个月份的平均余额,选取适用的利率匡算利息支出总额,并与账务费用等项目的相关记录核对

D. 抽取借款明细账的部分会计记录,按从原始凭证到明细账再到总账的顺序核对有关会计处理过程,以判断是否其合规

8. 如果P公司固定资产的购建活动发生非正常中断,并且中断时间连续超过( ),则P公司应当暂停借款费用的资本化,将其确认为当期费用,直至资产的购建活动重新开始。

   A. 1年　　　　　　　　　　B. 3个月

   C. 半年　　　　　　　　　　D. 两年

9. 甲公司2005年度的借款规模、存款规模分别与2004年度基本持平,但财务费用比2004年度有所下降。甲公司提供的以下理由中,不能解释财务费用变动趋势的是( )。

   A. 甲公司于2004年1月初借入3年期的工程项目专门借款10000000元,该工程项目于2005年1月开工建设,预计在2006年6月完工

   B. 甲公司在2005年度以美元结算的货币性负债的金额一直大于以美元结算的货币性资产的金额。人民币对美元的汇率在2005年上半年保持稳定,从2005年下半年开始有较大上升

   C. 为了缓解流动资金紧张的压力,甲公司从2005年4月起增加了银行承兑汇票的贴现规模

   D. 根据甲公司与开户银行签订的存款协议,从2005年7月1日起,甲公司在开户银行的存款余额超过1000000元的部分所适用的银行存款利率上浮0.5%

10. T注册会计师在审计W公司持有目的改变的持有至到期投资时,以下( )程序最具有针对性。

    A. 核实被审计单位持有的目的和能力,检查本科目核算范围是否恰当

    B. 向相关金融机构发函询证持有至到期投资期末数量,并记录函证过程

    C. 检查持有至到期投资划转为可供出售金融资产的会计处理是否正确

    D. 结合投资收益科目,复核处置持有至到期投资的损益计算是否准确,已计提的减值准备是否同时结转

□ 多项选择题

1. 注册会计师在了解H公司应付债券业务的内部控制时,假设发现债券持有人的明细分类记录由外部机构保存,则不仅应关注H公司是否认期同外部机构核对,而且应关注H公司与应付债券业务相关的不相容职务是否别离。具体来说,H公司记录应付债券明细账的人员不得从事( )工作。

   A. 参与应付债券的发行

   B. 与外部机构定期核对应付债券相关记录

   C. 记录应付债券总账

   D. 办理应付债券发行的审批手续

2. 注册会计师在了解W公司筹资与投资循环内部控制后,准备对W公司投资业务的内部控制进行测试,以验证投资增减变动及其投资均已经登记入账,执行的主要程序有( )。

   A. 观察并描述筹资业务职责分工

   B. 了解债券持有人明细资料的保管制度,检查被审计单位是否与总账或外部机构核对

   C. 检查年度内借款增减变动的原始凭证

   D. 检查授权批准手续是否完备,入账是否及时准确。

3. 为证实被审计单位是否存在未入账的长期负债业务,注册会计师可选用(　　)程序进行测试。

   A. 函证银行存款余额的同时函证负债业务

   B. 分析财务费用,确定付款利息是否异常的高

   C. 向被审计单位索取债务声明书

   D. 审查年内到期的长期负债是否列示在流动负债类项目下

4. 注册会计师在实施借款业务的实质性程序时,无论是短期借款,还是长期借款,其均应实施的实质性程序是(　　)。

   A. 评估被审计单位的信誉状况和融资能力

   B. 向银行或其他债权人寄发询证函

   C. 检查非记账本位币折合记账本位币采用的汇率是否正确

   D. 检查一年内到期的长期借款是否转列为流动负债

5. 检查 J 公司资本公积账户反映的内容时,注册会计师不应认可 J 公司将(　　)计入资本溢价或股本溢价科目中。

   A. 新的投资者投入的超过注册资本份额的出资

   B. 接受的非现金资产捐赠准备

   C. 股票发行收入中超过面值的收入

   D. 资本溢价和股本溢价的发行费用

6. 交易性金融资产的实质性程序通常包括(　　)。

   A. 对期末结存的相关交易性金融资产,向被审计单位核实其持有目的,检查本科目核算范围是否恰当

   B. 复核与交易性金融资产相关的损益计算是否准确,并与公允价值变动损益及投资收益等有关数据核对

   C. 监盘库存交易性金融资产,并与相关账户余额进行核对,如有差异,应查明原因,并作出记录或进行适当调整

   D. 向相关金融机构发函询证交易性金融资产期末数量以及是否存在变现限制(与存出投资款一并函证),并记录函证过程。取得回函时应检查相关签章是否符合要求

7. 助理人员正在对关于可出售金融资产的工作底稿进行复核,请判断以下说法中正确的有(　　)。

   A. 支付的价款中包含的已到付息期但尚未领取的债券利息或已宣告但尚未发放的现金股利,应单独确认为应收项目

   B. 资产负债表日,可供出售金融资产应当以公允价值计量,且公允价值变动计入资本公积

   C. 处置可供出售金融资产时,应将取得的价款与该金融资产账面价值之间的差额,计入投资损益;同时,将原直接计入所有者权益的公允价值变动累计额对应处置部分的金额转出,计入投资损益

   D. 处置可供出售金融资产时,应将取得的价款与该金融资产账面价值之间的差额,计入投资损益,不考虑原计入所有者权益的公允价值变动累计额的转出

8. 当 H 公司投资性房地产后续计量选用成本计量模式时,注册会计师应确定投资性房地产累计摊销(折旧)政策是否恰当,计算复核本年度摊销(折旧)的计提是否正确。相关程序包括( )。

   A. 了解被审计单位所使用的建筑物折旧率和土地使用权摊销率,确定其是否恰当

   B. 确认被审计单位除已提足折旧的建筑物外,其他投资性房地产均已计提折旧和摊销

   C. 根据投资性房地产的平均水平测算全年的摊销(折旧)额,并与投资性房地产中的累计折旧和摊销本期增加数相核对

   D. 将本期累计折旧和摊销金额与其他业务支出科目中的相应数字核对无误

9. 助理人员正在对关于长期股权投资的工作底稿进行复核,请判断以下说法中正确的有( )。

   A. 投资企业对于被投资单位除净损益以外所有者权益的其他变动,应当调整长期股权投资的账面价值并计入当期损益

   B. 投资企业按照被投资单位宣告分派的利润或现金股利计算应分得的部分,相应减少长期股权投资的账面价值

   C. 投资企业确认被投资单位发生的净亏损,应当以长期股权投资的账面价值以及其他实质上构成对被投资单位净投资的长期权益减记至零为限,投资企业负有承担额外损失义务的除外

   D. 投资企业在确认应享有被投资单位净损益的份额时,应当以取得投资时被投资单位各项可识别资产等的公允价值为基础,对被投资单位的净利润进行调整后确认

10. 以下项目中,投资企业不应确认为投资收益的有( )。

    A. 成本法核算被投资企业接受实物资产捐赠

    B. 成本法核算被投资企业宣告的股利属于投资后实现的净利润

    C. 权益法核算被投资企业揭发放股票股利

    D. 权益法核算被投资企业揭发放现金股利

三、业务题

1.【资料】

ABC 公司所得税税率为 25%,法定公积金计提比例为 10%。注册会计师于 2022 年 2 月 20 日对该公司 2021 年度"长期借款"明细账和借款合同审阅时发现该公司 2021 年 10 月 1 日因购买设备向银行借入资金 1000 万元,借款期限为 5 年,年利率 6%,到期一次性还本付息,该公司 11 月 1 日一次性支付 1000 万设备价款、运输费、安装费等,该设备 2021 年 12 月 31 日达到预定可使用状态。注册会计师审查该笔借款 2021 年应计利息费用的记账凭证,发现其会计分录为:

借:财务费用　150000

　　贷:长期借款　150000

【要求】分析存在的问题,提出处理意见并编制审计调整分录。

2.【资料】

甲会计师事务所 2020 年 2 月 11 日接受 X 公司委托,对其 2019 年度财务报表进行审计,注册会计师在审计过程中发现如下事项:

(1)实收资本与验资报告及营业执照不一致;

(2)被投资企业Y为海外公司,X公司占其股权份额的40%,累计确认投资收益900万元,其中本年度确认300万元,注册会计师无法获取Y企业的财务报表;

X公司2018年1月1日对Z公司进行股权投资,占其股权份额的70%,但X公司按照权益法对Z公司进行核算。X公司2019年度财务报表附注中披露的长期股权投资明细如下:

被投资单位	投资期限	初始金额(元)	股权比例	2009年月日2月28日账面价值(元)
A公司	2015.8—2020.7	15000000	5%	15000000
B公司	2011.7—2021.6	30000000	30%	26287375.39
C公司	永久	30000000	40%	56478987.25
D公司	2015.9—2025.8	100000000	35%	15726089.78
合计		175000 000		255033452.42

【要求】请根据审计准则和会计准则的有关规定,检查并指出注册会计师应当如何处理?

第十二章

货币资金审计

◎ **本章学习目标**

通过本章的学习，了解货币资金与其他业务循环之间的关系，货币资金业务的主要业务活动和所涉及的主要凭证和会计记录；理解并掌握货币资金业务内部控制及其测试的内容；理解并掌握货币资金业务重大错报风险的识别与评估的内容；理解并掌握库存现金、银行存款和其他货币资金的实质性测试程序。

货币资金是企业资产的重要组成部分,是企业资产中流动性最强的一种资产。任何企业进行生产经营活动都必须拥有一定数额的货币资金,持有货币资金是企业生产经营活动的基本条件,可能关乎企业的命脉。货币资金主要来源于股东投入、债权人借款和企业经营累积,主要用于资产的取得和费用的结付总的来说,只有保持健康的、正的现金流,企业才能够继续生存;如果出现现金流逆转迹象,产生了不健康的、负的现金流,长此以往,企业将会陷入财务困境,并导致对企业的持续经营能力产生疑虑。根据货币资金存放地点及用途的不同,货币资金分为库存现金、银行存款及其他货币资金。

第一节　货币资金与交易循环

企业资金营运过程,从资金流入企业形成货币资金开始,到通过销售收回货币资金、成本补偿确定利润、部分资金流出企业为止。企业资金的不断循环,构成企业的资金周转。因此,货币资金的增减变动与企业的日常经营活动密切相关,且涉及多个业务循环,本书已在第七章至第十章中分别演示了对销售与收款循环、采购与付款循环、生产与存货循环的业务活动(包括内部控制)的了解,并在此基础上实施了进一步审计程序。货币资金与各业务循环的关系如图12-1所示。

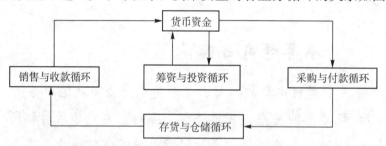

图12-1　货币资金与各业务循环的关系

一、涉及的主要凭证和会计记录

货币资金涉及的凭证和会计记录主要有:
库存现金盘点表;银行对账单;银行存款余额调节表;有关科目的记账凭证;有关会计账簿。

二、涉及的主要业务活动

注册会计师通常实施以下程序,以了解与货币资金相关的内部控制。

一是,询问参与货币资金业务活动的被审计单位人员,如销售部门、采购部门和财务部门的员工和管理人员。

二是,观察货币资金业务流程中特定控制的执行,例如观察被审计单位的出纳人员如何进行现金盘点。

三是,检查相关文件和报告,例如检查银行余额调节表是否恰当编制以及其中的调节项是否经会计主管的恰当复核等。

实施穿行测试,即追踪货币资金业务在财务报告信息系统中的处理过程。穿行测试通常综合了询问、观察、检查、重新执行等多种程序。通过实施穿行测试,注册会计师通常能获取充分的信息以评价控制的设计和执行。例如:选取一笔已收款的银行借款,追踪该笔交易从借款预算审批直至收到银行借款的整个过程。

下面我们以一般制造型企业为例,介绍本书其他业务循环中没有进行说明的与货币资金业务相关的主要业务活动,如现金盘点、银行存款余额调节表的编制等;以下业务活动要点仅为举例,在实务中可能由于每个企业的货币资金管理方式或内部控制的不同而有所不同。

(一)现金管理

出纳员每日对库存现金自行盘点,编制现金报表,计算当日现金收入、支出及结余额,并将结余额与实际库存额进行核对,如有差异及时查明原因。会计主管不定期检查现金日报表。

每月末,会计主管指定出纳员以外的人员对现金进行盘点,编制库存现金盘点表,将盘点金额与现金日记账余额进行核对。对冲抵库存现金的借条、未提现支票、未做报销的原始票证,在库存现金盘点报告表中予以注明,会计主管复核库存现金盘点表,如果盘点金额与现金日记账余额存在差异,需查明原因并报经财务经理批准后进行财务处理。

(二)银行存款管理

1. 银行账户管理

企业的银行账户的开立、变更或注销须经财务经理审核,报总经理审批。

2. 编制银行存款余额调节表

每月末,会计主管指定出纳员以外的人员核对银行存款日记账和银行对账单,编制银行存款余额调节表,使银行存款账面余额与银行对账单调节相符。如调节不符,查明原因。会计主管复核银行存款余额调节表,对需要进行调整的调节项目及时进行处理。

3. 票据管理

财务部门设置银行票据登记簿,防止票据遗失或盗用。出纳员登记银行票据的购买、领用、背书转让及注销等事项。空白票据存放在保险柜中。每月末,会计主管指定出纳员以外的人员对空白票据、未办理收款和承兑的票据进行盘点,编制银行票据盘点表,并与银行票据登记簿进行核对。会计主管复核库存银行票据盘点表,如果存在差异,需查明原因。

4. 印章管理

企业的财务专用章由财务经理保管,办理相关业务中使用的个人名章一出纳员保管。

第二节 货币资金内部控制和控制测试

一、货币资金内部控制概述

由于货币资金是企业流动性最强的资产,企业必须加强对货币资金的管理,建立良好的货币资金内部控制,以确保全部应收取的货币资金均能收取,并及时正确地予以记录;全部货币资金支街是按照经批准的用途进行的,并及时正确地予以记录;串存现金、银行存款报告正确,并得以恰当保管;正确预测企业正常经营所需的货币资金收支额,确保企业有充足又不过剩的货币资金余额。

在实务中,库存现金、银行存款和其他货币资金的转换比较频繁,三者的内部控制目标、内部控制制度的制定与实施大致相似,因此,先统一对货币资金的内部控制作一个概述,各自内部控制的特点以及控制测试将在后面分述。

一般而言,一个良好的货币资金内部控制应该达到以下几点:

货币资金收支与记账的岗位分离;

货币资金收支要有合理、合法的凭据;

全部收支及时准确入账,并且资金支付要严格履行审批、复核制度;

控制现金坐支,当日收入现金应及时送存银行;

按月盘点现金,编制银行存款余额调节表,以做到账实相符;

对货币资金进行内部审计;

尽管由于每个企业的性质、所处行业、规模以及内部控制健全程度等不同,使得其与货币资金相关的内部控制内容有所不同,但以下要求是通常应当共同遵循的。

(一)岗位分工及授权批准

企业应当建立货币资金业务的岗位责任制,明确相关部门和岗位的职责权限,确保办理货币资金业务的不相容岗位相互分离、制约和监督。出纳人员不得兼任稽核、会计档案保管和收入、支出、费用、债权债务账目的登记工作。企业不得由一人办理货币资金业务的全过程。

企业应当对货币资金业务建立严格的授权审批制度,明确审批人对货币资金业务的授权批准方式、权限、程序、责任和相关控制措施,规定经办人办理货币资金业务的职责范围和工作要求。审批人应当根据货币资金授权批准制度的规定,在授权范围内进行审批,不得超越审批权限。经办人应当在职责范围内,按照审批人的批准意见办理货币资金业务。对于审批人超越授权范围审批的货币资金业务,经办人员有权拒绝办理,并及时向审批人的上级授权部门报告。

企业应当按照规定的程序办理货币资金支付业务。支付申请。企业有关部门或个人用款时,应当提前向审批人提交货币资金支付申请,注明款项的用途、金额、预算、支付方式等内容,并附有效经济合同或相关证明。支付审批。审批人根据其职责、权限和相应程序对支付申请进行审批,审核付款业务的真实性、付款金额的准确性,以及申请人提交票据或者证明的合法性,严格监督资金支付。对不符合规定的货币资金支付申请,审批人应当拒绝批准。支付复核。财务部门收到经审批人审批签字的相关凭证或证明后,应再次复核业务的真实性、金额的准确性,以及相关票据的齐备性,相关手续的合法性和完整性,并签字认可。复核无误后,交付出纳人员办理支付手续。办理支付。出纳人员应当根据复核无误的支付申请,按规定办理货币资金支付手续,及时登记库存现金和银行存款日记账。

企业对于重要货币资金支付业务,应当实行集体决策和审批,并建立责任追究制度,防范贪污、侵占、挪用货币资金等行为。

严禁未经授权的机构或人员办理货币资金业务或直接接触货币资金。

(二)现金和银行存款的管理

企业应当加强现金库存限额的管理,超过库存限额的现金应及时存入银行。

企业必须根据《现金管理暂行条例》的规定,结合本企业的实际情况,确定本企业现金的开支范围。不属于现金开支范围的业务应当通过银行办理转账结算。

企业现金收入应当及时存入银行,不得从企业的现金收入中直接支付(即坐支)。因特殊情况需坐支现金的,应事先报经开户银行审查批准,由开户银行核定坐支范围和限额。

企业借出款项必须执行严格的授权批准程序,严禁擅自挪用、借出货币资金。

企业取得的货币资金收入必须及时入账,不得私设"小金库",不得账外设账,严禁收款不入账。

企业应当严格按照《支付结算办法》等国家有关规定,加强银行账户的管理,严格按照规定开立账户,办理存款、取款和结算。银行账户的开立应当符合企业经营管理实际需要,不得随意开立多个账户,禁止企业内设管理部门自行开立银行账户。

企业应当定期检查、清理银行账户的开立及使用情况,发现问题应及时处理。

企业应当加强对银行结算凭证的填制、传递及保管等环节的管理与控制。

企业应当严格遵守银行结算纪律,不准签发没有资金保证的票据或远期支票,套取银行信用;不准签发、取得和转让没有真实交易和债权债务的票据,套取银行和他人资金;不准违反规定开立和使用银行账户。

企业应当指定专人定期核对银行账户(每月至少核对一次),编制银行存款余额调节表,使银行存款账面余额与银行对账单调节相符。如调节不符,应查明原因,及时处理。

出纳人员一般不得同时从事银行对账单的获取、银行存款余额调节表的编制工作。确需出纳人员办理上述工作的,应当指定其他人员定期进行审核、监督。

实行网上交易、电子支付等方式办理资金支付业务的企业,应当与承办银行签订网上银行操作协议,明确双方在资金安全方面的责任与义务、交易范围等。操作人员应当根据操作授权和密码进行规范操作。使用网上交易、电子支付方式的企业办理资金支付业务,不应因支付方式的改变而随意简化、变更所必需的授权审批程序。企业在严格实行网上交易、电子支付操作人员不相容岗位相互分离控制的同时,应当配备专人加强对交易和支付行为的管理。

企业应当定期和不定期地进行现金盘点,确保现金账面余额与实际库存相符。发现不符,及时查明原因并作出处理。

(三)票据及有关印章的管理

1. 企业应当加强与货币资金相关的票据的管理,明确各种票据的购买、保管、领用、背书转让、注销等环节的职责权限和程序,并专设登记簿进行记录,防止空白票据的遗失和被盗用。

企业因填写、开具失误或者其他原因导致作废的法定票据,应当按规定予以保存,不得随意处置或销毁。对超过法定保管期限、可以销毁的票据,在履行审核手续后进行销毁,但应当建立销毁清册并由授权人员监销。

2. 企业应当加强银行预留印鉴的管理。财务专用章应由专人保管,个人名章必须由本人或其授权人员保管。严禁一人保管支付款项所需的全部印章。

按规定需要有关负责人签字或盖章的经济业务,必须严格履行签字或盖章手续。

(四)监督检查

1. 企业应当建立对货币资金业务的监督检查制度,明确监督检查机构或人员的职责权限,定期和不定期地进行检查。

2. 货币资金监督检查的内容主要包括:

(1)货币资金业务相关岗位及人员的设置情况。重点检查是否存在货币资金业务不相容岗位职责未分离的现象。

(2)货币资金授权批准制度的执行情况。重点检查货币资金支出的授权批准手续是否健全,是否存在越权审批行为。

(3)支付款项印章的保管情况。重点检查是否存在办理付款业务所需的全部印章交由一人保管的现象。

(4)票据的保管情况。重点检查票据的购买、领用、保管手续是否健全,票据保管是否存在漏洞。

(5)对监督检查过程中发现的货币资金内部控制中的薄弱环节,应当及时采取措施,加以纠正和完善。

二、货币资金的重大错报风险

(一)货币资金的可能发生错报环节

与货币资金相关的财务报表项目主要为库存现金、银行存款、应收(付)款项、短(长)期借款、财务费用、长期投资等。以一般制造业为例,与库存现金、银行存款相关的交易和余额的可能发生错报环节通常包括(括号内为相应的认定)以下几点。

第一,被审计单位资产负债表的货币资金项目中的库存现金和银行存款在资产负债表日不存在。(存在)

第二,被审计单位所有应当记录的现金收支业务和银行存款收支业务未得到完整记录,存在遗漏。(完整性)

第三,被审计单位的现金收款通过舞弊手段被侵占。(完整性)

第四,记录的库存现金和银行存款不是为被审计单位所拥有或控制。(权利和义务)

第五,库存现金和银行存款的金额未被恰当地包括在财务报表的货币资金项目中,与之相关的计价调整未得到恰当记录。(计价和分摊)

第六,库存现金和银行存款未按照企业会计准则的规定在财务报表中作出恰当列报。(列报)

(二)识别应对可能发生错报环节的内部控制

为评估与货币资金的交易、余额和列报相关的认定的重大错报风险,注册会计师应了解与货币资金相关的内部控制,这些控制主要是为防止、发现并纠正相关认定发生重大错报的固有风险(即可能发生错报环节)而设置的。注册会计师可以通过审阅以前年度审计工作底稿、观察内部控制执行情况、询问管理层和员工、检查相关的文件和资料等方法对这些控制进行了解,此外,对相关文件和资料进行检查也可以提供审计证据,例如通过检查财务人员编制的银行余额调节表,可以发现差错并加以纠正。

温馨提示

在评估与货币资金的交易、余额和列报相关的认定的重大错报风险时,注册会计师之所以需要充分了解被审计单位对货币资金的控制活动,目的在于使得计划实施的审计程序更加有效。也就是说,注册会计师必须恰当评估被审计单位的重大错报风险,在此基础上设计并实施进一步审计程序,才能有效应对重大错报风险。

1. 库存现金内部控制

由于现金是企业流动性最强的资产,加强现金管理对于保护企业资产安全完整具有重要的意义。在良好的现金内部控制下,企业的现金收支记录应及时、准确、完整;全部现金支出均按经批准的用途进行;现金得以安全保管。一般而言,一个良好的现金内部控制应该达到以下几点。

(1)现金收支与记账的岗位分离。

(2)现金收支要有合理、合法的凭据。

(3)全部收入及时准确入账,并且现金支出应严格履行审批、复核制度。

(4)控制现金坐支,当日收入现金应及时送存银行。

(5)按月盘点现金,以做到账实相符。

(6)对现金收支业务进行内部审计。

注册会计师通常通过内部控制流程图来了解企业对现金的内部控制。编制现金内部控制流程图是了解企业对库存现金内部控制的重要步骤。注册会计师在编制之前应通过询问、观察、检查、重新执行等程序收集必要的资料,然后根据所了解的情况编制流程图。对中小企业,也可采用编写现金内部控制说明的方法。

若以前年度审计时已经编制了现金内部控制流程图,注册会计师可根据本年了解的情况对以前年度的内部控制流程图加以更新,以供本年度审计之用。一般地,了解现金内部控制时,注册会计师应当注意检查库存现金内部控制的建立和执行情况,包括以下几个重点。

(1)库存现金的收支是否按规定的程序和权限办理。

(2)是否存在与被审计单位经营无关的款项收支情况。

(3)出纳与会计的职责是否严格分离。

(4)库存现金是否妥善保管,是否定期盘点、核对,等等。

2. 银行存款内部控制

一般而言,一个良好的银行存款的内部控制同库存现金的内部控制类似,应达到以下几点。

(1)银行存款收支与记账的岗位分离。

(2)银行存款收支要有合理、合法的凭据。

(3)全部收支及时准确入账,全部支出要有核准手续。

(4) 按月编制银行存款余额调节表，以做到账实相符。

(5) 加强对银行存款收支业务的内部审计。

按照我国现金管理的有关规定，超过规定限额的现金支出一律使用支票。因此，企业应建立相应的支票申领制度，明确申领范围、申领批准及支票签发、支票报销等。

对于支票报销和现金报销，企业应建立报销制度。报销人员报销时应当有正常的报批手续、适当的付款凭证，有关采购支出还应具有验收手续。会计部门应对报销单据加以审核，出纳员见到加盖核准戳记的支出凭据后方可付款。

付款应及时登记入账，相关凭证应按顺序或内容编制并作为会计记录的附件。

(三) 与货币资金相关的重大错报风险

在评价货币资金业务的交易、账户余额和列报的认定层次的重大错报风险时，注册会计师通常运用职业判断，依据因货币资金业务的交易、账户余额和列报的具体特征而导致重大错报风险的可能性（即固有风险），以及风险评估是否考虑了相关控制（即控制风险），形成对与货币资金相关的重大错报风险的评估，进而影响进一步审计程序。

货币资金业务交易、账户余额和列报的认定层次的重大错报风险可能包括以下几点。

一是，被审计单位存在虚假的货币资金余额或交易，因而导致银行存款余额的存在性或交易的发生存在重大错报风险。

二是，被审计单位存在大额的外币交易和余额，可能存在外币交易或余额未被准确记录的风险。例如，对于有外币现金或外币银行存款的被审计单位，企业有关外币交易的增减变动或年底余额可能因未采用正确的折算汇率而导致计价错误（计价和分摊/准确性）。

三是，银行存款的期末收支存在大额的截止性错误（截止）。例如1，被审计单位期末存在金额重大且异常的银付企未付，企收银未收事项。

四是，被审计单位可能存在未能按照企业会计准则的规定对货币资金作出恰当披露的风险。例如，被审计单位期末持有使用受限制的大额银行存款，但在编制财务报表时未在财务报表附注中对其进行披露。

(四) 拟实施的进一步审计程序的总体方案

注册会计师基于以上识别的重大错报风险评估结果，制定实施进一步审计程序的总体方案（包括综合性方案和实质性方案），继而实施控制测试和实质性审计程序，以应对识别出的重大错报风险。注册会计师通过综合性方案或实质性方案获取的审计证据应足以应对识别出的认定层次的重大错报风险。

二、测试货币资金的内部控制

如果在评估认定层次重大错报风险时预期控制的运行是有效的，或仅实施实质性程序不能够提供认定层次充分、适当的审计证据；注册会计师应当实施控制测试，以就与认定相关控制在相关期间或时点的运行有效性获取充分、适当的审计证据。如果根据注册会计师的判断，决定对货币资金采取实质性审计方案，在此情况下，无须实施本节所述的测试内部控制运行的有效性的程序。

本教材第七章到第十章所述的其他业务循环(如销售循环、采购循环等)中可能已包含某些针对货币资金的控制测试,例如,检查付款是否已经适当批准等。

(一)库存现金的控制测试

在已识别的重大错报风险的基础上,注册会计师选取拟测试的控制并实施控制测试。以下举例说明几种常见的库存现金内部控制以及注册会计师相应可能实施的内部控制测试程序。

1. 现金付款的审批和复核

例如,被审计单位针对现金付款审批作出以下内部控制要求:部门经理审批本部门的付款申请,审核付款业务是否真实发生、付款金额是否准确,以及后附票据是否齐备,并在复核无误后签字认可。财务部门在安排付款前,财务经理再次复核经审批的付款申请及后附相关凭据或证明,如核对一致,进行签字认可并安排付款。针对该内部控制,注册会计师可以在选取适当样本的基础上实施以下控制测试程序。首先,询问相关业务部门的部门经理和财务经理其在日常现金付款业务中执行的内部控制,以确定其是否与被审计单位内部控制政策要求保持一致。其次观察财务经理复核付款申请的过程,是否核对了付款申请的用途、金额及后附相关凭据,以及在核对无误后是否进行了签字确认。再次重新核对经审批及复核的付款申请及其相关凭据,并检查是否经签字确认。

2. 现金盘点

注册会计师针对被审计单位的现金盘点实施的现金监盘可能涉及:检查现金以确定其是否存在,并检查现金盘点结果;观察执行现金盘点的人员对盘点计划的遵循情况,以及用于记录和控制现金盘点结果的程序的实施情况;获取有关被审计单位现金盘点程序可靠性的审计证据。现金监盘程序是用作控制测试还是实质性程序,取决于注册会计师对风险评估结果、审计方案和实施的特定程序的判断。注册会计师可以将现金监盘同时用作控制测试和实质性程序。如被审计单位库存现金存放部门有两处或两处以上的,应同时进行盘点。

例如,被审计单位针对现金盘点作出了以下内部控制要求:会计主管指定应付账款会计每月末的最后一天对库存现金进行盘点,根据盘点结果编制库存现金盘点表,将盘点余额与现金日记账余额进行核对,并对差异调节项进行说明。会计主管复核库存现金盘点表,如盘点金额与现金日记账余额存在差异且差异金额超过2万元,需查明原因并报财务经理批准后进行财务处理。针对该内部控制,注册会计师可以在选取适当样本的基础上实施以下控制测试程序:在月末最后一天参与被审计单位的现金盘点,检查是否由应付账款会计进行现金盘点;观察现金盘点程序是否按照盘点计划的指令和程序执行,是否编制了现金盘点表并根据内控要求经财务部相关人员签字复核;检查现金盘点表中记录的现金盘点余额是否与实际盘点金额保持一致、现金盘点表中记录的现金日记账余额是否与被审计单位现金日记账中余额保持一致;针对调节差异金额超过2万元的调节项,检查是否经财务经理批准后进行财务处理。

如果被审计单位的现金交易比例较高,注册会计师可以考虑在了解和评价被审计单位现金交易内部控制的基础上,针对相关控制运行的有效性获取充分、适当的审计证据。

(三)银行存款的控制测试

在已识别的重大错报风险的基础上,注册会计师选取拟测试的控制并实施控制测试。以下举例说明几种常见的银行存款内部控制以及注册会计师相应可能实施的内部控制测试程序。

1. 银行账户的开立、变更和注销

例如,被审计单位针对银行账户的开立、变更和注销作出了以下内部控制要求:会计主管根据被审计单位的实际业务需要就银行账户的开立、变更和注销提出申请,经财务经理审核后报总经理审批。针对该内部控制,注册会计师可以实施以下控制测试程序。第一,询问会计主管被审计单位本年开户、变更、撤销的整体情况。第二,取得本年度账户开立、变更、撤销申请项目清单,检查清单的完整性,并在选取适当样本的基础上检查账户的开立、变更、撤销项目是否已经财务经理和总经理审批。

2. 银行付款的审批和复核

例如,被审计单位针对银行付款审批作出以下内部控制要求:部门经理审批本部门的付款申请,审核付款业务是否真实发生、付款金额是否准确,以及后附票据是否齐备,并在复核无误后签字认可。财务部门在安排付款前,财务经理再次复核经审批的付款申请及后附相关凭据或证明,如核对一致,进行签字认可并安排付款。针对该内部控制,注册会计师可以在选取适当样本的基础上实施以下控制测试程序:第一,询问相关业务部门的部门经理和财务经理在日常银行付款业务中执行的内部控制,以确定其是否与被审计单位内部控制政策要求保持一致;第二,观察财务经理复核付款申请的过程,是否核对了付款申请的用途、金额及后附相关凭据,以及在核对无误后是否进行了签字确认;第三,重新核对经审批及复核的付款申请及其相关凭据,并检查是否经签字确认。

3. 编制银行存款余额调节表

例如,被审计单位为保证财务报表中银行存款余额的存在性、完整性和准确性作出了以下内部控制要求:每月末,会计主管指定应收账款会计核对银行存款日记账和银行对账单,编制银行存款余额调节表,使银行存款账面余额与银行对账单调节相符。如存在差异项,查明原因并进行差异调节说明。会计主管复核银行存款余额调节表,对需要进行调整的调节项目及时进行处理,并签字确认。针对该内部控制,注册会计师可以实施以下控制测试程序:第一,询问应收账款会计和会计主管,以确定其执行的内部控制是否与被审计单位内部控制政策要求保持一致,特别是针对未达账项的编制及审批流程。第二,针对选取的样本,检查银行存款余额调节表,查看调节表中记录的企业银行存款日记账余额是否与银行存款日记账余额保持一致、调节表中记录的银行对账单余额是否与被审计单位提供的银行对账单中的余额保持一致。第三,针对调节项目,检查是否经会计主管的签字复核。第四,针对大额未达账项进行期后收付款的检查。

【例12-1·单选题】

注册会计师在对被审计单位实施风险评估程序时发现存在未经授权人员接触现金的情况,在评估重大错报风险时,首先应将货币资金的(　　)认定确定为重点审计领域。

A. 存在

B. 完整性

C. 计价和分摊

D. 权利和义务

【正确答案】A

【答案解析】选项 A 中,未经授权接触现金,可能导致货币资金的不当减少,从而导致账面金额被高估,由此违背存在认定。

例 12-2·多选题

被审计单位下列与货币资金相关的内部控制中,存在缺陷的包括(　　)。

A. 对于审批人超越授权范围审批的货币资金业务,经办人员先行办理后,需要及时向审批人的上级授权部门报告

B. 不签发、取得和转让没有真实交易和债权债务的票据

C. 出纳人员应当根据复核无误的支付申请,按规定办理货币资金支付手续,及时登记库存现金和银行存款日记账

D. 出纳人员支付货币资金后,应及时登记应付账款明细账

【正确答案】AD

【答案解析】选项 A 中,对于审批人超越授权范围审批的货币资金业务,经办人员应当拒绝办理并向审批人的上级授权部门报告;选项 D 中,出纳人员不得兼任登记应付账款明细账的工作。

第三节　库存现金的实质性程序

如果实施了本节所述的控制测试,注册会计师根据控制测试的结果(即控制运行是否有效),确定从控制测试中已获得的审计证据及其保证程度,进而确定还需要从实质性程序中获取的审计证据及其保证程度,在此过程中也可能需要对制定具体审计计划时初步确定的实质性程序的性质、时间安排和范围作出适当调整。例如,如果控制测试的结果表明内部控制未能有效运行,注册会计师需要从实质性程序中获取更多的相关审计证据,注册会计师可以修改实质性程序的性质,如采用细节测试而非实质性分析程序、获取更多的外部证据等,或修改实质性审计程序的范围,如扩大样本规模等。

如果根据注册会计师的判断,注册会计师未实施本节所述的控制测试,而直接对货币资金采取实质性审计方案,注册会计师需要确定其实施的实质性程序的性质、时间安排和范围是否能够提供充分、适当的审计证据。

一、库存现金的审计目标

库存现金包括企业的人民币现金和外币现金。现金是企业流动性最强的资产,尽管其在企业资产总额中的比重不大,但企业发生的舞弊事件大多与现金有关,因此,注册会计师应该重视库存现金的审计。

库存现金的审计目标一般应包括(括号内为相应的财务报表认定)以下几个。

一是,确定被审计单位资产负债表的货币资金项目中的库存现金在资产负债表日是否确实存

在。(存在)

二是,确定被审计单位所有应当记录的现金收支业务是否均已记录完毕,有无遗漏。(完整性)

三是,确定记录的库存现金是否为被审计单位所拥有或控制。(权利和义务)

四是,确定库存现金以恰当的金额包括在财务报表的货币资金项目中,与之相关的计价调整已恰当记录。(计价和分摊)

五是,确定库存现金是否已按照企业会计准则的规定在财务报表中作出恰当列报。(列报)

二、库存现金的实质性程序

根据重大错报风险的评估和从控制测试(如实施)中所获取的审计证据和保证程度,注册会计师就库存现金实施的实质性程序可能包括以下几点。

一是,核对库存现金日记账与总账的金额是否相符,检查非记账本位币库存现金的折算汇率及折算金额是否正确。注册会计师测试现金余额的起点是,核对库存现金日记账与总账的金额是否相符。如果不相符,应查明原因,必要时应建议作出适当调整。

二是,监盘库存现金。监盘库存现金是证实资产负债表中货币资金项目下所列库存现金是否存在的一项重要审计程序。

监盘目的:证实资产负债表中所列库存现金是否存在。

参加监盘人员:盘点库存现金的时间和人员应视被审计单位的具体情况而定,但必须有出纳员和被审计单位会计主管人员参加,并由注册会计师进行监盘。

监盘时间:最好选择在上午上班前或下午下班时进行。

监盘方式:突击进行;(有不可预见性)。

监盘范围:一般包括企业各部门经管的库存现金。

监盘过程:①(制订计划)制定库存现金监盘计划,确定监盘时间;在进行现金盘点前,应由出纳员将现金集中起来存入保险柜,必要时可以封存,然后由出纳员把已办妥现金收付手续的收付款凭证登入库存现金日记账;②(审查账簿)审阅库存现金日记账并同时与现金收付凭证相核对;③(结出余额)由出纳员根据库存现金日记账进行加计累计数额,结出现金结余额;④(盘点现金)盘点保险柜的现金实存数,同时编制"库存现金监盘表"(如表12-2所示),分币种、面值列示盘点金额;⑤将盘点金额与现金日记账余额进行核对,如有差异,应查明原因,并作出做出记录或提请被审计单位做出适当调整,如无法查明原因,要求被审计单位按管理权限批准后做出调整;⑥若有冲抵库存现金的借条,未提现支票,未作报销的原始凭证,应在监盘表中注明,必要时应提请被审计单位做出调整;⑦在非资产负债表日进行盘点和监盘时,应调整至资产负债表日的金额。

将监盘结果填入审计工作底稿。

三是,抽查大额库存现金收支。查看大额现金收支,并检查原始凭证是否齐全、原始凭证内容是否完整、有无授权批准、记账凭证与原始凭证是否相符、账务处理是否正确、是否记录于恰当的会计期间等项内容。

四是,检查库存现金是否在财务报表中作出恰当列报。根据有关规定,库存现金在资产负债表的"货币资金"项目中反映,注册会计师应在实施上述审计程序后,确定"库存现金"账户的期末余额是否恰当,进而确定库存现金是否在资产负债表中恰当披露。

表 12-2　库存现金监盘表

被审计单位：_____　　　　索引号：_____
项目：_____　　　　　　　　财务报表截止日/期间：
编制：_____　　　　　　　　复核：_____
日期：_____　　　　　　　　日期：_____

项目	检查盘点记录				实有库存现金盘点记录						
	项次	人民币	美元	某外币	面额	人民币		美元		某外币	
						张	金额	张	金额	张	金额
上一日账面库存余额	①				1000元						
盘点日末记账传票收入金额	②				500元						
盘点日末记账传票支出金额	③										
盘点日账面应有金额	④=①+②-③				100元						
盘点实有库存现金数额	⑤				50元						
盘点日应有与实务差异	⑥=④-⑤				10元						
差异原因分析	白条抵库（张）				5元						
					2元						
					1元						
					0.5元						
					0.2元						
					0.1元						
					合计						
追溯调整	报表日至审计日库存现金付出总额										
	报表日至审计日库存现金收入总额										
	报表日库存现金应有余额										
	报表日账面汇率										
	报表日余额折合本位币金额										
本位币合计											

出纳员：　　　　会计主管人员：　　　　监盘人：　　　　检查日期：

审计说明：

例12-3·简答题

2022年2月2日,审计项目组要求甲公司管理层于次日对库存现金进行盘点,2月3日,审计项目组在现场实施了监盘,并将结果与现金日记账进行了核对,未发现差异。

要求:指出项目组做法是否恰当,如不恰当提出改进建议。

【正确答案】 不恰当。改进建议:对库存现金监盘最好实施突击性检查,时间最好选择在上午上班前或下午下班时。

第四节 银行存款的实质性程序

一、银行存款的审计目标

银行存款的审计目标一般应包括(括号内的为相应的财务报表认定)以下几点。

一是,确定被审计单位资产负债表的货币资金项目中的银行存款在资产负债表日是否确实存在(存在);

二是,确定被审计单位所有应当记录的银行存款收支业务是否均已记录完毕,有无遗漏(完整性);

三是,确定记录的银行存款是否为被审计单位所拥有或控制(权利和义务);

四是,确定银行存款以恰当的金额包括在财务报表的货币资金项目中,与之相关的计价调整已恰当记录(计价和分摊);

五是,确定银行存款是否已按照企业会计准则的规定在财务报表中做出恰当列报(列报)。

二、银行存款的实质性程序

根据重大错报风险的评估和从控制测试(如实施)中所获取的审计证据和保证程度,注册会计师就银行存款实施的实质性程序。

1. 获取银行存款余额明细表

复核加计是否正确,并与总账数和日记账合计数核对是否相符;检查非记账本位币银行存款的折算汇率及折算金额是否正确。注册会计师核对银行存款日记账与总账的余额是否相符。如果不相符,应查明原因,必要时应建议作出适当调整。

如果对被审计单位银行账户的完整性存有疑虑,例如,当被审计单位可能存在账外账或资金体外循环时,注册会计师可以考虑额外实施以下实质性程序。

(1)注册会计师亲自到中国人民银行或基本存款账户开户行查询并打印《已开立银行结算账户清单》,以确认被审计单位账面记录的银行人民币结算账户是否完整。

(2)结合其他相关细节测试,关注原始单据中被审计单位的收(付)款银行账户是否包含在注册会计师已获取的开立银行账户清单内。

2. 实施实质性分析程序

计算银行存款累计余额应收利息收入，分析比较被审计单位银行存款应收利息收入与实际利息收入的差异是否恰当，评估利息收入的合理性，检查是否存在高息资金拆借，确认银行存款余额是否存在，利息收入是否已经完整记录。

3. 检查银行存款账户发生额

注册会计师还可以考虑对银行存款账户的发生额实施以下程序。

(1) 分析不同账户发生银行日记账漏记银行交易的可能性，获取相关账户相关期间的全部银行对账单。

(2) 如果对被审计单位银行对账单的真实性存有疑虑，注册会计师可以在被审计单位的协助下亲自到银行获取银行对账单。在获取银行对账单时，注册会计师要全程关注银行对账单的打印过程。

(3) 从银行对账单中选取交易的样本与被审计单位银行日记账记录进行核对；从被审计单位银行存款日记账上选取样本，核对至银行对账单。

(4) 浏览银行对账单，选取大额异常交易，如银行对账单上有一收一付相同金额，或分次转出相同金额等，检查被审计单位银行存款日记账上有无该项收付金额记录。

4. 取得并检查银行对账单和银行存款余额调节表

取得并检查银行对账单和银行存款余额调节表是证实资产负债表中所列银行存款是否存在的重要程序。银行存款余额调节表通常应由被审计单位根据不同的银行账户及货币种类分别编制，其格式如表12-3所示。具体测试程序通常包括以下几点。

(1) 取得并检查银行对账单。

取得被审计单位加盖银行印章的银行对账单，注册会计师应对银行对账单的真实性保持警觉，必要时，亲自到银行获取对账单，并对获取过程保持控制；将获取的银行对账单余额与银行日记账余额进行核对，如存在差异，获取银行存款余额调节表；

将被审计单位资产负债表日的银行对账单与银行询证函回函核对，确认是否一致。

(2) 取得并检查银行存款余额调节表。银行存款余额调节表格式如表12-3所示。

检查调节表中加计数是否正确，调节后银行存款日记账余额与银行对账单余额是否一致。检查调节事项。对于企业已收付、银行尚未入账的事项，检查相关收付款凭证，并取得期后银行对账单，确认未达账项是否存在，银行是否已于期后入账；对于银行已收付、企业尚未入账的事项，检查期后企业入账的收付款凭证，确认未达账项是否存在，如果企业的银行存款余额调节表存在大额或较长时间的未达账项，注册会计师应查明原因并确定是否需要提请被审计单位进行调整。关注长期未达账项，查看是否存在挪用资金等事项。特别关注银付企未付、企付银未付中支付异常的领款事项，包括没有载明收款人、签字不全等支付事项，确认是否存在舞弊。

表 12-3　银行存款余额调节表

年　　月　　日

编制人：　　　　　日期：　　　　　索引号：
复核人：　　　　　日期：　　　　　页次：
　　　　　　　　　　　　　　　　　户别币别：

项目	
银行对账单余额 (年月日)	企业银行存款日记账金额 (年月日)
加：企业已收，银行尚未入账金额 其中：1.＿＿＿＿＿＿＿＿元 　　　2.＿＿＿＿＿＿＿＿元	加：银行已收，企业尚未入账金额 其中：1.＿＿＿＿＿＿＿＿元 　　　2.＿＿＿＿＿＿＿＿元
减：企业已付，银行尚未入账金额 其中：1.＿＿＿＿＿＿＿＿元 　　　2.＿＿＿＿＿＿＿＿元	减：银行已付，企业尚未入账金额 其中：1.＿＿＿＿＿＿＿＿元 　　　2.＿＿＿＿＿＿＿＿元
调整后银行对账单金额	调整后企业银行存款日记账金额
经办会计人员：(签字)　会计主管：(签字)	

5. 函证银行存款余额，编制银行函证结果汇总表，检查银行回函

银行函证程序是证实资产负债表所列银行存款是否存在的重要程序。通过向往来银行函证，注册会计师不仅可了解企业资产的存在，还可了解企业账面反映所欠银行债务的情况；并有助于发现企业未入账的银行借款和未披露的或有负债。

注册会计师应当对银行存款(包括零余额账户和在本期内注销的账户)、借款及与金融机构往来的其他重要信息实施函证程序，除非有充分证据表明某一银行存款、借款及与金融机构往来的其他重要信息对财务报表不重要且与之相关的重大错报M险很低。如果不对这些项目实施函证程序，注册会计师应当在审计工作底稿中说明理由。

当实施函证程序时，注册会计师应当对询证函保持控制，当函证信息与银行回函结果不符时，注册会计师应当调查不符事项，以确定是否表明存在错报。

在实施银行函证时，注册会计师需要以被审计单位名义向银行发函询证，以验证被审计单位的银行存款是否真实、合法、完整。根据《关于进一步规范银行函证及回函工作的通知》(财会[2016]13号)(以下简称《通知》)，各银行应对询证函列示的全部项目作出回应，并在收到询证函之日起10个工作日内，将回函直接寄往会计师事务所。表11-4列示了通知中给出的银行询证函格式(通用格式)。

表 12-4 银行询证函

编号：

××（银行）：

本公司聘请的××会计师事务所正在对本公司××年度财务报表进行审计，按照中国注册会计师审计准则的要求，询证本公司与贵行相关的信息。下列信息出自本公司记录，如与贵行记录相符，请在本函下端"信息证明无误"处签单证明；如有不符，请在"信息不符"处列明不符项目及具体内容；如存在与本公司有关的未列入本函的其他重要信息，也请在"信息不符"处列出其详细资料。回函请直接寄到××会计师事务所。

回函地址：邮编：

电话：传真：联系人：

截至××年××月××日，本公司与贵行相关的信息列示如下：

1. 银行存款。

账户名称	银行账号	币种	利率	余额	起止日期	是否被质押、用于担保或存在其他使用限制	备注

除上述列示的银行存款外，本公司并无在贵行的其他借款。

注："截止日期"一栏仅适用于定期存款，如为活期或保证金存款，可只填写"活期"或"保证金"字样。

2. 银行借款。

借款人名称	币种	本息余额	借款日期	到期日期	利率	借款条件	抵（质）押品担保人	备注

除上述列示的银行借款外，本公司并无自贵行的其他借款。

注：此项仅函证截至资产负债表日本公司尚未归还的借款。

3. 截至函证日之前 12 个月内注销的账户。

账户名称	银行账号	币种	注销账户日期

除上述列示的账户外，本公司并无截至函证日之前 12 个月内在贵行注销的其他账户。

4. 委托存款。

账户名称	银行账号	借款方	币种	利率	余额	存款起止日期	备注

除上述列示的委托存款外，本公司并无通过贵行办理的其他委托存款。

5.委托贷款。

账户名称	银行账号	资金使用方	币种	利率	本本金	利息	贷款起止日期	备注

除上述列示的委托贷款外,本公司并无通过贵行办理的其他委托贷款。

6.担保。

(1)本公司为其他单位提供的、以贵行为担保受益人的担保。

被担保人	担保方式	担保金额	担保期限	担保事由	担保合同编号	被担保人与贵行就担保事项往来的内容(借款等)	备注

除上述列示的担保外,本公司并无其他以贵行为担保受益人的担保。

注:如采用抵押或质押方式提供担保的,应在备注中说明抵押物或质押物情况。

(2)贵行向本公司提供的担保。

被担保人	担保方式	担保金额	担保期限	担保事由	担保合同编号	被担保人与贵行就担保事项往来的内容(借款等)	备注

除上述列示的担保外,本公司并无贵行提供的其他担保。

7.本公司名称为出票人且由贵行承兑而尚未支付的银行承兑汇票。

银行承兑汇票	票面金额	出票日	到期日

除上述列示的银行承兑汇票外,本公司并无由贵行承兑而尚未支付的其他银行承兑汇票。

8.本公司向贵行已贴现而尚未到期的商业汇票。

商业汇票号码	付款人名称	承兑人名称	票面金额	票面利率	出票日	到期日	贴现日	贴现率	贴现净额

除上述列示的商业汇票外,本公司并无向贵行已贴现而尚未到期的其他商业汇票。

9. 本公司为持票人且由贵行托收的商业汇票。

商业汇票号码	承兑人名称	票面金额	出票日	到期日

除上述列示的商业汇票外,本公司并无由贵行托收的其他商业汇票。

10. 本公司为申请人,由贵行开具的、未履行完毕的不可撤销信用证。

信用证号码	受益人	信用证金额	到期日	未使用金额

除上述列示的不可撤销信用证外,本公司并无由贵行开具的、未履行完毕的其他不可撤销信用证。

11. 本公司与贵行之间未履行完毕的外汇买卖合约。

类别	合约号码	买卖币种	未履行的合约买卖金额	汇率	交收日期
贵行卖予本公司					
本公司卖予贵行					

除上述列示的外汇买卖合约外,本公司并无与贵行之间未履行完毕的其他外汇买卖合约。

12. 本公司存放于贵行的有价证券或其他产权文件。

有价证券或其他产权文件名称	产权文件编号	数量	金额

除上述列示的有价证券或其他产权文件外,本公司并无存放于贵行的其他有价证券或其他产权文件。
注:此项不包括本公司存放在贵行保管箱中的有价证券或其他产权文件。

13. 其他重大事项。

注:此项应填列注册会计师认为重大且应予函证的其他事项,如信托存款等;如无则应填写"不适用"

(公司盖章)
年月日

以下仅供被询证银行使用

结论:1.信息证明无误。

(银行盖章)
经办人:年月日

2.信息不符,请列示不符项目及具体内容(对于在本函前述第1项至第13项中漏列的其他重要信息,请列出详细资料)。

(银行盖章)
经办人:年月日

说明:
(1)本询证函(包括回函)中所列信息应严格保密,仅用于注册会计师审计目的。
(2)注册会计师可根据审计的需要,从本函所列第1~14项中选择所需询证的项目,对于不适用的项目,应当将项目中的表格用斜线划掉。
(3)本函应由被审计单位加盖骑缝章。

6. 检查银行存款账户存款人是否为被审计单位,若存款人非被审计单位,应获取该账户户主和被审计单位的书面声明,确认资产负债表日是否需要提请被审计单位进行调整

7. 关注是否存在质押、冻结等对变现有限制或存在境外的款项

如果存在,是否已提请被审计单位作必要的调整和披露。

8. 对不符合现金及现金等价物条件的银行存款在审计工作底稿中予以列明,以考虑对现金流量表的影响

9. 抽查大额银行存款收支的原始凭证,检查原始凭证是否齐全、记账凭证与原始凭证是否相符、账务处理是否正确、是否记录于恰当的会计期间等项内容

检查是否存在非营业目的的大额货币资金转移,并核对相关账户的进账情况;如有与被审计单位生产经营无关的收支事项,应查明原因并作相应的记录。

10. 检查银行存款收支的截止是否正确

选取资产负债表日前后若干张、一定金额以上的凭证实施截止测试,关注业务内容及对应项目,如有跨期收支事项,应考虑是否提请被审计单位进行调整。

11. 检查银行存款是否在财务报表中作出恰当列报

根据有关规定,企业的银行存款在资产负债表的"货币资金"项目中反映,所以,注册会计师应在实施上述审计程序后,确定银行存款账户的期末余额是否恰当,进而确定银行存款是否在资产负债表中恰当披露。此外,如果企业的银行存款存在抵押、冻结等使用限制情况或者潜在回收风险,注册会计师应关注企业是否已经恰当披露有关情况。

三、其他货币资金审计

(一)其他货币资金的审计目标

其他货币资金是指企业除现金、银行存款以外的其他各种货币资金。即:存放地点和用途均与现金和银行存款不同的货币资金。其他货币资金在资产负债表中并入货币资金项目中,包括外埠存款、银行汇票存款、银行本票存款、信用证存款和在途货币资金。外埠存款是企业因零星采购商品而汇往采购地银行采购专户的款项;银行汇票存款是企业为取得银行汇票按照规定存入银行的款项;银行本票存款是企业为取得银行本票按照规定存入银行的款项;信用证存款是企业存入银行作为信用证保证金专户的款项;在途货币资金是企业与其所属中单位或上级的汇解款项。

其他货币资金的审计目标包括:

确定被审计单位资产负债表中其他货币资金在财务报表日是否确实存在,是否为被审计单位所拥有;

确定被审计单位在特定期间内发生的其他货币资金收支业务是否均已记录,有无遗漏;

确定其他货币资金的金额是否正确;

确定其他货币资金在财务报表上的披露是否恰当。

(二)其他货币资金的实质性程序

其他货币资金的实质性程序主要包括以下几方面的内容:

核对外埠存款、银行汇票存款、银行本票存款等各明细账期末合计数与总账数是否相符;

函证外埠存款户、银行汇票存款户、银行本票存款户期末余额;

抽查一定样本量的原始凭证进行测试,检查其经济内容是否完整,有无适当的审批授权,并核对相关账户的进账情况;

抽取资产负债表日后的大额收支凭证进行截止测试,如有跨期收支事项应作适当调整,以防止高估或者低估其他货币资金的数额;

对于非记账本位币的其他货币资金,检查其是否按规定的折算汇率折算为记账本位币,是否将其期末余额折算为记账本位币金额;

检查其他货币资金的披露是否恰当。

例 12-4·多选题

注册会计师通过下列追查未达账项,有助于证实银行存款的存在认定的有( )。

A. 银行已收,企业尚未入账

B. 银行已付,企业尚未入账

C. 企业已收,银行尚未入账

D. 企业已付,银行尚未入账

【正确答案】BC

【答案解析】B、C 中的未达账项均导致企业账面记录的存款余额多于银行记录的存款余额。只要企业银行存款日记账的余额高于银行记录的余额,理论上都有违反存在认定的可能性。

课后练习

□ 复习思考题

1. 货币资金与其他业务循环之间存在什么关系?
2. 简述货币资金的内部控制测试程序。
3. 库存现金的实质性程序包括哪些内容?
4. 如何进行银行存款的实质性程序?

□ 单项选择题

1. 2020年3月5日对N公司全部现金进行监盘后,确认实有现金数额为1000元。N公司3月4日账面库存现金余额为3000元,3月5日发生的现金收支全部未登记入账,其中收入金额为3000元、支出金额为4000元,2020年1月1日至3月4日现金收入总额为165200元、现金支出总额为165500元,则推断2019年12月31日库存现金实存余额应为(　　)元。

   A. 3300　　　　　　　　　　　　　B. 2300
   C. 700　　　　　　　　　　　　　　D. 2700

2. 下列与现金业务有关的职责可以不分离的是(　　)。

   A. 现金支付的审批与执行　　　　B. 现金保管与现金日记账的记录
   C. 现金的会计记录与审计监督　　D. 现金保管与现金总分类账的记录

3. 货币资金内部控制的以下关键环节中,存在重大缺陷的是(　　)。

   A. 财务专用章由专人保管,个人名章由本人或其授权人员保管
   B. 对重要货币资金支付业务,实行集体决策
   C. 现金收入及时存入银行,特殊情况下,经主管领导审查批准方可坐支现金
   D. 指定专人定期核对银行账户,每月至少核对一次,编制银行存款余额调节表,使银行存款账面余额与银行对账单调节相符

4. 针对现金管理业务活动涉及的内部控制,下列说法中恰当的是(　　)。

   A. 出纳员每日对库存现金自行盘点,编制现金报表,计算当日现金收入、支出及结余额,并将结余额与实际库存额进行核对,如有差异及时查明原因
   B. 会计主管定期检查现金日报表
   C. 每月末,会计主管指定出纳员对现金进行盘点,编制库存现金盘点表,将盘点金额与现金日记账余额进行核对
   D. 会计主管复核库存现金盘点表,如果盘点金额与现金日记账余额存在差异,会计主管需按盘点金额进行调整

5. 针对银行存款管理业务活动涉及的内部控制,下列说法中不恰当的是(　　)。

   A. 企业的银行账户的开立、变更或注销须经财务经理审核,报总经理审批
   B. 每月末,会计主管指定出纳员核对银行存款日记账和银行对账单,编制银行存款余额调

节表,使银行存款账面余额与银行对账单调节相符

C. 出纳员登记银行票据的购买、领用、背书转让及注销等事项

D. 企业的财务专用章由财务经理保管,办理相关业务中使用的个人名章由出纳员保管

□ **多项选择题**

1. 下列关于银行存款审计的说法中,不正确的有（　　）。

   A. 如果注册会计师通过检查发现某银行存款账户存款人并非被审计单位,应当优先考虑建议通过银行将存款账户户名改为被审计单位

   B. 未达账项表明不存在舞弊

   C. 未经授权支付货币资金很可能表明存在舞弊

   D. 授权不清支付货币资金很可能表明存在舞弊

   [答案]AB

2. 针对被审计单位以下与货币资金相关的内部控制,不恰当的有（　　）。

   A. 企业取得的货币资金收入必须及时入账,严禁收款不入账

   B. 在办理费用报销的付款手续后,出纳人员应及时登记现金、银行存款日记账和相关费用明细账

   C. 对于重要货币资金收支业务,企业应当实行集体决策审批,并建立责任追究制度

   D. 期末应当核对银行存款日记账余额和银行对账单余额,对余额核对相符的银行存款账户,无需编制银行存款余额调节表

3. 下列各项中,有关企业对货币资金授权审批制度的说法中恰当的有（　　）。

   A. 审批人在授权范围内进行审批,不得超越审批权限

   B. 经办人应当在职责范围内,按照审批人的批准意见办理货币资金业务

   C. 对于审批人超越授权范围审批的货币资金业务,经办人员有权拒绝办理,并及时向审批人的上级授权部门报告

   D. 对于审批人超越授权范围审批的货币资金业务,经办人员应先予以办理,随后向审批人的上级授权部门报告

4. 在货币资金审计中,注册会计师需要保持警觉的情形包括（　　）。

   A. 被审计单位的现金交易比例较高,并与其所在的行业常用的结算模式相同

   B. 货币资金收支金额与现金流量表不匹配

   C. 不能提供银行对账单或银行存款余额调节表

   D. 银行承兑票据保证金余额与应付票据余额比例不合理

5. 注册会计师针对被审计单位银行存款实施审计时,检查银行存款收支的截止是否正确,与货币资金（　　）认定直接相关。

   A. 存在　　　　　　　　　　　　B. 截止

   C. 完整性　　　　　　　　　　　D. 准确性、计价和分摊

□ **综合题**

ABC 会计师事务所的 A 注册会计师负责审计甲公司 2021 年度财务报表,与货币资金审计相关的部分事项如下:

(1) A注册会计师认为库存现金重大错报风险很低,因此,为测试甲公司财务主管每月末盘点库存现金的控制,于2021年12月31日实施了现金监盘,结果满意。

(2) 对于账面余额存在差异的银行账户,A注册会计师获取了银行存款余额调节表,检查了调节表中的加计数是否正确,并检查了调节后的银行存款日记账余额与银行对账单余额是否一致,据此认可了银行存款余额调节表。

(3) 因对甲公司管理层提供的银行对账单的真实性存在有疑虑,A注册会计师在出纳陪同下前往银行获取银行对账单,在银行柜台人员打印对账单时,A注册会计师前往该银行其他部门实施了银行函证。

(4) 甲公司有一笔2020年10月存入的期限两年的大额定期存款。A注册会计师在2020年度财务报表审计中检查了开户证实书原件并实施了函证,结果满意,因此,未在2021年度审计中实施审计程序。

(5) 为测试银行账户交易入账的真实性,A注册会计师在验证银行对账单的真实性后,从银行存款日记账中选取样本与银行对账单进行核对,并检查了支持性文件,结果满意。

(6) 乙银行在银行询证函回函中注明:"接收人不能依赖函证中的信息。"A注册会计师认为该条款不影响回函的可靠性,认可了回函结果。

要求:针对上述事项,指出A注册会计师的做法是否恰当。如不恰当,简要说明理由。

第十三章

审计报告

◎ **本章学习目标**

本章是审计理论的重要组成部分。通过本章的学习，了解审计报告的意义、作用，掌握审计报告的基本结构及主要内容；掌握无保留意见审计报告和非无保留意见审计报告的含义和类型；掌握如何在审计报告中沟通关键审计事项；掌握在审计报告中增加强调事项段和其他事项段；了解注册会计师对其他信息的责任。

第一节　审计报告概述

一、审计报告的含义及意义

审计报告是指注册会计师根据中国注册会计师审计准则的规定,在实施审计工作的基础上对被审计单位财务报表发表审计意见的书面文件。

编制审计报告是注册会计师完成约定审计事项的一个非常重要的步骤,它是一项总结性的工作,其重要意义表现在以下几个方面。

(一)审计报告是注册会计师完成审计工作,表达审计意见的主要方式

注册会计师接受委托人的委托,对被审计单位的经济活动、财务收支及其会计处理进行审查,验证其财务报表的合法性、公允性,在审计过程中必然会形成自己的意见或判断。这些意见或判断平时分散于审计工作底稿中。通过编制审计报告,对这些信息进行整理、归纳、综合、分析,形成系统的审计意见,既可以总结审计工作,完成约定的审计任务,又可以准确完整地表达审计意见。

(二)审计报告是向财务报表使用者传达决策所需信息的重要工具

审计报告是审计人员表达最终审计意见的书面文件,注册会计师可依据实际情况签发不同意见类型的审计报告。一方面,通过审计报告,企业的投资者、债权人及其他利害关系人就可获得有关被审计单位不同情况的信息,并借此作出合理的经济决策。另一方面,会计信息是国民经济信息的基础资料,审计报告则传递了微观企业会计信息可信性和合法性的信息,政府据此就能更准确地掌握国民经济的宏观走势,并搞好全国的宏观经济调控工作。

(三)审计报告是具有公正性的证明文件,也是衡量审计工作质量的尺度

审计人员站在客观、公正的立场上,实事求是地发表审计意见,所以,审计报告具有一定的公信力,具有经济公证的性质和合法的公证效力。审计人员审计工作的基本情况以及审计事项的评价,都反映在审计报告中。因此,审计报告是衡量审计工作质量的尺度。

二、审计报告的作用

注册会计师签发的审计报告,主要具有鉴证、保护和证明三个方面的作用。

(一)鉴证作用

注册会计师签发的审计报告,不同于政府审计和内部审计的审计报告,是以超然独立的第三者身份,对被审计单位财务报表合法性、公允性发表意见。这种意见,具有鉴证作用,得到了政府及其各部门和社会各界的普遍认可。政府有关部门,如财政部门、税务部门等了解、掌握企业的财务状况和经营成果的主要依据是企业提供的财务报表。财务报表是否合法、公允,主要依据注册会计师的审计报告做出判断。股份制企业的股东则主要依据注册会计师的审计报告来判断被投

资企业的财务报表是否公允地反映了财务状况和经营成果,以进行投资决策等。

(二)保护作用

注册会计师通过审计,可以对被审计单位财务报表出具不同类型审计意见的审计报告,以提高或降低财务报表信息使用者对财务报表的信赖程度,能够在一定程度上对被审计单位的财产、债权人和股东的权益及企业利害关系人的利益起到保护作用。如投资者为了减少投资风险,在进行投资之前,必须要查阅被投资企业的财务报表和注册会计师的审计报告,了解被投资企业的经营情况和财务状况。投资者根据注册会计师的审计报告做出投资决策,可以降低其投资风险。

(三)证明作用

审计报告是对注册会计师审计任务完成情况及其结果所做的总结,它可以表明审计工作的质量并明确注册会计师的审计责任。因此,审计报告可以对审计工作质量和注册会计师的审计责任起证明作用。通过审计报告,可以证明注册会计师在审计过程中是否实施了必要的审计程序,是否以审计工作底稿为依据发表审计意见,发表的审计意见是否与被审计单位的实际情况相一致,审计工作的质量是否符合要求。通过审计报告,可以证明注册会计师审计责任的履行情况。

三、审计报告意见类型

注册会计师应当就财务报表是否在所有重大方面按照适用的财务报告编制基础的规定编制并实现公允反映形成审计意见。

如果认为财务报表在所有重大方面按照适用的财务报告编制基础的规定编制并实现公允反映,注册会计师应当发表无保留意见。无保留意见,是指当注册会计师认为财务报表在所有重大方面按照适用的财务报告编制基础编制并实现公允反映时发表的审计意见。

当存在下列情形之一时,注册会计师应当按照《中国注册会计师审计准则第1502号——在审计报告中发表非无保留意见》的规定,在审计报告中发表非无保留意见:根据获取的审计证据,得出财务报表整体存在重大错报的结论;无法获取充分、适当的审计证据,不能得出财务报表整体不存在重大错报的结论。

如果财务报表没有实现公允反映,注册会计师应当就该事项与管理层讨论,并根据适用的财务报告编制基础的规定和该事项得到解决的情况,决定是否有必要按照《中国注册会计师审计准则第1502号——在审计报告中发表非无保留意见》的规定在审计报告中发表非无保留意见。非无保留意见,是指对财务报表发表的保留意见、否定意见或无法表示意见。

第二节 审计报告的基本内容

一、审计报告的要素

无保留意见的审计报告应当包括以下要素。

(一)标题

在我国,审计报告的标题统一规范为"审计报告"。

(二)收件人

审计报告的收件人是指注册会计师按照业务约定书的要求送达审计报告的对象,一般是指审计业务的委托人。审计报告应当载明收件人的全称,如"××股份有限公司全体股东""××有限责任公司董事会"等。

(三)审计意见

审计意见部分由两部分构成。第一部分指出已审计财务报表,应当包括下列方面:
1. 指出被审计单位的名称;
2. 说明财务报表已经审计;
3. 指出构成整套财务报表的每一财务报表的名称;
4. 提及财务报表附注
5. 指明构成整套财务报表的每一财务报表的日期或涵盖的期间。

第二部分应当说明注册会计师发表的审计意见。如果对财务报表发表无保留意见,除非法律法规另有规定,审计意见应当使用"我们认为,财务报表在所有重大方面按照适用的财务报告编制基础)编制,公允反映了(……)"的措辞。审计意见说明财务报表在所有重大方面按照适用的财务报告编制基础编制,公允反映了财务报表旨在反映的事项。

(四)形成审计意见的基础

审计报告应当包含标题为"形成审计意见的基础"的部分。该部分提供关于审计意见的重要背景,应当紧接在审计意见部分之后,并包括下列方面:
1. 说明注册会计师按照审计准则的规定执行了审计工作;
2. 提及审计报告中用于描述审计准则规定的注册会计师责任的部分;
3. 声明注册会计师按照与审计相关的职业道德要求对被审计单位保持了独立性,并履行了职业道德方面的其他责任。声明中应当指明适用的职业道德要求,如中国注册会计师职业道德守则;
4. 说明注册会计师是否相信获取的审计证据是充分、适当的,为发表审计意见提供了基础。

(五)管理层对财务报表的责任段

审计报告应当包含标题为"管理层对财务报表的责任"的部分,其中应当说明管理层负责下列方面:

按照适用的财务报告编制基础编制财务报表,使其实现公允反映,并设计、执行和维护必要的内部控制,已使财务报表不存在由于舞弊或错误导致的重大错报;

评估被审计单位的持续经营能力和使用持续经营假设是否适当,并披露与持续经营相关的事项(如适用)。对管理层评估责任的说明应当包括描述在何种情况下使用持续经营假设是适当的。

(六)注册会计师的责任段

审计报告应当包含标题为"注册会计师对财务报表审计的责任"的部分,其中应当包括下列内容:

说明注册会计师的目标是对财务报表整体是否不存在由于舞弊或错误导致的重大错报获取合理保证,并出具包含审计意见的审计报告;

说明合理保证是高水平的保证,但并不能保证按照审计准则执行的审计在某一重大错报存在时总能发现;

说明错报可能由于舞弊或错误导致。在说明错报可能由于舞弊或错误导致时,注册会计师应当从下列两种做法中选取一种:一种是,描述如果合理预期错报单独或汇总起来可能影响财务报表使用者依据财务报表作出的经济决策,则通常认为错报是重大的;另一种是,根据适用的财务报告编制基础,提供关于重要性的定义或描述。

注册会计师对财务报表审计的责任部分还应当包括下列内容:

说明在按照审计准则执行审计工作的过程中,注册会计师运用职业判断,并保持职业怀疑;

通过说明注册会计师的责任,对审计工作进行描述。这些责任包括:识别和评估由于舞弊或错误导致的财务报表重大错报风险,设计和实施审计程序以应对这些风险,并获取充分、适当的审计证据,作为发表审计意见的基础。由于舞弊可能涉及串通、伪造、故意遗漏、虚假陈述或凌驾于内部控制之上,未能发现由于舞弊导致的重大错报的风险高于未能发现由于错误导致的重大错报的风险。了解与审计相关的内部控制,以设计恰当的审计程序,但目的并非对内部控制的有效性发表意见。当注册会计师有责任在财务报表审计的同时对内部控制的有效性发表意见时,应当略去上述"目的并非对内部控制的有效性发表意见"的表述。评价管理层选用会计政策的恰当性和作出会计估计及相关披露的合理性。对管理层使用持续经营假设的恰当性得出结论。同时,根据获取的审计证据,就可能导致对被审计单位持续经营能力产生重大疑虑的事项或情况是否存在重大不确定性得出结论。如果注册会计师得出结论认为存在重大不确定性,审计准则要求注册会计师在审计报告中提请报表使用者关注财务报表中的相关披露;如果披露不充分,注册会计师应当发表非无保留意见。注册会计师的结论基于截至审计报告日可获得的信息。然而,未来的事项或情况可能导致被审计单位不能持续经营。评价财务报表的总体列报、结构和内容(包括披露),并评价财务报表是否公允反映相关交易和事项。

注册会计师对财务报表审计的责任部分还应当包括下列内容:

说明注册会计师与治理层就计划的审计范围、时间安排和重大审计发现等事项进行沟通,包括沟通注册会计师在审计中识别的值得关注的内部控制缺陷;

对于上市实体财务报表审计,指出注册会计师就已遵守与独立性相关的职业道德要求向治理层提供声明,并与治理层沟通可能被合理认为影响注册会计师独立性的所有关系和其他事项,以及相关的防范措施(如适用);

对于上市实体财务报表审计,以及决定按照《中国注册会计师审计准则第1504号——在审计报告中沟通关键审计事项》的规定沟通关键审计事项的其他情况,说明注册会计师从与治理层沟通过的事项中确定哪些事项对本期财务报表审计最为重要,因而构成关键审计事项。注册会计师应当在审计报告中描述这些事项,除非法律法规禁止公开披露这些事项,或在极少数情形下,注册会计师合理预期在审计报告中沟通某事项造成的负面后果超过在公众利益方面产生的益处,因而确定不应在审计报告中沟通该事项。

(七)按照相关法律法规的要求报告的事项

除审计准则规定的注册会计师责任外,如果注册会计师在对财务报表出具的审计报告中履行其他报告责任,应当在审计报告中将其单独作为一部分,并以"按照相关法律法规的要求报告的事项"为标题,或使用适合于该部分内容的其他标题,除非其他报告责任涉及的事项与审计准则规定的报告责任涉及的事项相同。如果涉及相同的事项,其他报告责任可以在审计准则规定的同一报告要素部分列示。

(八)注册会计师的签名和盖章

审计报告应当由两名具备相关业务资格的注册会计师签名并盖章。其中一名为负责该项目的注册会计师,另一名为对该审计项目进行最终复核的主任会计师或合伙人。

(九)会计师事务所的名称、地址和盖章

审计报告应当载明会计师事务所的名称和地址(所在城市),并加盖会计师事务所公章。

(十)报告日期

审计报告应当注明报告日期。审计报告的日期不应早于注册会计师获取充分、适当的审计证据(包括管理层认可对财务报表的责任且已批准财务报表的证据),并在此基础上对财务报表形成审计意见的日期。

二、无保留意见审计报告

如果认为财务报表符合下列所有条件,注册会计师应当出具无保留意见的审计报告:

财务报表已经按照适用的会计准则和相关会计制度的规定编制,在所有重大方面公允反映了被审计单位的财务状况、经营成果和现金流量;

注册会计师已经按照中国注册会计师审计准则的规定计划和实施审计工作,在审计工作过程中未受到限制。

审计报告

ABC股份有限公司全体股东：

一、对财务报表出具的审计报告

（一）审计意见

我们审计了ABC股份有限公司（以下简称"ABC"公司）财务报表，包括20×1年12月31日的资产负债表，20×1年度的利润表、现金流量表、股东权益表动表以及相关财务报表附注。

我们认为，后附的财务报表在所有重大方面按照企业会计准则的规定编制，公允反映了ABC公司20×1年12月31日的财务状况以及20×1年度的经营成果和现金流量。

（二）形成审计意见的基础

我们按照中国注册会计师审计准则的规定执行了审计工作。审计报告的"注册会计师对财务报表审计的责任"部分进一步阐述了我们在这些准则下的责任。按照中国注册会计师职业道德守则，我们独立于ABC公司，并履行了职业道德方面的其他责任。我们相信，我们获取的审计证据是充分、适当的，为发表审计意见提供了基础。

（三）关键审计事项

关键审计事项是根据我们的职业判断，认为对本期财务报表审计最为重要的事项。这些事项是在对财务报表整体进行审计并形成意见的背景下进行处理的，我们不对这些事项提供单独的意见。

按照《中国注册会计师审计准则第1504号——在审计报告中沟通关键审计事项》的规定描述每一关键审计事项。

（四）管理层和治理层对财务报表的责任

管理层负责按照企业会计准则的规定编制财务报表，使其实现公允反映，并设计、执行和维护必要的内部控制，以使财务报表不存在由于舞弊或错误导致的重大错报。

在编制财务报表时，管理层负责评估ABC公司的持续经营能力，披露与持续经营相关的事项，并运用持续经营假设，除非计划清算ABC公司、停止营运或别无其他现实的选择。

治理层负责监督ABC公司的财务报告过程。

（五）注册会计师对财务报表审计的责任

我们的目标是对财务报表整体是否不存在由于舞弊或错误导致的重大错报获取合理保证，并出具包含审计意见的审计报告。合理保证是高水平的保证，但并不能保证按照审计准则执行的审计在某一重大错报存在时总能发现。错报可能由于舞弊或错误导致，如果合理预期错报单独或汇总起来可能影响财务报表使用者依据财务报表做出的经济决策，则通常认为错报是重大的。

二、按照相关法律法规的要求报告的事项

［本部分的格式和内容，取决于法律法规对其他报告责任的性质的规定。］

××会计师事务所（盖章）　　　　　　　　中国注册会计师：×××（签名并盖章）

　　　　　　　　　　　　　　　　　　　　中国注册会计师：×××（签名并盖章）

中国××市　　　　　　　　　　　　　　20×2年×月×日

例13-1·单选题

审计报告的收件人应该是(　　)。
A. 审计业务的委托人
B. 社会公众
C. 被审计单位的治理层
D. 被审计单位管理层

【正确答案】A

【答案解析】审计报告的收件人是注册会计师按照业务约定书的要求致送审计报告的对象,一般是指审计业务的委托人。

例13-2·多选题

有限责任会计师事务所出具的审计报告,应当由(　　)签名盖章。
A. 主任会计师或其授权的副主任会计师
B. 一名负责该项目的注册会计师
C. 项目质量控制复核人
D. 会计师事务所审计部经理

【正确答案】AB

【答案解析】有限责任会计师事务所出具的审计报告,应当由会计师事务所主任会计师或其授权的副主任会计师和一名负责该项目的注册会计师签名盖章。

第三节 在审计报告中沟通关键事项

《中国注册会计师审计准则第1504号——在审计报告中沟通关键事项》要求注册会计师在上市实体整套通用目的财务报表审计报告中增加关键审计事项部分,用于沟通关键审计事项。关键审计事项,是指注册会计师根据职业判断认为对当期财务报表审计最为重要的事项。在审计报告中沟通关键事项,可以提高已执行审计工作的透明度,从而提高审计报告的决策相关性和有用性。沟通关键审计事项还能够为财务报表使用者提供额外的信息,以帮助其了解被审计单位、以审计财务报表中涉及重大管理层判断的领域,以及注册会计师根据职业判断认为对当期财务报表审计最为重要的事项。

在审计报告中沟通关键审计事项,还能够为财务报表预期使用者就与被审计单位、已审计财务报表或已执行审计工作相关的事项进一步与管理层和治理层沟通提供基础。

一、确定关键审计事项的决策框架

根据关键审计事项的定义,注册会计师在确定关键审计事项时,需要遵循以下决策框架:

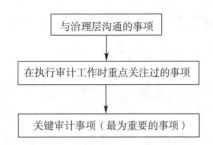

(一)以"与治理层沟通的事项"为起点选择关键审计事项

《中国注册会计师审计准则第1151号——与治理层的沟通》要求注册会计师与被审计单位治理层沟通审计过程中的重大发现,包括注册会计师对被审计单位的重要会计政策、会计估计的看法,审计过程中遇到的重大困难等,以便治理层履行其监督财务报告过程的职责。

(二)从"与治理层沟通的事项"中选出"在执行审计工作时重点关注过的事项"

注册会计师重点关注过的领域通常与财务报表中复杂、重大的管理层判断领域相关,因而通常涉及困难或复杂的注册会计师职业判断。相应地,重点关注过的事项通常影响注册会计师的总体审计策略以及对这些事项分配的审计资源和审计工作力度。

注册会计师在确定哪些事项属于重点关注过的事项时,需要特别考虑以下方面:

评估的重大错报风险较高的领域或识别出的特别风险;

与财务报表中涉及重大管理层判断的领域相关的重大审计判断;

当期重大交易或事项对审计的影响。

(三)从"在执行审计工作时重点关注过的事项"中选出"最为重要的事项",从而构成关键审计事项

从需要重点关注的事项中,确定哪些事项以及多少事项对本期财务报表审计最为重要,这是职业判断问题。"最为重要的事项"并不意味着只有一项。需要在审计报告中包含的关键审计事项的数量可能受到被审计单位规模和复杂程度、业务和经营环境的性质,以及审计业务具体事实和情况的影响。

二、在审计报告中沟通关键审计事项

为达到突出关键审计事项的目的,注册会计师应当在审计报告中单设一部分,以"关键审计事项"为标题,并在该部分使用恰当的子标题逐项描述关键审计事项。关键审计事项部分的引言应当同时说明下列事项:

第一,关键审计事项是注册会计师根据职业判断,认为对本期财务报表审计最为重要的事项;

第二,关键审计事项的应对以对财务报表整体进行审计并形成审计意见为背景,注册会计师对财务报表整体形成审计意见,而不是对关键审计事项单独发表意见。

需要特别强调的是,对某项关键审计事项的描述是否充分属于职业判断问题。对关键审计事项进行描述的目的在于提供一种简明、不偏颇的解释,以使预期使用者能够了解为何该事项是对

审计最为重要的事项之一,以及这些事项是如何在审计中加以应对的。

三、就关键审计事项与治理层沟通

治理层在监督财务报告过程中担当重要角色。就关键审计事项与治理层沟通,能够使治理层了解注册会计师就关键审计事项做出的审计决策的基础以及这些事项将如何在审计报告中做出描述,也能够使治理层考虑鉴于这些事项将在审计报告中沟通,做出新的披露或提高披露质量是否有用。因此,注册会计师就下列方面与治理层沟通:

一是,注册会计师确定的关键审计事项;

二是,根据被审计单位和审计业务的具体情况,注册会计师确定不存在需要在审计报告中沟通的关键审计事项。

关键审计事项——商誉的减值测试

相关信息披露详见财务报表附注:

(一)事项描述

截止201×年12月31日,集团因收购ABC公司而确认了×××万元的商誉。贵公司管理层于每年年末对商誉进行减值测试。本年度,ABC公司产生了经营损失,该商誉出现减值迹象。

报告期末,集团管理对ABC公司的商誉进行了减值测试,以评价该项商誉是否存在减值。管理层采用现金流预测模型来计算商誉的可收回金额,并将其与商誉的账面价值相比较。给模型所用的折现率、预计现金流,特别是未来收入增长率等关键指标需要作出重大的管理层判断。通过测试,管理层得出商誉没有减值的结论。

(二)实施的审计程序

我们针对管理层减值测试所实施的审计程序包括:

1. 对管理层的估值方法予以了评估;

2. 基于我们对相关行业的了解,我们质疑了管理层假设的合理性,如收入增长率、折现率等;

3. 检查录入数据与支持证据的一致性。

(三)实施审计程序的结果

我们认为,基于目前所获取的信息,管理层在对商誉减值测试所使用的假设是合理的,相关信息在财务报表附注——中所作出的披露是恰当的。

例13-3·单选题

ABC会计师事务所的A注册会计师负责审计多家上市公司2021年度财务报表,遇到下列与审计报告相关的事项:

丁公司2021年发生重大经营亏损。A注册会计师实施审计程序并与治理层沟通后,认为可能导致对持续经营能力产生重大疑虑的事项或情况不存在重大不确定性。因在审计工作中对该事项进行过重点关注,A注册会计师拟将其作为关键审计事项在审计报告中沟通。

要求:指出A注册会计师做法是否恰当。如不恰当简要说明理由。

【正确答案】恰当

【答案解析】如存在重大不确定性，应当在"不确定性"部分反映。

第四节　非无保留意见的审计报告

一、非无保留意见的含义

非无保留意见是指保留意见、否定意见或无法表示意见。

当存在下列情形之一时，注册会计师应当在审计报告中发表无保留意见：

(一)根据获取的审计证据，得出财务报表整体存在重大错报的结论

为了形成审计意见，针对财务报表整体是否不存在由于舞弊或错误导致的重大错报，注册会计师应当得出结论，确定是否已就此获取合理保证。在得出结论时，注册会计师需要评价为更正错报对财务报表的影响。

(二)无法获取充分、适当的审计证据，不能得出财务报表整体不存在重大错报的结论

下列情形可能导致注册会计师无法获取充分、适当的审计证据：

1. 超出被审计单位控制的情形

超出被审计单位控制的情形，例如：被审计单位的会计记录已被损坏；重要组成部分的会计记录已被政府有关机构查封等。

2. 与注册会计师工作的性质或时间安排相关的情形

与注册会计师工作的性质或时间安排相关的情形，例如：注册会计师接受审计委托的时间安排，是注册会计师无法实施存货监盘；被审计单位需要使用权益法对联营企业进行核算，但注册会计师无法获取有关联营企业财务信息的充分、适当的审计证据以评价是否恰当运用了权益法。

3. 管理层施加限制的情形

管理层对审计范围施加的限制致使注册会计师无法获取充分、适当的审计证据的情形，例如，管理层阻止注册会计师实施存货监盘；管理层阻止注册会计师对特定账户余额实施函证。

管理层施加的限制可能对审计产生其他影响，注册会计师可能需要考虑对舞弊风险进行重新判断。

二、确定非无保留意见的类型

注册会计师确定恰当的非无保留意见类型，取决于下列事项：

导致非无保留意见事项的性质，是财务报表存在重大错报，还是在无法获取充分、适当的审计证据的情况下，财务报表可能存在重大错报；

注册会计师就导致非无保留意见的事项对财务报表产生或可能产生影响的广泛性做出的判断。

广泛性是指描述错报影响的术语，用以说明错报对财务报表的影响，或者由于无法获取充分、

适当的审计证据而未发现的错报对财务报表可能产生的影响。根据注册会计师的判断,对财务报表的影响具有广泛性的情形包括:

不限于对财务报表的特定要素、账户或项目产生影响;

虽然仅对财务报表的特定要素、账户或项目产生影响,但这些要素、账户或项目是或可能是财务报表的主要组成部分;

当与披露相关时,产生的影响对财务报表使用者理解财务报表至关重要。

表 13-1 列示了注册会计师对导致发表无保留意见的事项的性质和这些事项对财务报表产生或可能产生影响的广泛性作出的判断,以及注册会计师的判断对审计意见类型的影响。

表 13-1 非无保留审计意见类型

导致发表非无保留意见的事项的性质	这些事项对财务报表产生或可能产生影响的广泛性	
	重大但不具有广泛性	重大且具有广泛性
财务报表存在重大错报	保留意见	否定意见
无法获取充分、适当的审计证据	保留意见	无法表示意见

(一)发表保留意见

当存在下列情形之一时,注册会计师应当发表保留意见:

在获取充分、适当的审计证据后,注册会计师认为错报单独或汇总起来对财务报表影响重大,但不具有广泛性。

注册会计师无法获取充分、适当的审计证据以作为形成审计意见的基础,但认为发现的错报对财务报表可能产生的影响重大,但不具有广泛性。

(二)发表否定意见

在获取充分、适当的审计证据后,如果认为错报单独或汇总起来对财务报表的影响重大且具有广泛性,注册会计师应当发表否定意见。

(三)发表无法表示意见

如果无法获取充分、适当的审计证据以作为形成审计意见的基础,但认为未发现的错报对财务报表可能产生的影响重大且具有广泛性,注册会计师应当发表无法表示意见。

在极少数情况下,可能存在多个不确定事项。尽管注册会计师对每个单独的不确定事项获取了充分、适当的审计证据,但由于不确定事项之间可能存在相互影响,以及可能对财务报表产生累积影响,注册会计师不可能对财务报表形成审计意见。在这种情况下,注册会计师应当发表无法表示意见。

三、非无保留意见的审计报告的格式和内容

(一)导致非无保留意见的事项段

1. 审计报告格式和内容的一致性

如果对财务报表发表非无保留意见,除在审计报告中包含《中国注册会计师审计准则第1501号——对财务报表形成审计意见和出具审计报告》规定的审计报告要素外,注册会计师还应当直接在审计意见之前增加一个部分,并使用恰当的标题,如"形成保留意见的基础""形成否定意见基础"或"形成无法表示意见的基础",说明导致发表非无保留意见的事项。审计报告格式和内容的一致性有助于提高使用者的理解和识别存在的异常情况。因此,尽管不可能统一非无保留意见的措辞和对导致非无保留意见的事项的说明,但仍有必要保持审计报告格式和内容的一致性。

2. 量化财务影响

如果财务报表中存在与具体金额相关的重大错报,注册会计师应当在导致非无保留意见的事项段中说明并量化该错报的财务影响。举例来说,如果存货被高估,注册会计师就可以在审计报告的导致非无保留意见的事项段中说明该重大错报的财务影响,即量化其对所得税、税前利润、净利润和所有者权益的影响。如果无法量化财务影响,注册会计师应当在形成非无保留意见的基础上说明这一情况。

(二)审计意见段

1. 标题

在发表非无保留意见时,注册会计师应当对审计意见段使用恰当的标题,如"保留意见""否定意见"或"无法表示意见"。审计意见段的标题能够使财务报表使用者清楚注册会计师发表了非无保留意见,并能够表明非无保留意见的类型。

2. 发表保留意见

当由于财务报表存在重大错报而发表保留意见时,注册会计师应当根据适用的财务报告编制基础在审计意见段中说明:注册会计师认为,除了形成保留意见的基础部分所述事项产生的影响外,财务报表在所有重大方面按照适用的财务报告编制基础编制,并实现公允反映。

当无法获取充分、适当的审计证据而导致发表保留意见时,注册会计师应当在审计意见段中使用"除……可能产生的影响外"等措辞。

当注册会计师发表保留意见时,在审计意见段中使用"由于上述解释"或"受……影响"等措辞是不恰当的,因为这些措辞不顾清晰或没有足够的说服力。

3. 发表否定意见

当发表否定意见时,注册会计师应当根据适用的财务报告编制基础在审计意见段中说明:注册会计师认为,由于形成否定意见的基础部分所述事项的重要性,财务报表没有在所有重大方面按照适用的财务报告编制基础编制,未能实现公允反映。

4. 发表无法表示意见

当由于无法获取充分、适当的审计证据而发表无法表示意见时,注册会计师应当在审计意见

段中说明:由于形成无法表示意见的基础部分所述事项的重要性,注册会计师无法获取充分、适当的审计证据以为发表审计意见提供基础,因此,注册会计师不对这些财务报表发表审计意见。

四、非无保留意见的审计报告的参考格式

(一)保留意见

当发表保留意见时,注册会计师应当修改形成保留意见的基础部分的描述,以说明:注册会计师相信,注册会计师已获取的审计证据是充分、适当的,为发表无保留意见提供了基础。

审计报告

ABC股份有限公司:

一、对财务报表出具的审计报告

(一)保留意见

我们审计了ABC股份有限公司(以下简称"ABC公司")财务报表,包括20×1年12月31日的资产负债表,20×1年度的利润表、现金流量表、股东权益变动表以及相关财务报表附注。

我们认为,除"形成保留意见的基础"部分所述事项产生的影响外,后附的财务报表在所有重大方面按照企业会计准则的规定编制,公允反映了ABC公司20×1年12月31日的财务状况以及20×1年度的经营成果和现金流量。

(二)形成保留意见的基础

ABC公司20×1年12月31日资产负债表中应收账款的列示金额为×元。管理层没有对其计提坏账准备,这不符合企业会计准则的规定。如果对应收账款计提坏账准备,应收账款列示金额将减少*元。相应地,资产减值损失将增加×元,所得税、净利润和股东权益将分别减少×元、×元和×元。

我们按照中国注册会计师审计准则的规定执行了审计工作。审计报告的"注册会计师对财务报表审计的责任"部分进一步阐述了我们在这些准则下的责任。按照中国注册会计师职业道德守则,我们独立于ABC公司,并履行了职业道德方面的其他责任。我们相信,我们获取的审计证据是充分的、适当的,为发表保留意见提供了基础。

(三)关键审计事项

关键审计事项是根据我们的职业判断,认为对本期财务报表审计最为重要的事项。这些事项是在对财务报表整体进行审计并形成审计意见的背景下进行处理的,我们不对这些事项提供单独的意见。除"形成保留意见的基础"部分所述事项外,我们确定下列事项是需要在审计报告中沟通的关键审计事项。

[按照《中国注册会计师审计准则第1504号——在审计报告中沟通关键审计事项》的规定描述每一关键审计事项。]

(四)管理层和治理层对财务报表的责任

管理层负责按照企业会计准则的规定编制财务报表,使其实现公允反映,并设计、执行和维护

必要的内部控制,以使财务报表不存在由于舞弊或错误导致的重大错报。

在编制财务报表时,管理层负责评估ABC公司的持续经营能力,披露与持续经营相关的事项,并运用持续经营假设,除非计划清算ABC公司、停止营运或别无其他现实的选择。

治理层负责监督ABC公司的财务报告过程。

(五)注册会计师对财务报表审计的责任

我们的目标是对财务报表整体是否不存在由于舞弊或错误导致的重大错报获取合理保证,并出具包含审计意见的审计报告。合理保证是高水平的保证,但并不能保证按照审计准则执行的审计在某一重大错报存在时总能发现。错报可能由于舞弊或错误导致,如果合理预期错报单独或汇总起来可能影响财务报表使用者依据财务报表做出的经济决策,则通常认为错报是重大的。

二、按照相关法律法规的要求报告的事项

[本部分的格式和内容,取决于法律法规对其他报告责任的性质的规定。]

××会计师事务所(盖章)　　　　　　中国注册会计师:×××(签名并盖章)

中国注册会计师:×××(签名并盖章)

中国××市　　　　　　　　　　　　20×2年×月×日

(二)否定意见

当出具否定意见的审计报告时,注册会计师应当在审计意见段中使用"由于上述问题造成的重大影响""由于受到前段所述事项的重大影响"等术语。

只有当注册会计师认为财务报表存在重大错报会误导使用者,以至于财务报表的编制不符合适用的会计准则和相关会计制度的规定,未能从整体上公允反映被审计单位的财务状况、经营成果和现金流量,注册会计师才出具否定意见的审计报告。

审计报告

ABC股份有限公司全体股东:

一、对财务报表出具的审计报告

(一)否定意见

我们审计了ABC股份有限公司(以下简称"ABC公司")财务报表,包括20××年12月31日的资产负债表,20××年度的利润表、现金流量表、股东权益变动表以及相关财务报表附注。

我们认为,由于"形成否定意见的基础"部分所述事项的重要性,后附的财务报表没有在所有重大方面按照企业会计准则的规定编制,未能公允反映ABC公司20××年12月31日的财务状况以及20××年度的经营成果和现金流量。

(二)形成否定意见的基础

如财务报表附注×所述,20××年ABC公司通过非同一控制下的企业合并获得对XYZ公司的控制权,因未能取得购买日XYZ公司某些重要资产和负债的公允价值,故未将XYZ公司纳入合并财务报表的范围,而是按成本法核算对 XYZ 公司的股权投资。ABC 公司的这项会计处理不符合企业会计准则的规定。如果将 XYZ 公司纳入合并财务报表的范围,ABC 公司合并财务报表的多个报表项目将受到重大影响。但我们无法确定未将 XYZ 公司纳入合并范围对财务报表产生的影响。

我们按照中国注册会计师审计准则的规定执行了审计工作。审计报告的"注册会计师对财务报表审计的责任"部分进一步阐述了我们在这些准则下的责任。按照中国注册会计师职业道德守则,我们独立于 ABC 公司,并履行了职业道德方面的其他责任。我们相信,我们获取的审计证据是充分、适当的,为发表否定意见提供了基础。

(三)关键审计事项

关键审计事项是根据我们的职业判断,认为对本期财务报表审计最为重要的事项。这些事项是在对财务报表整体进行审计并形成审计意见的背景下进行处理的,我们不对这些事项提供单独的意见。除"形成保留意见的基础"部分所述事项外,我们确定下列事项是需要在审计报告中沟通的关键审计事项。

[按照《中国注册会计师审计准则第 1504 号——在审计报告中沟通关键审计事项》的规定描述每一关键审计事项。]

(四)管理层和治理层对财务报表的责任

管理层负责按照企业会计准则的规定编制财务报表,使其实现公允反映,并设计、执行和维护必要的内部控制,以使财务报表不存在由于舞弊或错误导致的重大错报。

在编制财务报表时,管理层负责评估 ABC 公司的持续经营能力,披露与持续经营相关的事项,并运用持续经营假设,除非计划清算 ABC 公司、停止营运或别无其他现实的选择。

治理层负责监督 ABC 公司的财务报告过程。

(五)注册会计师对财务报表审计的责任

我们的目标是对财务报表整体是否不存在由于舞弊或错误导致的重大错报获取合理保证,并出具包含审计意见的审计报告。合理保证是高水平的保证,但并不能保证按照审计准则执行的审计在某一重大错报存在时总能发现。错报可能由于舞弊或错误导致,如果合理预期错报单独或汇总起来可能影响财务报表使用者依据财务报表做出的经济决策,则通常认为错报是重大的。

二、按照相关法律法规的要求报告的事项

[本部分的格式和内容,取决于法律法规对其他报告责任的性质的规定。]

××会计师事务所(盖章)　　　　　　中国注册会计师:×××(签名并盖章)

中国注册会计师:×××(签名并盖章)

中国××市　　　　　　　　　　　　20×2 年×月×日

(三)无法表示意见

当由于无法获取充分、适当的审计证据而发表无法表示意见时,注册会计师应当修改审计报告的意见段,说明:注册会计师接受委托审计财务报表;注册会计师不对后附的财务报表审计意见;由于形成无法表示意见的基础部分所述事项的重要性,注册会计师无法获取充分、适当的审计证据以作为对财务报表发表审计意见的基础。

当注册会计师对财务报表发表无法表示意见时,注册会计师应当修改无保留意见审计报告中注册会计师对财务报表审计的责任部分,使之仅包含下列内容。

(1)注册会计师的责任是按照中国注册会计师审计准则的规定,对被审计单位财务报表执行审计工作,以出具审计报告。

(2)但由于形成无法表示意见的基础部分所述的事项,注册会计师无法获取充分、适当的审计证据以作为发表审计意见的基础;

(3)声明注册会计师在独立性和职业道德方面的其他责任。

审计报告

ABC 股份有限公司全体股东:

一、对财务报表出具的审计报告

(一)对财务报表出具的审计报告

我们接受委托,审计 ABC 股份有限公司(以下简称"ABC"公司)财务报表,包括20×1年12月31日的资产负债表,20×1年度的利润表、现金流量表、股东权益表动表以及相关财务报表附注。

我们不对后附的 ABC 公司财务报表发表审计意见。由于"形成无法表示意见的基础"部分所述事项的重要性,我们无法获取充分、适当的审计证据以作为财务报表发表审计意见的基础。

(二)形成无法表示意见的基础

我们在对 ABC 公司 20×1 年 12 月 31 日的财务报告内部控制的有效性进行审计时,发现财务报告内控制度存在多项重大缺陷,内部控制失效,对财务报表的影响重大而且具有广泛性,我们执行的审计程序以抽样为基础,在内部控制失效的情况下,通过执行抽样审计程序无法获取充分、适当的审计证据以为对财务报表发表审计意见提供基础。

(三)管理层和治理层对财务报表的责任

管理层负责按照企业会计准则的规定编制财务报表,使其实现公允反映,并设计、执行和维护必要的内部控制,以使财务报表不存在由于舞弊或错误导致的重大错报。

在编制财务报表时,管理层负责评估 ABC 公司的持续经营能力,披露与持续经营相关的事项,并运用持续经营假设,除非计划清算 ABC 公司、停止营运或别无其他现实的选择。

治理层负责监督 ABC 公司的财务报告过程。

(四)注册会计师对财务报表审计的责任

我们的责任是按照中国注册会计师审计准则的规定,对 ABC 公司的财务报表执行审计工作,以出具审计报告。但由于"形成无法表示意见的基础"部分所述的事项,我们无法获取充分、适当的审计证据以作为发表审计意见的基础。

按照中国注册会计师职业道德守则,我们独立于 ABC 公司,并履行了职业道德方面的其他责任。

二、对其他法律和监管要求的报告

[本部分的格式和内容,取决于法律法规对其他报告责任的性质的规定。]

　　　　××会计师事务所(盖章)　　　　　　　中国注册会计师:×××(签名并盖章)

　　　　　　　　　　　　　　　　　　　　　　中国注册会计师:×××(签名并盖章)
中国××市　　　　　　　　　　　　　　　　　20×2年×月×日

例13-4·多选题

下列各项错报中,通常对财务报表具有广泛影响的有(　　)。
A. 被审计单位没有披露关键管理人员薪酬
B. 信息系统缺陷导致应收账款、存货等多个财务报表项目错报
C. 被审计单位没有将年内收购的一家重要子公司纳入合并范围
D. 被审计单位没有按照成本与可变现净值孰低原则计量存货

【正确答案】BC

【答案解析】A、D仅与管理费用、存货等个别项目相关,不一定具有"通常"意义下的广泛影响;信息系统(B)、合并过程(C)均可能涉及财务报表的所有项目,具有广泛影响。

例13-5·简答题

A注册会计师担任己公司2013年度财务报表审计的项目合伙人,遇到下列与出具审计报告相关的事项:

2013年1月1日,己公司通过收购取得子公司庚公司。由于庚公司账目混乱,己公司管理层决定在编制2013年度合并财务报表时不将其纳入合并范围。庚公司2013年度的营业收入和税前利润约占己公司未审合并财务报表相应项目的30%。

要求:指出应当出具何种类型的审计报告,并简要说明理由。

【正确答案】否定意见审计报告。重要子公司未合并,导致合并财务报表重大而广泛的错报。

【答案解析】子公司未纳入合并范围,错报重大且广泛,应发表否定审计意见。

第五节 在审计报告中增加强调事项段和其他事项段

一、强调事项段

(一)强调事项段的含义

审计报告的强调事项段是指审计报告中含有的一个段落,该段落提及已在财务报表中恰当列报或披露的事项,根据注册会计师的职业判断,该事项对财务报表使用者理解财务报表至关重要。

(二)增加强调事项段的情形

如果认为有必要提醒财务报表使用者关注已在财务报表中列报或披露,且根据职业判断认为对财务报表使用者理解财务报表至关重要的事项,在同时满足下列条件时,注册会计师应当在审计报告中增加强调事项段:

按照《中国注册会计师审计准则第1502号——在审计报告中发表非无保留意见》的规定,该事项不会导致注册会计师发表非无保留意见;

当《中国注册会计师审计准则第1504号——在审计报告中沟通关键审计事项》适用时,该事项未被确定为在审计报告中沟通的关键审计事项。

(三)在审计报告中增加强调事项段时注册会计师采取的措施:

如果在审计报告中增加强调事项段,注册会计师应当采取下列措施:

将强调事项段作为单独的一部分路于审计报告中,并使用包含"强调事项"这一术语的适当标题;

明确提及被强调事项以及相关披露的位臵,以便能够在财务报表中找到对该事项的详细描述。强调事项段应当仅提及已在财务报表中列报或披露的信息;

指出审计意见没有因该强调事项而改变。

审计报告

ABC 股份有限公司:

一、对财务报表出具的审计报告

(一)保留意见

我们审计了 ABC 股份有限公司(以下简称"ABC 公司")财务报表,包括20×1年12月31日的资产负债表、20×1年度的利润表、现金流量表、股东权益变动表以及相关财务报表附注。

我们认为,除"形成保留意见的基础"部分所述事项产生的影响外,后附的财务报表在所有重大方面按照企业会计准则的规定编制,公允反映了 ABC 公司20×1年12月31日的财务状况以及20×1年度的经营成果和现金流量。

(二)形成保留意见的基础

如"附注十二、其他重要事项"第二点所述,ABC公司在2016年度年报编制过程中发现:ABC公司在甲公司等8家公司工商登记信息显示为其股东但账面并无相应的对外投资记录。

因该8家公司现已处于吊销及停业状态,ABC公司无法获得上述8家公司相关财务数据,因而无法确认上述8家公司对天津磁卡公司截至20×1年12月31日的财务状况以及2016年度的经营成果和现金流量的影响。

我们按照中国注册会计师审计准则的规定执行了审计工作。审计报告的"注册会计师对财务报表审计的责任"部分进一步阐述了我们在这些准则下的责任。按照中国注册会计师职业道德守则,我们独立于ABC公司,并履行了职业道德方面的其他责任。我们相信,我们获取的审计证据是充分的、适当的,为发表保留意见提供了基础。

(三)强调事项

我们提醒财务报表使用者关注,如财务报表编制基础所述,ABC公司截至20×1年12月31日累积亏损×元,欠付大股东乙公司借款×元,20×1年度经营活动现金流量为-×元。针对上述可能导致对持续经营假设产生疑虑的情况,ABC公司管理层制定了相应的应对计划,可能导致对持续经营能力产生疑虑的重大事项或情况依然存在不确定性。本段内容不影响已发表的审计意见。

(四)管理层和治理层对财务报表的责任

管理层负责按照企业会计准则的规定编制财务报表,使其实现公允反映,并设计、执行和维护必要的内部控制,以使财务报表不存在由于舞弊或错误导致的重大错报。

在编制财务报表时,管理层负责评估ABC公司的持续经营能力,披露与持续经营相关的事项,并运用持续经营假设,除非计划清算ABC公司、停止营运或别无其他现实的选择。

治理层负责监督ABC公司的财务报告过程。

(五)注册会计师对财务报表审计的责任

我们的目标是对财务报表整体是否不存在由于舞弊或错误导致的重大错报获取合理保证,并出具包含审计意见的审计报告。合理保证是高水平的保证,但并不能保证按照审计准则执行的审计在某一重大错报存在时总能发现。错报可能由于舞弊或错误导致,如果合理预期错报单独或汇总起来可能影响财务报表使用者依据财务报表做出的经济决策,则通常认为错报是重大的。

二、按照相关法律法规的要求报告的事项

[本部分的格式和内容,取决于法律法规对其他报告责任的性质的规定。]

××会计师事务所(盖章)　　　　中国注册会计师:×××(签名并盖章)

　　　　　　　　　　　　　　　中国注册会计师:×××(签名并盖章)

中国××市　　　　　　　　　　20×2年×月×日

二、其他事项段

(一)其他事项段的含义

其他事项段是指审计报告中含有的一个段落,该段落提及未在财务报表中列报或披露的事项,根据注册会计师的职业判断,该事项与财务报表使用者理解审计工作、注册会计师的责任或审计报告相关。

(二)需要增加其他事项段的情形

如果认为有必要沟通虽然未在财务报表中列报或披露,但根据职业判断认为与财务报表使用者理解审计工作、注册会计师的责任或审计报告相关的事项,在同时满足下列条件时,注册会计师应当在审计报告中增加其他事项段:

未被法律法规禁止;

当《中国注册会计师审计准则第 1504 号——在审计报告中沟通关键审计事项》适用时,该事项未被确定为在审计报告中沟通的关键审计事项。

如果在审计报告中包含其他事项段,注册会计师应当将该段落作为单独的一部分,并使用"其他事项"或其他适当标题。

三、与治理层的沟通

如果拟在审计报告中包含强调事项段或其他事项段,注册会计师应当就该事项和拟使用的措辞与治理层沟通。

与治理层的沟通能使治理层了解注册会计师拟在审计报告中强调的特定事项的性质,并在必要时为治理层提供向注册会计师作出进一步澄清的机会。当然,当审计报告中针对某一特定事项增加其他事项段在连续审计业务中重复出现时,注册会计师可能认为没有必要在每次审计业务中重复沟通。

例 13-6·简答题

A 注册会计师审计乙公司 2014 年度财务报表。2014 年 10 月,上市公司乙公司的董事因涉嫌内幕交易被证券监管机构立案调查,截至审计报告日,尚无调查结论,审计项目组拟在无保留意见的审计报告中增加其他事项段说明这一情况。

要求:判断审计报告类型是否恰当,如不恰当,简要说明理由,并指出应当出具何种类型的审计报告。

【正确答案】不恰当。董事因涉嫌内幕交易被证券监管机构立案调查,截至审计报告日尚无结论。表明异常监管行动的未来结果存在不确定性,应考虑在强调事项段中说明。

第六节 注册会计师对其他信息的责任

在被审计单位的审计报告中,除包含财务报表和审计报告外,还通常包括实体的发展、未来前景、风险和不确定事项、治理层声明,以及包含治理事项的报告等信息,这些财务信息和非财务信息称为其他信息。虽然注册会计师对财务报表发表的审计意见不涵盖其他信息,但是注册会计师应当阅读和考虑其他信息,是由于如果其他信息与财务报表或者与注册会计师在审计中了解到的情况存在重大不一致,可能表明财务报表或其他信息存在重大错报,两者均会损害财务报表和审计报告的可信性。《中国注册会计师审计准则第1521号——注册会计师对其他信息的责任》规范了注册会计师对被审计单位年度报告中包含的除财务报表和审计报告之外的其他信息的责任。

一、其他信息

(一)定义

其他信息,是指在被审计单位年度报告中包含的除财务报表和审计报告以外的财务信息和非财务信息。

其他信息的错报,是指对其他信息作出不正确陈述或其他信息具有误导性,包括遗漏或掩饰对恰当理解其他信息披露的事项必要的信息。

(二)注册会计师对其他信息的目标

注册会计师的目标是,在已经阅读其他信息的情况下:

考虑其他信息与财务报表之间是否存在重大不一致;

考虑其他信息与注册会计师在审计中了解到的情况之间是否存在重大不一致;

当注册会计师识别出此类重大不一致似乎存在时,或者注册会计师知悉其他信息似乎存在重大错报时,予以恰当应对;

根据《中国注册会计师审计准则第1521号——注册会计师对其他信息的责任》的规定进行报告。

二、获取其他信息

注册会计师应当通过与管理层讨论,确定哪些文件组成年度报告,以及被审计单位计划公布这些文件的方式和时间安排;就及时获取组成年度报告的文件的最终版本与管理层作出适当安排。如果可能,在审计报告日之前获取;如果构成年度报告的部分或全部文件在审计报告日后才能取得,要求管理层提供书面声明,声明上述文件的最终版本将在可获取时并且在被审计单位公布前提供给注册会计师,以使注册会计师可以完成本准则要求的程序。

年度报告,是指管理层或治理层根据法律法规的规定或惯例,一般以年度为基础编制的、旨在向所有者(或类似的利益相关方)提供实体经营情况和财务业绩及财务状况(财务业绩及财务状况反映于财务报表)信息的一个文件或系列文件组合。一份年度报告包含或随附财务报表和审计报告,通常包括实体的发展、未来前景、风险和不确定事项,治理层声明,以及包含治理事项的报告等信息。

根据法律法规或惯例,以下一项或多项文件可能构成年度报告:

董事会报告;

公司董事会、监事会及董事、监事、高级管理人员保证年度报告内容的真实、准确、完整,不存在虚假记载、误导性陈述或重大遗漏,并承担个别和连带法律责任的声明;

公司治理情况说明;

内部控制自我评价报告。

三、阅读并考虑其他信息

注册会计师应当阅读其他信息。在阅读时,注册会计师应当考虑以下两点:

第一,考虑其他信息和财务报表之间是否存在重大不一致。作为考虑的基础,注册会计师应当将其他信息中选取的金额或其他项目(这些金额或其他项目旨在与财务报表中的金额或其他项目相一致,或对其进行概括,或为其提供更详细的信息)与财务报表中的相应金额或其他项目进行比较,以评价其一致性;

第二,在已获取审计证据并已得出审计结论的背景下,考虑其他信息与注册会计师在审计中了解到的情况是否存在重大不一致。

在注册会计师阅读其他信息时,注册会计师应当对与财务报表或注册会计师在审计中了解到的情况不相关的其他信息中似乎存在重大错报的迹象保持警觉。

四、当似乎存在重大不一致或其他信息似乎存在重大错报时的应对

如果注册会计师识别出似乎存在重大不一致,或者知悉其他信息似乎存在重大错报,注册会计师应当与管理层讨论该事项,必要时,实施其他程序以确定:

其他信息是否存在重大错报;

财务报表是否存在重大错报;

注册会计师对被审计单位及其环境的了解是否需要更新。

五、当注册会计师认为其他信息存在重大错报时的应对

如果注册会计师认为其他信息存在重大错报,应当要求管理层更正其他信息:

如果管理层同意作出更正,注册会计师应当确定更正已经完成;如果管理层拒绝作出更正,注册会计师应当就该事项与治理层进行沟通,并要求作出更正。

如果注册会计师认为审计报告日前获取的其他信息存在重大错报,且在与治理层沟通后其他信息仍未得到更正,注册会计师应当采取恰当措施,包括:

考虑对审计报告的影响,并就注册会计师计划如何在审计报告中处理重大错报与治理层进行沟通;在相关法律法规允许的情况下,解除业务约定。

如果注册会计师认为审计报告日后获取的其他信息存在重大错报:

如果其他信息得以更正,注册会计师应当根据具体情形实施必要的程序;如果与治理层沟通

后其他信息未得到更正，注册会计师应当考虑其法律权利和义务，并采取恰当的措施，以提醒审计报告使用者恰当关注未更正的重大错报。

六、当财务报表存在重大错报或注册会计师对被审计单位及其环境的了解需要更新时的应对

如果注册会计师认为财务报表存在重大错报，或者注册会计师对被审计单位及其环境的了解需要更新，注册会计师应当作出恰当应对，包括修改注册会计师对风险的评估、评估错报、考虑注册会计师关于期后事项的责任。

七、报　告

如果在审计报告日存在下列两种情况之一，审计报告应当包括一个单独部分，以"其他信息"为标题：

对于上市实体财务报表审计，注册会计师已获取或预期将获取其他信息；对于上市实体以外其他被审计单位的财务报表审计，注册会计师已获取部分或全部其他信息。

审计报告应当包含其他信息部分，该部分应当包括：

管理层对其他信息负责的说明。

指明：注册会计师于审计报告日前已获取的其他信息（如有）；对于上市实体财务报表审计，预期将于审计报告日后获取的其他信息（如有）。

说明注册会计师的审计意见未涵盖其他信息，因此，注册会计师对其他信息不发表（或不会发表）审计意见或任何形式的鉴证结论。

描述注册会计师根据《中国注册会计师审计准则第1521号——注册会计师对其他信息的责任》的要求，对其他信息进行阅读、考虑和报告的责任。

如果审计报告日前已经获取其他信息，则选择下列二者之一进行说明：说明注册会计师无任何需要报告的事项；如果注册会计师认为其他信息存在未更正的重大错报，说明其他信息中的未更正重大错报。

如果注册会计师根据《中国注册会计师审计准则第1502号——在审计报告中发表非无保留意见》的规定发表保留或者否定意见，注册会计师应当考虑导致非无保留意见的事项对上述要求的说明的影响。

例13-7·简答题

ABC会计师事务所的A注册会计师负责审计多家上市公司2016年度财务报表，遇到下列与审计报告相关的事项：

因无法就乙公司对某联营企业投资的账面价值及投资收益获取充分、适当的审计证据，A注册会计师拟对乙公司财务报告发表保留意见，并在审计报表的其他信息部分说明，无法确定年度报告中与该联营企业投资相关的其他信息是否存在重大错报。

要求：指出A注册会计师做法是否恰当。如不恰当简要说明理由。

【正确答案】不恰当。注册会计师对其他信息不应发表审计意见,仅当能确定其他信息存在重大错报时才在其他信息部分报告/应在在形成审计意见的基础部分说明导致审计范围受限的原因。

课后练习

复习思考题

1. 什么是风险评估?注册会计师如何进行风险评估?
2. 注册会计师应从哪几个方面了解被审计单位及其环境?
3. 识别和评估重大错报风险时,注册会计应实施哪些审计程序?
4. 注册会计师应与治理层和管理层进行怎样沟通?

单项选择题

1. 下列情形中,注册会计师可能认为需要审计报告中增加强调事项段的是(　　)。

   A. 被审计单位存在重大的未决诉讼,已在财务报表中作出了的正确的会计处理和恰当的披露

   B. 被审计单位针对存在的重大或有负债,拒绝在财务报表中作出恰当披露

   C. 被审期间取得的 100 万元营业收入在审计报告日前被退回,被审计单位已按照相关会计准则调整了财务报表,并进行了恰当披露

   D. 审计报告日前,被审计单位存放辅料的一间小型仓库失火,将会给企业带来一定损失,但不会对持续经营构成影响,同时已在财务报表附注中进行了披露

2. 下列各项中,属于注册会计师应当阅读和考虑其他信息的是(　　)。

   A. 被审计单位的财务报表和审计报告

   B. 外部分析师报告中包含的财务信息

   C. 被审计单位年度报告中的公司治理情况说明

   D. 被审计单位的可持续发展报告

3. 下列有关注册会计师对其他信息的责任的说法中,正确的是(　　)。

   A. 对于上市实体财务报表审计和上市实体以外其他被审计单位的财务报表审计,注册会计师对其他信息均不发表审计意见

   B. 注册会计师无须阅读与财务报表或注册会计师在审计中了解到的情况不相关的其他信息

   C. 当其他信息和财务报表之间存在重大不一致时,注册会计师应当要求管理层更正其他信息

   D. 当拒绝更正其他信息的重大错报导致对管理层和治理层的诚信产生并质疑审计证据总体上的可靠性时,注册会计师应当发表否定意见

4. 下列情况中不属于审计范围受到限制的情况是(　　)。

   A. 管理层阻止注册会计师实施存货监盘

B. 被审计单位的会计记录已被损坏

C. 注册会计师由于应收账款函证时间过长,决定不进行函证

D. 注册会计师接受审计委托的时间安排,使注册会计师无法实施存货监盘

5. 下列有关关键审计事项的表述中不正确的是( )。

A. 审计准则要求注册会计师在上市实体整套通用目的财务报表审计报告中增加关键审计事项部分,用于沟通关键审计事项

B. 沟通关键审计事项,可以提高已执行审计工作的透明度,从而提高审计报告的决策相关性和有用性

C. 沟通关键审计事项能够为财务报表使用者提供额外的信息,以帮助其了解被审计单位、已审计财务报表中涉及重大管理层判断的领域

D. 关键审计事项不属于与治理层沟通中的事项

□ 多项选择题

1. 下列可以在审计报告的其他事项段中提及对应数据的情形有( )。

A. 导致对上期财务报表发表非无保留意见的事项在本期尚未解决,仍对本期财务报表产生重大影响

B. 上期财务报表已由前任注册会计师审计

C. 上期财务报表存在重大错报,若对应数据已在本期财务报表中得到适当重述或恰当披露

D. 上期财务报表未经审计

2. 比较信息包括对应数据和比较财务报表,下列关于比较信息的叙述正确的有( )。

A. 财务报表中列报的比较信息的性质取决于适用的财务报告框架的要求

B. 如果财务报表中包括对应数据,则审计意见应提及列报的财务报表所属的各期

C. 如果财务报表中包括比较财务报表,则审计意见应提及列报的财务报表所属的各期

D. 如果对应数据不存在重大错报,则审计意见不应提及对应数据

3. 下列事项中,可以在关键审计事项部分进行描述的有( )。

A. 导致发表非无保留意见的事项

B. 与财务报表中涉及具有高度不确定性的会计估计相关的重大审计判断

C. 识别出的特别风险

D. 导致对被审计单位持续经营能力产生重大疑虑的事项或情况存在重大不确定性

4. 下列情形中,属于可能需要在审计报告中增加强调事项段的情形有( )。

A. 异常诉讼或监管行动的未来结果存在不确定性

B. 在允许的情况下,提前应用对财务报表有广泛影响的新会计准则

C. 与使用者理解审计工作相关的情形

D. 对两套以上财务报表出具审计报告的情形

5. 注册会计师在进行审计时遇到了以下的情况,其中,注册会计师不会增加强调事项段的有( )。

A. 在审计报告日后,注册会计师发现新的错报,管理层对财务报表进行了修改

B. 被审计单位持续经营能力存在不确定性,但是已进行了充分的披露

C. 被审计单位持续经营能力存在不确定性,并且拒绝进行披露

D. 被审计单位受到其他单位起诉,指控其侵犯专利权,要求其停止侵权行为并赔偿造成的损失,法院已经受理但尚未审理

□ 综合题

ABC 会计师事务所的 A 注册会计师担任多家上市公司 2021 年度财务报表审计业务的项目合伙人。在执行工作过程中,遇到下列与审计报告相关的事项。

(1)甲公司管理层在 2021 年度财务报表附注中披露了 2022 年 1 月发生的一项重大收购。A 注册会计师认为该事项对财务报表使用者理解财务报表至关重要,拟在审计报表中增加其他事项段予以说明。

(2)乙公司按法律法规规定的财务报告编制基础编制 2021 年度财务报表,A 注册会计师认为该编制基础不可接受,拟出具否定意见审计报告。

(3)2021 年 12 月,丙公司总经理因涉嫌违反法规被政府相关部门立案调查,截至审计报告日,尚无调查结论,虽然财务报表对此进行了充分披露,审计项目组拟增加其他事项段予以说明。

(4)丁公司 2021 年末多项诉讼的未来结果具有重大不确定性,A 注册会计师拟据此在审计报告中增加强调事项段,与治理层就该事项和拟使用的报告措辞进行了沟通。

要求:

分别针对上述情况(1)~(4),不考虑其他条件,逐项指出 A 注册会计师的做法是否恰当,如不恰当,简要说明理由。

课后练习参考答案

参考文献

1. 中国注册会计师协会. 中国注册会计师执业准则(2017). 北京:中国财政经济出版社,2017.
2. 中国注册会计师协会. 财务报表审计工作底稿编制指南指南(上下册). 北京:经济科学出版社,2012.
3. 中国注册会计师协会. 审计. 北京:中国财政经济出版社,2021.
4. 张晓毅,杨银开等. 审计学. 北京:中国经济出版社,2022.
5. 张晓毅. 审计学(修订版). 北京:中国原子能出版社,2018.
6. 耿建新等. 审计学(第五版). 北京:中国人民大学出版社,2017.
7. 宋常. 审计学(第八版). 北京:中国人民大学出版社,2018.
8. 刘静,卢相君. 审计学(第四版),经济科学出版社,2017.
9. 叶陈刚,李洪等. 审计学. 北京:机械工业出版社,2019.
10. 李红湘,王扬. 审计学. 西安:西安交通大学出版社,2018.
11. 郭莉,蔡竟云. 审计学. 上海:立信会计出版社,2017.
12. 王英姿,朱荣恩. 审计学(第四版). 北京:高等教育出版社,2017.
13. (美)阿尔文·A·阿伦斯等. 审计学——一种整合方法(第14版). 北京:中国人民大学出版社,2015.
14. 李晓慧. 审计案例与实训. 北京:中国人民大学出版社,2016.